国家民委少数民族古籍保护与资料信息中心
中央民族大学中国少数民族语言研究院

（第四辑）

民族古籍研究
Studies of Minority Classics

张铁山　主编

中国社会科学出版社

图书在版编目（CIP）数据

民族古籍研究 . 第四辑 / 张铁山主编 . — 北京：中国社会科学出版社，2018.8
　ISBN 978-7-5203-2900-2

　Ⅰ.①民… Ⅱ.①张… Ⅲ.①民族文化 - 古籍研究 - 中国 Ⅳ.① G256.1

中国版本图书馆CIP数据核字（2018）第 168655 号

出 版 人	赵剑英
责任编辑	任　明
责任校对	李　剑
责任印制	李寡寡

出　　版	中国社会科学出版社
社　　址	北京鼓楼西大街甲 158 号
邮　　编	100720
网　　址	http：// www.csspw.cn
发 行 部	010 - 84083685
门 市 部	010 - 84029450
经　　销	新华书店及其他书店

印刷装订	北京君升印刷有限公司
版　　次	2018 年 8 月第 1 版
印　　次	2018 年 8 月第 1 次印刷

开　　本	787×1092　1/16
印　　张	19
插　　页	2
字　　数	486 千字
定　　价	85.00 元

凡购买中国社会科学出版社图书，如有质量问题请与本社营销中心联系调换
电话：010-84083683
版权所有　侵权必究

本刊前主编张公瑾先生于2017年4月26日在北京逝世，享年84岁。先生生前为本刊的创立和筹办作出了重要贡献，在此谨对张公瑾先生的逝世表示深切哀悼。

为继续办好本刊，进一步扩大其在国内外学术界的影响，经研究决定，由张铁山先生出任《民族古籍研究》主编一职，全面主持各项编务工作。下面对张铁山先生作简要介绍。

张铁山，男，1960年7月26日生于新疆，二级教授，博士生导师。2002年毕业于中央民族大学，获文学博士学位。曾在新疆大学中亚历史文化研究所、中央民族大学中国少数民族语言文学系工作，现任中央民族大学中国少数民族语言研究院教授、博硕士生导师、中国民族古文字研究会副会长、中央民族大学阿尔泰学研究所研究员、教育部学位与研究生教育发展中心全国优秀博士学位论文评审专家、全国古籍评审工作专家委员会专家、国家民委少数民族古籍保护与资料信息中心专职研究员、中国民族语言学会理事、中国突厥语研究会理事、中国敦煌吐鲁番学会民族文字专业委员会委员、吐鲁番学研究院专家委员会委员、新疆大学人文学院国家级文科重点研究基地疆外专家、中国钱币学会学术委员、《民族古籍研究》执行主编、《民族语文》、《吐鲁番学研究》、《语言与翻译》编委等职。

《民族古籍研究》编委会

顾　　问：（以下按音序排列）
　　　　　李冬生　　国家民委全国少数民族古籍整理研究室
　　　　　李晓东　　国家民委全国少数民族古籍整理研究室
　　　　　梁庭望　　中央民族大学
　　　　　史金波　　中国社会科学院民族学与人类学研究所

主　　编：
　　　　　张铁山　　中央民族大学中国少数民族语言研究院
副 主 编：
　　　　　聂鸿音　　中国社会科学院民族学与人类学研究所
　　　　　黄建明　　中央民族大学中国少数民族语言研究院

编辑委员会：（以下按音序排列）
　　　　　才让太　　中央民族大学藏学研究院
　　　　　达力扎布　中央民族大学历史系
　　　　　高　娃　　中央民族大学中国少数民族语言研究院
　　　　　顾松洁　　中央民族大学中国少数民族语言研究院
　　　　　何思源　　中央民族大学中国少数民族语言研究院
　　　　　黄建明　　中央民族大学中国少数民族语言研究院
　　　　　买提热依木　中央民族大学维吾尔语言文学系
　　　　　聂鸿音　　中国社会科学院民族学与人类学研究所
　　　　　孙伯君　　中国社会科学院民族学与人类学研究所
　　　　　吴贵飙　　中国民族图书馆
　　　　　吴元丰　　中国第一历史档案馆
　　　　　张铁山　　中央民族大学中国少数民族语言研究院
　　　　　赵丽明　　清华大学
　　　　　朱崇先　　中央民族大学少数民族语言文学系

目 录

张公瑾教授生平 ………………………………………………………（Ⅰ）

张公瑾教授著述年表 …………………………………………………（Ⅳ）

第六届东方古籍研究国际学术研讨会论文选

Overview on the studies of the Old Uighur texts
in China（1950—2015）……………………… Zhang Tieshan（3）

A Dunhuang Tibetan Manuscript of "Ārya-samādhyagrottama"
kept at the IOM RAS ………………………… Alexander Zorin（11）

"Political Situation of Mongolia Before The Separation From Qing Dynasty"
（Materials gathered from Russian Archive）…… Urangua Jamsran（19）

Re-examination of Tangut fragment Or. 12380/3495 from the Collection
of the British Library …………… Viacheslav ZAYTSEV, Chung-pui TAI（27）

On Bilingual Imperial Rescripts in Early Qing Dynasty ………… QI, Jinxin（42）

К историографии изучения письменной конфессиональной
литературы ойратов и калмыков ……………… Д.Н. Музраева（50）

Тангутская версия «У лян щоу цзин» …………………… Сунь Инсинь（55）

Алтайская теория и новые аспекты тюрко-монголо-
тунгусской проблемы ………………………… А.А. Бурыкин（60）

Тангутская гравюра – как исторический источник（на
примере описания гравюр Танг 33, Танг 428 из Тангутского
фонда ИВР РАН）…………………………… Богданов К. М.（71）

The Research on the Currency, Weights and Measures
in Uygur Civil Documents ……………………………… Cui Yan（81）

第七届中国少数民族古籍文献国际学术研讨会参会论文选

民族古籍数字化迫在眉睫 …………………………………… 张铁山（89）
黑水城所出西夏文《碎金》考补 …………………………… 聂鸿音（93）
西夏文写本《整驾西行烧香歌》释补 ……………………… 孙伯君（103）
杨仲鸿《摩些文多巴字及哥巴字汉译字典》审查经过补说 … 邓章应（116）
Or.8212/76突厥鲁尼文文书译注 …………………………… 白玉冬（123）
从《猓猡译语》的版本比较看其编修过程 ………………… 孔祥卿（134）
场域视野下彝族《指路经》的"活态"解读※ ……………… 肖　雪（141）
试探突厥碑铭文献解读新范式
　　——以《阙特勤碑》为例 …………………………… 赵洁洁（147）
小议回鹘文《玄奘传》第六卷所见之Ögä一词 …………… 王　立（151）
《弥勒会见记》佛教语词的甲种吐火罗语—回鹘语对音研究 … 郑华栋（159）
俄藏回鹘文《玄奘传》第六卷七叶释读 …………………… 崔　焱（163）
黑水城出土星命书《百六吉凶歌》残叶考 ………………… 秦光永（182）
西夏写本《佛前烧香偈》考 ………………………………… 王　龙（192）
俄藏西夏文《大智度论》考释 ……………………………… 郭垚垚（203）
西夏文大宝积经卷八十八"摩诃迦叶会"解读 ……………… 刘少华（209）
壮字喃字同形字的三种类别及简要分析 …………………… 何思源（217）
《五体清文鉴》中俗语词的特点及其研究意义 …………… 任仲夷（223）
新疆和田地区察合台文契约文书探析 ……………………… 赵剑锋（228）
白地吴树湾村汝卡东巴经《内内抒》片段译释 …………… 和根茂（236）
略论阿拉美文与中国少数民族古文字的关系 ……………… 区佩仪（244）
浅析巴利语对缅语和傣语的影响 …………………………… 谢英雄（255）
回鹘文献语言中借词的对音规律研究
　　——以《玄奘传》第六卷为例 ……………………… 闫进芳（265）
第六届东方古籍研究国际学术研讨会 ……………………………（271）
第七届中国少数民族古籍文献国际学术研讨会 …………………（276）
《民族古籍研究》简介与稿约 ……………………………………（279）
关于《民族古籍研究》文献引证标注方式的规定 ………………（280）

张公瑾教授生平

张公瑾教授1933年10月31日生于浙江温州，曾就读于东吴大学和复旦大学社会系，1951年到中央民族学院语文系学习民族语文。1952年，因成绩优异，民族语文人才奇缺，年仅19岁的他就提前毕业并留校担任傣语文教师，自此与少数民族语言、文化、古籍教学科研结缘65载，把美好年华和毕生心血都献给了祖国西南边陲的傣族人民，献给了中国少数民族语言文化事业。2017年4月26日03时，张公瑾教授在家中安详辞世，享年84岁。

张公瑾教授是我国著名的民族语言学家、民族古文字和文献学家，在民族文化研究方面也有精深造诣。他的学术道路，既是对老一辈学者的薪火传承，又有自己独特的创新和开拓。他著作等身，牵头并承担众多国家重大学术研究项目，在中国少数民族语言研究、古籍整理和文化建设工作中做出了基础性、系统性和开拓性的重大贡献。生前为中央民族大学少数民族语言文学学院教授、博士生导师，壮侗学研究所所长，全国古籍工作专家委员会委员、中国文字博物馆专家委员会委员、全国高等院校古籍整理研究工作委员会委员、《中国少数民族古籍总目提要》主编，曾任政协第九届全国委员会委员、中国民族古文字研究会会长、中国民族语言学会顾问等职。1992年获国务院特殊津贴。2006年荣获北京市高等学校"教学名师"称号，2016年为中央民族大学荣誉资深教授。

张公瑾教授曾说："傣族研究是我的立身之本"。他首先是一位杰出的傣族语言文字学家，《傣族经典文字考源》《傣文中的巴利语借词》等经典论著，发前人所未发，开拓了傣族语言文字研究的新格局。他以严谨扎实的语言文字研究为基础，深入探察并展示了傣族文化的独特魅力，《傣族文化》《傣族文化研究》《傣族文化史》等一系列重要著作，在傣族研究史上享有盛誉。他通过对傣文文献中关于天文历法复杂四则运算的艰苦研究，解开了傣族天文历法之谜，研究成果被科学界认可并应用，这是傣族人民对世界科技史的卓越贡献，也是张公瑾先生对于傣族文化的卓越贡献。完全依靠手工推算编著的《傣历、公历、农历百年对照年历》一书，是最令张公瑾先生欣慰的"为傣族老百姓做的一件有实际意义的事"。

20世纪50年代，张公瑾先生在云南西双版纳与傣族群众同吃同住同劳动，结下了深厚的情谊，从此，和其他老一辈民族研究者一样，张公瑾先生把自己当作少数民族的一员，满怀着对傣族语言文化的挚爱和责任感，发自内心地为之执着追求和努力奋斗，并将取得的成果归功于少数民族人民的帮助和支持，赢得了傣族人民的高度认可和衷心敬爱。对张公瑾先生来说，这是最高的人生褒奖，也是他一生中最为幸福和自豪的事情。

在民族文字文献研究方面，张公瑾教授倾注了大量的心血和精力。他穷数十年研究之功，系统梳理了号称有八万四千部之多的属于印度婆罗米字母体系的傣文经典文献，其中，属南传上座部巴利语系的傣文大藏经，保存了佛教经典的早期面貌，近半数经籍为汉文佛典所无，堪称佛教文化的一颗璀璨明珠。以傣文佛教文献研究为基础的《云南上座部佛教史》一书，荣获第六届中华优秀出版物图书奖。他主编的一系列重要丛书，包括《中国民族古文字图录》《民族古文献概览》《中国少数民族古籍集解》等，将多姿多彩的少数民族古籍文献展示给世人，为中华民族文化宝库增添了文化多样性的光辉。特别是他主编的跨世纪国家重大文化工程——《中国少数民族古籍总目提要》，历经20年编纂，近60卷，字数超过千万，是新中国成立以来我国少数民族古籍的首次系统展示，也是少数民族古籍学科建设的奠基工程，堪称我国少数民族古籍事业的丰碑，意义深远。

20世纪80年代以来，基于对语言和文化的宏观把握和深刻洞察，张公瑾教授致力于文化语言学的理论建设。他提出的兼具丰富内涵和高度概括力的"文化"新定义："文化是各民族对特定环境的适应能力及其适应成果的总和"，具有重大的理论创新意义。1984年，他的《中国文化的共同渊源及其多民族特点》一文，作为首篇重点文章用六种文字发表于联合国教科文组织《文化》杂志上，产生了广泛影响。以新的文化理念为基础，他发表了《语言的文化价值》《文字的文化属性》《文化环境与民族语文建设》《走向21世纪的语言科学》等一系列重要论文以及《文化语言学发凡》《文化语言学教程》等著作、教材，明确提出文化语言学是一门新兴的具有中国特色的语言学分支学科，其任务是研究语言的文化性质和文化价值，这些重要观点阐明了文化语言学的学科发展道路，构建了学科理论框架。他从语言、文化、思维发展的高度，较早提出语言的"文化生态"和"母语危机"，为我国后来的濒危语言研究及保护工作奠定了思想基础。

张公瑾教授治学严谨，他以深厚的学术功底，并以历史唯物主义和辩证法为指导，宏观研究高屋建瓴，广泛联系；微观研究严格论证，思辨精深，在民族语言文化事业上不断开拓新境。在卓有建树的几个研究领域，他筚路蓝缕，白手起家，开创之功值得后人铭记。他精益求精，孜孜不倦，以最大的专注和热情投身民族语言文化教学研究事业。《中国少数民族古籍总目提要》这一浩大工程启动之时，他已年近七十，但近20年来，送交出版社的每一卷书稿，他都认真审阅，毫无例外。他以时不我待、只争朝夕的精神，与时间和生命赛跑。在生命的最后时刻，他还在为尚未审阅出版的几卷忧心，皇皇巨著，过早地消耗了他的心血和生命。当得知学校请他再次招收博士生，还在住院的他心情激动，在病床上跃跃欲试，开始筹划博士生课程。尚未完成的工作还有很多很多，但他的身体却日益衰弱，这无疑是先生离世之前最大的痛苦。在辞世的前一天，他的右手已经不灵活，但他却还挣扎着坐到电脑前，用左手逐个按压右手指，在键盘上打字。此情此景，令人嗟叹，令人涕下！

理论创新是张公瑾教授毕生的学术追求。他坚定地认为，创新就是最好的传承。他说："文化语言学作为语言学发展的新阶段，最需要坚持的是不断探索和创新的精神。"虽然早已享誉学界，著作等身，且已过古稀之年，但他却仍然如饥似渴地吸取人文科学乃至自然科学的最新成果，不断提升、丰富、扩展自己的知识和思想体系。经过60年不间断的学习和思考，自20世纪80年代以来，他吸取了自然科学中方兴未艾的浑沌学和非线性科学的理论，对民族语言文化研究进行了从理论到方法的系统创新，使民族语言文化研究进入了一个崭新的天地。虽然理论探索和创新的道路异常艰辛，甚至遭到很多人的不理解乃至排斥，但张公瑾先生坚信，理论创新是中国语言学必然要走的道路，也是中华民族伟大复兴的必由之路，吸取了大地母亲丰厚营养的茁壮新芽，必将在春风中绽放蓬勃的生命，在金秋十月收获丰硕的果实。

张公瑾先生一生历经坎坷，他在风华正茂的青春年代多次受到政治运动的冲击，"文革"中又下放干校，学习、生活、事业备受各种压制和打击。但先生不改初心，不改对生活的乐观和热爱，将磨难视为人生的宝贵财富，"因为有了这些经历，后来遇到的各种困难就都算不上什么了"、他经常说，"我的命运是和祖国的命运联系在一起的"。因此，他虽身处逆境，但丝毫不失忧国忧民之心，生活虽然艰辛，但却从未稍辍治学之志。在北京西山农场劳动，他"晨昏搓草勤喂牛，昼夜偷闲争读书"；1964年冬在四川凉山参加"四清运动"，他"山头割草嫌腿短，云间播种怨天低。辛苦耕耘换胎骨，冒出书斋辨东西。"他始终以昂扬的斗志面对困难和厄运，矢志追求真理和学术，最终赢来了学术和人生的丰收。

上善若水，水利万物而不争。张公瑾先生对前辈敬重谦恭，对同侪真诚相待，对后学无私奖掖，对荣誉和利益避而不争，体现了与人为善、温润如玉的知识分子的可贵品质。他秉持谦和淡泊的为人风范、克己厚人的处事原则、严谨包容的学术风骨，以儒雅的气质、睿智的思想、宽厚的胸怀，如春风化雨，如甘泉泽地，鼓舞着学生勇于求知、乐于求知、善于求知。2005年，张公瑾先生被评为中央民族大学"十佳教师"，2006年被评为北京市高等学校"教学名师"。他总是说："长江后浪推前浪，后人总比前人强。对老师的最大的回报和鼓舞，就是能培养出超过自己的学生，我满怀信心地期待着。"桃李无言，下自成蹊，张公瑾先生的学术文章和人格魅力，影响、塑造着一批批淡泊名利、甘于奉献、勇于进取的各民族学子。作为一位当之无愧的民族教育家，他培养的各民族人才已经遍及全国各地，成为祖国和各民族各项建设事业的中坚力量。

张公瑾先生对家人有无限的爱与责任。他与夫人杨甲荣老师近60年携手相伴，并肩经受人生风雨，共同从事民族语言文化事业，相濡以沫，相互扶持，恩爱一生，令人称羡，成后辈楷模。二老持家严谨，以正立身，以俭养德，以书育人，言传身教，在艰难的生活中将子女养育成人，儿子张颐武、女儿张颐雯都品学兼优，业有所成，且青出于蓝而胜于蓝，深慰先生所望。孙辈聪明可爱，阖家和谐安乐。先生教导有方，于内于外，庶几无憾。

春风化雨，立德立言，先生之功也；谦谦君子，厚德载物，先生之谓也。

古籍巨著学术文章彪炳后世堪称不朽，民族同胞亲朋弟子长铭恩泽即是永生。

张公瑾教授千古！

张公瑾教授著述年表

- 《在与汉语比较分析中看傣语动词au的来源和用法》，载《少数民族语文论集》第一集，中华书局1958年出版
- 《西双版纳傣族近百年大事记—续泐史（译文）》，载《云南省傣族社会历史调查材料（六）—西双版纳傣族史料译丛》，云南民族研究所1963年1月出版
- 《傣族人民的科学与文化（编译文稿）》，载《云南省傣族社会历史调查材料（九）—西双版纳地区》，云南民族研究所1964年10月出版
- 《学习〈论十大关系〉做好民族·语文工作》，此文用"中央民族学院语文系语言研究室"署名，载1977年3月25日《光明日报》
- 《正确处理民族关系的伟大指针》，与戴庆厦、马启成合写，首先发表于《中央民族学院学报》1977年第2期，后收入中国青年出版社《毛泽东选集第五卷学习体会》一书中，改写稿又载《民族问题与民族政策》，四川民族出版社1980年2月出版
- 《老虎死了还是睡了（傣文故事译稿）》，此文用"文羽"笔名发表于《儿童文学》杂志1977年第1期；后又收入《中国少数民族童话故事选》，四川民族出版社1980年出版
- 《傣历概述》，与宋蜀华合写，载《中央民族学院学报》1977年第4期
- 《西双版纳大勐笼的傣文石碑和碑首的九曜位置图》，与陈久金合写，载《中央民族学院学报》1977年第4期
- 《傣历中的干支及其与汉历的关系》，与陈久金合写，载《中央民族学院学报》1977年第4期
- 《傣历年》，载1978年6月7日《云南日报》
- 《论汉语与壮侗语族诸语言中的单位词》，载《中央民族学院学报》1978年第4期，又载《中央民族学院学术论文选集（民族语文）》，中央民族学院1980年4月出版
- 《傣语德宏方言中动词和形容词的后附形式》，载《民族语文》1979年第2期
- 《傣历中的纪元纪时法》，载《中央民族学院学报》1979年第3期
- 《珍贵的老傣文文献》，载《民族团结》1979年第3期
- 《傣族文学中的妇女形象（英文）》，载《中国妇女》（英文版）1979年第8期
- 《傣族的节日》，载《民间文学》1997年10月号（第117期）
- 《重视使用和发展少数民族的语言文字》，《民族问题与民族政策》，四川民族出版社1980年2月出版
- 《西双版纳傣族历史上的水利灌溉》，载《思想战线》1980年第2期
- 《西双版纳的傣文贝叶经》，载《百科知识》1980年第10期

- 《傣族历法刍议》，载《民族文化》1980年第2期
- 《关于我国民族名称和语言名称外文译名的统一问题》，载《语文现代化》丛刊1980年第3期
- 《傣历研究》，与陈久金合写，载《中国天文学史文集》第二集，科学出版社1981年2月出版
- 《傣族赞哈产生于何时》，载《版纳》1981年第2期，后又收入《傣族文学讨论会论文集》，中国民间文艺出版社1982年12月出版
- 《傣语和汉语的一个语序问题》，载《语言研究》创刊号，1981年7月出版
- 《泼水节和其他—丰富多彩的少数民族历法》，载《天文史话》，上海科学技术出版社1981年出版
- 《吊窝雀与猩猩 鹞鹰和乌龟 金螃蟹王》，载《动物故事选》，湖南人民出版社1981年出版
- 《傣文及其文献》，载《中国史研究动态》1981年第6期
- 《中华民族的共同财富—谈谈我国各民族的语言和文字》，载《百科知识》1981年第10期
- 《傣文文献札记》，载《民族文化》1982年第2期
- 《傣语名词修饰语的基本语序》，载《民族语文研究文集》，青海民族出版社1982年6月出版
- 《傣族的长诗》，载《旅行家》，1982年第5期
- 《社会语言学与中国民族史研究》，载《中央民族学院学报》1982年第4期，后收入《语言论文集》，商务印书馆1985年出版
- 《土壤、种子、繁花—试论傣族长篇叙事诗特别丰富的原因》，载《民间文艺集刊》第3集，上海文艺出版社1982年出版，另连载于1996年12月7日、10日、14日、17日、21日、25日泰国《星暹日报》
- 《西双版纳的傣族民间歌手—赞哈》，载《少数民族文艺研究》（中央民族学院文学所编）1982年1号
- 《一则寓言的火花》，载1982年6月29日《西双版纳报》
- 《傣语指示词和汉语"者"字关系探源》，载《民族语文》1983年第4期
- 《孤胆英雄颂（译文）》，傣族长篇叙事诗，译自西双版纳傣文，原作者康朗亮。载《全国〈少数民族文学创作获奖作品丛书：诗歌集〉》，人民文学出版社1983年11月出版
- 《西双版纳傣族社会政治、科技和文化札记》，载《西双版纳傣族社会综合调查（一）》，云南民族出版社1983年12月出版
- 《中国少数民族常识》，撰写其中语言、文字、古文字、历法、史诗和叙事长诗五篇。编制附表二"语言"、附表三"文字类型"，马寅主编，中国青年出版社1984年3月出版
- 《统一多样：沧海一粟—中华民族文化渊源的共同性及其特点》，载《文化—世界人民的交流》（英、法、西班牙、俄、阿拉伯、中文6种文字），联合国教科文组织出

版，中文版由中国对外翻译出版公司翻译于1984年6月出版
- 《老傣文》，云南《语言美》报1984年4月25日第56期（总第61期）
- 《傣族的文字和文献》，载《中国民族古文字研究》，中国社会科学出版社1984年8月出版
- 《西双版纳的傣族历法（泰文）》，载《人类学》（泰国清迈大学）第12年第2期，1984年6月出版
- 《谈谈我国少数民族古籍》，与吴肃民合写，载《瞭望》周刊第24期，1984年6月11日出版
- 《泰语的语音和文字（译文）》，译自俄文，原作者莫列夫、福米切娃。载《民族语文论丛》，中央民族学院语言研究所1984年10月编印
- 《傣历中的纪元纪时法》，《中国天文学史文集》第三集，科学出版社1984年12月出版
- 《西双版纳傣〈苏定〉译注》，《中国天文学史文集》第三集，科学出版社，1984年12月出版
- 《西双版纳傣文〈历法星卜要略〉历法部分译注》，《中国天文学史文集》第三集，科学出版社1984年12月出版
- 《汉语中动宾结构的宾语带名词性修饰语在傣语中的翻译方式》，载《民族语文研究》，四川民族出版社1984年12月出版
- 《壮侗语族语言词汇集》，撰写傣语西双版纳方言部分，中央民族学院出版社1985年6月出版
- 《滇越—傣族古史的一页》，载《民族文化》1985年第3期
- 《傣族封建领主制向社会主义的过度》，与林耀华合写，载（辽宁）《社会科学辑刊》1985年第3期（总第38期）
- 《小乘佛教述略—傣族佛教渊源谈》，载《中央民族学院学报》1985年第1期
- 《中国各民族的语言和文字（泰文）》，载泰国曼谷《语言科学》第5辑，1985年8月出版
- 《The Positions of Modifiers in the Tai Language》，汉文题名："傣语中修饰语的位置"，载泰国曼谷《语言和文学》杂志第3年第1期，1986年4月出版
- 《傣族简史》（第八章第四节），云南人民出版社1986年4月出版
- 《傣族古籍见知录（一）》，载《民族古籍》1986年第2期
- 《有关民族古籍整理规划的几点意见》，用章瓴笔名，载《民族古籍》1986年第2期
- 《傣历、公历、农历百年对照年历》，云南民族出版社1986年6月出版
- 《中国大百科全书·民族卷》，任本卷特约编辑，撰写条目"傣文"、"傣历"并合写"傣族佛教"，中国大百科全书出版社1986年6月出版
- 《中国文化的共同渊源及其多民族特点》，载《广西民族研究》1986年第4期
- 《傣族文化》，吉林教育出版社1986年12月出版
- 《中国的傣族》（曼谷泰文版），泰国扎楞尼出版社1987年3月出版

- 《傣族古籍见知录（二）》，载《民族古籍》1987年第1-2期合刊
- 《傣族民间文学》，用文羽笔名，载《中国民族民间文学》，中央民族学院出版社1987年5月出版
- 《民族词典》，任副主编、编委、分科主编。编写词条240余条，上海辞书出版社1987年7月出版
- 《德宏傣历浅述—从德宏干崖地区一幅傣文汉文对照年历表说起》，载《中国少数民族科技史研究》第1辑，内蒙古人民出版社1987年7月出版
- 《傣族文化研究》，云南民族出版社1988年2月出版
- 《西双版纳傣族近百年大事记—续〈泐史〉》，载《傣族社会历史调查—西双版纳九》，云南民族出版社1988年2月出版
- 《傣语两种方言差异的历史文化背景》，载《民族语文》1988年第5期
- 《语言的文化价值》，载《民族语文》1989年第5期
- 《傣族古籍见知录（三）》，载《民族古籍》1989年第1期
- 《傣文〈茫莱法典〉的时代及其历史价值》，载《民族古籍》1989年第1期，又收入《中国少数民族文学与文献论集》，辽宁民族出版社1997年8月出版
- 《Agriculture Sacrifice and Village Culture of Dai People》，汉文题名："傣族的农业祭祀与村社文化"，载《第四届泰学研究国际会议论文集》第一卷，云南社科院东南亚研究所1990年编印
- 《傣族的语言和文字》，载《贝叶文化论》，云南人民出版社1990年4月出版
- 《傣历研究》，撰原作中的4章，与陈久金合写，载《贝叶文化论》，云南人民出版社1990年4月出版
- 《傣族古籍见知录（四）》，载《民族古籍》1990年第1期
- 《西双版纳傣文教学浅析》，载《语言关系与语言工作》，天津古籍出版社1990年5月出版
- 《中国民族古文字图录》，副主编，并与刀世勋合写傣文部分，中国社会科学出版社1990年10月出版
- 《傣族族称Tai，来源于古越人的"越"字》，载《汉语与少数民族语关系研究》，《中央民族学院学报》增刊，1990年11月出版
- 《Measure Words in Tai: Their Syntactic Function, Word Order and the Problem of Deletion》，中文题名："傣语单位词的句法功能、位置特点及其省略问题"，载美国北伊利诺大学东南亚研究所《东南亚研究丛书》第16辑，1990年12月出版
- 《文字的文化属性》，载《民族语文》1991年第1期
- 《民族语言学》，载《民族经济》1991年1期，又收入《简编广义民族学》，中央民族大学出版社1996年出版
- 《民族古文字、古籍与民族传统文化》，载《中央民族学院建校40周年学术论文集》，中央民族学院出版社1991年5月出版
- 《傣族》，载《中华民族》，华夏出版社1991年6月出版

- 《民族语言与民族文化》，载《汉语学习》1991年第4期
- 《傣族的农业祭祀与村社文化》，载《广西民族研究》1991年第3期，1991年8月
- 《傣文电脑信息处理》，与孟尊贤合写，载《中国各民族文字与电脑信息处理》，中央民族学院出版社1991年9月出版
- 《文化环境与民族语文建设》，载《民族语文》1991年第6期
- 《傣文渊源及其亲属文字》，载《中国民族古文字研究》第3辑，天津古籍出版社1991年12月出版
- 《中国少数民族文学史》，合著，主编之一，中央民族学院出版社1992年1月出版
- 《少数民族文学纵横关系论》，与马学良合写，载《文艺争鸣》1992年第2期
- 《Tai Literature》，汉文题名："傣文文献要目"，载印度嘎雅东南亚研究中心《中国傣族（Tai Minorities in China）》，印度比哈尔邦出版社1992年4月出版
- 《语言民族学》，载《广义民族学》，光明日报出版社1992年10月出版
- 《关于文化语言学的几个理论问题》，载《民族语文》1992年第6期
- 《西双版纳傣族古文字文献述略》，载《云南民族古籍论丛》，云南民族出版社1992年12月出版
- 《傣族历法中年长度的四则运算》，载《云南民族学院学报》1993年第1期
- 《纳西族傣族语言文化的气质差异》，与杨甲荣合写，载《民族语文论集（马学良80寿辰文集）》，中央民族学院出版社1993年8月出版
- 《印度文字圈概况》，载《文字比较研究散论》，中央民族学院出版社1993年5月出版
- 《文化语言学的性质和任务》，载《语言与文化多学科研究》，北京语言学院出版社1993年7月出版
- 《傣族的傣文教学》，载1993年2月至4月连载于泰国曼谷《星暹日报》
- 《傣族的农业祭祀》，载1993年8月至10月连载于泰国曼谷《星暹日报》
- 《傣族经典文字考源》，载《中国民族古文字研究》第2辑，天津古籍出版社1993年10月出版
- 《The Characters and Literature of the Dai Nationality》，载印度比哈尔邦《东南亚评论》第18期，1993年12月出版
- 《傣语与国境外的近亲语言》，载《跨境语言研究》，中央民族学院出版社1993年12月出版
- 《傣族文化史》，载李德洙主编《中国少数民族文化史》，辽宁人民出版社1994年6月出版
- 《宝塔式的傣族文化结构》，载泰国曼谷《泰中学会学刊》，1994年10月出版
- 《女书的文化意义》，载《奇特的女书—全国女书学术考察研究会文集》，北京语言学院出版社1995年出版
- 《行云流水谱华章—傣族的语言文字和文献》，载1995年8月21日《中国教育报》
- 《民族文字古籍与中华文化》，载《中国典籍与文化》1996年第1期
- 《The Cultural Accumulation in Dai Language》，载《Proceedings of The 6th International

Conference on Thai Studies Theme IV》，1996年10月出版
- 《傣族佛教与傣文贝叶经》，载《中国民族博览》1996年11月总第10期
- 《云南西双版纳地区流传的傣文文献〈芒莱法典〉》，载泰国曼谷《泰中学刊》，1996年12月出版
- 《中国少数民族中流传的史诗和叙事长诗》，载1996年9月17日泰国曼谷《星暹日报》
- 《中国傣族的历法》，泰国曼谷《星暹日报》1996年10月5日、8日、12日、15日、19日5期连载
- 《云南傣族的长篇叙事诗》，泰国曼谷《星暹日报》1996年11月23日、26日、30日，3期连载
- 《民族古文字、古籍在中华文化中的地位》，载《中国少数民族古籍论》，巴蜀书社1997年1月出版
- 《傣族佛教与傣文贝叶经》，泰国曼谷《星暹日报》1997年1月21日、25日2期连载
- 《走向21世纪的语言科学》，载《民族语文》1997年第2期，中国人民大学复印报刊资料《语言文字学》1997年第7期转载
- 《壮侗语——分布与演化中的浑沌》，《中央民族大学学报》（1997年增刊），1997年7月出版
- 《浑沌学与语言研究》，《语言教学与研究》1997年第3期
- 《傣文〈芒莱法典〉的时代及其历史价值载》，《中国少数民族文学与文献论集》，辽宁民族出版社1997年出版
- 《民族古文献概览》，主编，民族出版社1997年11月出版
- 《语言学思维框架的转换》，载《中外文化与文论》，四川大学出版社1997年12月出版
- 《傣族的第一部成文法规〈芒莱法典〉》，载全国人大民族委员会主办《民族法制通讯》1998年第3期
- 《傣族文学中的印度影响》，泰国曼谷《星暹日报》1998年1月17日、1月20日连载
- 《〈中国民族文献检索〉序》，载《中国民族文献检索》，内蒙古科学技术出版社1997年12月出版
- 《中国少数民族文学概论》，主编之一，中央民族大学出版社1998年4月出版
- 《〈达斡尔语言与社会文化〉序》，载《达斡尔语言与社会文化》，中央民族大学出版社1998年7月出版
- 《傣族文化志》，与王锋、胡玥合著，收入萧克主持编纂的《中华文化通志》第3典《民族文化典》的《壮、布依、傣、仡佬、京文化志》中，上海人民出版社1998年10月出版
- 《文化语言学发凡》，云南大学出版社1998年12月出版
- 《中国各民族原始宗教资料集成》傣族卷，主编之一，中国社会科学出版社1999年6月出版
- 《〈双语文化论纲〉序》，载《双语文化论纲》，中央民族大学出版社1999年10月出版
- 《Cultural Trends among Trans-National Minorities in Yunnan Province and Indo-China

During a Period of Social Transition》，汉文题名："云南与中南半岛跨境民族在社会转型时期的文化走向"，载《中国西南地区与东南亚大陆跨境民族文化动态》（Dynamics of Ethnic Cultures，Across National Boundaries in Southwestern China and Mainland Southeast Asia: Relations，Societies and Languages），泰国清迈明勐出版社（Ming Muang Printing House，Mai，Thailand）2000年3月出版

- 《云南与中南半岛跨境民族在社会转型时期的文化走向》，载《中央民族大学学报》2000年第3期
- 《西双版纳傣文古籍中的声韵学文献》，载广西《民族语文论坛》（专辑）2000年第1期
- 《汉字型民族文字的造字方法》，与王锋合写，载《汉字的应用与传播》，华语教学出版社2000年10月出版
- 《The status of research on Kam-Tai studies by Chinese scholars》，汉文题名："中国学者的壮侗学研究"，载《1998年国际泰学会议论文集》，泰国曼谷玛希隆大学语言文化研究所编，2000年编印
- 《文字——一个民族文明程度的标志》，载《黄河文化论丛》（第七辑），中国戏剧出版社2001年2月出版
- 《语言的生态环境》，载《民族语文》2001年第2期；此文又收入《社会语言学》，上海外语教育出版社2005年6月出版
- 《文化语言学与民族语言研究》，载广西《民族语文论坛》2001年第1期
- 《史诗研究与古籍整理》，载《中国少数民族古籍论》（第4集），巴蜀书社2001年4月出版
- 《The Thai and two Dialects in China: Similarity and Differentiation》，汉文题名："泰语与中国傣语两种方言的异同"，与胡鸿保合写，载《民族学通报》（第1辑），云南大学出版社2001年7月出版
- 《语言与民族物质文化史》，主编，民族出版社2002年1月出版
- 《傣族的宗教与文化》，与王锋合著，中央民族大学出版社2002年9月出版
- 《傣文佛教经典译注释例》，载《民族古籍》，2002年6月出版
- 《北室南苑〈文字万象——中国少数民族古文字〉序》，载《文字万象——中国少数民族古文字》，日本北枝篆会2002年9月出版
- 《培养自由探索的精神》，载国家图书馆主办《文津流觞》总第5期2002年6月出版
- 《〈回回馆译语〉序》，载胡振华、胡军编《回回馆译语》，中央民族大学东干学研究所2002年1月出版
- 《〈贝叶礼赞——傣族南传佛教节庆仪式音乐研究〉序》，载杨明康著《贝叶礼赞——傣族南传佛教节庆仪式音乐研究》，宗教文化出版社2003年1月出版
- 《中国少数民族古籍总目提要·纳西族卷》，主编，写总序第一稿，中国大百科全书出版社2003年出版
- 《The Cultural Value of Language》，中文题名："语言的文化价值"，载国际人类学与民族学联合会2008年第16届世界大会中国申报委员会编《中国人类学与民族学论

集》，2003年5月出版
- 《〈彝文文字学〉序》，载黄建明编著《彝文文字学》，民族出版社2003年6月出版
- 《南传上座部佛教传入傣族地区时间考》，载《宗教与民族》第二辑，宗教文化出版社2003年7月出版
- 《傣文"维先达罗本生经"中的巴利语借词—以〈十愿经〉第一节为例》，载《民族语文》2003年第4期；此文又收入《汉藏语系语言研究》，云南民族出版社2005年1月出版
- 《中国少数民族古籍总目提要—跨世纪的民族文化建设工程》，载《中国少数民族古籍新篇》，中国大百科全书出版社2003年8月出版
- 《民族古籍工作的综合成果—写在〈中国少数民族古籍总目提要·纳西族卷〉出版之际》，载2003年9月5日《中央民族大学周报》第632期
- 《〈从汉字到汉字系文字—汉字文化圈文字研究〉序》，王锋著《从汉字到汉字系文字—汉字文化圈文字研究》，民族出版社2003年10月出版
- 《民族古籍与民族古籍学》，载《中央民族大学学报》2003年第6期
- 《傣族文字发展史上的几个问题》，载周明甫主编《中国少数民族古籍论》第五辑，四川民族出版社2004年6月出版
- 《文化语言学教程》，与丁石庆联合主编，并撰写"导论"、第三章、第六章、第七章第一节、第二节，第十章第一节，合写第一章、第二章，教育科学出版社2004年7月出版
- 《中国傣族与国境外近亲民族语言文字的历史、现状和前途》，载《贝叶文化论集》，云南大学出版社2004年7月出版
- 《语言与非物质文化》，载《民族文化遗产》（教育部人文社会科学百所重点研究基地、中央民族大学中国少数民族研究中心丛书）第一辑，民族出版社2004年10月出版
- 《中国少数民族古籍总目提要·白族卷》，主编，中国大百科全书出版社2004年10月出版
- 《〈新平花腰傣文化大观〉序》，载陶贵学著《新平花腰傣文化大观》，云南民族出版社2004年10月出版
- 《〈仡佬语母语生态研究〉序》，载周国炎著《仡佬语母语生态研究》，民族出版社2004年11月出版
- 《文化语言学视野中的民族语言研究》，载《湖北民族学院学报》2005年第1期
- 《浑沌学与语言文化研究》，与丁石庆同任主编，中央民族大学出版社2005年9月出版，写"文化语言学的时代课题和浑沌学在语言学中的运用"作代序
- 《〈回鹘文献语言的结构与特点〉序》，载《回鹘文献语言的结构与特点》，中央民族大学出版社2005年12月出版
- 《中国少数民族古籍集解》，主编，云南教育出版社2006年1月出版
- 《中国少数民族文化简论》，撰写第五章、第十二章，民族出版社2006年4月出版
- 《〈双语族群语言文化的调适与重构—达斡尔族个案研究〉序》，载《双语族群语言文化的调适与重构—达斡尔族个案研究》，中央民族大学出版社2006年5月出版

- 《中国少数民族古籍总目提要·东乡族、裕固族、保安族》，主编，中国大百科全书出版社2006年出版
- 《汉族与少数民族文化交流的绚丽篇章》，载《大地》2006年第23期
- 《多彩的语言世界与汉语的价值和地位》，载《汉语教学学刊》（第2辑），北京大学出版社2006年11月出版
- 《〈傣汉词典〉序》，载孟尊贤编《傣汉词典》，云南民族出版社2007年8月出版
- 《中国少数民族古籍总目提要·锡伯族卷》，主编，中国大百科全书出版社2007年10月出版
- 《南传佛教与傣文贝叶经》，载《中国典籍与文化》第2辑，国家图书馆出版社2007年12月
- 《同一个世界、同一个梦想—迎奥运民族古文字书法集锦》，主编，中央民族大学出版社2008年6月出版
- 《绚丽多姿的中国民族古文字》，载《文史知识》2008年第9期
- 《中国少数民族文献整理中的奇葩》，载《西夏学》第三辑，宁夏人民出版社2008年10月出版
- 《浑沌学与语言文化研究新视野》，与丁石庆联合主编，中央民族大学出版社2008年11月出版，写"浑沌学与语言文化新视野"作代序
- 《中国少数民族古籍总目提要·哈尼族卷》，主编，中国大百科全书出版社2008年11月出版
- 《中国少数民族古籍总目提要·柯尔克孜族卷》，主编，中国大百科全书出版社2008年12月出版
- 《中国少数民族古籍总目提要·回族卷·铭刻》，主编，中国大百科全书出版社2008年12月出版
- 《我国傣族的古籍》，载《民族图书馆学研究》（四），辽宁民族出版社2008年12月出版
- 《汶川大地震周年祭—写在〈中国少数民族古籍总目提要·羌族卷〉出版之际》，载《阿坝师专学报》2009年2期
- 《中国少数民族古籍总目提要·羌族卷》，主编，中国大百科全书出版社2009年4月出版
- 《中国少数民族古籍总目提要·毛南族卷，京族卷》，主编，中国大百科全书出版社2009年9月出版
- 《中国少数民族古籍总目提要·仫佬族卷》，主编，中国大百科全书出版社2009年9月出版
- 《中国少数民族古籍总目提要·达斡尔族卷》，主编，中国大百科全书出版社2009年10月出版
- 《浑沌学与语言文化研究新进展》，与丁石庆联合主编，中央民族大学出版社2009年12月出版，写"语言学思维框架的转换"作代序
- 《民族古籍开发与民族语文工作》，载《构建多语和谐的社会语言生活》，民族出版

社2009年12月出版
- 《〈汉英语动宾结构对比研究〉序》，载《汉英语动宾结构对比研究》，中央民族大学出版社2009年12月出版
- 《我国古代的民族文化交流》，载《国学》2010年第1期
- 《〈文化变迁与语言传承—土家族的语言人类学研究〉序》，载《文化变迁与语言传承—土家族的语言人类学研究》，中国社会科学出版社2010年3月出版
- 《中国少数民族古籍总目提要·土家族卷》，主编，中国大百科全书出版社2010年3月出版
- 《中国少数民族古籍总目提要·鄂温克族卷》，主编，中国大百科全书出版社2010年4月出版
- 《中国少数民族古籍总目提要·鄂伦春族卷》，主编，中国大百科全书出版社2010年6月出版
- 《〈方块壮字研究〉序》，载覃晓航著《方块壮字研究》，民族出版社2010年7月出版
- 《〈论文化接触对语言的影响〉序》，载《论文化接触对语言的影响》，民族出版社2010年9月出版
- 《中国少数民族古籍总目提要·黎族卷》，主编，中国大百科全书出版社2010年10月出版
- 《浑沌学与语言文化研究新收获》，与丁石庆联合主编，中央民族大学出版社2010年11月出版，写"继承与创新—传统语言学著作中的浑沌学资源"作代序
- 《中国少数民族古籍总目提要·侗族卷》，主编，中国大百科全书出版社2010年12月出版
- 《中国少数民族古籍总目提要·赫哲族卷》，主编，中国大百科全书出版社2010年12月出版
- 《中国少数民族古籍总目提要·苗族卷》，主编，中国大百科全书出版社2010年12月出版
- 《中国少数民族古籍总目提要·赫哲族卷》，主编，中国大百科全书出版社2011年01月出版
- 《中国少数民族古籍总目提要·黎族卷》，主编，中国大百科全书出版社2011年01月出版
- 《浑沌学与语言文化研究新动态—国外相关译文集》，与丁石庆联合主编，中央民族大学出版社2011年2月出版
- 《中国少数民族古籍总目提要·侗族卷》，主编，中国大百科全书出版社2011年03月出版
- 《〈神奇的刺青：西双版纳文身〉序》，载《神奇的刺青：西双版纳文身》，学苑出版社2011年年5月出版
- 《〈二语课堂教学的纠错反馈—浑沌学视野下的研究〉序》，载《二语课堂教学的纠错反馈—浑沌学视野下的研究》，中央民族大学出版社2011年7月出版
- 《中国少数民族古籍总目提要·塔吉克族卷》，主编，中国大百科全书出版社2011年11月出版
- 《中国少数民族古籍总目提要·乌兹别克族卷，塔塔尔族卷，俄罗斯族卷》，主编，中国大百科全书出版社2011年11月出版
- 《〈对联论—文化语言学视野下的研究〉序》，载《对联论—文化语言学视野下的研

- 究》，中央民族大学出版社2011年11月出版
- 《中国少数民族古籍总目提要·哈萨克族卷》，主编，中国大百科全书出版社2011年12月出版
- 《中国少数民族古籍总目提要·维吾尔族卷》，主编，中国大百科全书出版社2011年12月出版
- 《浑沌学与语言文化研究新探索》，与丁石庆联合主编，中央民族大学出版社，2011年12月出版，为此书写《序》
- 《默默耕耘，果熟自然红—西南边疆语言文化专家访谈录之二"张公瑾专访"》，载《百色学院学报》2012年第4期
- 《〈对外汉语教学中的文化词语〉序》，载《对外汉语教学中的文化词语》，世界图书出版公司北京公司2012年10月出版
- 《〈西双版纳傣语地名研究〉序》，载《西双版纳傣语地名研究》，中央民族大学出版社2012年10月出版
- 《西双版纳傣语基础教程》，与戴红亮合编，中央民族大学出版社2012年10月出版
- 《中国少数民族古籍总目提要·朝鲜族卷》，主编，中国大百科全书出版社2012年11月出版
- 《民族古籍与民族古籍学》，载2013年1月16日《贵州民族报》
- 《浑沌学与语言文化研究新起点》，与丁石庆联合主编，中央民族大学出版社2013年1月出版，写"分形、自相似性与'异物同构性原则'"（代序）
- 《中国少数民族古籍总目提要·畲族卷》，主编，中国大百科全书出版社2013年4月出版
- 《〈文字苦旅〉序》，载《文字苦旅》，民族出版社2013年4月出版
- 《张公瑾文集》（全三卷），中央民族大学出版社2013年8月出版
- 《傣族研究是我的立身之本》，载2013年9月2日《中国社会科学报》
- 《中国少数民族古籍总目提要·瑶族卷》，主编，中国大百科全书出版社2013年11月出版
- 《〈双语学纲要〉序》，载《双语学纲要》，中央民族大学出版社2014年3月出版
- 《浑沌学与语言文化研究新思维》，与丁石庆联合主编，中央民族大学出版社2014年4月。写"语言与思维的同一性原则"代序
- 《云南上座部佛教史》，与杨民康、戴红亮合著，山西教育出版社2014年9月出版
- 《〈基于语料库的现代傣语词汇研究〉序》，载《基于语料库的现代傣语词汇研究》，中央民族大学出版社2015年5月出版
- 《〈英汉数字隐喻的文化认知〉序》，载《英汉数字隐喻的文化认知》，世界图书出版广东有限公司2016年4月出版
- 《〈傣族四音格研究〉序》，载《傣族四音格研究》，中国社会科学出版社2016年6月出版

第六届东方古籍研究
国际学术研讨会论文选

Overview on the studies of the Old Uighur texts in China (1950—2015)

Zhang Tieshan

Institute of Minority Languages and classics of Minzu University of China

Abstract: In the past 65 years (1950-2015) there were many Old Uighur materials, which have been discovered in *Dunhuang* and *Turfan* area. Although most of the Old Uighur texts were discovered and collected in China, the beginning of the studies on these texts in China was quite late. The present article gives an overview on the studies of the Old Uighur texts in China from 1950 to 2015. According to the research process and the results the author tries to divide this period into the following stages: (1) The beginning stage (1950-1975); (2) preliminary stage (1975-1990); (3) Comprehensive Study stage (1990-2015).

Keywords: Old Uighur texts; Research overview; In China; 1950-2015

At the end of the 19th century and the beginning of the 20th century, many Old Uighur texts were found in *Turfan* area, *Dunhuang* and other places in the western China by the European expeditions. Scholars from various countries have studies on these texts and have made their own contributions to this field. Here I mainly focus on studies of the Old Uighur texts in China in the past 65 years. According to the research process and the research results, this period is divided into the following three stages:

1. The beginning stage (1950-1975);
2. Preliminary stage (1975-1990);
3. Comprehensive Study stage (1990-2015).

1. The beginning stage (1950–1975)

The beginning of the studies on the Old Uighur text in China was actually since 1950s. The pioneer scholar in this field is *Feng Jiasheng* (1904-1970), who was an expert on the Liao history. As a historian, *Feng Jiasheng* published a number of historical works, for example "History of the Liao". Besides, he also published research reports on the Old Uighur texts. His works related to the old Uighur texts are as follows: "Research report on Xuanzang Biography in old Uighur manuscripts" (回鶻文寫本《菩薩大唐三藏法師傳》研究報告, 考古學專刊丙種第1號, 1953); "two Uighur documents in Yuan dynasty" (元代畏兀兒契約二種, 歷史研究, 1954, 1)"; "Study on the säkiz yükmäk in old Uighur script" (刻本回鶻文佛説天地八陽神咒經研究——兼論回鶻文對於《大藏經》的貢獻, 考古學報, 1955); "On three documents

Bintong in old Uighur script" (co-writer Э. Р. Тенишев, 回鹘文斌通（善斌）賣身契三種, 考古學報, 1958, 2); "Три новых уйгурских документа из Турфана" (co-writer Э. Р. Тенишев, Проблемы Востоковедения, 1960, 3); "Two documents in old Uighur script" (回鹘文契約二種, 文物, 1960, 6); "On newly discovered old Uighur Buddhist document in Qamil in 1959 year" (1959年哈密新發現的回鹘文佛經, 文物, 1962, 7-8). As the earliest scholars in China who worked on old Uighur texts, his contribution had an important influence on the study old Uighur literatures in China.

In the beginning stage there are few researchers who worked in this field; especially there were no specialists on the Old Uighur languages, which greatly limited the studies of the old Uighur texts.

2. Preliminary stage (1975–1990)

During 1975-1990, one of the most important events for the old Uighur studies is that the first ancient Turkic language class was offered by *Geng Shimin* in the Central Institute for Nationalities. This class began in 1977, and the aim of this class was to train the professional researchers on the Old Uighur studies. At present the main Scholars who are active on the Old Uighur studies in China mostly are from this class. Meanwhile, Xinjiang University and other colleges and universities began to give the ancient Uighur Language and literatures courses as well. In 1985, Professor *Geng Shimin* enrolled the first graduate student in ancient Turkic languages, and late he began to enroll the Ph. D student in 1993. These courses and the graduate programs are important for the studies of the Old Uighur texts in China, because to have more professional researcher in this field has a directly influence on the development of the research process.

Geng Shimin is one of the most important figure on the studies of the Old Uighur texts in China, who published the fundamental works in this field in China. Except him, since the 1980, the other scholars such as: *Li Jingwei, Israpil Yusup, Wei Cuiyi, Hu Zhenhua, Tursun Ayuf, Zhang Tieshan, Yang Fuxue, Niu Ruji, Aydar Mirmakal* have published a large number of works on the Old Uighur literatures.

In the following, the author will list the research works done by the scholars mentioned above in this stage. The research work done by Professor *Geng Shimin* are as follows: "Chinese language translator of Ancient Uighur Sïngqu Säli" (古代維吾爾族漢文翻譯家僧古薩里, 圖書評介, 1978, 2); "Notes on two Uyghur civil documents" (兩件回鹘文契約的考釋, 中央民族學院學報, 1978, 2), "Notes on ancient Uighur official decree issued to a Manichaean monastery" (回鹘文摩尼教寺院文書初釋, 考古學報, 1978, 4); "A preliminary interpretation of the Uygur version of the stone inscriptions on the rebuilding of the Manjusri temple" (大元肅州路也可達魯花世襲之碑回鹘文部分譯釋, 民族研究, 1979, 1); "Study on volume VII of 'Biography Xuanzang in Uygur script'" (回鹘文《玄奘傳》第七卷研究, 民族語文, 1979, 4); "A study of the stone tablet in Uygur script about the meritorious deeds of princes of Qocho" (回鹘文亦都護高昌王世勳碑研究, 考古學報, 1980, 4); "Introduction to main documents in Uygur script and its researches" (回鹘文主

要文獻及研究情況，圖書評介，1980，1）；"Overview on the writing and literatures of old Uygur"（古代維吾爾族文字和文獻概述，中國史研究動態，1980，3）；"translations and notes On several documents in Uygur script"（幾件回鶻文文書譯釋，文物，1980，5）；"Study on slave trade two documents in Uygur script"（兩件回鶻文買賣奴隸文書的考釋，民族語文論集，1981）；"A Research into the Uighur Epigraph on the Reestablishment of a Temple by TudumSäli"（回鶻文《土都木薩里修寺碑》考釋）（世界宗教研究，1981，1）；"Study on volume VI of AltunYaruk in Uygur script"（回鶻文《金光明最勝王經》第六卷四天王護國品研究，中央民族學院學報，1986，3）；"On the Uighur Buddhist primitive drama 'Maitrisimit'（Hami version）"（古代維吾爾語佛教原始劇本《彌勒會見記》（哈密寫本）研究，文史，十二輯）；"A study of the fragmentary 'Avatamsaka in 80 chapters' in Uighur script"（回鶻文八十華嚴殘經研究，民族語文，1986，2）；"Study on the Gansu Provincial Museum collected 'Avatamsaka in 80 chapters' in Uygur script"（甘肅省博物館藏回鶻文八十華嚴殘經研究，中央民族學院學報，1986，2）；A study of the fragmentary 'Abhidharmakosa sutra in Uighur script"（回鶻文《阿毗達磨俱舍論》殘卷研究，民族語文，1987，1）；"A study of the fragmentary 'Arya-taka-boddhamatrikavimsati-stotra-sutra' in Uighur script"（回鶻文《聖救度佛母二十一種禮贊經》殘卷研究，民族語文，1990，3）；"On the Uighur 'Biography of Xuanzang' and its translator Shengguang master"（回鶻文《玄奘傳》及其譯者勝光法師，中央民族學院學報，1990，6），etc.

The works done by Professor *Li Jingwei* are as follows: "interpretations on the Ancient Uygur Document Manichaean Penitent Words"（古代維吾爾文獻《摩尼教徒懺悔詞》譯釋，世界宗教研究，1980，3）；"Introduction to second chapter of Hami version <Maitrisimit> in Uygur script"（哈密本回鶻文《彌勒會見記》第二章簡介，民族語文研究文集，1982）；"On the "twenty-seven sages" of Buddhism in old Uyghur translation"（佛教"二十七賢聖"回鶻文譯名考釋，世界宗教研究，1982，4）；"Interpretations on the ancient Uygur Nestorian Fragments <witches worship>"（回鶻文景教文獻殘卷《巫師的崇拜》譯釋，世界宗教研究，1983，2）；"On the kim word usage of <Oguzname> in Ancient Uighur Script"（回鶻文《烏古斯可汗的傳說》kim一詞的用法，語言與翻譯，1988，1）；" Overview on the voice system of ancient Uygur Document language"（回鶻文獻語言語音系統概述，語言與翻譯，1989，1）；"On the quantifier of ancient Uygur Document language"（回鶻文獻語言的數量詞，語言與翻譯，1990，4），etc.

Professor *Israpil Yusup* published the following papers: "An introduction to chapter II of 'Maitrisimit' in Uighur script"（回鶻文《彌勒會見記》第二章簡介，新疆社會科學，1982，4）；"A study on chapter III 'Maitrisimit'（Hami version）in Uighur script"（哈密本回鶻文《彌勒會見記》第三品研究，民族語文，1983，1），etc.

The work done by Professor *Zhang Tieshan* are as follows: "overview on the Uighur Scripts"（我國回鶻文研究概述，中國史研究動態，1988，9）；"interpretations of collect in Russia kr.4/638 Uighur document"（蘇聯所藏kr4/638回鶻文文書譯釋，新疆大學學報，1988，4）；"A study on chapter VII of the AltunYaruk in Uighur script"（回鶻文《金光明經》第七品研究，喀什師範學院學報，1988，5）；"On collection of Uighur literatures in China and its study"（我國收藏刊佈的回鶻文文獻及其研究，新疆社會科學，1989，4）；"A study on chapter VI of the AltunYaruk in Uighur script"（回鶻文《金光明經》第四卷第六品研究，喀什師範學院學報，1990，1）；"A study on chapter VIII of the AltunYaruk in Uighur script"（回鶻文《金光明經》第八品研究，新疆大學學報，1990，2）；"On collation and research of 'Kuanšiimpusar' in Uighur script"（回鶻文《妙法蓮花經·普門品》校勘與研究，喀什師範學院學報，1990，3）；"broad collection and research of Uighur Buddhist literatures"（國外收藏刊佈的回鶻文佛教文獻及其研究，西域研究，1991，1）；"A study on the Uighur 'Abhidharmakosa sutra in the National Library"（北京圖書館藏回鶻文《阿毗達磨俱舍論》殘卷研究，民族語文，1994，2），etc.

Professor *Yang Fuxue* published many articles related to the Old Uighur studies as well, and in the following some articles are cooperative works with *Niu Ruji*. His works are as follows: "A study on the ancient Uighur serf exemption document"（元代回鶻文獻——農奴免賦請願書研究，新疆文物，1988，4）；"Interpretations of two Uyghur 'yarlïq'"（兩件回鶻文敕令譯釋，新疆文物，1989，4）；"On the Uighur wood type in Dunhuang Academy"（敦煌研究院藏回鶻文木活字，敦煌研究，1990，2）；"On Uighur borrow documents from Turfan"（吐魯番出土回鶻文借貸文書概論，敦煌研究，1990，1）；"Interpretations on the ancient Uygur Manichaean repentance text collected in Paris"〔巴黎藏敦煌本回鶻文摩尼教徒懺悔文譯釋，敦煌學（16），1990〕；"About on Several problems Qocho Uighur from a Manichaean document"（從一份摩尼文文書談高昌回鶻的幾個問題，喀什師範學院學報，1990，4），"On the ancient Uighur fragment from Dunhuang Academia"（敦煌研究院珍藏的一頁回鶻文殘卷，敦煌研究，1991，2）；"Interpretations of the ancient Uighur mallet from Turfan"（吐魯番出土回鶻文木杵銘文初釋，甘肅民族研究，1991，4）；"Interpretations of the ancient Uighur inscriptions of Yulin Grottoes No.25"〔安西榆林窟25窟前室東壁回鶻文題記譯釋，中國民族古文字研究（3），天津古籍出版社，1991〕；"A Uighur monastery precious document"（一份珍貴的回鶻文寺院經濟文書，西北民族研究，1992，1）；"Discuss on the translations of Uighur Manichaean monastery document"（回鶻文摩尼教寺院文書釋文的幾處商榷，西北史地，1992，4）；"A study of five Uighur Manichaean fragments"（五件回鶻文摩尼教文獻考釋，新疆大學學報，1993，4），etc.

In this stage, the Chinese scholars also published a number of monographs on the studies of the Old Uighur texts, which are listed in the following way. The works published by professor *Geng Shimin* are as follows: "Ancient Uygur Poetry anthologies"（古代維吾爾詩歌選，新疆人民出版社，1982），"Oguz Khan legend"（烏古斯可汗的傳說，新疆人民出版社，1982），"An Introduction to the culture and literatures of ancient Uygur"（維吾爾族古代文化和文獻概論，新疆人民出版，1983）；The works by professor *Hu Zhenhua* and *Huang Runhua* are: "Qocho Uighur vocabulary of Ming Dynasty"（明代文獻高昌館課，新疆人民出版社，1981）；"Qocho Uighur vocabulary, Chinese language and Uighur language classification Vocabulary of Ming Dynasty"（高昌館雜字——明代漢文回鶻文分類詞彙，民族出版社，1984）；*Israpil Yusuf*'s work is "Ancient Uyghur document 'Maitrisimit' 1"〔回鶻文《彌勒會見記》（1）新疆人民出版社，1987〕，etc.

The research results listed above indicate that from 1975 to 1990 the studies of the Old Uighur texts in China have a profound development. There are more universities began to offer the Old

Uighur language courses, and also began to have the graduate program. More institutes and scholars are involved in this field, and certainly the fruitful research results in this stage would be benefit for the later studies.

3. Comprehensive Study stage（1990–2015）

From the 1990s onwards, more young scholars joined in the research works on the old Uighur texts. Together with the older generation scholars, they are not only doing the extensive and intensive studies on the Uighur texts, but also using the Chinese historical materials to study the Uighur texts, and by doing so it really gives a better comprehension on the certain old Uighur texts.

During this period, *Geng Shimin* was still active on the studies of the Old Uighur texts, and he published the following works: "Ancient Uighur literatures collected in each countries" （各國收藏的回鶻文文書概況，語言與翻譯，2002，1）; "A study of ancient Uighur fragment 'Abitaki'" （回鶻文《十業道譬喻故事花環》殘卷研究，法源，2007，25）; "A study of ancient Uighur fragment 'Abitaki' of Hami version" （回鶻文《十業道譬喻故事花環》哈密本殘卷研究，中央民族大學學報，2008，1）; "A study of ancient Uighur fragment 'Abitaki'（3）" ［回鶻文《十業道譬喻故事花環》殘卷研究（3），新疆大學學報，2008，1］; "A study of ancient Uighur fragment 'Abitaki'（4）" ［回鶻文《十業道譬喻故事花環》殘卷研究（4），喀什師範學院學報，2008，1］. Professor Li Jingwei's work "On the adjectives of Qocho Ancient Uighur Document Language" （高昌回鶻文獻語言的形容詞，喀什師範學院學報，2001，2）, etc.

From 1988 to 1995 Dunhuang Academy has conducted archaeological excavations in North of Mogao Grottoes, and found a number of Uighur texts. And these texts were mainly studied by professor *Zhang Tieshan*, who has published the following papers: "A fragment of Uighur version of Samyuktagama sutra Unearthed from the cave B53 in North Area of Dunhuang Mogao Grottoes" （莫高窟北區B53窟出土回鶻文《雜阿含經》殘葉研究，敦煌研究，2001，2）; "A study of ancient Uighur fragment Madhyamagama sutra Unearthed from North area of Dunhuang Mogao Grottoes" （敦煌莫高窟北區出土回鶻文《中阿含經》殘葉研究，中央民族大學學報，2001，4）; "A fragment of ancient Uighur version of Samyuktagama sutra Unearthed from the cave B159 in North Area of Dunhuang Mogao Grottoes" （敦煌莫高窟北區B159窟出土回鶻文《別譯雜阿含經》殘卷研究，民族語文，2001，6）; "A study of Uighur fragment Abhidhamakosasastra unearthed from the cave B 52" （敦煌莫高窟北區B52窟出土回鶻文《阿毗達磨俱舍論實義疏》殘葉研究，敦煌學輯刊，2002，1）; "A fragment of ancient Uighur version of Samyuktagama sutra Unearthed from the cave B159 in North Area of Dunhuang Mogao Grottoes（2）" ［敦煌莫高窟北區B159窟出土回鶻文《別譯雜阿含經》殘卷研究（二），民族語文，2003，1］; "A study of Uighur fragment 'Avatamsaka in 80 chapters' from B128" （莫高窟北區B128窟出土回鶻文《八十華嚴》殘頁研究，中央民族大學學報，2003，4）; "Tree fragments of ancient Uighur Buddhist version from North area of Dunhuang Mogao Grottoes" （敦煌莫高窟北區出土三件回鶻文佛經殘片研究，民族語文，2003，6; "Two Buddhist sutras in Uighur script from North area of Dunhuang Mogao Grottoes" （莫高

窟北區出土兩件回鶻文佛經殘片研究，敦煌學輯刊，2003，2）；"Tree fragments of ancient Uighur Buddhist sutras from North area of Dunhuang Mogao Grottoes"（莫高窟北區出土三件珍貴的回鶻文佛經殘片研究，敦煌研究，2004，1）；"On the Uighur fragments Sukhavati-vyuha from North area of Dunhuang Mogao Grottoes"（敦煌出土回鶻文《大乘無量壽經》殘頁研究，民族語文，2005，5）；"On the Uighur Ksantïqïlγuluq nom bitig from cave B128 of Dunhuang Mogao Grottoes"（莫高窟北區B128窟出土回鶻文《慈悲道場懺法》殘葉研究民族語文，2008，1），etc. Based on these new foundings Professor *Aydar Mirmakal* published as follows: "On fragment 'Jingangjin' from North area of Dunhuang Mogao Grottoes"（敦煌莫高窟北區石窟出土《梁朝傅大士頌金剛經》殘葉研究，新疆大學學報，2006，3）；"A study of two Buddhist Uyghur fragments from North area of Dunhuang Mogao Grottoes"（敦煌莫高窟北區出土的兩件回鶻文佛教文獻殘片研究，敦煌研究，2008，4）；etc.

Professor *Liu Ge* focused on the Uighur documents and she published a series of papers on this topic, such as: "On the biräksügsüz in Uyghur documents and '一無懸欠' in Chinese similar documents"（回鶻文買賣文書中的biräksügsüz與漢文同類文書中的"一無懸欠"考，民族研究，2001，2）；"On the 'bil' in Uighur documents and "知" in Chinese documents"（回鶻文契約中的"bil"與漢文契約中的"知"現象考，民族研究，2002，5）；"A study of Written backwards in Uyghur documents"（回鶻文契約上的倒寫文字，民族研究，2003，5）；"On the 'baš bitig' in Uyghur documents"（回鶻文契約文書中的"元契"考，陝西師範大學學報，2005，5）；ets.

In addition, scholars also studied the Old Uighur language in itself. The results are as follows: *Zhang Tieshan*'s works: "On the word stress in ancient Uygur literatures"（論回鶻文文獻語言的詞重音，新疆大學學報，2003，3）；"About the short vowel e [e] of ancient Uyghur literature Language"（關於回鶻文獻語言的短母音e[e]，語言與翻譯，2003，2）；"On voice harmony of ancient Uyghur literature Language"（試論回鶻文獻語言的語音和諧，語言與翻譯，2004，2）；*AblikemYasin*'s works: "A study of Numerals in Uyghur documents from Turfan"（吐魯番回鶻文世俗文書語言數詞研究，新疆大學學報，2001，1）；"A study of the verb conditional expression in Uyghur documents from Turfan"（吐魯番回鶻文世俗文書動詞條件式研究，語言與翻譯，2002，2）；*Zhao Yonghong*'s works: "On the Word Features of ancient Uyghur literature Language"（回鶻文獻語言詞彙的特點，語言與翻譯，2005，2）；"On the Voice Category of verbs and its characteristics in ancient Uygur literature Language"（回鶻文獻語言動詞的語態範疇及其特點，民族語文，2005，2）；"On the Influences of Buddhism Culture on the vocabulary of Uyghur language"（試論佛教文化對回鶻語詞彙的影響，西域研究，2003，4）；etc.

One of the most prominent features of this stage is that more research monographs on the studies of the Old Uighur texts were published, such as professor *Geng Shimin*'s works: "An introduction to Dunhuang Turkic Uighur fragments"（敦煌突厥回鶻文書導論，臺灣新文豐出版公司，1994）；"Papers on Literature and History of Xinjiang"（新疆文史論集，中央民族大學出版社，2001）；"Study of the ancient Uyghur Documents"（維吾爾古代文獻研究，中央民族大學出版社，2003）；"Study of socio-economic documents in Uyghur scripts"（回鶻文社會經濟文書研究，中央民族大學出版社，2006）；"Guide of ancient Uyghur documents"（古代維吾爾文獻教程，民族出版社，2006）；"The Uighur Scripts Hamilton research"（Study of Hami version 'Maitrisimit' in Uyghur scripts"（回鶻文哈密本《彌勒會見記》研究，中央民族大學出版社，2008）. Professor *Li Jingwei*'s works: "Study of Turfan Uyghur socio-economic documents"（吐魯番回鶻文社會經濟文書，新疆人民出版社，1996）; "Research in Uighur socio-economic documents"（回鶻文社會經濟文書研究，新疆大學出版社，1996）; "Study of Qoco ancient Uyghur literature Language"（高昌回鶻文獻語言研究，新疆大學出版社，2003）. Professor *Niu Ruji*'s works: "ntroduction to Uighur ancient writings and literatures"（維吾爾古文字與古文獻導論，新疆人民出版社，1997）; "Uighur Buddhist literatures"（回鶻佛教文獻，新疆大學出版社，2000）. Professor *Zhang Tieshan*'s works: "Turkic philology"（突厥語族文獻學，中央民族大學出版社，2005）; "On the structures and characteristics of ancient Uyghur literature language"（回鶻文獻語言的結構與特點，中央民族大學出版社，2005）. Professor *Yang Fuxue*'s works: "Shazhou Uighurs and its literatures"（沙州回鶻及其文獻，甘肅文化出版社，1995）; "Uighur Buddhism"（回鶻之佛教，新疆人民出版社，1998）; "Study on the ancient Uyghur literature language of Western region and Dunhuang"（西域敦煌回鶻文獻語言研究，甘肅文化出版社，1999）; "Uighur literatures and cultures"（回鶻文獻與回鶻文化，民族出版社，2003）; "Indian religion and Uighur folk literature"（印度宗教文化與回鶻民間文學，民族出版社，2007）. Professor AblikemYasin'sworks："Study on the language structure of Uyghur Documents"（吐魯番回鶻文世俗文書語言結構研究，新疆大學出版社，2001）. These works above indicate that the Chinese scholars in this filed have done the comprehensive studies, not only just focus on the old Uighur texts, but also analyze the language in itself.

In the past 65 years, the studies on the Old Uighur texts in China have developed from a blank start to fruitful comprehensive research stage. We have the great scholars and their excellent works, which gradually forms the research traditions and foundation in this field, and fortunately, many young researchers are working in this field now. This article gives an overview on the Studies of the Old Uighur texts and supplies the information of the relevant research works published by the Chinese scholars in the past 40 years. Even though the huge number of Old Uighur texts were found and collected in China, there are still new materials which are found in China recent years, therefore, many further works still need to be done in the future.

Abbreviations

喀什師範學院學報：Journal of Kashgar Teachers College
考古學報：Acta Archaeologica Sinica
敦煌研究：Dunhuang research
民族研究：Ethno-National Studies
民族语文：Minority Languages of China
西北民族研究：Northwest Ethnic Studies
西域研究：The western regions studies
世界宗教研究：Studies in World Religions

文物：Cultural Relics
語言與翻譯：Language and translation
中國史研究動態：Trends of Recent Researches on the History of China
中央民族學院學報：Journal of Minzu University of China

A Dunhuang Tibetan Manuscript of "Ārya-samādhyagrottama" kept at the IOM RAS

Alexander Zorin

Abstract: This paper introduces a small Tibetan book from Dunhuang kept at the IOM RAS that contains a copy of *'Phags pa ting nge 'dzin mchog dam pa*, one of the Buddhist sūtras that emphasize the importance of the practice of samādhi. Some paleographical features of the manuscript as well as its contents are characterized. The manuscript presents an old version of *'Phags pa ting nge 'dzin mchog dam pa* that is different from those of later editions of the Tibetan Buddhist Canon. Its comparison with fragments of two other Dunhuang copies of the same text found in Paris seems to support the assumption that there did exist such an old version of the sūtra.

Key words: Tibetan manuscripts; Dunhuang; Buddhist sūtras; *Ārya-samādhyagrottama*; paleography; textology

The collection of Tibetan Dunhuang manuscripts kept at the IOM RAS consists mostly of the copies of two popular texts, *Aparimitāyurjñāna-sūtra* (204) and *Prajñāpāramitā-hṛdaya-sūtra* (10), all of them being rather standard scrolls. In addition to them there are five small-sized *pothi* books that are important as textological evidences of the initial stage of the spread of canonical Buddhist literature in Tibetan. Three of these books and two of the scrolls with *Aparimitāyurjñāna-sūtra* were a part of the first package with Dunhuang materials acquired by the St. Petersburg Academy of Sciences. In 1911, the package was sent by Nikolai Krotkov (1869—1919), the Russian consul in Urumqi,[①] and it was passed to the Asiatic Museum (now the IOM RAS).[②] The other two *pothi* books were passed to it in 1917, they had also been acquired by efforts of N. Krotkov.[③]

This paper presents the preliminary analysis of one of the books, Дх. ТИ6.217, that contains a single text, namely *'Phags pa ting nge 'dzin mchog dam pa* (Skt. *Ārya-samādhyagrottama*). The size of the book is 28,2/28,4 × 8,5/8,5 cm. It contains 28 folios made of rather thick brownish paper, presumably produced in Dunhuang. There is no title page, the text starts right on the recto side of f. 1 with the standard initial part that contains the titles in Sanskrit and Tibetan (Fig. 1).

[①] On Krotkov see [Pang 2006], [Bukharin 2016].

[②] On the history of the collection see [Zorin 2012].

[③] I identified these two books while processing the IOM RAS Tibetan collection and passed them to the collection of Tibetan Dunhuang manuscripts, in 2015.

Both recto and verso sides of each folio arrange text in five horizontal lines (f. 27 v. — six, f. 28 v. — two), written along thin stripes so that the so-called *heads* (*dbu*) of the Tibetan letters are evenly placed under them. On ff. 1—18, the fifth of the stripes is the lower border of the text space, the other folios have stripes put less regularly. Vertical stripes divide right and left margins of the folios. The left margins of the recto sides have the Tibetan letter *Ka* and page numbers from 1 to 28 written in the upper part of the margin. Moreover, each folio has a hole in the center marked with a circle around it. The text and all the lines are put with black ink.

The manuscript seems to have been produced by one scribe, of moderate calligraphic skills, although the size of the letters may differ. The text was revised by the same person:

— a number of syllables were diligently rubbed away so that they are usually illegible and replaced with correct ones;

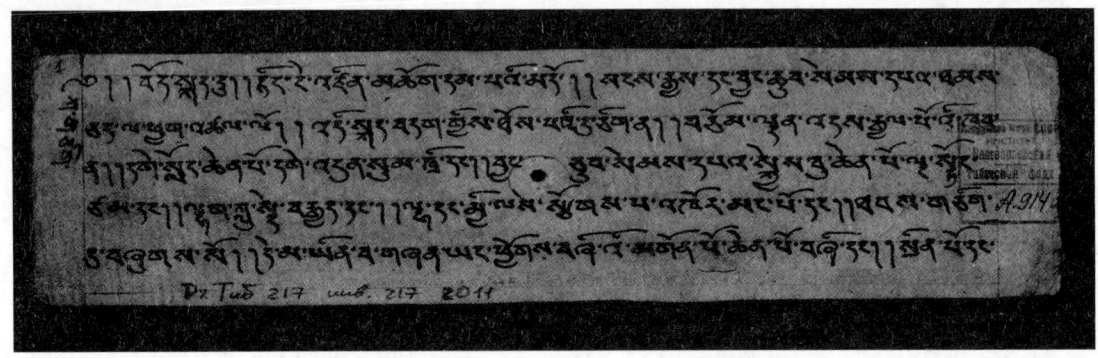

Fig. 1. The first page of Дх. Тиб. 217

— some fragments are added below the text, such places being normally marked with plus or small cross signs;

— f. 22 has a paper application with a revised fragment on each side — with 6 syllables on the recto side, and 10 syllables on the verso side (Fig. 2).

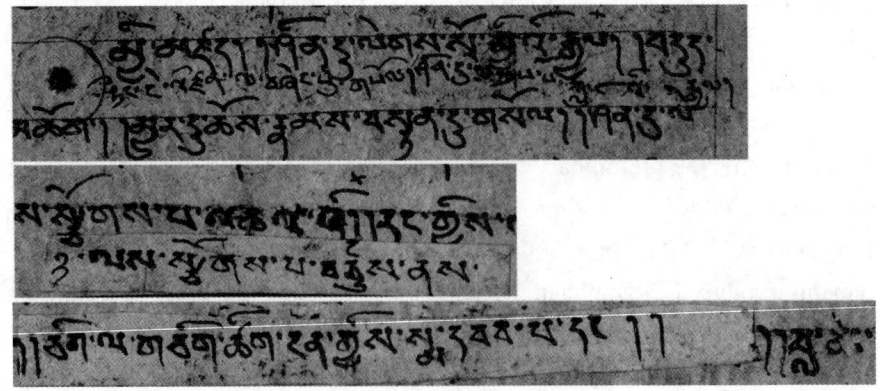

Fig. 2. Some examples of corrections of the text made by the scribe: 1) f. 2 r.; 2) f. 22 r.; 3) f. 22 v.

The following features relating to orthography of the manuscript, indicating the use of old orthography and, in certain cases, some peculiarities of the scribe, can be listed (some them can be seen on Fig. 3):

— the *my-* pattern for words starting with *mi-* and *me-* is normally used;

— the inverted *gi gu* sign is attested from time to time;

— particles *'i* and *'o* (with the letter *'a chung*) are usually separated from the preceding syllables with the *tsheg* sign (e.g. *bcu 'i, bya 'o*, etc.);

— a special ligature for the combination *sp-* (as in *spyod* or *spong*, etc.) is used, it is similar to the one used in *dbu med* script (this feature is shared with some later mss, e.g. Ablaikit Kagyur);

— some words have peculiar orthography, namely *byang cub* for *byang chub*, *rin cen* for *rin chen* (but *rin po che*), *bsam* (*b*) *rtan* for *bsam gtan* (the correct form is though used once), *las stsogs* for *la sogs*, *the tsom* for *the tshom*, *khyed bar* for *khyad par*, *bstan chos/bstan cos* for *bstan bcos*, *ngan tshong* for *ngan song*;

— some syllables are divided into two parts due to a lack of space because of either the hole in the center of each folio or the end of the line (e.g. *bsla — bs, tshu — l khrims, myi g — zhan*, etc.) (again, this feature is attested in later mss, e.g. Ablaikit Kagyur or some Kalmykian mss from the late 18th century to early 19th century preserved in the IOM RAS);

— extra *'a chung* letters are rarely added to syllables, e.g. *brgya', seng 'ge* but they may be simple errors of the scribe since in other cases the same syllables are written without them, some *phonetic* mistakes are found in the words *skug gzugs, rgyal mtsho* and *sna mtshogs*;

— unlike some other Dunhuang mss, Дх.Т и 6.217 has no *tsheg* signs before the *shad* signs, even after the words ending with the letter *ng*;

— ff. 2—9 mark the ends of the replicas of the Buddha and his disciples with vertical dotted lines written in between the double *shad* signs, that can be rendered as — |⋮| (the number of dots is either four or five).

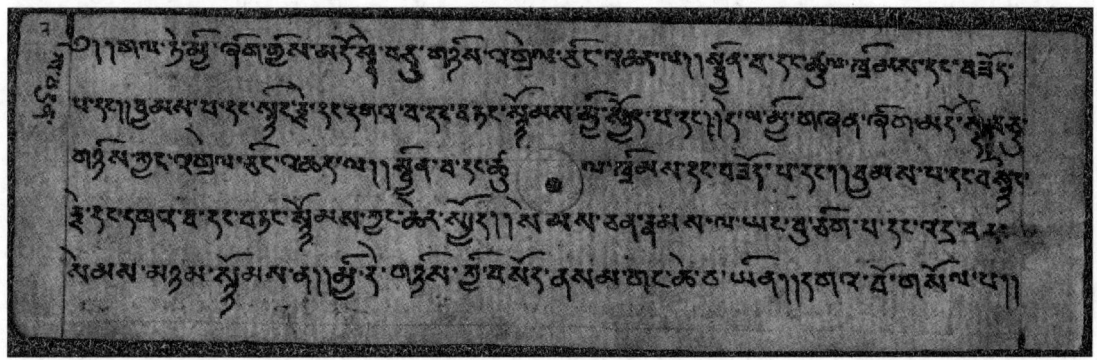

Fig. 3. F. 7 r. Pay attention to 1) the my- pattern in myi zhig, myi spyod, myi gzhan etc.; 2 the inverted gi gu sign in bsnyIng; 3) the special ligature for sp- in spyod; 4) the syllable 'tshul' divided with the encircled hole into two parts; 5) the |⋮| sign which is used to mark the end of the Buddha's and Nanda's replicas in this manuscript (ff. 2—9) but put in this particular place mistakenly

Before we turn to textological comparison of the manuscript with later versions of the Tibetan text of the sūtra as preserved in various editions of Kagyur let us consider its contents and place amidst other canonical texts.

The synopsis of *TheHoly[Sūtra] of the Most Supreme Samādhi* can be presented as follows.

The Buddha resides in Rājagṛha along with his retinue which is described. The Buddha enters the samādhi of light (*'od zer gyi ting nge 'dzin*) and utters no words for some time so that his retinue starts worrying. Mañjuśrī recites a prayer asking the Buddha to leave the samādhi and explain the meaning of the single vehicle. The Buddha leaves the samādhi and invokes his disciples not to worry and ask him any questions they like.

One of them, Nanda (Dga' bo), starts a long dialogue with his Teacher asking about the reason why he cannot attain the Enlightenment even though he heard so many teachings. The Buddha explains that learning a lot is not effective if one does not practice the samādhi which is like the lion amidst the beasts or Sumeru amidst the mountains. By means of a long series of comparisons he shows to Nanda how much precious and meritorious this practicing is, being the only way to enter and realize the full meaning of his teachings.

The Buddha then tells a story about one of his previous lives in which Mañjuśrī and he, both proud with their erudition, argued over the nature of the world — if it is perishable or eternal. Holding the wrong views brought them to the hell in the next rebirth. After escaping its terrible tortures they met the Buddha Kaśyapa who explained to them that the world is neither perishable nor eternal. The meaning of emptiness, etc. was realized by the Buddha after he practiced the samādhi for a week.[①] He describes then how great is the might of the samādhi that can "pacify" the hardest evil deeds. Using it one can see the entire universe in plain sight, make inconceivable miracles, etc. The Buddha refers to great miracles performed by Maudgalyāyana and states that they cannot be repeated by those who just "heard a lot".

Five hundred erudite monks who have stayed at the Bamboo Grove hear the Buddha's words about Maudgalyāyana's abilities and join the conversation. They exclaim that they rather abandon learning and start practicing the samādhi but the Buddha claims that doing so would be like crossing the sea without a ship, etc. He then explains four stages of dhyāna and various technical aspects of their practicing (e.g. the way one should meditate on one's body). The monks start practicing according to his instructions and in seven days become the Arhats and make many miracles following the Buddha's invocation.

Afterwards, Nanda asks the Buddha for how long the sentient beings practicing the Dharma can obtain the virtuous results after he passes away. A detailed prophecy by the Buddha follows — finally, after a long period of gradual degradation,[②] the time will come when the Buddha's disciples cannot obtain the four virtuous results, his temples and caityas get all empty, etc. Nanda gets much distressed but the Buddha invokes him to stop crying and do his best to spread Buddhist sūtras in the world. Nanda takes an oath to do it. Indra, deities

---

[①] The English translation of this fragment of the sūtra is provided in [Shantarakshita 2011: 249].

[②] Describing the faults of the Buddha's followers in the times coming, the Tibetan text of the prophecy uses the word *bon chos* that reminds us about the practice of translators of Chinese apocryphal sūtras [van Schaik 2013: 252—253].

and human beings promise Nanda that they will go to any place to listen to those reciting the sūtras, even a single śloka or a single word of them. A lot of the Buddha's disciples who have heard this sūtra obtain various virtuous results.

Thus, the main idea of the sūtra is that while learning various aspects of the Buddhist teaching is fundamental it is through practicing the samādhi that the virtuous results can be attained. In this sense, the samādhi is called *supreme*. In the later sets of the Tibetan Buddhist canon this text was placed amidst other sūtras dealing with the theme of the samādhi practicing (vols. Thu and Du in Beijing ed., Da and Na in Derge ed.).

This particular sūtra was produced more than once in Dunhuang. There were at least two more manuscript copies — I could identify two folios from them. They are preserved at the National Library of France, Paris, as Pelliot tibétain 720 and Pelliot tibétain 900 (one of the two folios, the other belongs to a different text).[①] A question may arise then — why was this sūtra repeatedly reproduced as a separate text? My assumption is that it was mainly because of the Buddha's prophecy and the urgent call to spread the sūtra in the world contained in it.

The text of Дх. Тиб. 217 has a lot of different readings in comparison with the later canonical editions which are not purely orthographical variations but significant ones, with different words or different order of words used. There are even three long passages that our manuscript lacks and, on the contrary, two passages that the later editions lack. While the lack of some text in our manuscript could be explained with lapses of the scribe, the opposite thing hints at the existence of a principally different older version of the sūtra.

The comparison of Дх. Тиб. 217 with fragments kept in Paris is demonstrated below and it seems to support my assumption to some extent. Although both Paris folios (Pel.) are closer in many cases to the later Kagyur versions (K) which are more or less the same in spite of few insignificant variations that can be omitted here, there are some important similarities between Pel. and Дх. Тиб. 217 that contradict K (marked bold). The following transliteration is based on Дх. Тиб. 217 (No. 720: ff. 8 r. 4 — 1 v. 1; No. 900: 15 r. 3 — 16 v. 1) but it is arranged according to the Paris folios; the readings of K are borrowed from the modern comprehensive Beijing ed. [Kagyur: 489—490; 494—495, resp.]

720 r.

snyoms kyang spyod de| |tshul khrims chal[Pel./K 'chal] pa dang | tshul khrims bsrungs la [Pel. srung ba la; K srung ba dang] la yang [Pel./K –la yang[②]] sems gnyis su myed cing| |nam ka [K mkha'] ltar mnyam ste [Pel./K mnyam ba/pa dang] | |sems can gyi skyon thams cad myi mthong zhing| | [K –| |] <sems can rnams la>[③] bu cig [Pel./K gcig] pa dang 'dra bar snyoms ste [Pel. de;

---

① This identification was made with the use of the search tool of the IDP web-site [IDP] that presents the transliteration of the initial lines of the fragments; some other fragments may be found over time. The two identified folios are too different in regard to their size and some textual features (6 and 5 lines per page resp., No. 720 has a decorative hole in the center) to belong to one manuscript. But the scribe of both ff. seems to be the same.

② Absent parts are marked with the minus (–) sign.

③ The left edge of this Paris folio is damaged.

K te] | |dgra sdang ba la yang nam ka [K mkha'] ltar mnyam [Pel. bnyam] ba dang| |de la myi zhig phyogs su brgyas [Pel./K rgyas] pa'i mdo sde bcu gnyis la skur pa myi 'debs na| | [K –| |] myi de gnyis <kyi bsod nams gang che ba> yin| |dga' bo gsol pa| |phyogs su rgyas pa'i mdo sde bcu gnyis la skur pa ma btab na| |myi de 'i bsod nams ni tshad myed grangs myed de [K tshad ma mchis grangs ma mchis te] | bsam gyis mi khyabs [Pel. 'khyab; K khyab] bo [K pa lags so] | | <bcom ldan 'das kyis [K dga' bo la] bka'> stsal pa| |gzhan yang myi zhig gyis [Pel. gis; K gi] gong du smos pa'i bsod nams thams cad kyang [Pel. |] stong gsum gyi stong chen po 'i 'jig rten gyi khams gang bar byed nus la <| |mdo sde bcu gnyis dang| |bs>tan chos 'u da [Pel./K ta] bco lnga snyed kyang kha ton [Pel. thon] dang| | [K –| |] 'grel [K 'brel] zhing [Pel./K cing] 'chad nus ste [Pel./K te] | |tshul khrims dang bzod pa dang| |byams pa [K byams pa la sogs pa] yang spyod| |sbyin pa yang byed de| |mang du thos pa'i mchog tu yang gyur la| |[K –| |] chos thams <cad kyang [K –kyang] stong zhing zhi ba'i don> yang ston to [Pel./K te] | |nyan pa'i rnams [K –rnams] mngon bar shes pa lnga [Pel. la] thob par byed de| |de ltar phan ba dang [Pel. |] bde ba'i don byas kyang [Pel. |] des [Pel./K des ni] myi zhig nyin cig [Pel./K gcig] gam| |mtshan gcig gam [Pel./K – gam] ting nge 'dzin du zhugs

720 v.

<pa tsam myi phod do|:|de ci >'i phyir zhe na| | mang du thos pa'i gang zag ni| |ri 'am rgyal [Pel./K rgya] mtsho ltar nga rgyal kyi [Pel./K gyi] sems che 'o| |de ltar nga rgyal che ba ni [Pel. |] ngan tshong [Pel./K song] gsum [Pel./K – gsum] du bskal pa grangs myed pa'i [K kyi] bar du sdug sngal [Pel./K bsngal] myong bar <'gyur ro| |dmyal ba de las> [Pel. |] thar na yang| |'dab chags kyi [Pel. gyi] bar [K byar] skye bar 'gyur na| | [K –| |] mang du thos pa la ni [Pel./K –ni] phan ba ci yod| |gang la bsam gtan gyi ting nge 'dzin yod pas [Pel/K pa] ni| | [Pel./K – | |] skye shi 'i [Pel. shir] 'khor ba'i sdig pa [Pel. –sdig pa; K –pa] kha na ma tho ba'i las lci ba <byang bar nus so| | mang du th>os pa ni rtswa dang 'dra [K 'dra'o] | |bsam gtan gyi [Pel./K –bsam gtan gyi] ting nge 'dzin ni mye dang 'dra 'o [Pel. –'o] | |mang du thos pa ni lcags dang 'dra [K 'dra'o] | |bsam rtan [Pel./K gtan] gyi ting nge 'dzin ni gser dang 'dra 'o| |mang du thos pa ni rtswa gtubs [Pel. gdugs; K rtsi bdug] pa dang 'dra [K 'dra'o] | | <bsam rtan gyi ting nge 'dzin> ni rtswa 'i snying [Pel./K rtsi'i sdong] po dang 'dra 'o| |mang du thos pa ni gtsang [Pel. rtsang] po dang 'dra [K 'dra'o] | |bsam rtan [Pel./K gtan] gyi ting nge 'dzin ni rgyam [Pel./K rgya] mtsho dang 'dra ste| |nga [Pel./K ngas] bsam rtan [Pel./K gtan] gyi ting nge 'dzin gyi [Pel. ting nge 'dzin gyi ting nge 'dzin] <bsod nams dang yon tan> bshad na| | [Pel./K –| |] zad pa'i mtha' myed de| | [K –| |] bskal par yang bshad te [Pel./K – bshad de] myi rdzogs so| |bcom ldan 'das kyis [Pel./K dga' bo la] bka' stsal pa| |nga mngon [K sum] du dran ba sngon 'das pa'i dus cig [Pel./K –cig] na| | [K –| |] mang du thos <pa'i skye bor gyur pa'i tshe na [K –na] | |'>jam dpal dang [K dang nga gnyis] yod myed gnyis kyi bden pa la brtsod [Pel. yod med gyi bden ba gnyis las rtsod; K yod med gnyis la rtsod] par gyur te | |'jam dpal ni yod do [K –do] zhes [K ces] smra| |ngas [Pel. nga] ni myed do zhes smras ste [K te] | | yod myed gnyis kyi [Pel. gyi] bden ba las [Pel./K la] bstsod [Pel./K rtsod] par gyur te| |gcig du

900 r.

tsam zhig tham+ ○ s cad mang du thos pa slob [K rlom] pa las| |bcom ldan 'das kyis dga' bo la| | [K –| |] me'u 'gal [K maud gal] gyi bu 'i rdzu 'phrul dang| |ting nge 'dzin mchog go zhes gsungs pa thos nas| | [K –| |] sangs rgyas gang na bar der lhags te [Pel. ste; K nas] | |bcom ldan 'das kyi zhabs la mgo bos phyag 'tshal nas| | [K –| |] sangs rgyas la 'di skad ces gsol to| |bcom ldan 'das bdag cag mang du thos pa bslabs te| |mdo sde bcu gnyis kyang [Pel. |] khong du chud pas| | [K –| |] rgyal khams chen po bcu drug snyed kyang| | [K –| |] bdag cag la sangs rgyas dang 'dra bar gus shing bkur sti bgyid [Pel. bgyis; K bgyi] na| |ci 'i slad du bcom ldan 'das kyis mang du thos pa [Pel. pa'; K pa ni] nam [Pel. rnams] yang [Pel. yang dag pa] bla na myed pa'i byang cub [Pel./K chub] thob par myi 'gyur ro [K | |] zhes

900 v.

gsungs [Pel. gsung] shes [Pel./K zhes] gsol pa dang| | [K bcom ldan 'das la] dge slong lnga rgya po mthun bar | | [Pel./K – | |] dus gcig du [Pel. |] bdag cag ni mang du thos pa spang zhing| | [K –| |] bsam [Pel./K gtan] gyi ting nge 'dzin slobs [Pel. slob; K la slob] bo zhes gsol to| |bcom ldan 'das kyi [Pel. kyis|; K kyis] dge slong rnam [Pel./K rnams] la bka' stsal pa| |dge slong khyed mang du thos pa spangs [Pel. spang] ste [K te] | |bsam rtan [Pel./K gtan] gyi ting nge 'dzin la 'jug go zhes ma smra cig [Pel./K shig]| |ngas ltas [Pel./K bltas] na khyod [Pel./K khyed] kyi shes pa [K shes rab] ni [Pel. |] sbrang o bu 'i 'dab mas [Pel. |] nyis [Pel. gnyi; K nyi] zla sgribs [Pel. bsgrib; K sgrib] par ' dod pa dang| |dmus long gyis [Pel./K gis] ri rabs [K rab] lhun po la 'dzag [Pel./K 'dzeg par] 'dod pa dang| |gru gzings myed par rgya mtsho la rab [Pel./K rgal] 'dod pa dang| |bya 'dab ma chags [K chag] pa [Pel. pas] nam ka [K mkha'] la phur [Pel./K 'phur] 'dod pa bzhIn du| | [K –du| |] khyed kyang de dang 'dra ste| | [Pel/K. 'dra'o] zhes [Pel. |] bka' stsal pa dang| |dge slong de [K –de] rnam [K rnams] shi ba tsam du 'jig [K 'jigs] shing bskrags [Pel. skrags; K skrag] pa'i

It would be surely desirable to compare the Dunhuang manuscripts of the sūtra with oldest manuscripts of the Tibetan Buddhist canon. The Wien University Project "Resources for Kanjur&Tanjur Studies" provides us with the colophons of the sūtra as found in all the known canonical sets, including Old Mustang Kanjur, Phugbrag Kanjur, etc. [RKTS]. None of them is identical with that of Дх. Тиб. 217 that runs as follows - *'phags pa ting nge 'dzin mchog dam pa zhes bya ba'i mdo| |rdzogs so| |*, the words *zhes bya ba'i mdo* being its unique feature（Fig. 4）.

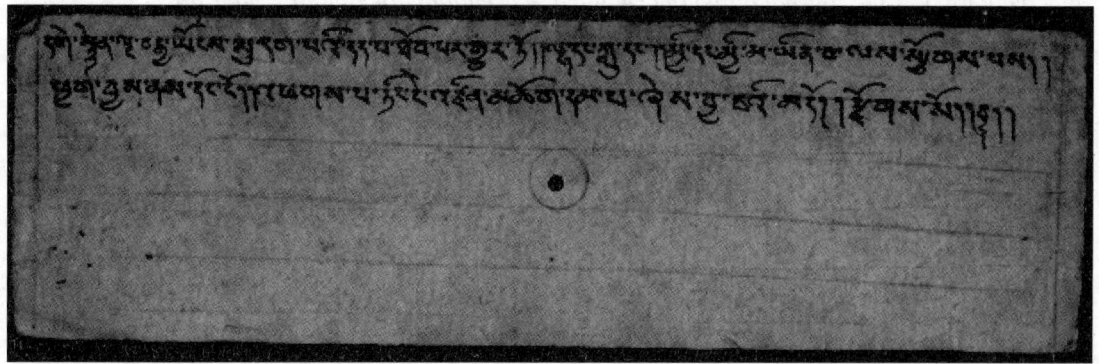

Fig. 4: f. 28 v. — the colophon

Thus, it is possible that the pothi manuscript Дх. Тиб. 217 has kept for us an ancient version of the Tibetan translation of Ārya-samādhyagrottama. The sūtra was relatively popular in Dunhuang, at least three copies were made — one full copy is preserved in St. Petersburg and two folios from two other copies were identified in the Paris collection; its popularity could be connected with the

Buddha's prophecy and his urgent call to spread the sūtra contained in the text. The further study of Tibetan texts from Dunhuang preserved in various places in the world is needed to find more fragments of this sūtra that can give us new information on the circumstances of the development of this text in Tibetan.

List of literature

IDP: Inventaire des manuscrits tibétains de Touen-houang conservés à la Bibliothèque Nationale (Fonds Pelliot tibétain) at the web site of the International Dunhuang Project: Nos 1-849, I — http://idp.bl.uk/database/oo_cat.a4d?shortref=PelliotTibetain_I; Nos 850-1282, II — http://idp.bl.uk/database/oo_cat.a4d?shortref=PelliotTibetain_II[29.07.2016]

Kagyur: 'Phags pa ting nge 'dzin mchog dam pa, in - *Bka' 'gyur dpe bsdur ma*. Vol. 56. Pe cin: krung go'i bod rig pa'i dpe skrun khang 2006—2009.

RKTS: entry on 'Phags pa ting nge 'dzin gyi mchog dam pa at the web-site of the project "Resources for Kanjur&Tanjur Studies" — https://www.istb.univie.ac.at/kanjur/xml4/xml/verif2.php?id=137 [29.07.2016]

Bukharin 2016: "My oba rabotaem dlya Rossii, dlya nauki…" . Perepiska S. F. Ol'denburga i N. N. Krotkova iz arkhivnykh sobranii RAN. Introduction and edition by M. D. Bukharin, in — *Scripta antiqua. Voprosy drevnei istorii, filologii, iskussstva i material'noi kul'tury*, V, 2016, p. 395–457.

Pang 2006: Pang T.A. N. N. Krotkov's Questionnaire to Balishan Concerning Sibe-Solon Shamanism, in — *Tumen jalafun jecen akū. Manchu Studies in Honour of Giovanni Stary*. Ed. by A. Pozzi, J. A. Janhunen, and M. Weiers. Wiesbaden, Harrassowitz Verlag, 2006, p. 201—210.

Shantarakshita 2011: The Adornment of the Middle Way. Shantarakshita's Madhyamakalankara with commentary by Jamgön Mipham. Translated by the Padmakara Translation Group. Boston & London: Shambhala. [E-book.]

van Schaik 2013: van Schaik S. The Naming of Tibetan Religion: *Bon* and *Chos* in the Tibetan Imperial Period, in — *Journal of the International Association for Bon Research* 1, p. 227—257.

Zorin 2012: Zorin A. The Collection of Dunhuang Tibetan Texts Kept at the IOM RAS, in — *Dunhuang Studies: Prospects and Problems for the Coming Second Century of Research*. Ed. by I. Popova and Liu Yi. St. Petersburg, Slavia Publishers, p. 365—367.

"Political Situation of Mongolia Before The Separation From Qing Dynasty"
(Materials gathered from Russian Archive)

Urangua Jamsran

Abstract: In this presentation, I will discuss over two major problems recorded in documents the pre-20th century in Russian Archives. First, after the 1904-1905 Russian – Japanese war, why did the Russians began to incorporate political and economical strategies in Mongolia? Second, what are the so called the "Mongolian issues: causes and development".

Russians concluded and created so called the "Mongolian issues". These matters were created by Qing Dynasty's intentions to colonize Mongolia in 1901-1911. The outcomes of these intentions were enormously harmful to Mongolia's existence. These conclusions are undoubtedly correct, as indicated by the course of historical events for the national independence of Mongolia. A Far Eastern policy of Tsarist Russia encouraged them actively on the issue of the Mongolian activities. Therefore, Mongolia requested Russia to help Mongolia separate from Qing dynasty.

In the light of studying those archive documents, the political situation of Mongolia before separation can be showed clearly.

Ключевые слова: источники; монголы; сепаратизм; политика; экономика
Источником исследования являлись документы:
- Об усилении политической и экономической деятельности России в Монголии. 1904-1907 гг.[1]

-Краткие сведения о политическом состоянии Монголии. Материалы экспедиции ротмистра Заамурского округа Баранова, вышедщая в изданий Штаба Заамурского Округа Отдельного Корпуса Пограничной Стражи[2].

Изучение вышеуказанных исторических источников даёт нам помимо монгольских источников, сведения о политическом состояний Монголии накануне начинания сепаристического движения монголов от Цинской империи[3] и проследить политику Царской

---

[1] РГИА Ф. 560. Оп. 28. Д. 313, 248 лл

[2] Памятная Записка Заамурского округа отдельного корпуса пограничной стражи ротмистра Баранова. Июля 20 дня. № 90. РГИА. Ф. 560. Оп. 28. Д. 313, стр. 134

[3] Северная Монголия отделилась от Цинской империи 29 Декабря 1911 г., в результате победы национально-освободительной революции

России по отношению Монголии, а также выяснить политико-экономическое состояние тогдашней Монголии.

Во время Русско-Японской войны 1904-1905 гг. Штаб квартира Заамурского округа отправили экспедиции для изучения Монголии, которые имели политические цели. Одновременно с работами военно-разведывательного характера чинами Заамурского округа велось изучение края в бытовом, административном и статистическом отношениях и велось наблюдение за настроениями местного населения. Наблюдение это обнаружило существование среди монголов довольно сильного брожения, причиной которого является, прежде всего, колонизационная политика Цинского правительства. В результате экспедиции русским удалось завязать сношения с влиятельными монгольскими князьями, организовал при их содействии отряды из туземцев для охраны нейтральной Монголии и установил бдительный надзор за деятельностью в этой области японцев.

Победоносная для Японии война[1] способствовала росту влияния Японии в Монголии, не исключая Халхи. А это представляла политическую и экономическую опасность для России, так как грозил русской торговле с Монголией.

Что из себя представляла Монголия и почему она захотела отделиться от Цинской империи

Монголия присоединилась к цинам в XVII веке, как совершенно самостоятельное автономное государство, признающее лишь свою вассальную зависимость от Цинского хаана, который сделался через признание его князьями, ханом Монголии, будучи коренным, родовым тайцзуном Манчжурии и Императором покоренного Китая. Получилась, собственно говоря, политическая уния трех государств: Монголии, Манчжурии и Китая. Административное устройство каждому государству было дано свое: Китай сохранил свой древний строй, выработанный на бюрократических началах, Манчжурия получила характер военно-пахатных поселений, образующих полки (знамена), а Монголия сохранила свой княжеский удельный строй.

Уважение к монгольской народности со стороны маньчжуров было настолько велико, что даже тем монгольским племенам, которые вошли в состав Империи, как покоренные, или в силу принятия добровольно полного подданства, все же были даны значительные автономные права. Но с течением времени, автономные права, предоставленные Монголии стали меняться в пользу окитаезированным прослойкам цинов. Последние захотели с 1901 года колонизацию Монголии, выходцами из Китайских провинций и тем самым лучшие земли, путем захвата, постепенно переходят в руки китайцев-колонистов, которыми уже образована внутри Восточной Монголии целая китайская область с собственной администрацией. В народные массы все глубже поникала идея сепаратизма – образования независимой Монголии.

Другим обстоятельством, волнующим монголов и поддерживающим их сепаратистские

---

[1] Русско-Японская 1904-1905 гг.

стремления, являлось опасение за прочность тогдашней Манчжурской династии в Китае, так как среди них существовало убеждение, что Япония стремится к замене этой династии национальной китайской. По их понятиям, при завоевании Китая манчжурами, монголы добровольно признали власть манчжурских правителей, при чем вошли в состав образованной ими империи при непременном условии сохранения удельного устройства Монголии. С падением же манчжурского двора существующая связь Монголии с собственно Китаем обрушиться, и тогда может возникнуть опасность для монгольской народности. Вызванное указанными причинами брожение сначала охватило Восточную Монголию, а затем распространилось и на другие части.

В конце XIX — начале XX в. в Монголии обостряются социальные противоречия. К этому времени решающее значение приобрела тенденция превращения Монголии в сырьевой придаток мирового капиталистического рынка. В связи с этим изменились масштабы и методы деятельности китайского торгово-ростовщического капитала, превратившегося в компрадорскую агентуру монополий империалистических держав.

В русских источниках начала XX века указывается две причины вокникновения сепаристического движения и разные точки зрения возникновения так называемого "монгольского вопроса".

Пропаганда сепаратизма ведется преимущественно духовенством, которое встретило в этом отношении поддержку со стороны высшего иерараха ламаизма – Тибетского Далай ламы, который находился в Монголии в 1906 г. Он высказывал, что прибыл из Тибета в Монголию для того, чтобы объединить с помощью северных иностранцев (русских) народы, исповедывающие ламаизм, т.е. тибетцев и монголов, при чем советовал последним держаться только русских, от которых монголы всегда могут получить покровительство.

В печать и в труды некоторых исследователей Монголии проникли взгляды, что монгольский вопрос возник под влиянием лам и, главным образом, инспирирован Далай-ламою. Не отрицая участия ламства в развитии этого вопроса, в его разработке и в пропагандировании его среди местного населения, что вполне естественно, ввиду большого умственного развития лам по сравнению с массой простого населения.

Монгольский вопрос вырос на почве политико-экономических интересов Монголии, затронутых Цинами, имеет за собою социально-аграрные мотивы, которые и сделали вопрос делом чисто народным, национальным для каждого монгола. Предпринятая ломка вековой самобытной культуры, вековых обычаев страны и всего уклада жизни затронула интересы каждого монгола.

Так называемой Цинской "Новой политике" 1901 года главное звено колонизации составляло захват монгольских земель и увеличение территории Китая за счет автономной

Монголии и тем нарушится то политическое равновесие, которое до того времени существовало между азиатскими государствами. Для Монголов колонизация ненавистна уже в силу самого захвата их лучших пастбищ и происходящего вследствие того стеснения от малоземельности на территории, оставленной под их кочевья и для пастьбы скота. Хотя покупка участков в местности, отведённой под колонии, предоставлена и монголам, но помимо неудобств нового рода хозяйства, монгол, сделавшись собственником участка, фактически делается подданным Китая, подчиняясь уже не монгольскому князю, а китайскому чиновнику, управляющему отчужденной от княжества областью. У монголов частная земельная собственность не существовала. Устройство колоний вводит в жизнь монгола совершенно новые для него понятия о частной земельной собственности, о поземельной подати, о нарушении чужого землевладения; ломает вековой уклад кочевого уклада его жизни, его социальный строй и создает аграрный вопрос, неприемлемый духом народа.

Вторым крупным нарушением автономных прав Монголии было распоряжение правительства о сборе лошадей с Халхи для китайского войска за принудительно низкую цену, т.е. введение военно-конской повинности. Был дано распоряжение о сборе лошадей с Сэцэн хановского и Түшээт хановского аймаков по 3000 голов с каждого, по 16 лан /около 25 руб./. Распоряжение это безусловно незаконно, так как Халха, как и вообще вся Монголия, согласно акту признания подданства Маньчжурскому двору, никаких податей, взимаемых с народа, не платить и повинностей не несет, исключая лишь своей обязанности выставлять в случае войны свое конное войско и содержать в пределах своей территории почту и северные пограничные заставы. Общественное мнение сильно возбуждено этим неправильным и обидным для народного самолюбия новым обложением.

Реформы, намеченные правительством Цинов к проведению в жизнь Монголии, еще более нарушают права монгольской автономии. Правительством предположено: устройство в княжествах школ с обучением в них китайскому языку как государственному[①]; размещение по Монголии китайских войск, взамен национальных монгольских и экспроприация минеральных богатств края, которые будут почитаться не собственностью хошуна, а достоянием китайского правительства. Были сняты запреты на брак монголов с китайцами и начали стеснять ламов. Истинный смысл и цель этих реформ ясны населению и служат пищей для недовольства, что и создало народное брожение, породило монгольский вопрос.

Как отмечаются в русском источнике, Монгольские князья выработали свою программу для дальнейших своих действий, которую они, путем сношения с русскими властями, желали бы осветить в смысле того, насколько она приемлема русским правительством.

1. Основным положением программы князья считают потребность получить заверение русского Правительства в том, будет ли им оказана поддержка Россией

---

① До этого цины запрешали иметь китайские имена, учиться китайскому языку слушать и петь китайские песни при борьбе их с Китаем за свои автономные права и могут ли они рассчитывать, в случае если конфликт примет острый характер. / на согласие России принять их в свое "подданство" - написанно так, но это не то выражение- Ж.У./

В случае изобличения ведущихся с Россией сношений, лица, навлекшие на себя подозрение Правительства, могли бы рассчитывать на покровительство России, которая гарантировала бы их неприкосновенность.

2. Князья желают сформировать военные сомоны по европейскому образцу. Для этого нужны инструкторы и необходимое оружие и боевые припасы. Если Россия согласится, то им необходимы справки: о цене оружия и патронов, о способах доставки его и, по возможности, о срочном снабжении их оружием.

3. Иметь при своих ставках русских дипломатических чиновников и вообще агентов. Учреждение этих должностей подымет престиж Монголии, заставит Китай более считаться с князьями и их правами. Монголия делается центром политики на Дальнем Востоке, и назначение дипломатических агентов ответит требованиям минуты и принесет России безусловную пользу при всяком осложнении, которого ожидать нужно в недалеком будущем- Это касалась Южной Монголии. В Северной Монголии Руссое консульство был открыт 1860 году.

4. Устройство летучей почты или сети телефонов, или телеграфа для связи ставок князей с линией дороги.

5. Введение специально для Монголии особой монетной единицы, которая бы формой и видом своим отвечала бы установившемуся в Монголии обычаю вести счет на ланы и фыны и в случае нужды могла бы разрубаться на дробные части, главное имела бы особую чеканку, установленную специально для Монголии. Это объединило бы княжества Монголии. В этом деле Монголия рассчитывает на Россию, конкретно на Русско-Китайский Банк.

6. Необходимы меры по борьбе с колонизацией. А для эттого хотят взять займы, с более легким условием займа. А Русско-Китайский Банк уже согласен дать займы, если так, то колонизация может быть устранена. Напротив, явится задолженность Монголии России, а следовательно, и новые мотивы для нашего на нее воздействия.

7. Князьям желательно развитие торговых сношений с Россией, открытия торговых заведений в наиболее важных пунктах Монголии.

8. Устройство по хошунам русско-монгольских школ. Сначала в Харбине или на ст. Фуляэрди.

9. Издание монгольской газеты по типу китайской «Юань-дун-бао» для духовного объединения Монголии и сближения ее с руководящими принципами русской политики.

По поводу этой программы Россия подчеркнула, что по этим пунктам программы князья «ожидают решающего слова России»① Из этих сведений источников видно, что монголы очень надеялись на помощь Царской России.

Политика Царской России

Монгольский вопрос, столько мало возбуждавши до сих пор внимания, в будущем должен был приобрести первостепенное значение для держав, заинтересованных в упрочении своего положения на Дальнем Востоке

В виду сего, по мнению генерал-лейтенанта Чичагова, представлялся существенно важным, с точки зрения интересов России на Дальнем Востоке, выяснить, какого образа действий ей следует держаться по отношению к Монголии:

-может ли Россия безучастно отнестись как к обнаружившемуся среди монголов сепаративному движению, так и к вероятному превращению Восточной Монголии, а затем и других ее частей в китайскую провинцию, в которой будет хозяйничать Япония.;

-может ли Россия, не подвергая опасности свои сообщения с Дальним Востоком, допустить в будущем соседство на протяжении 1000 верст не слабой и мирной Монголии, а богатой провинции Китая с враждебным населением;

-может ли, наконец, она уклониться, если монголы обратятся к ней за помощью и покровительством.

Предпринятая правительством система колонизации Монголии, в сущности, составляет захват монгольской территории и образование новых китайских областей. Таким образом происходит уменьшение площади дружественной русским Монголии и появление, по соседству с Россией и в непосредственном соприкосновении с полосой отчуждения КВЖД, новых китайских провинций, с населением к русским враждебным.

…Подобное территориальное усиление Китая не может быть рассматриваемо как внутренние дела Китая, но, нарушая политические взаимоотношения двух азиатских государств, требует вмешательства России. По истинному своему значению эти реформы составляют уничтожение автономии Монголии и присоединение ее к Китаю как провинции и, таким образом, являются покорением и присоединением огромного дружественного к России государства. Положение это, будучи угрожающим для целости России, дает ей безусловное право на вмешательство и на поддержку европейских держав, заинтересованных политикой Китая.

Опасность, угрожающая Монголии, сознается и ее населением, и князьями. Князья нуждаются в поддержке извне. Наиболее благоприятствующей державой, в представлении князей, является Россия. Так считали русские

Займы

В связи с активизацией японцев в Монголии, русские приняли меры по ограничению их деятельности, посредством отделения Русско-Китайского Банка в Монголии. Русско-

---

① Памятная Записка Заамурского округа отдельного корпуса пограничной стражи ротмистра Баранова. Июля 20 дня. № 90. РГИА. Ф. 560. Оп. 28. Д. 313, стр. 134

Китайский Банк не был против открытия отделений банка в Монголии. Это нужно для «воздействия в экономическом смысле» на наиболее влиятельных монгольских князей», дать им ссуда. Русско-Китайский Банк быразил готовность «выдавать эти требуемые суммы за счет Министра Финансов и следить за их погашением согласно тем указаниям, которые ему в этом смысле будут даны. Было выделено 50000 руб. в распоряжение русского посланника в Пекине на разные расходы в Монголии.

В связи с мероприятиями по усилению русских влиянии в Восточной Монголии также были даны ссуды по личным просьбам князей Южной Монголии в 1904 г. была выдана ссуда одному из Джеримских князей Удаю в 200000 руб., котрый боролся против китайцев поселившихся в Южной Монголии, в его хошуне и пахали землю. В марте 1905 года – Харачинскому князю Гүнсэннорову в 20000 лан, для открытия школы. Но ходатайства такого рода поступали регулярно. Русские считали, что выдача ссуд монгольским князьям с точки общегосударственных интересов может быть полезна, так как этим способом приобретут дружбу означенных князей, влияние среди них; в тоже самое время уменьшаем задолженность их китайцам и задерживаем китайскую колонизацию в Монголии. В итоге политика России в противодействии влиянию японцев посредством отделений Русско-Китайского банка, была выполненна успешно.

Агентура

Еще одно новое обстоятельство, способное внести серьезное осложнение в монгольский вопрос и побудил Россию к вмешательству было то что, на основании Портсмутского договора Мукденьская провинция Манчжурии отошла в сферу влияния Японии. Между тем часть Восточной Монголии, известная под именем Чжэримского сейма и прилегающая к КВЖД, подчинена наблюдению Мукденьского цзянь-цзюня. В русских источниках не раз упомиянто, то что:"... так как японцы хорошо понимают значение ее для русских сухопутных сообщений с Дальним Востоком, то, по всей вероятности, не упустят случая открыть, под покровительством цзянь-цзюня, деятельность в Вост. Монголии с целью создания дальнейших затруднений России на Дальнем Востоке. Это предположение имеет тем более основани, что японцы, повидимому, следят за сообщениями во сей Монголии и, между прочим, недавно был командирован в Ургу двух японских агентов под видом студентов, изучающих монгольский язык."

В связи с политикой России усиления экономического и политического влияния в Монголии, была организованна шпионская агентурная сеть в Монголии, в которую были привлечены офицеры Заамурского округа Отдельного Корпуса Пограничной Стражи, а руководство означенною деятельностью было сосредоточено в руках Действительного Статского Советника в Пекине Покотилова. Генеральный консул Коллежский Советник Люба в Ургу должен был принимать все меры и слежку за делами в Монголии и установить оживленные сношения с монгольскими князьями и, особенно, с Ургинским Хутухтою и окружающими его лицами. Консул все наладил, в результате чего и князья Северной Монголии обратили взор на Россию.

Торговля

В 1903 годы вошло в эксплуатацию Транссибирская железнодорожная магистраль, с тех пор сухотный путь торговли, которая проходила через Монголию, перешла на задний план. Но в России были много людей, которые были заинтересованны к оживлению торговли с монголами. Они считали, если русские изделия, особенно если их приноровить несколько ко вкусам и требованиям монгол, найдут себе бесспорный сбыт в этой стране. Русские изделия такие как сапоги готовые и сапожный товар, ножевой товар, посуды медные и эмальированные, изделия из серебра, часы карманные и столовые, ткани бумажные и шерстяные, сукно, ткани непромокаемые, изделия горной промышленности, табакерки из уральских камней имели большой спрос у монголов. Предметами вывоза из Монголии кроме лошадей и скота явятся шерсть овечья и верблюжья и кожи. Важной отраслью русской промышленности в Монголии могло бы явиться разработка золотых россыпей и других минеральных богатств.

Раздел сферы влияния

Недовольство японской военщины условиями Портсмутского договора и её стремление к новым захватам создали чрезвычайную напряжённость в русско-японских отношениях, в результате чего между Японией и Россией был подписан в 1907 г. договор. Япония по ст. 3 этого секретного договора признавала во Внешней Монголии наличие специальных интересов России и обязывалась «воздерживаться от всякого вмешательства, способного нанести ущерб этим интересам»[①].

Вместо вывода

И так русские архивные источники проявляют в с свет то что, лишь в начале XX века Россия обратила более пристальный взор на Монголию, вступив в борьбу за влияние на нее не только с Китаем, но и с Японией. Петербург постепенно начал проявлять не только политический, но и экономический интерес к этой стране. И это в конечном счете привело к тому, что монгольские князья обратились к Российской империи за поддержкой в деле отделения от Цинского двора. И Северная Монголии в декабре 1911 года мирным путем провозласила свою независимость. Россия оказала действительную помощь в деле освобождения Западной Монголии от цино-китайских войск. Борьба за объединения Северной и Южной Монголии вплоть до 1915 г. И было прерванно Кяхтинским соглащением[②] России, Монголии и Китая.

[①] Гримм Э. Д., Сб. договоров и др. док-тов по истории междунар. отношений на Д. Востоке (1842-1925), М., 1927.

[②] Кяяхтинский договор - подписан 25 мая (7 июня) 1915 года в Кяхте представителями Монголии, России и Китая, в соответствии с которым Внешняя Монголия признавалась автономной частью Китая.

Re-examination of Tangut fragment Or. 12380/3495 from the Collection of the British Library[*]

Viacheslav ZAYTSEV, Chung-pui TAI

Abstract: Although there have been several studies on the Tangut fragment with Tibetan phonetic glosses, Or. 12380/3495, which is now preserved at the British Library, some questions concerning it remain unsolved. This paper first provides a brief account of the fragment. Then it examines the damaged Tibetan writing with uncertain meaning on the top left corner of the fragment, and proposes that this Tibetan writing is in fact a phonetic gloss of the first five Tangut characters of line 5 in the Tangut text. This paper also provides a comprehensive collation of the fragment, and suggests that the source of the Tangut text should be belonging to the cult of the Thirty-five Buddhas.

Keywords: Tangut script; Tangut language; Tangut characters; Tibetan phonetic gloss; Tangut fragment; phonological reconstruction.

1. Introduction

Among all discovered Tangut written monuments there are known to be 31 fragments of Tangut texts, including five very small pieces that are broken off from larger fragments, where Tangut characters are supplemented by their phonetic gloss in Tibetan writing[①]. The Tibetan glosses in these fragments provide straightforward information on the pronunciation of Tangut characters, and play a key role in the phonological reconstruction of the Tangut language. These fragments are now preserved in two collections. 19 larger fragments and five small pieces of them are held in the Institute of Oriental Manuscripts of the Russian Academy of Sciences at St. Petersburg[②]. The

---

[*] This is an extended version of a paper presented at the 6th International Symposium on Oriental Ancient Documents Studies, St. Petersburg, Russia, October 2–6, 2016. A detailed abstract was published as: *Zaytsev V., Tai Chung-pui*. Re-examination of the Tangut Fragment Or. 12380/3495 from the Collection of the British Library // Шестая международная конференция по изучению письменных памятников Востока. Санкт-Петербург, 2–6 октября 2016 года: Сборник материалов = The 6th International Symposium on Oriental Ancient Documents Studies. Saint Petersburg, October 2–6, 2016: Abstracts. St. Petersburg: Saint Petersburg State University, 2016. pp. 105–108.

[①] The phonetic gloss in Tibetan writing is also termed as "Tibetan transcription" in previous studies.

[②] In the following the short form "IOM RAS" will be used.

British Library at London also holds five fragments. As we have already reported in 2009[①], two fragments which were originally in the Russian collection have been lost, and only photographs of them belonging to Nikolai Aleksandrovich Nevsky (1892–1937) are preserved among his archive materials kept in the Archive of Orientalists of the IOM RAS (copies of these photographs are held in the British Library as well).

The fragment concerned in this paper is one preserved in the British Library collection with the pressmark Or. 12380/3495. Although there have been several studies of this fragment, some questions regarding it remain unsolved. This paper aims to provide a re-examination and a new description of this fragment. In particular, this paper will discuss the meaning of the Tibetan writing at the top left corner of the fragment, and the reading of some uncertain Tangut words in the fragment. It is hoped that a more accurate understanding of the fragment will help us to trace the source of the Tangut text, as well as its relationship with other Tangut manuscripts, so that it will be possible to determine the approximate date of the fragment, which in turn would be crucial to the study of the Tibetan phonetic glosses of Tangut characters in this fragment.

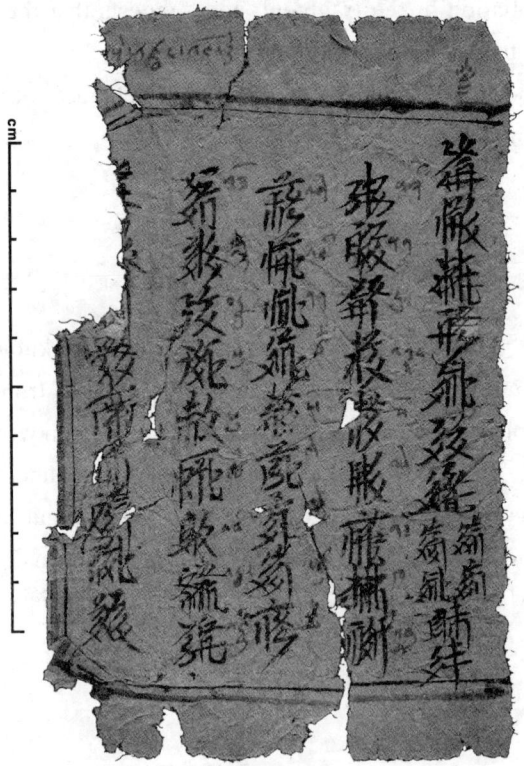

Figure 1. Tangut fragment Or. 12380/3495 from the collection of the British LibrarySource: International Dunhuang Project

---

① The paper "Two lost Tangut fragments with Tibetan transcriptions (based on the materials in N. A. Nevsky's archive fond)" (Russian "Два утраченных тангутских фрагмента с тибетскими транскрипциями (по материалам фонда Н. А. Невского)") was presented by V. P. Zaytsev at the Annual IOM Academic Session 2009 at December 2, 2009.

2. The Origin of the Fragment

The fragment Or. 12380/3495 (see Figure 1) is inventoried among the collection of Tangut manuscripts in the British Library. This collection was obtained by Sir Aurel Stein during his third Central Asian Expedition (1913–1916), excavated from Khara-Khoto at the end of May 1914. This fragment has an old inventory number "K.K.II.0280.s", in which the letters "K.K." indicate Khara-Khoto, and "II" indicates the spot where this object was found. According to the record of Stein's expedition, "K.K.II" is the ruined shrine about 400 meters to the west of the town of Khara-Khoto, that is, the remains of the "famous" or "celebrated" suburgan (Russian "знаменитый" субурган) excavated by the Mongolia and Sichuan Expedition (1907–1909) of Pyotr Kuzmich Kozlov during the end of May and beginning of June 1909. At this spot, Stein's team found rag-like fragments exposed to air, but there were still manuscripts in fair condition below the debris[1]. According to Stein, his team acquired "over eleven hundred written, and about three hundred printed, leaves" in Tangut writing[2].

After this exploration, the documents and fragments in Tangut, as well as other languages, were deposited at the India Office Library in Delhi[3]. Later the manuscripts were transported to the British Museum and were kept here until 1973, when the Stein Collection was moved to the newly established British Library. This collection is known to have five Tangut fragments where the Tangut characters are supplemented by phonetic glosses in Tibetan writing[4]. The original inventory numbers and current pressmarks of these five fragments are as follows:

Original inventory number	Current pressmark
K.K.II.0234.k	Or. 12380/1842
K.K.II.0280.s	Or. 12380/3495
(Unknown)[5]	Or. 12380/3909
K.K.II.0282.b.vi	Or. 12380/3910
K.K.II.0282.b.vii	Or. 12380/3911

Table 1. Original inventory numbers and current pressmarks of Tangut fragments with Tibetan phonetic glosses in the British Library

---

[1] *Stein A.* Innermost Asia: Detailed report of explorations in Central Asia, Kan-su and Eastern Īrān, carried out and described under the orders of H. M. Indian government by Sir Aurel Stein, K.C.I.E., Indian Archaeological Survey. Vol.1–4. Oxford: At the Clarendon Press, 1928. Vol. 1. p. 447.

[2] Ibid. p. 449.

[3] Ibid. p. xv.

[4] In the following these fragments will be termed as "Tangut fragments with Tibetan phonetic glosses".

[5] The three fragments currently inventoried sequentially as Or. 12380/3909, 3910 and 3911 share the same paper textile and written format. Therefore the missing original inventory number of Or. 12380/3909 should also be sequential with the other two fragments, possibly K.K.II.0282.b.v.

There appears to be little connection between the fragment Or. 12380/3495 and the other four fragments with Tibetan phonetic glosses. Among these five fragments, Or. 12380/1842, 3909, 3910 and 3911 share highly similar paper textile, writing style, as well as the "rag-like" feature. In contrast, the paper textile and writing style of Or. 12380/3495 are obviously different to the other four fragments. This fragment is also more complete.

It is also interesting that although the academic circle has long recognized the value of Tangut fragments with Tibetan phonetic glosses, the fragment Or. 12380/3495 seems to have been lost track of until recent years. The image of the fragment Or. 12380/1842 was published in 1928[1] and the fragments Or. 12380/3909, 3910 and 3911 have been known among British and Russian Tangutologists since the 1960s[2]. However, the fragment Or. 12380/3495 has never been mentioned during this period. This fragment was certainly not unknown to the holding institute as it was already inventoried. Yet it seems that Tangut scholars at that time were not aware of its existence. This fragment came into sight only after the publication of its image in 2005[3]. The images of this fragment (recto and verso sides) are now available on the International Dunhuang Project website[4]. After the publication of its image, the content of this fragment was studied by Tai Chung-pui[5], Arakawa

---

[1] Stein A. Innermost Asia. Vol. 3. Plate CXXXIV.

[2] In 1968 M. V. Sofronov mentioned that three fragments of this kind were found (i.e. re-discovered) by E. Grinstead in the Tangut collection of the British museum (see: Софронов М. В. [Sofronov M. V.] Грамматика тангутского языка [Grammar of the Tangut language]. Book 1–2. Moscow: Наука, Главная редакция восточной литературы [Nauka, Editorial office of Oriental literature], 1968. Book 1. p. 74.). As a result of information exchange between British and Russian Tangutologists in the 1960s, photocopies (paper copies made by copy machine; зероκοπии as Sofronov called it) of these fragments were kindly sent by E. Grinstead to IOM RAS (at that time called Leningrad Branch of the Institute of the Peoples of Asia of the USSR Academy of Sciences) and used by M. V. Sofronov for his work (Ibid. p. 74, note 3). Despite some difficulties we were able to determine their present location: they are now preserved without any indication of their origin among N. A. Nevsky archive materials kept in the Archive of Orientalists of the IOM RAS (see: fond 69, opis' 1, edinitsa khraneniia № 198). We should note that originally *edinitsa khraneniia* (storage unit) № 198 contained only two photographs of fragment Or. 12380/1842 taken from A. Stein's book (these were in the possession of N. A. Nevsky). Five photocopies of British fragments sent by E. Grinstead (including two fragments of "Combined Edition of Homophones and Sea of Characters" not mentioned by M. V. Sofronov) were added to it at an unknown later time by an unknown person. We identify them as Or. 12380/3907, 3908, 3909, 3910 and 3911, and thus came to a conclusion on what these three fragments (mentioned by M. V. Sofronov) are.

[3] *Xīběi dìèr mínzú xuéyuàn* 西北第二民族學院 [Second Northwest College for Nationalities], *Shànghǎi gǔjí chūbǎnshè* 上海古籍出版社 [Shanghai Classics Publishing House], *Yīngguó guójiā túshūguǎn* 英國國家圖書館 [The British Library] eds. Yīngguó guójiā túshūguǎn cáng Hēishuǐchéng wénxiàn 英國國家圖書館藏黑水城文獻 [Documents from Khara-Khoto in the British Library]. Shanghai: Shànghǎi gǔjí chūbǎnshè 上海古籍出版社, 2005. Vol. 4. p. 198。

[4] URL: http://idp.bl.uk/database/oo_loader.a4d?pm=Or.12380/3495 [Date of access: May 1, 2017].

[5] *Tai Chung-pui* 戴忠沛. Xīxiàwén fójīng cánpiàn de Zàngwén zhùyīn yánjiū 西夏文佛經殘片的藏文對音研究 [A Study of Tibetan Phonological Transcription in Tangut Buddhism Fragments]. Ph.D. Thesis. Beijing: Graduate School, Chinese Academy of Social Sciences, 2008. p. 65。

Shintarō[1] and Andrew West[2] respectively.

3. Description of the Fragment

The fragment is a piece of yellowish undyed thick cotton paper of size 9.8 cm × 15.3 cm. This fragment is the left leaf of a page from a book which is possibly bound in butterfly format. The page is framed in hand-drawn double lines 1.2 to 1.6 cm away from the edge. There are five vertical lines of Tangut text handwritten in black ink. The Tibetan phonetic glosses are handwritten to the right of the corresponding Tangut character in black ink, although in a lighter tone, suggesting that the Tibetan phonetic glosses were not written at the same time as the Tangut characters. The verso side of the fragment is almost blank, with only the old inventory number "K.K.II 0280.s" written in black ink at the bottom left corner. This fragment cannot be joined with any other Tangut fragments with Tibetan phonetic glosses. The current preservation status of this fragment is unclear.

Line 1 of the Tangut text has 13 Tangut characters in which four characters below the seventh character are written in smaller size in two columns, apparently in order to make room for placing the whole phrase on the same line. From line 2 to line 5 there are nine Tangut characters each, but the first three characters in line 5 are damaged, and a reconstruction will be provided below. Line 2 to line 4 are written with an indentation approximately equal to one character's height, which means that line 1 should be the beginning of a paragraph. For line 5, although its first three characters are damaged, the remaining strokes suggest that this line is not indented either. Therefore line 5 may also be the beginning of a paragraph.

Figure 2. The *cintāmaṇi* "wish-fulfilling jewel" or "wish-granting gem" on the top of line 1 of the fragment Or. 12380/3495

The Tibetan phonetic glosses only occur from line 2 to line 4. There are no phonetic glosses for line 1 and line 5, indicating that these lines may be duplicated or partially duplicated with

---

[1] *Arakawa Shintarō* 荒川慎太郎. Daiei toshokan shozō Ka Zō taion shiryō Or. 12380/3495 nitsuite 大英図書館所蔵夏蔵対音資料Or. 12380/3495について [Tangut Buddhist fragment with Tibetan transcription: Or. 12380/3495 preserved in the British Library] // Kyōto daigaku gengogaku kenkyū 京都大学言語学研究 [Kyoto University Linguistic Research]. 2008. No. 27. p. 203–212。

[2] *West A.* Tangut manuscripts with Tibetan phonetic glosses: British Library Or. 12380/3495 // BabelStone: [site of Andrew West]. December 7, 2011. URL: http://www.babelstone.co.uk/Tangut/Or_12380_3495.html [Date of access: May 1, 2017].

previous lines in other leaves. It is obvious that the Tangut text on both lines without phonetic glosses have something in common, which is that those lines contain the names of the Buddhas (see Section 5). Taking that into consideration, we can assume that they could have been mentioned on other leaves of the book as well (where they were transcribed with Tibetan characters) or else they were omitted because they were well known (or unknown) to the person who made the transcription. Lastly we can explain why the phonetic gloss for line 5 appears on the top left corner of the page instead of being written to the right of the corresponding characters (see Section 4 below): it may be a later addition made for some reason. The phonetic glosses for line 1 could be also be written on the corresponding right leaf of a page, similar to what was done for line 5.

On the top of line 1 there is drawing of a *cintāmaṇi* "wish-fulfilling jewel" or "wish-granting gem" (Tangut 燚弦 *lji¹ nji²*; Chinese 如意珠 *rúyì zhū* or 如意寶珠 *rúyì bǎozhū*; Tibetan *yid bzhin nor bu*) encompassed with a crowning aureole of flame (see Figure 2), which corresponds to the Tangut text on line 4: 絹燚弦㑒敓厰皷黼㸃 *dzjo¹ lji¹ nji² sju² pju¹ wer¹ bji¹ dwər² dźja¹* which can be translated as "just like the precious jewel, [his] deportment [is] bright and burning".

On the top left corner of the fragment, there is some damaged Tibetan writing (see Figure 3), the reading and meaning of which will be specially discussed in the section below.

4. Reading of the Tibetan Writing on the Corner of the Fragment

The damaged Tibetan writing on the top left corner (see Figure 3) has attracted the attention of all scholars who studied the fragment. The following readings have been proposed for it:

1. "……*se vdzwar vjo nye*" i. e. "…*se 'dzwar 'jo nye*"[①]
2. "*s[t?]e / 'dzwang / 'jo / te*"[②]
3. "*?se 'dzwar 'jo ste*" or "*?se 'dzwang 'jo ste*"[③]

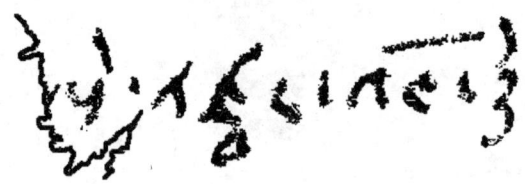

Figure 3. The Tibetan writing on the top left corner of the fragment Or. 12380/3495

Despite the various readings, the meaning of this was completely unknown to scholars. Arakawa correctly pointed out that it cannot be writing in Tibetan language, and proposed that it is

---

① *Tai Chung-pui* 戴忠沛. Xīxiàwén fójīng cánpiàn de Zàngwén zhùyīn yánjiū 西夏文佛經殘片的藏文對音研究 [A Study of Tibetan Phonological Transcription in Tangut Buddhism Fragments]. p. 31。

② *Arakawa Shintarō* 荒川慎太郎. Daiei toshokan shozō Ka Zō taion shiryō Or. 12380/3495 nitsuite 大英図書館所蔵夏蔵対音資料Or. 12380/3495について. p. 204。

③ *West A*. Tangut manuscripts with Tibetan phonetic glosses: British Library Or. 12380/3495.

the Tibetan transcription of a Tangut or Chinese proper noun[①].

In this paper we provide a new reading for it, "... l[d]e 'dzwar 'jo nye", and further propose that this Tibetan writing is in fact the Tibetan transcription of the first five Tangut characters in line 5 (where such transcription is omitted): 𘀄𘝯𗼇[②]𗗚𗙏 *mjor¹ ljij² dzjwi¹ dźjow¹ njij²*, representing the Tangut name of *Tathāgata Indraketudhvajarāja*.

Arakawa reconstructs the first two damaged characters at line 5 as 𘀄𘝯 *mjor¹ ljij²* "Tathāgata" (Chinese 如來 *rúlái*) based on the remaining visible part of these two characters[③]. We propose that the third damaged Tangut character should be 𗼇 *dzjwi¹* "ruler; king; emperor" (Chinese 帝 *dì*), also in accordance with the remaining visible part of this damaged character. The reconstruction of 𘀄𘝯𗼇𗗚𗙏 *mjor¹ ljij² dzjwi¹ dźjow¹ njij²* also makes sense of the text itself. The Tangut name of Buddha (*Tathāgata*) *Indraketudhvajarāja* mentioned in this part of the text also appears in the fragment of the Tangut translation of the "Upāli's Questions Regarding Determination of the Vinaya sūtra" (佛説決定毗尼經 *Fóshuō juédìng píní jīng*), which is preserved as pressmark 6721 in Wuwei Museum: 𘔭𘓺𗥤𘜶𗼇𗗚𗙏𗫡 *na¹ mu² ljor¹ dźjɨ² dzjwi¹ dźjow¹ njij² tha¹* "Homage to Indraketudhvajarāja Buddha" (南無焰紅帝幢王佛 *nāmó yànhóng dìzhuàng wáng fó* in reverse Chinese translation from Tangut)[④]. The appearance of the character 𗼇 *dzjwi¹* before 𗗚𗙏 *dźjow¹ njij²* here confirms our reconstruction.

Bringing the reconstruction of the damaged characters at line 5 and the Tibetan writing on the top left corner together into consideration, it should be clear that these Tibetan syllables are the phonetic gloss for the first five Tangut characters of line 5. Table 2 illustrates the correspondence between the Tangut characters, their reconstructed pronunciation, the Tibetan writing on the top left corner and its romanization. The first line of numbers above the Tangut characters denote the position of the character in the whole text, for example "0501" means the first character of the fifth line. The second line of number starts with "L" marks the Tangut character code in Lǐ Fànwén's "Tangut-Chinese Dictionary". Under the Tibetan syllables and their romanization are the gloss of Tangut text at both character level and word level. A free translation of the whole sentence is provided at the bottom of the table.

---

① *Arakawa Shintarō* 荒川慎太郎. Daiei toshokan shozō Ka Zō taion shiryō Or. 12380/3495 nitsuite 大英図書館所蔵夏蔵対音資料Or. 12380/3495について. p. 204。

② The framed characters are those damaged in the fragment and are reconstructed based on other evidences.

③ *Arakawa Shintarō* 荒川慎太郎. Daiei toshokan shozō Ka Zō taion shiryō Or. 12380/3495 nitsuite 大英図書館所蔵夏蔵対音資料Or. 12380/3495について. p. 206, note 10。

④ *Yú Guāngjiàn* 于光建, *Xú Yùpíng* 徐玉萍. Wǔwēi bówùguǎn cáng 6721 hào Xīxiàwén fójīng dìngmíng xīn kǎo 武威博物館藏 6721 號西夏文佛經定名新考 [A new identification of the Tangut Sūtra no. 6721 collected in the Wuwei Museum] // Xīxiàxué 西夏學 [Xixia Studies]. 2011, October. No. 8. pp. 152–153。

0501	0502	0503	0504	0505	0506	0507	0508	0509
L1543	L2373	L5306	L1329	L3830	L1139	L4531	L0752	L5771
縓	憿	效	発	席	佾	賒	祇	幾
mjor¹	ljij²	dzjwɨ¹	dźjow¹	njij²	·jij¹	·jow²	tśja¹	tshwew¹
☐	(Tib.)	(Tib.)	(Tib.)	(Tib.)	—	—	—	—
☐	(Tib.)	(Tib.)	(Tib.)	(Tib.)	—	—	—	—
☐	l[d]e	'dzwar	'jo	nye	—	—	—	—
如	來	帝	幢	王	之	讚	敬	禮
true	come	ruler	banner	king	ANTIERG	praise	pay.homage
Tathāgata		Indraketudhvajarāja						
Translation:	"Praise and pay homage to Tathāgata Indraketudhvajarāja"							

Table 2. Correspondence between Tangut characters of line 5 and the Tibetan writing on the top left corner of the fragment

5. The Tangut Text of the Fragment

A comprehensive collation of the Tangut text and its phonetic glosses in Tibetan writing according to the scheme described above is provided below. Uncertain Tangut words in the text are discussed after each line.

Line 1

0101	0102	0103	0104	0105	0106	0107
L1543	L2373	L0433	L1274	L2748	L1737	L3613
縓	憿	蕤	䘏[2]	紕	效	燐[3]
mjor¹	ljij²	bju¹	wo²	tśhja²	ka¹	dwewr²
—[1]	—	—	—	—	—	—
如	來	應	供	正	等	覺
true	come	should	offer	correct-	equal-	enlightenment
Tathāgata		Arhat		Samyaksaṃbuddha		

xīn kǎo 武威博物館藏6721號西夏文佛經定名新考 [A new identification of the Tangut Sūtra no. 6721 collected in the Wuwei Museum] // Xīxiàxué 西夏學 [Xixia Studies]. 2011, October. No. 8. P. 152–153.

			Line 1			续表
0108	0109	0110	0111	0112	0113	
L2636	L2639	L2634	L2748	L4587	L2852	
𘢌	𘢍	𘢎	𘢏	𘢐[4]	𘢑	
new²	mjij²	dźjow¹	tśhja²	·iow¹	tha¹	
—	—	—	—	—	—	
善	名稱			功德	佛	
good-	reputation-			merit	Buddha	
		Suparik ī rtitanāmagheyaśr ī				

"Tathāgata, Arhat, Samyaksaṃbuddha, Buddha Suparikīrtitanāmagheyaśrī."

"如來、應供、正等覺、善名稱功德佛。"

Notes:

1. There are no Tibetan phonetic glosses on this line.

2. Tangut 𘢒𘢓 *bju¹ wo²* "offer should" is the Tangut term for Sanskrit *arhat*, and probably is a literal translation of Chinese 應供 *yīnggōng* and should correspond to the Tibetan term *dgra bcom pa* "enemy destroyer". This Tangut word is difficult to interpret. In most circumstances, the first Tangut character 𘢒 *bju¹* functions as an instrumental particle modifying a preceding noun phrase. However, in this sentence there is no verb and Tathāgata does not seem as if it means to do something. Therefore, it would be more reasonable to read Tangut 𘢒 *bju¹* as an extended meaning of the instrumental "by, according to" and to combine it with Tangut 𘢓 *wo²* "should be" to form the meaning of "[the one who] should be offered". The comparison between Tangut and Chinese versions of "Sūtra on the Visualization of Maitreya Bodhisattva's Rebirth in Tuṣita Heaven" （觀彌勒菩薩上生兜率天經 *Guān Mílè púsà shàngshēng dōushuàitiān jīng*）① provides clear evidence on this reading. Besides, in this sentence 𘢒𘢓 *bju¹ wo²* is following 𘢔𘢕 *mjor¹ ljij²* "Tathāgata" and preceding 𘢏𘢖𘢗 *tśhja² ka¹ dwewr²* "Samyaksaṃbuddha", which are respectively the first and the third epithets among the ten epithets of the Buddha. Therefore, it is reasonable that Tangut 𘢒𘢓 *bju¹ wo²* corresponds to the second epithet "Arhat". In previous studies the Tangut phrase 𘢒𘢓𘢏𘢖𘢗 *bju¹ wo² tśhja² ka¹ dwewr²* was often read separately as an instrumental particle 𘢒 *bju¹* of its preceding word, and 𘢓𘢏𘢖𘢗 *wo² tśhja² ka¹ dwewr²* which was translated as Chinese 應平

---

① *Sūn Bójūn* 孫伯君. *Xīxiàwén Guān Mílè púsà shàngshēng dōushuàitiān jīng kǎoshì* 西夏文觀彌勒菩薩上生兜率天經考釋 [A Textual research on the Tangut version of "Sūtra on the Visualization of Maitreya Bodhisattva's Rebirth in Tuṣita Heaven"] // *Xīxià yánjiū* 西夏研究 [Tangut Research]. 2013. No. 4. p. 23。

等覺 *yīng píngděng jué* "enlightenment [which] should be equal"[①]. However, 膴 *wo²* is often attached behind not before a noun or verb phrase[②], therefore it should not be understood as an auxiliary of the following 𗾞𗧓𘀋 *tśhja² ka¹ dwewr²* "the correct and equal enlightenment".

3. Tangut 𗾞𗧓𘀋 *tśhja² ka¹ dwewr²* "the correct and equal enlightenment" is a literal translation of Chinese 正等覺 *zhèngděngjué*, which should be equivalent to Chinese 正遍知 *zhèngbiànzhī* and Sanskrit *samyaksaṃbuddha*, the third of the ten epithets of the Buddha.

4. According to previous studies the corresponding Chinese term for Tangut 𗾞𘃎 *tśhja²·iow¹* is Chinese 功德 *gōngdé*[③]. The Tangut term 𘜶𘄴𘕕𗾞𘃎 *new² mjịj² dźjwow¹ tśhja²·iow¹* "good reputation and merit" corresponds to Chinese 善名稱功能 *shànmíngchēng gōngdé* or 善稱名號 *shànchēng mínghào* and Sanskrit *suparikīrtitanāmagheyaśrī*, which is the twenty-eighth name in the list of the Thirty-five Buddhas.

Line 2

0201	0202	0203	0204	0205	0206	0207	0208	0209
L1262	L1120	L5130	L1346	L5865	L2392	L0010	L5993	L0206
𗼺	𗧓	𗥤	𗢳	𗦎	𗥰[2]	𗥃	𘗊	𘉋
źji¹	nji²	rjur¹	·jar²	sọ¹	sjwịj¹	źji²	kha¹	bụ²
གཞི	ནག? [1]	རུ	འགྱར	སོ	བསེ	གཟ	ཁ	འབུ
gzhi	nag?	ru	'gyar	so	bse	gza	kha	'bu
煩惱		降伏		三	業	悉	中	勝
affliction		defeat		three	karma	all-	-within	superior

"[The one who] defeats the affliction and has victory over all within the three karmas."

"降伏煩惱勝過三業裏面一切。"

---

① For example, *Lǐ Fànwén* 李範文 ed. *Xià-Hàn Zìdiǎn* 夏漢字典 [Tangut-Chinese Dictionary]. Beijing: Zhōngguó shèhuì kēxué chūbǎnshè 中國社會科學出版社, 2008. p. 289, № 1737. Arakawa here follows Lǐ as well: *Arakawa Shintarō* 荒川慎太郎. Daiei toshokan shozō Ka Zō taion shiryō Or. 12380/3495 nitsuite 大英図書館所蔵夏蔵対音資料 Or. 12380/3495について. p. 205. Actually in this entry Lǐ further cited the translation of Tangut 膴𗾞𗧓𘀋 *wo² tśhja² ka¹ dwewr²* as Chinese 應平等覺 *yīng píngděng jué* from an early work which he marked as "略9". According to the reference list provided at the end of the dictionary, "略 9" refers to the ninth page of the following paper: *Luó Fúchéng* 羅福成. Guǎncáng Xīxiàwén jīngdiǎn mùlù kǎolüè 館藏西夏文經典目錄考略 [Brief notes on [Zhou Shujia's] "Catalogue of the Tangut translations of the Buddhist canon preserved in the [National] Library [of Peiping]"] // Guólì Běipíng túshūguǎn guǎn kān 國立北平圖書館館刊 [Bulletin of the National Library of Peiping]. 1930, May–June（issued in January, 1932）. Vol. 4, No. 3. pp. 341–361. However this citation is incorrect as this word cannot be found in the page. Abbreviation "略9" could have been mistakenly copied from the citation of the next sample word which does occur in that page of Lǐ's dictionary. Thus the source of the translation for Tangut 膴𗾞𗧓𘀋 *wo² tśhja² ka¹ dwewr²* as Chinese 應平等覺 *yīng píngděng jué* is unknown to us。

② See: *Lǐ Fànwén* 李範文 ed. *Xià-Hàn Zìdiǎn* 夏漢字典. p. 213, № 1274。

③ See, for example, studies of Chinese and Tangut 1094 inscriptions on a Stele for the Reestablishment of Ganying Pagoda in Huguo Temple（重修護國寺感應塔碑 *Chóngxiū Hùguósì Gǎnyìngtǎ bēi*）, known also as Liangzhou stele（涼州碑 *Liángzhōu bēi*）, where this word occurs on lines 2 and 21 of Tangut text: *Luó Fúchéng* 羅福成. Chóngxiū Hùguósì Gǎnyìngtǎ bēimíng 重修護國寺感應塔碑銘 [Inscription on Stele for the Reestablishment of Ganying Pagoda in Huguo Temple] // Guólì Běipíng túshūguǎn guǎn kān 國立北平圖書館館刊 [Bulletin of the National Library of Peiping]. 1930, May–June（issued in January, 1932）. Vol. 4, No. 3. p. 160（10）, 172（22）; Cf.: *Lǐ Fànwén* 李範文 ed. *Xià-Hàn Zìdiǎn* 夏漢字典. p. 728, № 4587。

Notes:

1. This Tibetan phonetic gloss is written in a somewhat ambiguous way (cf. with 0303). As the writings of Tibetan letters *ga* and *na* in headless cursive form are very similar, it is difficult to determine the reading of this syllable especially when there is no vowel sign. For the first letter, the lower end of the round stroke protrudes out of the vertical stroke, which is quite different from the stroke direction of the letter *ga*, for example the prescript *ga* in the Tibetan gloss of 0201. Therefore the first letter should be identified as *na*. For the second letter, it could be either *ga* or *na*, yet *ga* would be more possible because the round stroke of this letter does not protrude out of the vertical stroke. Then, given that the initial of "𦤀" is a dental stop (Tangut: 𗌭𗥑𗤁 lhjwa¹ dźjwa¹ yię², Chinese equivalent: 舌頭音 *shétóu yīn*)[1], the main letter of this Tibetan syllable should be the first letter *na* instead of the second letter *ga*. As a result the Tibetan gloss here is read as *nag*. It should be noticed that the stop ending suggested by this Tibetan syllable is rare among all Tangut fragments with Tibetan phonetic gloss. In the previous reconstruction schemes of Tangut phonology, both Nishida[2] and Gong[3] propose that there is no stop ending in Tangut. Sofronov[4] proposes that there is a consonant ending for some Tangut rhymes, including rhyme 2.29 which the Tangut character "𦤀" belongs to. The Tibetan gloss here seems to reflect Sofronov's scheme. In previous studies, Tai reads it as *gna*, Arakawa reads it as *nag*, West reads it as *gn[i]* suspecting that the gloss is a mistake for it, with a missing vowel sign.

2. Tangut 𗦲𗦱 sọ¹ sjwɨj¹ "three karmas" corresponds to Sanskrit *trīni-karmāṇi* and Chinese 三業 *sānyè*.

Line 3:

0301	0302	0303	0304	0305	0306	0307	0308	0309
L5057	L1913	L2699	L3574	L5865	L4719	L1546	L3266	L3818
𘟙	𗇁	𗅲	𗖻	𗦲	𗰜	𗍳	𗤒	𗼃
ɣiej¹	dźjiar²	nwə¹	tsjij²	sọ¹	kiej²	lju²	dzju²	mjijr²
འགེ	འཇི	ནག?[1]	ཙེ	སོ	ཀེ	ལེ	འཛུ	རྨེ
'ge	'ji	nag?	tse	so	ke	le	'dzu	rme
真	諦	知曉		三	界	身	受	者
truth		know		three	realm	body	host	-person

"The one who knows the truth and hosts the body over the three realms."

"知曉真諦受三界身者。"

---

① Lǐ Fànwén 李範文. Tóngyīn yánjiū 同音研究 [A Study of Homophones]. Yinchuan: 寧夏人民出版社 Níngxià rénmín chūbǎnshè, 1986. p. 689, column 5, 2nd character。

② Nishida Tatsuo 西田龍雄. Seikago no kenkyū : Seikago no saikōsei to Seika moji no kaidoku 西夏語の研究：西夏語の再構成と西夏文字の解讀 [A Study of the Hsi-Hsia Language: Reconstruction of the Hsi-Hsia Language and Decipherment of the Hsi-Hsia Script]. Tokyo: 座右宝刊行会 Zayūhō Kankōkai, 1964. Vol. 1. pp. 42–69。

③ Gong Hwang-cherng. Tangut // The Sino-Tibetan Languages / Edited by Graham Thurgood and Randy J. LaPolla. London and New York: Routledge, 2003. pp. 602–620。

④ Софронов М. В. [*Sofronov M. V.*] Грамматика тангутского языка [Grammar of the Tangut language]. Book 1. pp. 136–138.

Note:

1. The reading of this Tibetan syllable has a similar problem to the Tibetan phonetic gloss of 0202. It may be read as *nag*（our reading）or *gna*（normally read as *gan*）. Given that the initial of "𮨨" is a dental stop[①], the main script of this Tibetan syllable should be *na* instead of *ga*. In previous studies, Tai does not provide a reading for this syllable, Arakawa reads it as *nag* and West reads it as *gn[e]* suspecting that the gloss is a mistake for it, with a missing vowel sign.

Line 4:

0401	0402	0403	0404	0405	0406	0407	0408	0409
L2191	L5655	L2583	L0290	L2596	L1902	L4573	L4628	L5185
絊	燋	纹	㲍	敊	㾩[2]	敪	醹	㳪[3]
dzjo̱¹	lji̱¹	nji²	sju²	pju̱¹	wer¹	bji¹	dwər²	dźja̱¹
གཟོ	ལྡེ?[1]	བརྣུ	སུ	པུ	ཝེ	འབི	འདྭར	འཙུ
gzo	lde?	brnu	su	pu	we	'bi	'dwar	'tsu
如	寶	珠	如	威	儀	光	燃燒	
similar.to-	precious-	jewel	-as.if	deportment		bright	burn	

"Just like the precious jewel, [his] deportment [is] bright and burning."

"猶如寶珠，[他的]威儀光亮燃燒。"

Notes:

1. This Tibetan phonetic gloss is difficult to read. While the main letter *la* is easy to identify, the signs above and below are somewhat ambiguous. The sign below should be an underscript *da*, in which case the sign above should be a vowel sign. In comparison with the vowel sign of other Tibetan syllables in this fragment, it is identified as *-e*. In previous studies, Tai does not provide a reading for this syllable, Arakawa reads this syllable as *glu*, West reads it as *ldi* with uncertainty on the vowel sign.

2. The corresponding Chinese term for Tangut 敊㾩 *pju̱¹ wer¹* is Chinese 威儀 *wēiyí*[②].

3. The main letter of this syllable is difficult to read. In comparison to the main letter of 0304, the main letter here is identified as *tsa*.

---

① *Lǐ Fànwén* 李範文. *Tóngyīn yánjiū* 同音研究. p. 690, column 7, 3rd character。

② *Wáng Jìngrú* 王靜如. *Guòqù zhuāngyánjié qiānfómíng jīng kǎoshì* 過去莊嚴劫千佛名經考釋 [A Study of " Sūtra on the Thousand Buddha Names of the Past Glorious Kalpa"] // *Wáng Jìngrú* 王靜如. *Xīxià yánjiū* 西夏研究 [Tangut studies]. Part 1. Peiping: Guólì zhōngyāng yánjiūyuàn lìshǐ yǔyán yánjiūsuǒ 國立中央研究院歷史語言研究所, 1932. pp. 110–111; *Lǐ Fànwén* 李範文 ed. Xià-Hàn Zìdiǎn 夏漢字典. p. 427, № 2596。

Line 5:

0501	0502	0503	0504	0505	0506	0507	0508	0509
L1543	L2373	L5306	L1329	L3830	L1139	L4531	L0752	L5771
縍	撇	㓲	斅	席[2]	秝	賺	祇	斅
mjor¹	ljij²	dzjwɨ¹	dźjow¹	njij²	·jij¹	·jow²	tśja¹	tshwew¹
—[1]	—							
如來		帝	幢	王	之	讚	敬	禮
Tathāgata		Indraketudhvajarāja			-antierg	praise	pay.homage	

"Praise and pay homage to Tathāgata Indraketudhvajarāja."
"讚頌敬禮如來帝幢王。"

Notes:

1. There are no Tibetan phonetic glosses on this line. According to our interpretation, the phonetic gloss for the first five characters is written on the top left corner (see Section 2, especially Table 2, for details).

2. The Tangut term 㓲斅席 *dzjwɨ¹ dźjow¹ njij²* "ruler banner king" corresponds to Chinese 帝幢幡王 *dì chuángfān wáng* and Sanskrit *indraketudhvajarāja*, which is the twenty-ninth name in the list of the Thirty-five Buddhas.

6. The Source of the Tangut Text

Despite the comprehensive collation of the Tangut text, it is still difficult to identify its original source. Arakawa proposes that this Tangut text could be part of an ode (Chinese 頌 *sòng*) or prayer (Chinese 願文 *yuànwén*) translated into Tangut from a Tibetan Buddhist scripture[①]. However, based on philological and linguistic evidence, for example the use of Tangut 蘿醛 *bju¹ wo²* "offer should" which is closer to the Chinese term 應供 *yīnggōng* rather than the Tibetan term *dgra bcom pa* "enemy destroyer", we propose that this Tangut text was probably translated from Chinese, but maybe from a text pertinent to the Tibetan Buddhist tradition.

It should be noticed that the appearance of the Buddha's names *Suparikīrtitanāmagheyaśrī* and *Indraketudhvajarāja* in the described fragment, as well as their order, which is the same as the twenty-eighth and twenty-ninth names in the list of the Thirty-five Buddhas[②], shows that the Tangut text is possibly connected with their cult or worship.

The "Tiānshèng Revised and Newly Endorsed Law Code" (Tangut 皺骸廵羰慨悇縒骸 *ŋwər¹*

---

① *Arakawa Shintarō* 荒川慎太郎. Daiei toshokan shozō Ka Zō taion shiryō Or.12380/3495 nitsuite 大英図書館所藏夏藏対音資料Or.12380/3495について. p. 206.

② Cf. with the list in the fragment of "Upāli's Questions Regarding Determination of the Vinaya sūtra" from Wuwei Museum: *Yú Guāngjiàn* 于光建, *Xú Yùpíng* 徐玉萍. Wǔwēi bówùguǎn cáng 6721 hào Xīxiàwén fójīng dìngmíng xīn kǎo 武威博物館藏 6721 號西夏文佛經定名新考. p. 152.

ljij¹ kjwi¹ ljij¹ sjiw¹ djij² kie¹ dzjɨ²) issued by imperial decree of Tangut Emperor Rénzōng（仁宗）in the second year of the Tangut Tiānshèng era（1150 A.D.）, records the required list of Buddhist sūtras which had to be recited by monastery students before they could be authorized as a monk. The list for Tibetan and Tangut students and the one for Chinese students were slightly different, but in both lists the sūtra of "Thirty-five Buddhas" was included[①]. According to the "Catalogue of Tangut Buddhist Monuments at the Institute of Oriental Studies of the Russian Academy of Sciences", at least three different titles of Tangut manuscripts（eight inventory items）in the collection of IOM RAS are related to the Thirty-five Buddhas:

1. 𘜶𘏨𘂖𘐵𘓱𘏞𘝞𘟪 *sọ¹ ɣa² ŋwə¹ tha¹ bju¹ dźjar² rewr² tshji¹ ŋwụ¹* "The Essential Gate of Repentance through the Thirty-five Buddhas"（三十五佛隨懺悔要論 *Sānshíwǔ fó suí chànhuǐ yàolùn* in reverse Chinese translation from Tangut）, инв. № 0880.[②]

2. 𘄊𘅎𘀋𘏨𘏞𘏞𘕿𘜶𘜶𘏨𘂖𘐵𘓱𘝞𘟪 *tha¹ tshjij¹ mjor¹ ljij¹ ŋowr² ŋowr² to² źji² ɣjiw¹ ɣiwej¹ sọ¹ ɣa² ŋwə¹ tha¹ dźjar² rewr² tsjịr¹* tśju¹ "Service of Repentance of the Thirty-five Buddhas of Receiving All Tathāgata"（佛說如來一切總悉攝受三十五佛懺悔法事 *Fó shuō rúlái yíqiè zǒng xī shèshòu sānshíwǔ fó chànhuǐ fǎshì* in reverse Chinese translation from Tangut）, инв. № 6386, 5299, 7591, 7263, 3762, 8034.[③]

3. 𘜶𘏨𘂖𘐵𘝍𘝭𘜶𘜶𘕿 *sọ¹ ɣa² ŋwə¹ tha¹ njɨ² gu² ɣa² sọ¹ djij¹* "The Thirteen Scriptures of the Thirty-five Buddhas and so forth"（三十五佛等同十三部 *Sānshíwǔ fó děng tóng shísān bù* in reverse Chinese translation from Tangut）, инв. № 7840.[④]

According to Sūn Bójūn[⑤], the third Tangut work is a collection of thirteen sūtras including the second one "Service of Repentance of the Thrity-five Buddhas of Receiving All Tathāgata", and the second work is the Tangut version of the Chinese sūtra "Repentance in the Names of the Thirty-five Buddhas"（佛説三十五佛名禮懺文 *Fóshuō sānshíwǔ fómíng lǐchànwén*）. However, based on the Tangut texts of the first and the second works provided by Sūn[⑥], neither of them match the Tangut text of the fragment Or. 12380/3495. Therefore, the text of Or. 12380/3495 should come

---

① *Shǐ Jīnbō* 史金波, *Niè Hóngyīn* 聶鴻音, *Bái Bīn* 白濱 eds. Tiānshèng gǎi jiù xīn dìng lùlìng 天盛改舊新定律令 [Tiānshèng Revised and Newly Endorsed Law Code]. Beijing: Fǎlǜ chūbǎnshè 法律出版社, 2000. pp. 404–405。

② Кычанов Е. И. [*Kychanov E.I.*] comp. Каталог тангутских буддийских памятников Института востоковедения Российской Академии Наук [Catalogue of Tangut Buddhist monuments at the Institute of Oriental Studies of the Russian Academy of Sciences]. Kyoto: Kyoto University, 1999. p. 353.

③ Ibid. pp. 529–531.

④ Ibid. p. 600.

⑤ *Sūn Bójūn* 孫伯君. Hēishuǐchéng chūtǔ sānshíwǔ fó míng lǐ chàn jīngdiǎn zōngkǎo 黑水城出土三十五佛名禮懺經典綜考 [A comprehensive study on the sūtras of repentance through the Thirty-five Buddhas from Khara Khoto] // Wú Tiānchí jiàoshòu bǎi nián dànchén jìniàn wénjí 吳天墀教授百年誕辰紀念文集 [Festschrift on the occasion of the centennial birthday of the Late Professor Wu Tianchi]. Chengdu: Sìchuān rénmín chūbǎnshè 四川人民出版社, 2013. pp. 184–197。

⑥ Ibid.

from a different source, and the title may not be directly related to the Thirty-five Buddhas.

7. Conclusion

In this paper we discuss the meaning of the uncertain Tibetan writing on the top left corner of the fragment Or. 12380/3495, and suggest that this Tibetan writing is a phonetic gloss of the Tangut characters 𘜶𘃞𘄒𘂤𘗣 *mjor¹ ljij² dzjwɨ¹ dźjow¹ njij²* in line 5, representing the Tangut name of *Tathāgata Indraketudhvajarāja*. At the same time this paper provides a detailed collation of the text in the fragment, and in particular it proposes a more reasonable reading of the first line. Based on the collation of the fragment, we point out that the Tangut text of this fragment may be related to the cult of the Thirty-five Buddhas. It is hoped that these clues will facilitate further research on the fragment Or. 12380/3495. For example, can we confirm whether this text was translated from another language, or whether it was an original Tangut composition? If it is a translated version, can we trace the original Chinese or Tibetan source of this translation? Furthermore, does the same Tangut text exist in other Tangut fragments or manuscripts? Answers to these questions would help us to better understand the background of the fragment Or. 12380/3495, and get a more precise estimation on the date of this fragment as well as its phonetic glosses in Tibetan writing.

On Bilingual Imperial Rescripts in Early Qing Dynasty

---A Comparison of Texts Based on Manchu-Chinese Inscriptions---

QI, Jinxin

Graduate School of Letters, Arts and Sciences, Waseda University

Documents written in Manchu language can be classified in various types as archives, books, genealogy, inscriptions and so on. Yet if we only about the contents, gravestones, which belong to inscriptions, show a highly coincided similarity with imperial rescripts. What's the relationship between these two different shapes of Manchu texts? How to classify the relationship mentioned above?

This article is to take advantage of a specific type of inscriptions, answer the quetioned menticed abat yujibei（諭祭碑/funeral oration）as the object to attempt to （answer） the questions metioned above in the following three parts, The definition of Manchu-Chinese biographical inscription and its classification; the corresponding relationship between Manchu-Chinese biographical inscription and imperial rescripts; a discussion on the earliest two yujibeis.

I Manchu–Chinese Biographical Inscription

As for inscription on gravestone, it is usually named as monumental inscription, yet the expression "monumental" can refer to a monument both for a person or an event. However, as what the author focuses on is the former, the term "biographical inscription" is to be used to stand for these inscriptions of the deceased on gravestones.

There is another more important reason to we this term, if we look out into the classification of biographical inscription. The previous and essential classification can be represented in the following chart.[①]

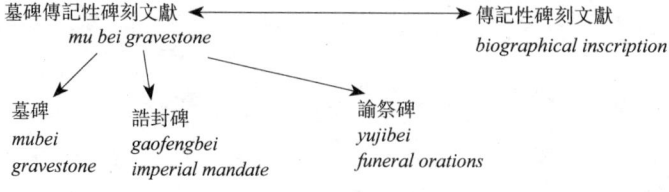

---

① Cf. Huang Runhua and Qu Liushengcomp., Quang｜man wen｜tushu｜ziliao｜lianhe｜mulu（全國滿文圖書資料聯合目錄）, Beijing: Shmu｜wenxian｜chubanshe（書目文獻出版社）, 1991.Fuli, Shijiecomp., JALAN JECEN I MANJU I BITHE CAGAN I FEYELEN I TON（JISE）［世界滿文文獻目錄（初編）］, Zhonguo｜minzu｜guwenzi｜yanjiuhui（中國民族古文字研究會）, 1983.

It is obvious that the upper and inferior concepts have to share the same term, mu bei (墓碑/gravestone), which leads to a misunderstanding when the term is mentioned. Judging from the contents and the nature of these three kinds of inscriptions, all of them have a relationship with all one's life. Therefore, author uses the term "biographical inscription" to replace the upper "gravestone".

Although there are also biographical inscriptions cut in three languages, they are quite rare. In this article, those written in both Mauchu and Chinese are what to be discussed.

II Relationship between Imperial Rescripts and Manchu-Chinese Biographical inscription

Imperial rescripts are official dispatches from the emperor to order, declare award and so on. Howere, only part of them has a direct relationship with Manchu-Chinese biographical inscription. To make it more clear to see, historical materials like Qing Shilu (清实录) and archives will also be discussed. There are two points to focus on. One is that how many versions one document has, and the other one is the correspondence between biographical inscription and imperial rescripts.

It will be showed in one chart as follows, as "×" means there is no same corresponding contents corresponded in the currently discovered materials; "O" means there is the same content between the two items; "△" means there is a similarity between two items yet they are not completely same; the grey chart means there is no correspondence.

	Qing Shilu	Archives Draft	Chishu (敕书/imperial edict)	Gaofeng (诰封/imperial mandate)	Yu Jiwen (谕祭文/funeral oration)
mu bei (墓碑/gravestone)	△	?	△		
gaofengbei (诰封碑/imperial mandate)	×	?		O	
yujibei (谕祭碑/funeral oration)	×	?			O*

The fact that there may be original and revised drafts in archives is indicated by the last released catalog of inscriptions written in Manchu language in Beijing area. 34 drafts of inscriptions are published in this new catalog yet they are all for temples or events but not for the deceased.[①]

---

① Beijing | shi | minzu | guji | zheng li | chuban | guihua | xiaozu | bangongshi | manwen | bianjibu (北京市民族古籍整理出版规劃小組辦公室滿文編輯部) comp., Beijing diqu | manwen | beike | tapian | zongmu (北京地區滿文碑刻拓片總目), Shenyang: Liaoning | minzu | chubanshe (遼寧民族出版社), 2015年版, 第89—124页.

Therefore, "?" means that there is a high possibility that the situation is the same with biographical inscriptions yet there is no access.

As for Qing Shilu, each time that the emperor gives the order to confer or to condole is recorded. However, the substance is not mentioned in the records. The story of mu bei is different at times: there are other Chinese versions different from what can be seen on the stone. It is very interesting that although most of the mu beis are cut in both Manchu and Chliese --- there is actually a Chinese version to refer to, yet Qing Shilu gives different Chinese translations. This implies that the records are compiled base on any Manchu archive or just the possible draft conjectured above. Henceforth why Chinese version cannot be seen is an unsolved problem.

Then it is clear that there are two types of correspondence between biographical inscription and imperial rescripts. As for gaofengbei and yujibei, they are just completely the same with the imperial rescripts that issued by the government. There are still a number of imperial mandates stored by libraries, museums or privitecollectors, which can show that the contents on the stone and imperial mandate are just the same. But we have to pay attention to the yujibei and funeral oration: unlike imperial mandate, as funeral orations are expected to be burned during the ceremony, there is no material obiect to compare with except the possible drafts, which means that yujibei is the only way to get more information about funeral orations.

Mu bei shares an incomplete correspondence with chishu（敕書/imperial edict）. What is called chishu is an imperial edict for an official position or a title of nobility. The latter is what can be seen in Manchu-Chinese biographical inscription. If a same person's mubei and chishu is compared, the stereotyped beginnings and the bodies are just equal, but the endings are quite different. This is first determined by the nature of two documents. Mu bei is for the deceased so the ending is to mourn. Yet chishu is for an alive person so the ending is to encourage. It is true that Mu bei is created base on chishu.

Moreover, the new catalog, BEIJING DIQU MAN WEN BEIKE TAPIAN ZONGMU（北京地區滿文碑刻拓片總目）offers a new classification which just fits these two kinds of correspondence, chus it is a good point to reconsider the classification of biographical inscriptions.[①]This kind of difference may imply distinct courses of creation of three kinds of inscriptions although they are all biographical. Yet as source to the material is limited reach to, it is hard to make it clear at present.

III. Two yujibeis in Shunzhi Reign

Although yujibei and funeral oration just share the same contents, considering the time of appearance of these two, yujibei has possibly first appeared since 18th year of Shunzhi（1661）, yet funeral oration appears much more earlier. This is because that the practice of setting inscriptions is

---

① Gaofengbei and yujibei are classified as "fengzengzhiji（封贈致祭/ to confer or to offer a sacrifice to）" as well as mu bei is "ai｜ei｜jinian（哀誄紀念/ memorial speech or to commemorate）". Beijing｜shi｜minzu｜guji｜zhengli｜chuban｜guihua｜xiaozu｜bangongshi｜manwen｜bianjibu（北京市民族古籍整理出版規劃小組辦公室滿文編輯部）comp., Beijing diqu｜manwen｜beike｜tapian｜zongmu（北京地區滿文碑刻拓片總目），catalog, Shenyang: Liaoning minzu｜chubanshe（遼寧民族出版社），2015年第1期.

seen to be popular since 1644.[①] However, it is still hard to charify why yu jibei appcared still much later than the other two kinds.

To discuss this problem, the author will start with a record on how the organizations of imperial rescripts were established in 1636 in "tongki fuka sindaha hergen i dangse（滿文老檔）" as follows:

> han, bithei ilan yamun igebu be toktobufi…narhūn bithei yamun…bithe coohai hafasa de bure ejehe…bucehe niyalma de waliyara bithe…[②]

The material above is talking about "bithei ilan yamun", which is called nei san yuan（内三院）in Chinese. They are official organizations that deal with imperial dispatches. It is clear that the organization dealing with funeral oration is "narhūn bithei yamun", meaning secret documents' yamen, namely neimishu yuan（内秘書院）in Chinese.

However, the earliest funeral orations that can be seen are two, cut on stone after 25 years later. These two orations are one for Jonggida（莊機達）and the other for Esehei（額色黑）in 18th year of Shunzhi（1661）. Funeral oration is relatively rare compared with other inscriptions. There are records of sending an official to mourn another all over the veritable records of the Qing Dynasty, yet in all Manchu biographical inscription's rubbings in Beijing area, there are only 89 of them[③], which implies that yujibei is somehow a special honor that not every dead official can get. And the practice, of inscribing the funeral oration on the gravestone should be regarded as a policy of Emperor Kangxi instead of Shunzhi for the following reasons.

First, the death of Emperor Shunzhi is in the January of 18th year of shunzhi（1661）.[④] Second, the appearance of yujibei is a not independent act. As the result of recurrence of nei san yuan（内三院）since its abolishment in 15th year of Shunzhi（1658）, funeral oration is to be drafted by neimishu yuan（内秘書院）again. And it can be considered as part of the "new deal" of the very beginning of Kangxi reign, which backgrounds to the political situation at that moment, especially the conflict between the way of being "Manchu" or "Chinese".

There is another relevant record in March of the same year as follows:

[①] Beijing | shi | minzu | guji | zhengli | chuban | guihua | xiaozu | ban | gongshi | manwen | bianjibu（北京市民族古籍整理出版規劃小組辦公室滿文編輯部）comp., preface,（北京地區滿文碑刻拓片總目）, catalog, Shenyang: Liaoning minzu | chubanshe（遼寧民族出版社）, 2015年第1期。

[②] tongki | fuka | sindaha | hergen | i | dangse（滿文老檔）, sure han i juwanci aniya, ilan biya（天聰十年三月）: 956-957. Translation: The emperor established all three dispatches' yamens…neimishuyuan（内秘書院）deals with rescripts that confer to civil and military officers, … rescripts to mourn the deceaced…

[③] Beijing | shi | minzu | guji | zhengli | chuban | guihua | xiaozu | bangongshi | manwen | bianjibu（北京市民族古籍整理出版規劃小組辦公室滿文編輯部）comp., Beijing diqu | manwen | beike | tapian | zongmu（北京地區滿文碑刻拓片總目）, Shenyang: Liaoning minzu | chubanshe（遼寧民族出版社）, 2015年版，第411—515頁。

[④] Shengzushilu（聖祖實錄）, Vol. 1, Shunzhi 18th Year, January, Beijing: Zhonghuashuju（中華書局）, 1986—1987.

丙寅。諭吏部等大小衙門。國家紀綱法度。因革損益。代有不同。必開創之初。籌畫精詳。貽謀弘遠。所定典例。可以垂之奕世。……今應將大小衙門見行事物。如銓法。兵制。錢穀。財用。刑名律例。內外文武官一應恩。卹。廕。贈。<u>諭祭</u>。造葬。欵項繁多。難以枚舉。或滿漢分別。參差不一者。或前後更易難為定例者。著議政王貝勒大臣九卿科道。會同詳考。

It is apparent that there are less of rules for all of the depertments to follow about in all routine situations. The Emperor Kangxi showed his determination to set up new rules, including those are concerned with funeral oration like what is underlined, which can be one reason why funeral oration started to be inscribed in this period of time.

The following is an brief introduction to the two yujibeis（諭祭碑）, or funeral orations in 1661. One is for Jonggida（莊機達）and the other is for Esehei（額色黑）.

Jonggida was, an official in Eight Banners with a title of "jai jergi ashai hafan bime, emu jergi nonggiha, meiren i janggin"（二等阿思哈哈番加一級副都統）. His death was recorded as "予故古甯古塔副都統二等阿思哈尼哈番鐘繼達祭葬如例"[1] meaning that to hold a memorial ceremony for Jonggida as routine. And his Chinese name in Shilu is obviously different from what is carved in the inscription. As for Esehei, whose background is also in the Eight Banners, was more active as a civil official that he even became one of the grand secretaries（大學士, daxueshi）. His death recard was just like Jonggida's, with less information offered in Shilu, "予故少師兼太子太師內國史院大學士額色黑祭葬。謚文恪"[2] showing that Esehei is not only given a memorial ceremony but also granted the posthumous name of "文恪".

What is talked above is the background and processing of these two funeral orations. The author will put the texts of them side by side in one graph to show the similarities and differences of characters of translation and thyme in a clear way as follows:

Graph: A comparison of jonggida and esehei's funeral orations[3]

	jonggida	esehei
1	鞠躬盡瘁者 beyebeakūmbume, hūsun be wacihiyarangge	鞠躬盡瘁者 beyebeakūmbume, hūsun be wacihiyarangge
2	臣子之常經 amban ohob[o] niyalmai enteheme doro.	臣子之常經 amban oho niyalmaisainyabun,

---

① Shengzushilu（聖祖實錄）, Vol. 5, Shunzhi 18th Year, September, Beijing: Zhonghuashuju（中华书局）, 1986-1987.

② Shengzushilu（聖祖實錄）, Vol. 5, Shunzhi 18th Year, September, Beijing: Zhonghuashuju（中华书局）, 1986-1987.

③ The textual comparison will use Chinese as the standard to pause as they are almost the same. And the Manchu transliteration will follow G.P. Von Mollendoff's rules. "," is for " ʻ ", and "." is for " ʼ ". The unclear places will be marked by "[]". If there is any content that is not coincided, "---" will be marked as a blank.

（续表）

	jonggida	esehei
3	恤死報勤者 akū oho be gūsire, kicehe de karulahangge	恤死報勤者 akū oho be gūsire, kicehe de karu[lahang]ge,
4	國家之盛典 gurun booi wesihun kooli.	國家之盛典 guru[n boo]i wesihun kooi.
5	爾莊機達性行純良 jonggida sini banin yabun gulu sain,	爾額色黑性行端良 esehi sini banin yabun tobs ain
6	才能稱職 erdemu dašan be akūmbume mutefi,	才能敏練 erdemu mudan geteken hafu ofi,
7	克襄王事 gurun i baita de aisilame kiceme	三朝简任 ilan jalan de baitalabufi,
8	著有勋勞 faššaha bailetulehe bihe,	克盡乃心。終始恭誠。允稱厥職，綸扉佐理。禪贊弘多。夙夜電勞，清勤素著。方切倚任 mujilen de hing seme, akūmbuha. daci [kobto] isitala [][] itušan de mutebuhe. dorgi yamun de aisilame icihiyame, tušan araha ba ambula, yamji cimar ihūsutuleme faššame, kicebe daci iletulehe [] ng akdun[] [] bume baitalaki serede,
9	方冀遐齡 jing goidaha banjikini sere de	—
10	忽焉長逝 gaitaiakūoho,	遽爾告終 gū nihakū aldasi oho.
11	朕用悼焉 bi nasame gūni[me] ofi,	朕甚悼焉 bi ambula nasame ofi,
12	特賜祭典。造墳安葬 cohome, waliyara sindara kesi isibufi eifu arafi sindambi.	特賜祭典。造墳安葬 cohome wecere jaka be bufi, eifu arafi sindambi.
13	嗚呼 ai,	嗚呼 ai,
14	— —	寵錫重墟 eifu de isibume,
15	— —	庶享匪躬之報 sini faššaha de karulaha.

（续表）

	jonggida	esehei
16	— —	名垂信史 gebu be suduri de tutebume,
17	聿垂不朽之榮 gukurakū wesihun be tudabufi,	聿垂不朽之榮 gukurakū wesihun be iletulehe.
18	庶享匪躬之報 sin ifaššaha de karulaha,	— —
19	爾如有知。尚其歆享 sara gese oc ialime gaisu.	爾如有知。尚其歆享 sara gese oci alime gaisu.

As we can see, two funeral orations are divided into 19 parts, sharing a highly similar format. It is very interesting that several lines are different in the Manchu version though their Chinese versions are just the same. For example, in No.2 "臣子之常經", Jonggida's text is "amban ohob[o] niyalmai enteheme doro.", but Esehei's text is "amban oho niyalmai sain yabun,". In fact, many differences can be seen in these two sentences. First, Different structures. The punctuation in Jonggida's text is " 》" but is " 、" in Esehei's. It shows the Manchu versions are arranged in a distinct way, as Esehei's text tries to connect with the next line but Jonggida'does not Secord, The translation of Chinese "臣子" is very interesting. The Manchu version does not simply use one word like "amban" or "hafan" but "amban oho niyalma", meaning "people who become officials". In contrast, the Manchu texts are quite different from each other in translation of "常經", as Jonggida's text is just a translations of Chinese but Esehei's is apapaphrase.

Anotther example will be disscussed、Mandhu"特賜祭典"'s translation in No.12 shows the similar characters just like that in No.2. In Jonggida's text, it's "cohome, waliyarasindarakesiisibufi" but it's "cohomewecerejaka be bufi," in Esehei's. As is known to all, punctuation is hardly seen in Chinese inscriptions, which means the mauchu translator has to read and understand the Chinese in his way and then translate. This sentence shows how two translators reading the same original Chinese text can lead to different translations. "cohome, waliyara sindara kes iisibufi" is definitely the translation of "特，賜祭典"， which means that "特" is an adverb that does not only connect with "賜祭典" but also has a relationship with the foll cuing sentence. On the contrast, "cohome wecere jaka be bufi," with a comma at the end, is a clear mark that "特" only qualify "賜祭典".

If we just consider all the translated characters of these two funeral orations, we can find that although they are exactly the same from No.1 to No.4 in Chinese version, the Manchu texts of No.2 are so different that it is hard to judge if they are the translations of one sentence without reading the Chinese version, which suggests that the Chinese versions of Manchu-Chinese inscriptions are drafted first, then translated into a Manchu version.

Furthermore, the styles of both Chinese and Manchu are a kind of compromise to this literary style, funeral oration. In ancient Chinese literature studies, there are two origins of funeral oration:

one is parallel prose（駢文）and the other is prose（散文）[1]. The former is required to pay attention to its style, especially the rhyme, on the other hand the latter has a relative fececlom of style. Yet, considering the style of the Chinese version of the two funeral orations mentioned above in the graph abve, they are written in a shape of "parallel prose" yet they don't show much relativity on rhyme. It is almost the same in the Manchu version, as there is no classical character of thyme-scheme[2] shown in the texts. In a word, Manchu-Chinese funeral orations are prose, though the Chinese version appears to be "parallel prose". Similarly if we pay attention to Manchu biographical inscriptions, we will find that this character belongs to all gaofengbei, mu bei or yujibei. Decided by the contents, they are written in a style of a compromise of parallel prose and prose, which is still not completely explained.

Although cut on the stone, Manchu-Chinese biographical inscription is just the sam as part of the imperial rescripts. In this paper the author attempt to introduce what the Manchu-Chinese biographical inscriptions are, especially one type of them, yujibei, which has a complete correspondence with funeral oration, showing that this kind of inscription appeared from Kangxi Reign as a new policy. By comparing the earliest rubbings of yujibei, it is obvious that Chinese is first drafted and then translated into Manchu, causing some subtle differences in the two inscriptions.

---

[1]　Zhang Haiou（張海鷗）and XieMinyu（謝敏玉），"Aidaowen de wentiyuanliu he wentixingtai"（哀悼文的文體源流和文體形態），Journal of Shenzhen University（Humanities & Social Sciences）深圳大學學報（人文社會科學版），vol.27（2010）：87。

[2]　Cf. Tatiana A. Pang, "Three Versions of a Poem Composed by Emperor Qianlong", edited by Elena V. Boikova and Giovanni Stary with the assistance of Elizabeth and Charles Carlson, "Florilegia Altaistica Studies in Honour of Denis Sinor On the Occasion of His 90th Birthday", HarrassowitzVerlag·Wiesbaden, 2006: 85-91.

К историографии изучения письменной конфессиональной литературы ойратов и калмыков*

Д.Н. Музраева

(г. Элиста, Калмыцкий научный центр РАН)

История проблематики настоящей работы в научном монголоведении неоднопланова и распадается на ряд самостоятельных проблем, имеющих неодинаковое отношение и неодинаковую значимость для нашей темы — сюда входят история монгольской письменности и письменностей монгольских народов, конфессиональная история монгольских народов и в том числе ойратов и калмыков, история буддизма у монголов и в сопредельных регионах (Тибет, Китай, Бурятия, Тува и т.д.) . Важное место в истории изучаемых проблем занимает издание отдельных памятников средневековой монгольской и ранней ойратской литературы («История Чойджид-дагини», «История о Молон-Тойне», «Источник мудрецов», «Повесть о лунной кукушке» и т.д.) , а также опыты осмысления собственно литературной истории ойратов на значительной временной перспективе (А. В. Бадмаев [Бадмаев 1975], Л. К. Герасимович [Герасимович 2006]) .

Наилучшим образом в научной литературе освещена проблематика истории буддизма и ламаизма у монголоязычных народов — это относится к трудам по религиоведению, культурологии, философии, истории искусства. В России и за рубежом вышел в свет целый ряд энциклопедий, посвященных буддизму и его культурным компонентам, имеются монографии, посвященные истории буддизма в Бурятии, Калмыкии, Туве [Ламаизм в Бурятии… 1983; Бакаева 1994; Монгуш 2001], довольно сложным остается вопрос о степени исторической и историографической изученности традиционного буддизма среди народов Китая. Представляются хорошо изученными буддийский пантеон и вопросы иконографии буддизма (Э. Гетти, А. А. Терентьев, Л. Н. Гумилев, К. М. Герасимова, Ю. И. Елихина, С.Х. Д. Сыртыпова, С. Г. Батырева и др.) — в работах названных авторов конфессиональная составляющая материала с разной степенью включена в искусствоведческие исследования.

В исследованиях по истории монгольской литературы, особенно литературы раннего периода, не отмечается противопоставления духовной и светской литературы [Лауфер 1927; Герасимович 2006], хотя отдельные авторы и констатируют, что в отдельные периоды вопрос об отграничении литературы от письменного наследия и письменности в целом осознавался и даже стоял довольно остро [Поппе 1935]. Основная проблематика исследований наших предшественников сводилась не к оппозиции духовного и светского, а к жанровой классификации. Можно признать, что такой симбиоз духовного и светского внутри видов

---

* Исследование выполнено за счет гранта Российского научного фонда (проект № 14-18-02898) .

словесного искусства является типической особенностью восточных культур, для которых в целом не характерны дифференцированные истоки конфессиональной книжной культуры и светской литературы, находящейся едва ли не в конфликте с церковью, как это имело место в разные периоды истории европейских цивилизаций. Однако в исследованиях по монгольской литературе раннего периода, особенно в последние две трети XX века, явственно прослеживается недооценка буддийской составляющей, причем как на уровне состава текстов, так и на уровне литературного процесса — равным образом как для характеристик написанного, так и для характеристики пишущих — авторов дошедших до нас произведений.

За счет исследований последних двух–трех десятилетий в настоящее время получила характеристику история буддийского духовенства в России [История буддизма... 2011; Буддизм в России... 2014] и, в частности, в Калмыкии [Басхаев 2007]. Эти работы ценны для нашей темы в ряде отношений. Во-первых, они открывают нам картину становления и развития буддийского образования в Калмыкии, во-вторых, освещают историю отдельных центров и монастырей, в-третьих, содержат и в перспективе аккумулируют в максимально полном списке имена калмыцких священнослужителей-гелюнгов XIX – первой трети XX в., чье служение связано с переписыванием, собиранием и хранением буддийских рукописных и ксилографических памятников до второй половины 1930-х гг., и чьим наследием оказываются книги из современных собраний республики. Важный компонент истории историографии для нашей работы — это история описаний коллекций буддийских рукописей Калмыкии, начало которому было положено В. О. Чуматовым [Чуматов 1983] и которое до настоящего времени полностью не завершено.

По существу, открытым остается вопрос о соотношении раннего, собственно буддийского, и более позднего, который иногда называют ламаистским, компонентов в истории культуры и книжности монгольских народов. Здесь парадоксально то, что при хронологически ретроспективном подходе ламаизм как форма буддийского культа для отдельных регионов и этносов оказывается гораздо лучше изученным, чем собственно буддизм, однако конфессиональные и культурные детерминанты в культуре бурят, калмыков, тувинцев при таком подходе теряют связь со своими истоками. Впрочем, и история ламаизма, в частности и, например, сочинения Цзонхавы, также при таком подходе выпадают из поля зрения специалистов, и их отсутствие представляет общую картину литературы и культуры в несколько искаженном ракурсе.

Изучение проявлений конфессиональной идентичности в произведениях новой и новейшей литературы монгольских народов только начинается [Олядыкова 2004, 2004а, 2006; Бурыкин 2006]. Монографическое изучение истории письменностей монгольских народов, которое, как это ни парадоксально, и началось само по себе довольно поздно (А. Рона-Таш, Д. Кара, Г. Д. Санжеев, Л. Чулуунбаатар, Ц. Шагдарсурэн и др.), не имеет адекватного продолжения уже почти 40 лет, сведения о монгольских письменных системах ранних периодов, рассыпанные по фундаментальным трудам, посвященным истории письма (А. Шницер, Д. Дирингер, И. Фридрих и др.), пока не стали предметом анализа, здесь исследователей пока привлекают лишь поздние этапы развития письменности [Биткеев

2003]. Учебные пособия по ойратскому «Ясному письму» («Тодо бичиг») в Калмыкии создаются заново по современным [Бадмаев 1971; Павлов, Цеденова 2010] и китайским образцам [Намжавин 2002, 2004; ср. Джамцо 1989], в то время как история обучения грамоте на «Тодо бичиг», объемлющая как конфессиональную, так и светскую культуру калмыков XIX – начала XX в., остается неизученной и не имеет преподнесения современным жителями республики как компонент их культуры и истории.

Отсутствие комплексного внимания к образцам традиционной буддийской книжности и письменной культуры у калмыков имеет свои негативные следствия для исторических и филологических дисциплин. Практически неразработанными остаются проблемы палеографии «Тодо бичиг», не освещены вопросы стилей и групп почерков письма на «Тодо бичиг», вне освещения остались проблемы кодикологии буддийских (и не только буддийских) книг, нет специальных работ по изучению материалов для письма, в частности, характеристики бумаги: даже указатель водяных знаков С. А. Клепикова, без которого не обходится ни одно описание русских рукописных документов XVI–XVIII вв. [Клепиков 1978], еще не вошел в обиход у исследователей монгольской рукописной книги, в то время как сопроводительная помета «бумага русская» в каталогах встречается очень часто. Слабо разработаны и вопросы текстологии памятников монгольской письменности, имеющийся опыт текстологии как области филологической науки далеко не полностью освоен исследователями образцов письменной культуры монгольских народов, при этом как в калмыковедении, так и в бурятоведении, а равно и в монголоведении в России и в Монголии положение дел выглядит одинаковым. Немногочисленны и исследования по технике и опытам практики перевода буддийских текстов на монгольский, ойратский и калмыцкий языки, малоизвестны и до настоящего времени еще не подвергались комплексному научному изучению буддийские сочинения гелюнгов на русском языке, оказавшиеся как бы вынутыми из того конфессионального и историко-культурного контекста эпохи, когда они были созданы, и сохранившиеся в научной памяти только как образцы церковной буддийской практики и интенций духовенства. Феномен калмыцких буддийских текстов на кириллице 1930-х гг. долгое время представлял собой загадку – чем мог быть вызван отход от традиционного письма для сохранения сакральных текстов. Ныне понемногу стало понятным, что таким образом калмыки могли скрывать рукописи и сочинения буддийского содержания от тех контролирующих органов, которые при выявлении религиозных сочинений ориентировались на то, что такие сочинения должны были быть написаны на ойратском «Ясном письме» («Тодо бичиг»).

В историографии и изучении истории конфессиональной литературы ойратов и калмыков выделяются несколько этапов, каждый из которых характеризуется своим собственным определением объема понятий письменной культуры и литературы. При первом знакомстве с культурой ойратов и калмыков и письменность, и система образов и персонажей буддийского пантеона воспринимались как два связанных друг с другом единства, каждое в отдельности из которых с большим трудом поддавалось дифференцированному описанию. Позднее, при осмыслении оппозиции духовного и светского в функционировании письменной культуры, а также оппозиции религиозно-догматического и традиционно-литературного (включая фольклор) компонентов в содержании нарративных текстов история книжности и литературы и буддология, изучающая письменные тексты в перспективе сложения и бытования буддийского канона, начали осознаваться как компоненты истории литературы народов, исповедующих буддизм. При этом сохранялись общие составляющие этих дисциплин — история книги, история письменности, история образования, а также история сложения буддийского компонента в духовной культуре и искусстве.

Литература

Бадмаев А. В. Калмыцкая дореволюционная литература. – Элиста: Калм. кн. изд-во, 1975. – 167 с.

Бадмаев А. В. Практический самоучитель старокалмыцкой письменности. Элиста: КНИИЯЛИ, 1971. – 108 с.

Бакаева Э. П. Буддизм в Калмыкии. Историко-этнографические очерки. – Элиста: Калм. кн. изд-во, 1994. – 128 с.

Басхаев А.Н. Буддийская церковь Калмыкии: 1900–1943 гг. – Элиста: ЗАОр «НПП „Джангар"», 2007. – 240 с.

Биткеев П.Ц. Традиции многовековой монголоязычной письменной культуры // Вестник КИГИ РАН. Вып. 18. – Элиста, 2003. – С. 31–40.

Буддизм в России — царской и советской (старые фотографии). – СПб.: изд-е А. Терентьева, 2014. – 484 с.

Бурыкин А. А. Калмыцкие слова, южнорусская региональная лексика и калмыцко-русское двуязычие как средства создания этнического и регионального колорита в русскоязычной калмыцкой литературе (на материале творчества С. Балыкова) // Русская речь в инонациональном окружении. – Вып. III. – Элиста. 2006. – С. 109–130.

Герасимович Л.К. Монгольская литература XIII – начала XX в. (материалы к лекциям) / отв. ред. Д.Н. Музраева. – Элиста: АОр «НПП „Джангар"», 2006. – 362 с.

Джамцо Т. Тод үсгийн дүрэм (Правила ясного письма). – Улаанхад: Өвөр Монголын шинжлэх ухаан, техник, мэргэжлийн хэвлэлийн хороо, 1999. – 209 х.

История буддизма в СССР и Российской Федерации в 1985–1999 гг. – Элиста: Мин. образ., культ. и науки РК, 2011. – 392 с.

Клепиков С.А. Филиграни на бумаге русского производства XVIII – начала XX века. – М.: Наука, 1978. – 240 с.

Ламаизм в Бурятии XVIII – начала XX века. Структура и социальная роль культовой системы / Галданова Г.Р., Герасимова К. М., Дашиев Д. Б. и др. – Новосибирск: Наука, 1983. – 235 с.

Лауфер Б. Очерк монгольской литературы. Пер. В. А. Казакевича, под ред. и с предисл. Б. Я. Владимирцова. – Л.: Изд-е Ленинградского Восточного института, 1927. – 95 с.

Монгуш М.В. История буддизма в Туве (вторая половина VI – конец XX в.). –

Новосибирск: Наука, 2001. – 200 с.

Намжавин С. «Ясное письмо» ойратов Синьцзяна КНР: Дис. ... канд. филол. наук. – Элиста, 2004. – 143 с.

Намжавин. Тод үсгийн цагаан толгойтой холбогдох дурсгал бичгүүд хийгээд ойрдын хэлшинжлэлийн уламжлал // Монголоведение. № 1. – Элиста: АПП «Джангар», 2002. – С. 50–58.

Олядыкова Л. Б. Язык и религия: буддийские термины в русском переводе произведений Давида Кугультинова // Научная мысль Кавказа. Приложение. – Ростов-на-Дону: Изд-во Сев.-Кавказ. науч. центра высш. школы, 2004. – № 8（62）. – С. 147–151.

Олядыкова Л.Б. «И хоть во всем я — атеист...»: Буддийский мир в поэзии Давида Кугультинова（теонимы）// Известия высших учебных заведений. Северо-Кавказский регион. Общественные науки. – Ростов-на-Дону, 2004. – № 4. – С.115–121.

Олядыкова Л. Б. Поэзия Давида Кугультинова и буддизм // Восток（ORIENS）. Афро-азиатские общества: история и современность. – М.: Наука, 2006. – № 1. – С. 65–77.

Павлов Д. А., Цеденова С. Н（Павла Дорж, Цеднэ Светлана）, Тодо Бичиг（Хальмг хуучн бичмр келн）. – Элиста, 2010. – 288 с.

Поппе Н. Н. Проблемы бурят-монгольского литературоведения // Записки Института востоковедения АН СССР. – 1935. – III. – С. 13–37.

Чуматов В. О. Старописьменные памятники КНИИ ИФЭ // Монголоведные исследования. – Элиста: КНИИИФЭ, 1983. – С. 116–131.

Тангутская версия «У лян щоу цзин»

Сунь Инсинь

Полное название «У лян шоу цзин» является «*Да чэн у лян шоу цзун яо цзин*» (Ārya-Aparimītāyurjñāna-nāma-mahāyāna-sūtra), этот был одном из буддийских канонов, который был широко популярен во время династий Суй и Тан. Кроме перевода текста на китайский язык, в древний и средневековый периоды эта книга еще имела переводные тексты на тибетский, хотанский, уйгурский язык и т. д. Данная статья намерена представлять переводный текст на тангутский язык «*У лян шоу цзин*», в целях предоставлении материала для изучении истории буддизма Китая.

Переводный текст на тангутский язык «*У лян шоу цзин*» был обнаружен в развалине города *Хара-Хото* (китайское название *Хэй-чэн*), находящегося в Ассигнацииве провинции Внутренней Монголии в 1909 году, ныне хранится в Институте *Письменные памятники востока* РАН. Наименование книги впервые появилось в монографии «*Тангутские рукописи и ксилографы*» Горбачевой и Кычанова,[1] а также включился в «*Каталог тангутских буддийских памятников*» Нишида,[2] затем Кычанов описывает это издание и его содержание.[3] По описании Кычанова, хранящаяся в Института востоковедения Российской Академии Наук «*У лян шоу цзин*» имеет четыре номера: инв. № 812、953、697 и 6943.[4] Оригиналы этих памятников до сих пор ещё не опубликованы, мы можем видеть только фотографии, снятые в конце прошлого века в Санкт-Петербурге Цзян Вэйсунем и Ян Кэцинем Издательства классика Шанхая, эти фотографии касаются трех номеров: инв. № 812、697 и 6943. Данная статья основана на инв. № 697 и 6943, оба они были взяты из одной ксилографии, гармоника, 20 × 10.5 см, 6 строк по 11 знаков, сохранилось 7 листов и 43 листов, сочетая оба они, мы можем получить основной полный текст.

В инв № 6943 сохраняется заглавие по санскритски, транскрибированное тангутскими письменными знаками и наименование сутры по тангутски:

---

[1] З. И. Горбачева и Е. И. Кычанов, *Тангутские рукописи и ксилографы*, Москва: Издательство восточной литературы, 1963, стр. 118, 155.

[2] *Нишида Тацуо*西田龍雄, *Сэйкабун кэгонкё*西夏文華嚴經, 3, Киото, 1977, стр. 18。

[3] Е. И. Кычанов, *Каталог тангутских буддийских памятников*, Киото: Университет Киото, 1999, стр. 36, 411-412.

[4] инв. № 812 предисловие и начало текста, инв. № 697 последнний текста и послесловия, инв. № 6943 писание текста, без конца, инв. № 953 нет, вероятно потому, что аналогичное содержание с тем, которое изложено выше под другими номерами, так что опущенные фотографии.

𘓱𗼇 𗗋𘝯 𗗋𘛽𗼇𗧓𘆣 𗗋[𘓐]𘃽𗇁① 𗃛𘂤 𘂤𗰜𗖰𗘺 𗘂[𗖵𗼇]
𘃘𗼇 𘝞𗙏 𘊐𘝙𘜶𗔪𗫡𘝯

Эти две строки текста могут быть следующими объяснениями:

по санскритски: *Ārya-aparamīta-āyurjñāna-nāma-mahāyāna-sūtra*
по тангутски: да чэн шэн у лян шоу ци цзин

Предыдущий опыт показывает, что если на фронтисписе тангутской буддийской сутры одновременно появилось заглавие санскритской транскрипции и наименование сутры тангутского перевода, то оно должно быть переведено с тибетского языка, так что мы можем быть уверены, что эта тангутская сутра «У лян шоу цзин» переведена именно с тибетского *'phags-pa tshe dang ye-shes dpag-tu-med-pa zhes-bya-ba theg-pa chen-po'i mdo*（шэн у лян шоу чжи да чэн цзун，聖無量壽智大乘經）. Классический текст можно смотреть в «ганджура» № 674 Деге.

Сохраняющаяся до сих пор «У лян шоу цзин» имеет два текста на китайский язык: текст переводивший с тибетского языка Фа-Чэн династии Тан «Да чэн у лян шоу цзун яо цзин» 大乘無量壽宗要經 и текст переводивший с санскритского языка Фа-Тянь династии Сун «Фо шо да чэн шэн у лян шоу цзюе дин гуан мин ван жу лай то ло ни цзин» 佛説大乘聖無量壽決定光明王如來陀羅尼經. Оба они включились в «*Тайсё трипитака*» № 936 и № 937. Два текста перевода по содержанию похоже, только небольшое количество терминологии немножко отличается. ②Сопоставив их, текст перевода на тангутский язык «Да чэн у лян шоу цзун яо цзин» и два текста на китайский язык неполностью соответствуют, если берем пример дхарани, то оно, кажется, ближе к тексту перевода Фа-Тянь. Вот сопоставление текстов перевода на тангутский язык, перевода Фа-Тянь и перевода Фа-Чэн этого дхарани: ③

Текст тангутского перевода:
𘝯𘟣 𗙏𘉍𗙏𘛽 𗗋𗙏𗼇𘄴𘝞 𗗋𘓐𘃽𘊐 𘝯𘑗𘊴𘜶𘆣 𘌒𘐏𗼇𘋫𘉞 𘐥𘜔𘟫𘆣𘜶 𘆣𗼇𘆣𘌒 𘒣𗕔𘒣𗬢𘜔𘜶 𘐥𗫻𘑀 𘀼𘏒𗓊𗧓𘑀 𗙏𘀮𘖑 𗑠 𘐥𘝙𘌒 𗥔𗥔𘊐 𗒻𗫂𗥔𘌒 𘍞𗼇𘟭 𗵘𘖑 𗥔 𘝙𗼇𘝯𗇁 𗙏𘀮𗈶𘀮 𘐏𗼇

---

① 肽眺蚓麓落 肽[卫]篯筼（*aparamīta-āyurjñāna*），тангутский от звука не совсем точно，в соответствии со санскритом, кажется，так肽眺碩震肽卫篯筼" (*aparimītāyurjñāna*）。

② Ван яо 王堯，Цзан хань фо дянь дуй кань ши ду чжи сань «Да чэн у лян шоу цзун яо цзин»藏漢佛典對勘釋讀之三《大乘無量壽要經》，Си цзан янь цзюю西藏研究1990年第3期。

③ Санскритская форма этого дхарани восстановлена при помощи тибетского текста：*Oṃ namo bhagavate aparamita ayurjñāna subiniścita tijorājāya tathāgatāya arhate samyaksaṃbuddhaya tadyathā oṃ sarva saṃskāri parisuddhe dharmmate gagana samudgate svabhāva biśuddhe mahānaya paribāri svāhā.* См. Ван яо，Цзан хань фо дянь дуй кань ши ду чжи сань *Да чэн у лян шоу цзун яо цзин*, стр.106.

Текст перевода Фа-Тянь：

曩謨　婆誐嚩帝　阿播哩弭跢　阿愈霓野曩　素尾你室止怛　帝口祖　囉惹野　怛他誐哆野　阿囉賀帝　三麼藥訖三沒馱野　怛儞也他　唵　薩嚩僧塞迦囉　波哩舜馱　達口栗麼帝　誐誐曩　三母努蘖帝　娑嚩婆嚩　尾舜弟　麼賀曩野　波哩嚩黎　娑嚩賀

Текст перевода Фа-Чэн：

南谟　薄伽勃底　阿波唎蜜哆　阿喻纥砚娜　须毗你悉指陀　啰佐耶　怛他羯他耶　怛侄他　唵　萨婆桑悉迦啰　钵唎输底　达磨底　伽迦娜　萨婆婆　毗输底　摩诃娜耶　波唎婆唎　莎诃

Очевидно, что в тексте тангутского перевода𘕕𘑗tijo- и𘜼𘟙𘜼𘕕 𘝋𘘄𘝋𘃋𘜔𘘄[h]arhate samyaksambuddhaya соответствуют 帝口祖 и 阿囉賀帝 三麼藥訖三沒馱野 в тексте перевода Фа-Тянь, а не встречались в тексте перевода Фа-Чэн, хотя этот дхарань в тексте перевода Фа-Тянь появился только один раз, а в текстах перевода тангутского и Фа-Чэн появился 26 раз и 29 раз. На самом деле, в качестве основы текста перевода Фа-Тянь, этот дхарань в районе Ганьсу коридора вероятно был самым влиятельным изданием, как мы видим, не только текст перевода на тангутский, а также на уйгурский язык соответствуют им.[①]

Однако, за исключением этого дхарани, перевод терминологии в другой части текста «У лян шоу цзин» тангутского языка был ближе к тексту тибетского языка, в основном был вольный перевод с тибетского языка, а соответствующий перевод терминологии в китайском тексте в основном является транскрибированным с санскритского языка. Например：

[1] чжун чжун цзань 種種見，по тангутски буквально，как 種見 𘜼𘟙，вольный перевод с тибетского Rnam-par-gzigs. Китайский текст, как пи по ши 毗婆尸，а транскрибированный со санскритского Vipaśyin。[②]

[2] цзуй шан 最上，по тангутски буквально，как 頂尊 𘚿𘟙，вольный перевод с тибетского Gtsug-tor-can。Китайский текст, как ши ци 尸棄，а транскрибированный со санскритского Śikhin。[③]

[3] и це шэн 一切勝，по тангутски буквально，как 一切護 𘝋𘝋𘘄，вольный перевод с тибетского Kun-skyobs。Китайский текст, как пи шэ фу 毗舍浮，а транскрибированный со санскритского Viśvabhū。[④]

---

① Уйгурская форма этого дхарани：*Namo bagavati aparamita ayurynana suviničita tičura čay-a tatagatay-a arhati samyaksamanbuday-a tatyada oom sarva sanskari parisutda-a darmati gagana samutgaday suvabava visutda mahanay-a parivari svaha*。См. Чжан Те шань 張鐵山，*Дунь хуан чу ту хуй ху вэнь «Да чэн у лян шоу цзин» цянь е янь цзую* 敦煌出土回鶻文《大乘無量壽經》殘頁研究，*Минь цзу юй вэнь* 民族語文 2005年第5期。

② *Фань ван шу цзи* 梵網述記2：“毗婆尸，亦名毗婆沙，亦名維衛。即是梵音有輕有重故有不同，其義一也。此云勝見，亦云種種見，亦云廣見。”

③ *Фань ван шу цзи* 梵網述記1：“尸棄亦名式，此云勝，亦名最上。”Хуа янь шу чао 華嚴疏鈔16：“尸棄亦云尸棄那，此云持髻。”

④ *Фань ван шу цзи* 梵網述記1：“毗恕沙付者，亦名毗舍婆，亦言鞞舍，亦言浮舍，亦言隨葉。此云一切勝，亦云廣生。”

[4] ме лэй 滅累, по тангутски буквально, как 顛滅 𗤋𘊝, вольный перевод с тибетского *Log-pa-dang-sel*。Китайский текст, как цзюй лю сунь 俱留孫, а транскрибированный со санскритского *Krakucchanda*。①

[5] цзинь цзи 金寂, по тангутски буквально, как 金寂静 𗵒𗰀𘄊, вольный перевод с тибетского *Gser-thub*。Китайский текст, как цзюй на хань моу ни 俱那含牟尼, а транскрибированный со санскритского *Kanakamuni*。②

[6] чу ю хуай 出有壞, по тангутски буквально, как 壞有出 𘄴𗰜𗋖, вольный перевод с тибетского *Bcom-ldan'-das*。Китайский текст, как бо це фань 薄伽梵, а транскрибированный со санскритского *Bhagavān*。

[7] пу ти юн ши да юн ши 菩提勇識大勇識 𘒃𘘣𗦫𗊢𗾞𗦫𗊢, вольный перевод с тибетского *Byang-chub-sems-dpa' sems-dpa' chen-po*。Китайский текст, как пу са мо хэ са 菩薩摩訶薩, а транскрибированный со санскритского *Bodhisattva Mahāsattva*。

[8] фэй тянь 非天, по тангутски буквально, как 天非 𗊶𗤇, вольный перевод с тибетского *Lha-ma-yin*。Китайский текст, как а сю ло 阿修羅, а транскрибированный со санскритского *Asura*。

[9] сюнь сян 尋香, по тангутски буквально, как 香尋 𗤋𗀔, вольный перевод с тибетского *Dri-za*。Китайский текст, как цань та по 揵闥婆, а транскрибированный со санскритского *Gandharva*。③

[10] у лян гуан жу лай 無量光如來, по тангутски буквально, как 如來光無量 𗖰𗚩𗢳𘃡𗰞, 光無量 вольный перевод с тибетского *'od-dpag-med*。Китайский текст, как а ми то 阿彌陀, а транскрибированный со санскритского *Amitābha*。

[11] цзуй шан чжэнь ши цзю цзин мин мань 最上真實究竟明滿 𘓆𘂜𗴿𘄴𗰞𗦫𗢳𘈷, вольный перевод с тибетского *Bla-na-med-pa yang-dag-par rdsogs-pa'i byang-chub*。По санскритски, как *Anuttara-samyak-sambodhi*, Китайский текст, как а ноу до ло сань мяо сань пу ти 阿耨多羅三藐三菩提, также чжун чжи 種智。④

Существует ещё другой особенный случай, хотя в соответствующем китайском тексте употреблялся старый перевод по традиции Центральной Равнины, но иногда перевод в тангутском тексте был по новому переводу Центральной Равнине, в этом, вероятно, отражается какая-то привычка тангутских во время перевода буддийских канонов. Например:

[1] ши до линь 誓多林 𘟂𗖻𗴒𗏹, 誓多 является новым переводом с санскритского

---

① *И це цзин инь и* 一切經音義 26: "鳩留秦佛, 亦名拘樓, 亦云迦羅鳩村馱, 亦云拘留孫。並梵語訛略不切, 正梵音羯句忖那, 此云滅累也。"
② *И це цзин инь и* 一切經音義 21: "羯諾迦牟尼, 舊言拘那含牟尼, 此云金寂也。"
③ *Эр ши вэй ши шу цзи* 二十唯識述記 1: "梵云健達縛, 此云尋香, 謂中有能尋當生處香即往生, 亦名健達縛。"
④ *Чжи ду лунь* 智度論 85: "唯佛一人智慧為阿耨多羅三藐三菩提。" *Чжи ду лунь* 智度論 27: "一切種智是佛事, 聲聞辟支佛, 但有總一切智, 無有一切種智。"

Jeta。в китайском тексте переводился по старому переводу как чжи шу 祇樹。①

［2］ю цин 有情，по тангутски буквально, как 情有 𘕿𘟂，является новым переводом с санскритского *Sattva*。в китайском тексте переводился по старому переводу как чжун шэн 眾生。②

［3］цинь це ша 殑伽沙 𘄒𘅣𘊏，является новым переводом с санскритского *Gaṅgā-nad-vāluka*。в китайском тексте переводился по старому переводу как хэн хэ ша 恒河沙。③

［4］шань бу чжоу 贍部洲 𘜶𘐀𘟂𘜦，является новым переводом с санскритского *Jambudvipa*。в китайском тексте переводился по старому переводу как мэнь фу ти 門浮提。④ (мэнь 門，ошибкой совершить вместо янь 閻。)

Сопоставив их, мы обнаружили, что «У лян шоу цзин» перевода на тангутский язык отличается со всеми нынешними текстами, это показывает, что тогдашний перевод на тангутский должен был иметь другой текст, скорее всего последовал одному уже потерянному тексту на тибетском языке.

---

① Гуань ми лэ шан шэн доу шуай тянь цзин цзань 觀彌勒上生兜率天經贊1："祇樹者，應云誓多林。祇樹者訛也。誓多云勝，此即太子名。太子生時鄰國怨至戰而得勝，遂以為名。"

② И це цзин инь и 一切經音義12："薩埵，都果反，梵語也，唐言有情。古譯云眾生，義不切也。"

③ И це цзин инь и 一切經音義1："殑伽，西國河名也。上其疑反，下語佉反，為就梵音作此翻。古名恒河，即前說四大河之一南面河也。"

④ И це цзин инь и 一切經音義47："贍部洲，時焰反，從樹為名。舊言剡浮，或云閻浮，皆一也。"

Алтайская теория и новые аспекты тюрко-монголо-тунгусской проблемы

А.А. Бурыкин

Институт лингвистических исследований РАН

Судьба алтаистики как теории генетического родства тюркских, монгольских, тунгусо-маньчжурских языков, и ее эволюции в XX-начале XXI веков интересна даже сама по себе как предмет истории тюркологии, монголоведения и тунгусо-маньчжуроведения. Идея родства тюркских, монгольских и тунгусо-маньчжурских языков как «континентальной триады», была оформлена в трудах Г. Рамстедта и Б.Я. Владимирцова уже немногим более 100 лет назад: во втором десятилетии XX века, в 1910-е годы среди событий в изучении тюркских или монгольских языков трудно выделить конкретный год, который можно считать точной отсчета для празднования юбилеев алтайской теории, но, например, такой точкой отсчета мог бы стать 1911 год, год публикации объемной работы Б.Я. Владимирцова «Турецкие элементы в монгольском языке» [Владимирцов 1911].

Очень важно помнить, что уже в 1910-е годы алтайская семья языков, пусть еще без корейского и японского, добавленных позднее, представлялась исследователям как закрытая семья, к которой всерьез не могут быть добавлены никакие другие языки или языковые группы из числа соседей этих языков. Та же ситуация повторяется и при включении корейского и японского языков в алтайскую семью – мы не имеем оснований для расширения алтайской семьи за счет соседствующих с алтайскими языками языков и языковых групп, в равной мере как на азиатском континенте, так и за Беринговым проливом, в Северной Америке, и тем более в островной части Тихого океана.

Изучение тюрко-монгольских языковых контактов и взаимных заимствований, может быть, с некоторым приоритетом тюркских заимствований в монгольских языках стало осознаваться как особое направление в исследовании этих языков одновременно с разработкой сравнительно-исторической фонетики и морфологии тюркских и монгольских языков, и тут не случаен приоритет Б.Я. Владимирцова и Н.Н. Поппе в изучении тюрко-монгольских взаимных заимствований – у каждого из названных авторов есть статьи на данные темы, а Н.Н.Поппе занимался позднее и монгольскими заимствованиями в тунгусо-маньчжурских языках.

История алтаистики в последние две трети XX века и в начале XXI века – это настоящая драма, которая временами превращается в фарс, а в отдельных эпизодах – в трагедию. Поскольку алтаистика в начале 1930-х годов продолжала развиваться как одна из составляющих сравнительно-исторической грамматики монгольских языков, пример чего являет нам классическая работа Б.Я. Владимирцова [Владимирцов 1929], дополняющая в этом плане исследования Г. Рамстедта и А.Д. Руднева (см. [Бурыкин 2015]), она не попала в число «буржуазных» лингвистических дисциплин, как индоевропеистика. Судьба одного из основоположников алтаистики – Н.Н. Поппе оказалась поводом для неприятия и отрицания его идей, кстати, не без труда развивавшихся и приживавшихся на Западе и в США (см. [Алпатов 1996]. Поколения отечественных ученых, начавшие свою деятельность в 1920-е-1930-е годы, и в 1940-е-1950-е годы явно не спешили попасть в единомышленники к опальному ученому, хотя бы и сохраняющему статус члена-корреспондента АН СССР, и тут положение дел изменилось только в 1960-е годы. Книга В. Котвича «Исследование по алтайским языкам» в русском переводе вышла в 1962 году [Котвич 1962], и заметно повлияла на ситуацию с проблемой генетического родства и контактных связей алтайских языков, причем этот труд оказал воздействие не только на соотношение чисто научных идей и приоритеты проблематики, но и на группировки ученых по симпатиям к идеям: фигура русско-польского ученого В. Котвича, к тому же уже ушедшего из жизни, вместе с его трудами и идеями приобрела большую аттрактивность, нежели Г. Рамстедт и совсем одиозный Н. Поппе. Идеи о генетическом родстве и позднейших взаимных контактах алтайских языков и факты явных заимствований в тюркских и монгольских языках, некогда дополняющие друг друга, превратились в контроверзу с взаимоисключающими тезисами: 1) алтайские языки генетически родственны и этим фактом объясняются их сходства в лексике, морфологии, и в фонетической и грамматической структуре; 2) весь комплекс этих сходств объясняется контактами и ареальными связями тюркских и монгольских языков, а также монгольских и тунгусо-маньчжурских языков, факты контактирования которых, равно как и примеры заимствований из монгольских языков в эвенкийский и маньчжурский языки начали накапливаться со времен опубликования трудов М.А. Кастрена и «Полного маньчжурско-русского словаря» И.И. Захарова.

Рост эмпирической базы, а именно увеличение объема разнообразных словарей по тюркским и монгольским языкам, подавал исследователям идею о том, что алтайская контроверза найдет свое разрешение при пополнении лексикона тюркских, монгольских и тунгусо-маньчжурских языков, в меньшей мере – при исследовании сравнительно-исторической фонетики тюркских, монгольских и тунгусо-маньчжурских языков в отдельности, поскольку состав языковых групп к этому времени был с достоверностью определен, в том числе стали известны тюркские и монгольские языки Китая (саларский, сарыг-югурский, баоаньский, дунсянский, монгорский, шира-югурский и др.), однако прогресс в алтаистике в 1960-е – 1980-е годы не наблюдался.

С 1960-х годов оживились противники алтайской теории, с одной стороны – активизировавшие критику алтайской теории, с другой – приступившие к активному исследованию контактов алтайских языков и заимствованной лексики, в первую очередь это внимание проявлялось к тюркской лексике в монгольских языках. Здесь опять же накопление фактического материала, который как-то поддавался бы измерению и подсчету, в этой области осуществлялось крайне медленно и в какой-то мере достигло значимого объема при появлении двух своего рода монографических двухтомников А.М.Щербака [Щербак 1997, 2005] и В.И.Рассадина [Рассадин 2007, 2008]. Параллельно с этим в арсенале противников алтайской теории – не антиалиаистов, которые отрицают не родство алтайских языков между собой, но состояние алтайского единства, и при этом допускавших родство алтайских языков на ностратическом уровне как самостоятельных членов макросемьи, а контралтаистов, налагающих мораторий на исследование вообще каких-либо родственных связей тюркских и монгольских языков – появилось такое оружие как сепаратная девиантная реконструкция общетюркского праязыка [Щербак 1970], в которой историческое время древности языка старейших тюркских памятников принималось за абсолютную языковую архаику данной языковой группы. Складывается впечатление, что родственные связи тюркских и монгольских языков не только не интересовали таких ученых, но эти ученые делали все для того, чтобы этой проблемой не занялся бы кто-нибудь другой, особенно их числа молодых исследователей. Тюркский архетипарий (список праформ, претендующий на некоторую объемность, но не на полноту) А.М.Щербака, не слишком большой по объему и не бесспорный по конкретным праформам, как отмечают до сих пор многие тюркологи и не только тюркологи, не утвердился как основа сравнительно-исторической грамматики тюркских языков, но дал почву для дискуссии и в сравнительно-исторической фонетике, и в этимологических исследованиях.

Накопление лексического материала по тунгусо-маньчжурским языкам, освоение ресурсов лексики тюркских диалектов и монгольских диалектов дало возможность увидеть новые проблемы – своего рода вариации, вибрации, подвижности, неоднозначность соответствий отдельных фонем между отдельными групами алтайских языков, которые стали требовать объяснения. Примеров неоднозначности соответствий в тюркско – монгольских параллелях, может быть, немного (хотя чаще всего они остаются без внимания или имеют невыразительные объяснения) , но их достаточно в монголо-тунгусо-маньчжурских параллелях. Напомним, что серьезную проблему в сравнительно-исторической фонетике алтайских языков составляют соответствия гласных, среди которых также много неоднозначных корреспонденций. В этом заключена достаточно сложная теоретическая и методологическая проблема – противники алтайской теории вообще не обсуждали множественность фонетических соответствий в том, что они считали заимствованиями, предпочитая оперировать тривиальными соответствиями, что понятно: нетривиальные фонетические соответствия между языками чаще всего указывают на родство языков. Сторонники алтайской теории должны были находить решение этих проблем до сих пор вынуждены искать решения проблемы генезиса таких соответствий, а в практике – предпочитать этимологические этюды, пусть аранжированные по фонетическому принципу, изучению проблем сравнительно-исторической фонетики.

Один из самых значимых фактов в истории алтаистики начала 1980-х годов – упрек Б.А. Серебренникова ортодоксальным алтаистам в том, что слова, объявляемые общеалтайскими, оказываются слишком похожими, что неправдоподобно для ситуации родства, а система фонетических соответствий между группами алтайских языков, разошедшихся, судя по ограниченному числу общих лексем, достаточно давно, оказывается чересчур простой [Серебренников 1982, 36-37; 1988, 35-36]. Исключительно важно и следующее замечание ученого: «Выдающийся алтаист В. Котвич не занимался проблемами исторической фонетики» [Серебренников 1982, 30 прим 48].

Начнем с последнего тезиса: без исторической фонетики невозможно адекватно разобраться ни в отношениях родственных языков, ни в ареальных связях в сколько-нибудь значительной временной перспективе и множественности языков в изучаемых группах. Кроме того, при выстраивании сетки фонетических соответствий в массовых заимствованиях такая сетка обладает двумя приметными свойствами: 1) она слишком проста, соответствия в ней тривиальны; 2) в отличие от сетки соответствий, отражающих генетическое родство, сетка соответствий на основе заимствований никогда не бывает полной, в ней всегда будут иметься лакуны.

Что касается замечания Б.А. Серебренникова относительно «похожести» сравниваемых слов алтайских языков, этот упрек можно было бы принять – но ситуация с алиаистике изменилась довольно скоро. Сторонники родства алтайских языков нашли два выхода из сложной ситуации. Первый выход реализован в «Этимологическом словаре алтайских языков»: привлечение корейских и японских данных вместе с рядом уточнений в реконструкции сделало систему фонетических соответствий гораздо менее простой, недели она была представлена у Г. Рамстедта и Н. Поппе.

Второй выход найден автором данной статьи, и заключается в усложнении общеалтайской реконструкции за счет выявления новых корреспонденций. В «Этимологическом словаре алтайких языков и в работах С.А.Старостина [Старостин 1991] соответствия согалсных рассматриваются по двум позициям – инициальной и интервокальной. Нами были предприняты попытки рассмотрения соответствий согалсных по пяти позициям – инициальной, интервокальной, прконсонантной, постконсонантной (что дает выход на детальное рассмотрение истории сочетаний согласных во всех группах алтайских языков) и финальной. Показательно – и поразительно! – что эти корреспонденции касаются не столько рефлексов гласных и согласных, сколько соотношения линейной фонологической структуры слова в монгольских и тюркских языках.

Фонологическая стуктура слов в монгольских языках (в среднемонгольском и письменно-монгольском полностью, в современном монгольском языке с большой репрезентативностью) в большинстве случаев остается почти неизменной в сравнении с предлагаемой реконструкцией, в тунгусо-маньчжурских языках, особенно в южнотунгусских языках и в маньчжурском, она преобразована и несколько упрощена, в то время как в тюркских языках уже на уровне общетюркского состояния структура слов оказалась упрощенной в сильнейшей степени – в основном за счет отпадения ауслаутного комплекса ГС и упрощения внутренней звуковой структуры слова за счет тотальной утраты первого согласного в сочетаниях согласных вне зависимости от его качества и иногда – второго слога в трехсложных словах: ср. мо. mösün ~ тюрк. buz 'лед', мо. dürsün 'изображение, образ, вид, форма, наружность. внешность' ~ тюрк. jüz 'лицо' (еще монг. хэлбэр 'форма, вид' ~ тюрк.

kep 'форма', монг. хэв – доказуемый тюркизм), монг. deresün 'камыш' ~ тюрк. jiz 'тростник'; ср. также монг. хорхинцог 'стручок' ~ татар. кузак 'стручок' и др., сюда же попадает даже эвенк. амсир 'горностай' (< чукот. эмчачокалгын 'горностай') ~ тюрк. as 'горностай', монг. büselegür 'поясница' ~ даг. бэслэр 'поясница' ~ тюрк. bel 'поясница' и т.д.

 Три формулы – *mösün ~ buz, dürsün ~ jüz, deresün ~ jiz* – показывают нам соотношение монгольских и тюркских слов в рамках общеалтайской реконструкции и одновременно обозначают направление эволюции структуры слова в алтайских языках от монгольского состояния (самого раннего) до тюркского состояния (наиболее позднего, несмотря на древность письменных памятников). Невозможность иной трактовки этих соответствий будет показана ниже.

 Данная система соответствий соответствует уровню генетического родства монгольских и тюркских языков, равно как и других групп алтайских языков, прежде всего в силу своей нетривиальности. Все соответствия, которые не укладываются в нее и оказываются более простыми (прежде всего это соответствия сочетаний согласных и соответствия слов до тождества звучания), определяются как заимствования, причем «монгольский» или «тюркский» тип структуры слова (длина слова, характер ауслаута, характер внутренней фонетической структуры) часто указывает ина направление заимствования.

 Уничтожающее критическое замечание Б.А. Серебренникова по поводу сравнения «похожих» слов, таким образом, становится неактуальным для сторонников генетического родства алтайских языков – отныне алтайская теория полностью строится на нетривиальных соответствиях и при этом отождествляются слова вовсе даже непохожие друг на друга внешне, но почти всегда совпадающие по семантике. Однако эта критическаярем арка полностью справедлива в отношении тех, кто занимался выявлением перекрестных заимствований в тюркских и монгольских языках – и у А.М. Щербака, и у В.И. Рассадина, и у их единомышленников среди тюркизмов в монгольских языках почти всегда можно указать конкретный, причем документированный памятниками или близкий к современности, тюркский язык-источник заимствования. Что касается таких слов, как монг. хусам 'береза' и тюрк. qaδïn 'береза', монг. намарган 'болото' и якут. бадаран 'болото', то они в рамках «алтайской ареалистики» не обсуждаются вообще или остаются неясными – судя по всему, первое заимствовано в монгольский язык из неизвестного тюркского языка, второе – из монгольского языка в якутский со значительной модификацией (метатеза и переход носовых в шумные смычные).

 Алтаисты, а в особенности тунгусо-маньчжуроведы не раз задумывались о многих исключениях из фонетических соответствий общеалтайской реконструкции, в которых присутствуют тунгусо-маньчжурские слова. Можно еще раз разобрать известный пример тюрк. taš монг čilaɣun эвенк. и др. золо 'камень' [Севортян 3, 167-168 - *да:ш], с вопросами насчет исконности звонкого начального в тунгусо-маньчжурском, глухого в монгольском и возможности восстановления начальных звонких для общетюркского, а также эвенк осикта 'звезда' ~ нанайск. хосикта, явно не укладывающиеся в рефлексы инициального *p'- в тунгусо-маньчжурских языках. Судя по всему, перед нами первые признаки смешанного характера тунгусо-маньчжурских языков, который начнет проявляться несколько позднее в нашем изложении.

Яркая особенность исторической фонетики тюркских языков – небольшое число фонем, прежде всего согласных, способных давать нетривиальные рефлексы по отдельным языкам. Это начальный *j- (в реконструкции Б.А. Серебренникова, рефлексы по языкам j ~ # ~ з ~ ж~ д'~ ч ~ с ~ г), согласные č и s во всех позициях (рефлексы *č: ч ~ ш ~ с ~ h; рефлексы *s: с ~ h ~ #), а также неначальные - интердентальный *-δ- (рефлексы j ~ δ ~ з ~ д'~ т (в старых тюркских заимствованиях в маньчжурском - ч, ср. хучин 'колодец', в ряде случаев с, как в монг. хусам 'береза') ; *z- (рефлексы з ~ с ~ h;) , * -š- (рефлексы: ш ~ с ~ h) .

Показательный пример – названия меди и ее сплавов в тунгусо-ман- чжурских языках: 1) Удэг. тэуси *Хор* 1) 'медь, латунь'; 2) 'бронза'; и др. (ССТМЯ 2, 242) . 2) Эвенк, диал., и др. гэгин 'медь' (*ССТМЯ,* 1, 177) ; 3) эвенк. чучин, чучун 'медь', эвен. чучурми 'медь желтая' (ССТМЯ 2, 418) . 4) эвенк. чи:риктэ 'медь (красная) '; ма. сирин 'медь' (ССТМЯ 2, 399), не имеющее отсылок к другим статьям этого словаря и не имеющее указаний на параллели в других языках. Данные формы явно гомогенны, но не на общетунгусо-маньчжурском уровне – очевидно, они восходят к разным пратюркским диалектам, свидетельством которых в тюркских языках осталось čoδīn 'медь'. Таким образом, пратюркским архетипом названия меди оказывается *3e3in ~ *3i3in, ~ *3o3in - тогда источником всех приведенных выше пратюркских диалектных названий меди может быть китайское *qing¹tong²* (цзинтун) «бронза». Другие примеры эволюции китайских слов-биномов до тюркских слов со структурой CVC: тюрк. boš 'свободный' ~ ма. байсин 'свободный (от повинностей, службы, занятий'< кит. бай²жэнь² 'человек без должности' (ССТМЯ 1, 66), тюрк. bez «материя' ~ 1) ма. вэнчэо 'ткань из шелковой и льняной нитей' (ССТМЯ 1, 132) , 2) ороч. и др. генчу 'название ткани' (ССТМЯ 1, 146) .

Изученный материал вскрывает несколько категорий тюрко-тунгусо-маньчжурских и монголо-тунгусо-маньчжурских параллелей:

Заимствования из исчезнувших тюркских (иногда из монгольских) языков, которые на уровне корней являются интрузиями и не имеют этимологически связанных лексем в в тунгусо-маньчжурских и в монгольских языках:

п.-мо. saγadaγ, монг. саадаг 'колчан' > эвен. диал. аката 'лук, самострел, стрела' (ССТМЯ 1,25) ;

Тюрк. söz 'слово, речь' > 1) эвенк. гису- 'предсказывать, говорить', нан. гисурэ- 'рассказывать', ма. гису-, гисурэ- 'говорить, объяснять' (ССТМЯ 1, 156), 2) сол. хэсэ 'указ', нег и др. хэсэ 'слово', ма. хэсэ 'слово' (ССТМЯ 1, 483) ; 3) эвенк. турэ:н ~ ту:рэ:н, эвен. тө:рэ:н 'слово, речь, язык', эвенк. ту:рэ:н- 'говорить' (ССТМЯ 2, 222) ; рефлексы формы *гису- есть во всех языках, рефлексы форм *хэсэ и *төрэн распределены между севернотунгусскими и южнотунгусскими и маньчжурским языками – явное свидетельство контактов с разными тюркскими языками, ныне не существующими.

Тюрк. süz- 'очищать, процеживать' > 1) ма. хэрэ- 'процеживать' (ССТМЯ 1, 482) ; 2) нивх. г-ездь г-езуд 'цедить'. 3) монг. шҮҮх 'цедить'. Маньчжурская форма заимствована из языка, в котором наблюдался ротацизм, монгольская – из языка, в котором –з- изменился до заднеязычного и вторичной долготы гласного. Пример с ма. хэрэ- 'цедить', как и с 'хэсэ' слово показывает, ясно показывает, что общетюркская реконструкция слов с финальным неприкрытым -з и -ш несостоятельна, кто бы ее ни предлагал. Выявленные примеры содержат важные детали относительной хронологии изменений согласных в пратюркском языке и его диалектах. Любопытно, что слова с близкой ареальной характеристикой и общей судьбой начального с-, не соответствующей истории этого согласного в тунгусо-маньчжурских языках, должны быть заимствованы из разных пратюркских диалектов: «стандартного» с z и «прабулгарского» с r.

Др.-тюрк. bašaq 'туфля, башмак' (ДТС 87) > эвенк. пачи 'обувь зимняя', як/ бааччи 'туфля, обувь, кожаная' (ССТМЯ 2, 36). Данный пример, в отличие от приводимых ниже, прозрачен, ибо эвенкийское слово считается якутизмом – однако во-первых, это не очевидно из-за глухого согласного в инициали и отсутствия долготы, во-вторых, якутская параллель могла и отсутствовать.

Тюрк.: турецк. и др. saz 'болото' (*sa:z) > 1) Орок. халчи болото (ССТМЯ 1, 461), 2) уд. сала^{h}а болото (лесное) (ССТМЯ 2, 57); Сюда же, видимо, относится и эвенк. йаку 'болото' (ССТМЯ 1.339), происходящее из языка, в котором начальный с- оказался на грани утраты, а интервокальных –з- изменился в –к-, и эвенк. тагин 'лужа, болото' (ССТМЯ 2, 151). Ср. также нивх. чатф 'болото', не имеющее близких по форме параллелей ни в тунгусо-маньчжурских, ни в монгольских языках, но совпадающее с тюркским саз 'болото'. Показательно, что начальный с- изменился в х- ранее, чем упростилась группа согласных на месте общетюркского -z.

Тюрк. jīlan 'змея' > 1) нег. хулдан 'гадюка' (ССТМЯ 1, 476); 2). эвенк. салама 'змея', нег. сулама 'змея' (ССТМЯ 2, 57); во втором случае сам разброс форм указывает на неисконность слова.

Тюрк. sozaq ‹поселение' > 1) нег. гасин, нан. гасиа, ма. гашан 'селение' мо. gaciga 'селение' (ССТМЯ 1, 143); 2) нег. и др. сусу 'селение (покинутое)' (ССТМЯ 2, 131); 3) ма. токсо 'селение', п.-мо. tosxon, монг. тосгон 'селение'.

Для трех вышеприведенных примеров общеалтайские параллели пока не выявляются – тем более доказательным выглядит заимствованный характер тунгусо-маньчжурскихп араллелей для тюркских слов.

Тюрк. čečäk 'цветок' > нан. кэку:кэ: 'цветок, побег ивы' (ССТМЯ 1,445) .. Нег. и др. чимчуктэ 'шишка (цветок хвойного растения)', ульч., нан. чимчиктэ 'почка', как и монг. цоморлог 'почка, бутон' вместе с тюрк. čečäk создают основу для общеалтайской реконструкции, на фоне которой монг. цэцэг 'цветок' – доказанный тюркизм. На фоне этих примеров похоже, что монг. шогшгой 'шишка дерева' – древнее междиалектное заимствование.

Тюрк. ašuq 'лодыжка, альчик', алт. кажык 'лодыжка' (дублеты в тюркских языках не объяснены) > 1) ма. ганчуха 'бабка' (ССТМЯ 1, 140), 2) удэг. гуанзига 'лодыжка' (ССТМЯ 1, 164). Данные формы заимствованы из пратюркского диалекта, в котором изменились, но еще не выпали преконсонантные согласные. Формы, соответствующие нег и. др. алчухан лодыжка и мо. alcu 'плоская сторона игральной кости' (ССТМЯ 1,34), как и тюрк. ashuq, составляют основу для общеалтайской реконструкции лексемы.

Др.-тюрк. büšīnčäk 'кисть винограда' (ДТС 133) > удэг. мэсуктэ, нан. муксуктэ 'виноград' ма. мучу 'виноград' (ССТМЯ 1, 572). Тунгусо-маньчжурские формы с нерегулярными межтунгусскими соответствиями заимствованы из тюркских языков в том состоянии,когда они еще не имели суффиксального оформления, но монг. молцоглох 'висеть кистью' – служит основанием для общеалтайской реконструкции.

Др.-тюрк. cocuq «поросенок» (ДТС 151) > 1) эвенк. ичака 'поросенок (ССТМЯ 1, 334); 2) сол. зилчха (н) 'поросенок' (ССТМЯ 1, 257) первая форма – тюркизм, вторая, вероятно, монголизм, ср. п-.mo.zulzaɣan 'детеныш животного, поросенок', однако монгольская и тюркская формы соотносятся так же, как п.-мо. elzigen и тюрк. ešäk 'осел', что уже нельзя считать заимствованиями.

Др-тюрк. eš- 'грести', 'разгребать' (ДТС 185) > 1) нан. н'изи- 'грести попеременно' (ССТМЯ 1, 637) ,2) нан. улбэ (н) 'весло' (ССТМЯ 2, 258): корень этого слова*улби- 'грести' отвечает соответствиям общеалтайского уровня, ср. др.-тюрк qašïq ложка и монг. халбага ложка и аналогичные примеры с подобными соответствиями (судя по всему, в монг. примерах сохраняются постконсонантные –п- или -п'-, утраченные в других группах языков: рефлексы этих согалсныхв данной позиции ранее не отмечались).

Др.-тюрк. küdün 'пиршество' (ДТС 324) > 1) нан. варди (н) 'пиршество, предстоящее богатое угощение' (ССТМЯ 1, 130), 2) эвенк. курим 'свадьба, праздник, пиршество', эвен. диал. куром свадьба, п.-мо. xurim, 'праздник, празднество, свадьба'. монг. хурим 'свадьба' (ССТМЯ 1, 437). Обе приводимые т-юма формы, как и монгю лексема, очевидно, заимствованы из языка с ротацизмом.

Др.тюрк. бит 'лицо' (ДТС 103) > 1) эвенк. диал. мутин 'облик, вид, лицо' (ССТМЯ 1, 561), 2) эвенк. и др. ме:та 'шкура с головы оленя, шкура с головы животного', сол. ме:та 'лицо' (ССТМЯ 1, 535). Эвен. ити 'лицо', не имеющее параллелей в других языках (ССТМЯ 1, 333) сюда не подходит, т.к. является одним из проявлений тюрк. jü:z 'лицо' – с отпавшим j- и нетипичным рефлексом –z.

Др.-тюрк. ïš 'копоть, сажа' (ДТС 220) > эвенк. иһун 'сажа, копоть' ~ бурят. эһун (ССТМЯ 1, 34), 2) эвенк. увукса 'копоть, сажа' (ССТМЯ 2, 243). Эвенкийская форма не обязательно заимствована из бурятского, ее источник может быть старше, хотя т-ма формативы –кса и монг. –sun, судя по всему, сводимы к одной праформе..

Число подобных примеров можно умножать. Весь этот материал обладает уникальными для компаративистики свойствами: слова, встречающиеся в разных тунгусо-маньчжурских языках, показывают такие соответствия, которые не укладываются в известные соответствия между отдельными конкретными языками тунгусо-маньчжурской группы (они известны), но воспроизводят фонетические соответствия, наблюдаемые между отдельными тюркскими языками, пусть в более широком понимании с поправкой на ареальные филиации и хронологию существования тюркских языковых формаций. То, что в тунгусо-маньчжурских языках можно отыскать заимствования, восходящие к множеству тюркских языков и тем самым существенно пересмотреть представления о тюрко-монгольском и тюрко-тунгусо-маньчжурском фронтире, побуждает к ревизии итогов изучения всех контактов тунгусо-манчжурских языков в пространстве и во времени «от Кастрена до Рассадина», а главное – инициирует изменение отношения к алтайской теории на противоположное, с негативного или нейтрального – на позитивное.

Изученный материал вкупе с некоторыми ранее сделанными наблюдениями приводит к следующим выводам:

Объем тюркских заимствований в монгольских и тунгусо-маньчжурских языках оказывается гораздо большим, чем предполагалось в сфере алтайской ареалистики теми, кто занимался проблемами тюрко-монгольских языковых связей.

Изучение слов, содержащих фонемы с нетривиальными соответствиями по тюркским языкам, в их проявлениях в тунгусо-маньчжурских и монгольских языках, показывает, что источником «неясных» слов в этих языках были разнообразные пратюркские диалекты, по характеру отражений согласных сходные с современными тюркскими языками Сибири и особенно с якутским языком, иногда показывающие даже более далекую стадию его эволюции. Количество таких языков, по подсчетам совместной встречаемости разных рефлексов отдельных согласных – 25–30 языков и, возможно, даже больше; область их распространения – от левобережья Амура к югу до истоков Яны, Индигирки и Колымы к северу, от нижнего течения Амура на востоке до меридиана озера Байкал на западе. Хронология существования этой реконструируемой тюркоязычной провинции – от начала 1 тыс. до н.э. (время распада общетунгусо-маньчжурского, генезис языков-реципиентов) или несколько позднее, до середины 1 тыс. н.э., когда ее остатки были поглощены севернотунгусскими языками, носители которых мигрировали к северу и северо-востоку от Приамурья. При этом эвенский язык, видимо, попавший под более сильное тюркское влияние, нежели эвенкийский, демонстрирует те же изменения структуры слова (упрощение сочетаний согласных, отпадение конечных гласных) , что и тюркские языки в сравнении с другими алтайскими языками.

Несмотря на то, что общетунгусо-маньчжурский язык имеет по мнению разных ученых, различные даты распада (в интервале от 2000 до 5000 лет назад) , и все они оказываются более ранними, чем даты распада общетюркского и общемонгольского праязыков, тунгусо-маньчжурская группа языков выглядит как исторически смешанная, в которой присутствуют слова из древних монгольских диалектов и пратюркских диалектов, хотя определенный комплекс лексем дает основания для восстановления общетунгусо-маньчжурского состояния с собственной лексикой и с сепаратными рефлексами гласных и согласных, не совпадающими ни с тюркскими, ни с монгольскими (пример – система местоимений) . Отдельные группы лексики – например, названия животных – иногда дают вместо форм с закономерными рефлексами по языкам некий континуум сходно звучащих слов, которые выглядят как старые заимствования из соседних языков.

Многочисленные сложности, которые создают тунгусо-маньчжурские слова при их отождествлении с монгольскими и тюркскими (колебания звонких и глухих, среднеязычных и переднеязычных, аффрикат и сибилянтов, трудно объяснимые дублеты и т.п.), очевидно, вызваны как раз смешанным характером тунгусо-маньчжурских языков. Если это верно, алтаистика в качестве области исследования с континентальной триадой языков остается в статусе тюрко-монгольской проблемы, а тунгусо-маньчжурские языки, мало что дающие для общеалтайской реконструкции, будут лишь получать объяснения в ходе исследований лексического состава алтайских языков.

Материал пратюркских диалектов, представляющий разные состояния от прототюркского, близкого к общеалтайскому, до диалектов пратюркского и, возможно, исчезнувших диалектов общетюркского праязыка, показывает нам относительную хронологию изменений отдельных фонем в тюркских языках, а также последовательность звуковых изменений по отдельным позициям в слове. Вероятнее всего, самые ранние изменения в пратюркском приходятся на начало слова. Следующий этап эволюции – изменения групп согласных, сначала с уменьшением числа первых согласных в кластерах, затем с тотальной утратой первых согласных в кластерах и позднейшим образованием вторичных кластеров. На этот этап приходятся такие процессы, как ротацизм – конвергенция интердентального δ и z и переход объединенного рефлекса в r (на такую конвергенцию как однозначное условие ротацизма указывает характер чувашского ротацизма), и ламбдаизм. Заключительный этап эволюции структуры слов от пратюркского до общетюркского – утрата конечных гласных или комплексов ГС, скрывшая от нескольких поколений тюркологов условия фонологических изменений согласных в тюркских языках. Последнее весьма важно – отныне ключом к понимании эволюции тюркских языков по крайней мере в фонетике и лексике является только понимание принадлежности тюркских языков к алтайской семье, осознание их места в алтайской семье – это отнюдь не древнейшие, а «новейшие языки» и сам характер общеалтайской реконструкции, по крайней мере того варианта, который представлен вниманию читателей в настоящей работе.

Литература

Алпатов В.М. 1996 – Николай-Николас Поппе. – М., Изд. фирма «Вост. лит-ра» РАН, 1996. — 144 с.

Бурыкин А.А. 2015 – Б.Я. Владимирцов – основоположник современной научной алтаистики // Б.Я. Владимирцов – выдающийся монголовед XX века. Сборник статей. Материалы российско-монгольской научной конференции 6-8 октября 2014 г. СПб., Улан-Батор, 2015. С.31-42

Владимирцов Б.Я. 1911 - Владимирцов Б.Я. Турецкие элементы в монгольском языке // Записки. вост. отделения Рус. археологич. об-ва, 1911, т. 20, вып. 2—3. С. 153 -184.

Владимирцов Б.Я. 1929 – Сравнительная грамматика монгольского письменного языка и халхаского наречия. Л., 1929. - XII, 436 с. (Издание Ленинградского Восточного института имени А.С. Енукидзе. Вып. 33) .

Дыбо А.В. 1995 – Семантическая реконструкция в алтайской этимологии. М.: Институт языкознания РАН, 1996. — 385 с.

Дыбо А.В. 2007 – Лингвистические контакты ранних тюрков. М.: Восточная литература, 2007. — 222 с.

Котвич В. Исследование по алтайским языкам. М., 1962. – 373 с.

Рассадин В.И. 2007 – Очерки по истории сложения тюрко-монгольской языковой общности. Ч. I. Тюркское влияние на лексику монгольских языков. – Элиста, 2007. – 165 с.

Рассадин В.И. 2008 - Очерки по истории сложения тюрко-монгольской языковой общности. Ч. II. Монгольское влияние на лексику тюркских языков. – Элиста, 2008. – 243 с.

Севортян Э.В. 1980 – Этимологический словарь тюркских языков, вып. 3. М., Наука, 1980. – 393 с.

Серебренников Б.А. 1982 - Проблема достаточности основания в гипотезах, касающихся генетического родства языков // Теоретические основы классификации языков мира. проблемы родства. / Отв. ред. Б.А.Серебренников. — М., Наука, 1982. С. 6-62.

Серебренников Б.А. 1988 - Критерии выделения алтайской языковой общности // Проблемы монгольского языкознания. Новосибирск, Наука, 1988. С. 33-41.

Старостин С.А. 1991 – Алтайская проблема и происхождение японского языка. М., ГРВЛ, 1991 – 190 с.

Щербак А.М. Сравнительная фонетика тюркских языков. Л., Наука, 1970. - 204 с.

Щербак А.М. 1997 - Ранние тюрко-монгольские языковые связи (VIII-IX. вв.) СПб: ИЛИ РАН, 1997. - 291 с.

Щербак А.М. 2005 - Тюркско-монгольские языковые контакты в истории монгольских языков. СПб.: Наука, 2005. - 195 с.

Сокращения

ДТС – Древнетюркский словарь. Л., Наука, 1969.

ССТМЯ – Сравнительный словарь тунгусо-маньчжурских языков. И.I-II. Л., 1975, 1977.

Тангутская гравюра – как исторический источник
(на примере описания гравюр Танг 33, Танг 428 из Тангутского фонда ИВР РАН)

Богданов К. М.

Abstract： This article is a case study of intro illustration to the Buddhist text *A Compendium of wisdom* 懺鈍倖 written by the Buddhist monk, State Preceptor Xibi Baoyuan. During long period of time left and wright parts of this illustration existed separately in two editions of this work. For this reason, the personality of text's author image pictured on this illustration was incorrectly identified. Some scrupulous study of engraving's fragments allowed joining two parts of engraving in its original way that in turn gave evidence of real episode from life of state preceptor Xibi and helped to identify rightfully his image on engraving. There are some others interesting moments in this picture's content that give field for brave hypothesis that on this engraving you can see the probable act of proselytism while people of different faiths are accepting Buddhist dharma.

Ключевые слова: гравюра； Тангутский фонд； тангутский буддизм； несториане, манихеи.

Гравюра（илл. 1）, которая является предметом данного исследования, находится в качестве вводной иллюстрации к сочинению «Собрание вдохновенной мудрости». 懺鈍倖（Танг 33, Тангутский фонд ИВР РАН）[1]. Это нравоучительное буддийское сочинение датируется согласно колофону 1188-1189 гг. Это известный текст в области тангутской филологии, который впервые был описан и частично переведен Н. А. Невским, и который впоследствии упоминался многими тангутоведами в различных контекстах[2]. Автор сочинения - буддийский монах, впоследствии получивший титул государственного наставника го ши Сиби Баоюань 巧滌姐省 – личность реальная и значимая для развития собственной традиции тангутского буддизма. Он вошел в историю этой традиции благодаря многочисленным переводам буддийских сочинений на тангутский язык и редакциям буддийских текстов. Рут Даннелл характеризует его как человека, наделенного ambitious

---

[1] Сразу отметим, что в Тангутском фонде ИВР РАН хранится рукопись этого сочинения（Танг 34）, а также фрагмент другого издания этого же текста под названием «Собрание наставлений для мира государственного наставника Сиби 巧滌姐省倖 茆甄（Танг 428）。

[2] Невский Н. А. Тангутская филология. Кн. 1.М., 1960. с. 83.

erudition①. Деятельность Сиби относится к середине 12 в., нам известно, что он являлся переводчиком канонических сутр с санскрита, тибетского и китайского языков на тангутский язык, в частности его имя как редактора мы находим в колофонах изданий Ваджраччхедика сутры в собрании Тангутского фонда ИВР РАН②. Сиби, как уже упоминалось, занимал значительные посты в духовной иерархии буддийской сангхи: сначала он обладал титулом «наставник в дхарме», впоследствии - титулом государственного наставника③. Именно в этом официальном статусе он изображен на правой части гравюры. Вместе с тем с большой долей вероятности можно предполагать, что долгое время Сиби Баоюань отождествлялся с другим персонажем, изображенным на ней. Дело в том, что в издании Танг 33 сохранилась только левая часть гравюры, на которой изображен буддийский монах, со сложенными у груди руками (анджали мудра), слева в углу в картуше подпись «государственный наставник Сиби». Перед монахом группа людей на коленях, на них также подпись в картуше «слушающие и обретающие дхарму» (илл. 2). Судя по всему, этот буддийский монах и отождествлялся с Сиби Баоюанем, так как на этот факт указывала надпись в картуше над изображенным персонажем④. На недостающую правую часть гравюры косвенно указывали положение тел и выражения всех изображенных фигур, обращенных вправо, а также фрагмент изображения кисти руки (илл. 3). В русскоязычной литературе по тангутоведению эта гравюра была впервые упомянута и частично описана А. П. Терентьевым-Катанским, который воспринимал ее как цельную иллюстрацию⑤. В этой гравюре его внимание, по ряду причин, на которых мы остановимся ниже, привлекала группа людей «слушающих и обретающих дхарму». Недавно среди неинвентаризированных материалов ТФ была обнаружена правая часть этой гравюры. На ней изображен духовный сановник высокого ранга, который протягивает правую руку, в жесте напоминающим вариант абахайя мудры - часть этого изображения сохранилась на левой стороне гравюры (илл. 4). Интересно, что эта гравюра также хорошо известна. Она присутствует в упомянутом выше другого издания текста под шифром Танг 428 (см. примечание к сноске 1), но на этот раз в данном издании отсутствует левая часть гравюры (илл. 5). Эта же правая часть

---

① Dunnell R. Translating History from Tangut Buddhist Texts. Asia Major. V. 22, 2009. p.51.

② Каталог тангутских буддийских памятников Института востоковедения РАН. Киото, 1999. с. 284, с. 286, с. 288. В дальнейшем – Каталог.

③ В тангутской буддийской сангхе существовала иерархия монашеских титулов. См. *Кычанов* Е.И. История тангутского государства. СПб., 2008. с. 603-605.

④ Традиционно в тангутских книжных иллюстрациях имя изображенного персонажа помещалось в непосредственной близости от самого изображения.

⑤ Терентьев-Катанский А. П. Материальная культура Си Ся. М., 1993. с. 49. Здесь же заметим, что Терентьев-Катанский исключил из описания фигуру монаха в центре, сосредоточив внимание на других персонажах, к которым мы вернемся ниже в этой статье.

гравюры, как отдельная иллюстрация, упомянута в Каталоге[1], а также подробно описана[2] и опубликована дважды – в одном случае с подписью «Знатный лама с прислужниками», в другом случае – «Знатный тангут с прислужниками», но ни в одном источнике этот человек не был отождествлен с государственным наставником Сиби Баоюанем, хотя колофон сочинения содержал его имя как автора[3]. Как уже указывалось выше, с ним отождествлялся буддийский монах на гравюре Танг 33. Так например, Даннелл характеризуя оба издания текста (Танг 33, Танг 428) пишет, что в обоих присутствует предисловие и гравюры с изображением наставника Сиби[4]. При этом, в этих изданиях сохранились по отдельности левая и правая части гравюры, но предисловие ссохранилось только в издании под шифром Танг 33, которая содержит левую часть, а под шифром Танг 428 хранится только два листа: первый лист, который содержит правую часть гравюры, на которой согласно каталожному описанию изображен «знатный лама со свитой»,[5] и последний лист с названием и колофоном, содержащим дату, имя переписчика (илл. 5). Скорее всего, Даннелл, упоминая портрет наставника Сиби, могла с уверенностью говорить только о гравюре под шифром Танг 33, так как именно на ней присутствует надпись с его именем в картуше над изображением.

После того как благодаря реставрации была восстановлена целостность всего изображения и правильно отождествлен ее главный персонаж – государственный наставник Сиби, наше внимание привлекла одна интересная особенность этого иллюстрации, а именно короткая линия над краем балдахина, идущая под углом вправо на левой части гравюры, которая дорисована от руки (илл. 6). Это линия не сопоставима с изображением на правой части, и выглядит как случайный штрих. Но если мы обратимся к гравюре Танг 428, то увидим, что вся верхняя часть балдахина над наставником Сиби также нарисована от руки, вероятней всего владельцем этого книги (илл.7). Таким образом, совершенно очевидно, что левая часть гравюры Танг 33изначально составляет единой целое с правой частью гравюры Танг 428, а найденная недавно гравюра относится к изданию Танг 33[6].

Хотелось бы остановиться еще на одном аспекте этой гравюры, который имеет отношение к ее содержанию, и в этом случае все сказанное будет относиться к области гипотез. Обратим внимание на группу людей из 6 человек в левой части, которые обозначены

---

[1] Каталог, с.615.
[2] Терентьев-Катанский А. П. Материальная культура Си Ся. М., 1993. с. 66-67.
[3] Кычанов Е. И. Звучат лишь письмена. М., 1965. с. 113. Кычанов Е.И. История тангутского государства. Спб 2008. с. 595.
[4] Dunnell R. Translating history from Tangut Buddhist texts. Asia Major v. 22, 2009, с. 52.
[5] Каталог. с. 615.
[6] В инвентарной книге при описание этого текста Невский не упоминает гравюры, как, впрочем, не упоминает ее при описании текста в статье «Тангутская письменность и ее фонды»… (Невский Н.А. Тангутская филология. Кн. 1. М., 1960.с 83-84). Эта часть гравюры и еще один фрагмент текста издания сочинения и гравюра были обнаружены и инвентаризированы А. А. Драгуновым уже после войны и вполне обосновано объединены с шифром Танг 33. К сожалению, это ошибка была выявлена на современном этапе исследования уже после реставрации гравюры.

надписью как «слушающие и обретающие дхарму» (илл. 8)①. Среди них своим внешним видом привлекает внимание один мужской персонаж – крайний слева во втором ряду. Он выделяется внешним обликом - как типом лица, так и типом одежды. По этническим признакам, чертам лица, густой бороде - это явно не тангут, не китаец и не тибетец. Его одежда и головной убор напоминает скорее одеяние священнослужителя, чем светского лица. Терентьев-Катанский описывая его сравнивает головной убор этого человека с мусульманской чалмой или с повязкой, также обращает внимание необычный головной убор у женщины во втором ряду справа, сравнивая его с головными уборами маньчжурских женщин②. Также отмечая необычный облик этого человека, он сопоставляет его с изображением на гравюре, иллюстрирующей сутру «Восхождение бодхисаттвы Майтрейя на небо Тушита» (илл. 9), считая эти персонажи идентичными③. Однако на наш взгляд сходство здесь общее и носит чисто условный характер, изображенный человек на гравюре Танг 320 по внешнему виду и одеянию напоминает скорее чиновника (возможно, даоса или конфуцианца), который, согласно надписи, в картуше «читает вслух сутру». Это только предположение, но в любом случае, это все-таки другой типаж, к тому же с точки зрения этнической принадлежности он явно китаец или тангут. В то время как черты лица человека, изображенного на левой части гравюры Танг 33 свидетельствуют о том, что возможно он выходец из «Западного края» - Восточного Туркестана, возможно, из Сирии или Персии. Более того, его одеяние не соответствует ни одному из известных нам описаний одежды разных сословий тангутского общества: он одет ни как представитель знати, чиновник, ни тем более как простолюдин, или буддийский священник④. Все сказанное в определенной мере относится и к другим персонажам этой группы. Они также выделяются неким единством внешнего облика, которое позволяет их воспринимать как однородную группу. За исключением описанной выше фигуры человека с бородой, этническая принадлежность остальных людей не вызывает вопросов, вероятней всего они тангуты или подданные государства Си Ся. Среди них двое мужчин без головных уборов носят прическу туфа – признак, указывающий на то, что они тангуты, еще двое носят головные повязки, которые выглядят как головной убор тангутских чиновников⑤. Внешний вид, покрой их одежды в целом может соответствовать повседневной

---

① Именно на эту группу людей из-за их одеяния обратил внимание Терентьев-Катанский при описании этой гравюры. Он считает, что они донаторы. (Терентьев-Катанский А. П. Материальная культура Си Ся..., с. 59).

② Там же. с. 48, 59.

③ Там же, с. 48-49.

④ Lost empire of the Silk Road: Buddhist art from Khara-Khoto (X-XIIIth century. Milan. 1997. pp. 49-54).

⑤ Терентьев-Катанский А.П. Материальная культура Си Ся. с. 52. Следует сказать, что форма головного убора не может являться надежным критерием, по которому можно было бы точно определить национальную принадлежность, так уйгуры, китайцы, тангуты носили в общем схожие по типам головные уборы. То же можно сказать о прическе туфа, которая была заимствована тангутами у киданей (Lost empire of the Silk Road: Buddhist art from Khara-Khoto (X-XIIIth century. Milan. 1997. p.52), и разновидности которой носили также и монголы (Терентьев-Катанский А.П. Книжное дело в государстве тангутов. М. 1981. с.108-109).

одежде тангутов, но их сословную принадлежность определить трудно. Учитывая черно-белую цветовую составляющую гравюры – можно с определённой долей уверенности предполагать, что все они носят одежду белого цвета. Белый цвет не являлся отличительным характерным признаком одежды ни одного из тангутских сословий. И здесь я позволю себе вступить в область рискованных гипотез и выскажу предположение, что эти люди могут быть «слушающими и обретающими дхарму» иноверцами[1]. Со всей очевидностью надпись в картуше может быть интерпретирована и как чтение проповеди мирянам, и как акт обращение в другую веру. В последнем случае, каким же иным вероисповеданиям они могут принадлежать эти люди, или, по крайней мере, один из них, который наиболее привлекает внимание своим внешним видом. Одежда, предположительно белая, в которую одета вся группа явно недостаточный аргумент пользу того, чтобы с определенной долей уверенности считать их манихеями[2]. По логике исторических событий манихейские общины вполне могли существовать в данный период в Си Ся. Достаточно вспомнить, что ряд важных манихейских документов был найден в Дуньхуане, в провинции Ганьсу[3]. Это провинция была местом, где проживали предки тангутов дансяны, позднее она вошла в состав самого государства Си Ся[4]. Манихейство начало распространяться в Центральной Азии предположительно с 6 в., деятельность манихейских в период 8-11 вв., подтверждается обнаруженными там текстам[5]. Можно предполагать, что общины продолжали существовать и в 11-12 вв. Однако, в данном историческом контексте наиболее правдоподобная гипотеза – это предположение о том, что изображенные здесь люди (или один из них) - несториане. Как известно, миссионерская деятельность несториан началась в танском Китае еще в н. 7 в., была активна и более успешна в Центральной Азии, чем в Китае и продолжалась вплоть до 13 в. Е. И. Кычанов писал, что «История Мар Ябалахи…» свидетельствует, что в Си Ся много христианских и несторианских общин, и со всей очевидностью так оно и было[6]. Однако, документальных свидетельств, доказывающих этот факт, не обнаружено ни в китайских, ни в тангутских источниках. Возможно, данная гравюра является единственным подобным свидетельством. Сюжет, изображающий несториан, принимающих дхарму не противоречил духу самого несторианского учения, а также соответствовал

---

[1] По свидетельству Терентьева-Катанского это частый сюжет уйгурских фресок (Терентьев-Катанский А. П. Книжное дело…, с 109) .

[2] Известно, что манихеи традиционно носили белые одежды, их даже называли «одетые в белое», так же они носили характерные головные уборы (Терентьев-Катанский А.П. Материальная культура…, с. 46) . Здесь же отметим, что головной убор женщины в заднем ряду, на который обратил внимание Терентьев-Катанский, отдаленно может напоминать по форме женский головной убор «избранных женщин» (female elect) среди манихеев (Gulaschi S. Manichean Book Art. Leiden, 2005. p. 51) ….

[3] Хосроев А. Л. История манихейства. СПб. 2007, с.19-20.

[4] Kychanov E. I. Dunhuang as Part of the Tangut Empire (982-1227) / Dunhuang studies: prospects and problems for the coming second center of research. St. Petersburg. 2012. pp.127-130.

[5] Хосроев А. Л., История манихейства СПб., 2007, с.19-20.

[6] Кычанов Е. И. Сирийское несторианство в Китае и Центральной Азии. Л., 1978.

той миссионерской стратегии, которой следовали несториане, распространяя свою веру. Известно, что они использовали буддийскую терминологию в своих текстах для передачи смысла учения и его распространения. Вместе с тем, буддийский священник высокого ранга, дающий истинное учение, дхарму, людям другой веры, полностью вписывается в историко-религиозный контекст эпохи правления императора Жэнь-сяо (1140-1193) – периодом расцвета буддизма в Си Ся.

Повторим - это всего лишь гипотеза. Поверхностное знакомство с содержанием самого текста, который иллюстрирует данная гравюра не дает каких-либо подтверждений предложенной версии[①]. Вместе с тем, мы можем предположить, что гравюра есть не столько иллюстрация к самому сочинению, сколько картина, на которой запечатлен отдельный эпизод, показывающий проповедническую деятельность автора «Собрания вдохновенной мудрости» Сиби Баоюяня - одного из известных нам иерархов буддийской сангхи, который по выражению Рут Даннелл является flamboyant person в истории тангутского буддизма[②].

Список иллюстраций

Илл. 1 – Вводная гравюра к тексту Танг 33 «Собрание вдохновенной мудрости».

[①] Это дидактический буддийский текст, перевод фрагмента, выполненный Невским подтверждает его дидактическую направленность. Невский Н. А. Тангутская филология. Т. 1 с.83-84.

[②] Даннелл также указывает на возможность того, что он связан с государственным наставником Сиби Джихаем, который изображен на фреске в 29 пещере в Юйлинь (Dunnell R. Translating history… pp. 76-77).

Вероятней всего он это разные люди, но они принадлежат одному роду Сиби (Сянбэй). Д-р Аракава Синтаро в устной беседе высказал предположение, что это родовое имя указывает на изначальную принадлежность к древнему центрально азиатскому этносу *сяньби*.

Илл. 2 – Левая часть гравюры.

Илл. 3 – Фрагмент левой части, на котором видна часть изображения руки.

Илл. 4 – Правая часть гравюры.

Илл. 5 – Последний лист с колофоном и первый лист, с частью гравюры текста Танг 428.

Илл. 6 – Фрагмент левой части гравюры к Танг 33 с линией, дорисованной от руки.

Илл. 7 – Фрагмент правой части гравюры Танг 428 с изображением балдахина, дорисованным от руки.

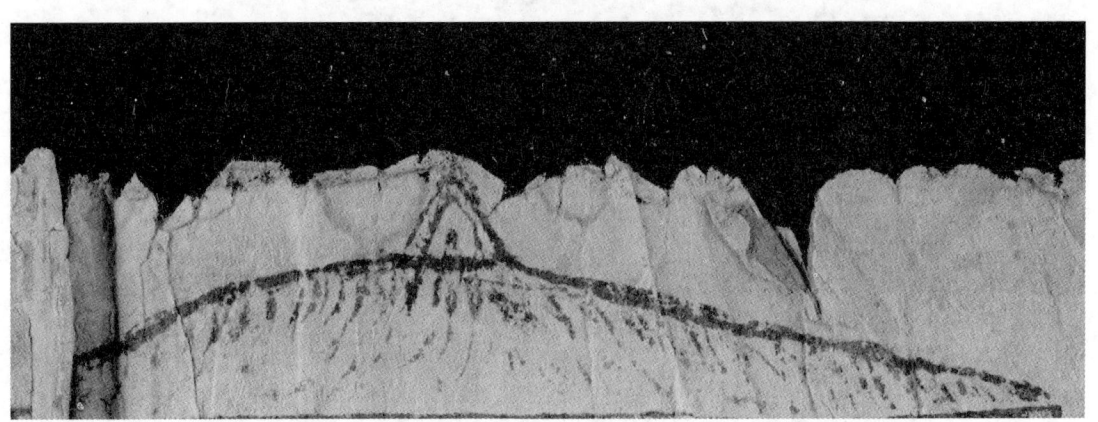

Илл. 8 – Группа людей, слушающих и принимающих дхарму, левая часть гравюры.

Илл. 9 – Фрагмент гравюры к сутре Танг 320.

The Research on the Currency, Weights and Measures in Uygur Civil Documents

Cui Yan

(Minzu University of China Minaity languages and litera ture departantment)

Abstract: Uygur civil documents reveal the real appearance of commercial trade and the development of the monetary economy level during the Song and Yuan dynasty period in Uygur society.In the documents, people usually use "qanpu/quanpu"、"böz"、"altun"、"čaw" as the currency in circulation, weights and measure words such as "stir"、"yastuq"、"baqïr" are used to express the quantity of money in the process of trading. Sort out the weights measure words, and statistical research, respectively, further explore the equivalence relation between these currencies.It will not only reflect the economic situation of the Uygur society, but also reveal the characteristics of Uygur language at that time.

Key Words: Uygur script; civil documents; currency; weights and measures

Since the end of the 19th century, Dunhuang, Turpan have unearthed a large number of Uygur document literature during meng and yuan period. Based on《回鹘文契约文书集成》article contract document integration of the collected documents for the object, similarly, make some preliminary research about Dunhuang, Turpan during Meng and Yuan period of Uygur currency, weights and measures, in the economic and social relationship. Uygur area writing a lot of kinds of contracts in that time, closely related to the commodity economy development and social life. The contract documents including land buying and selling、conclude the documents when borrowing money、oil and rice with neighbors.

The second volume, it is divided into 121 pieces of Uygur contract, there are nine categories: Sa 29 pieces、Ex 3 pieces、RH 14 pieces、Lo 30 pieces、Ad 3 pieces、PI 2 pieces、Em 1 piece、WP 6 pieces、Mi 33 pieces.Uygur civil documents involved in the transaction information reflects the Song and Yuan dynasty in Dunhuang and Turfan areas of private land ownership、the private possession of slaves、the ethnic groups of the rural economy as well as local cultural relations and other issues.

1. Trading currency of Uygur civil documents

There are currencies in the Uygur civil documents such as "qanpu/ quanpu"（office cotton）、"böz"（cotton）、"kömüš"（silver coin）、"altun"（gold coin）、"čaw" (transliteration of "chao")、"baqir"(money), those money divided into two categories, physical and metal currency. Currency acts as the general value at its initial period development, perform the function currency is a special commodity or physical objects. The common sets are: ……kitinindä yorïr iki učï kinlig otra yirtätamɣalïɣ……qanpu…… (The current money, both sides have stripes, there is a seal in center……-Sa01). About the scope of the circulation, some documents are from Qočud, some are from lukčüng. There is no specific age in Uygur civil documents, it uses the animals calendar, interpret the vocabulary of the documents correctly so that the relative age of the documents could be defined, and its historical value is higher.

The development of the business directly drive the Gaochang Uygur prosperity of the commodity money economy.<History of the Song Dynasty> recorded that cotton prints were existed in the Qiucimarket. That cotton print is "böz"---a popular currency. The big book <An Etymological Dictionary of Pre-Thirteenth-CenturyTurkish> in 11 century recorded the current situation of this currency on the following : qanbu, is a böz which is four čäzlong (čäz, an length unit, about equal to 0.71 meters), a span wide, with a seal of the Uygur imperial, and play a currency role in the commerce. If used old, it takes seven years to wash, to rebuild a new print.[①] qanpu, Dunhang produced qanpu, so did Xizhou, Xizhou Uygur script has recorded this cotton qanpu, we could see the cotton qanpu from Dunhuang market was from Dunhuang, during the period of late Tang Dynasty Gui-yi-jun Dunhuang area planted cotton, according the land area to apply the qanpu, approximately 250-300 unit of area collect 1 qanpu. So Dunhuang region produced the cotton is one of the most common handicraft products.

2. Weights and measures in Uygur civil documents

The weights and measures words in Uygur civil documents can be divided into inherent and external quantifier.

(1) Inherent quantifier

Inherent quantifiers are fundamental part of the language, is the foundation of the vocabulary.

"küp", it means stean or pot, it comes from Azeri language, but in the Ottoman Turkish language, it still conserve this word. "küp" is an inherent quantifier in Uygur language, in the Uygur language dictionary this word means "a big pot for liqud".

(2) External quantifier

External quantifiers are according to the requirements of the development of the word, it helps enrich and complement of vocabulary.

"šiɣ/ šiɣi" is come from Chinese, it is the transliteration of Chinese word "stone". It is used to show capacity, it also expresses area in Uygur civil documents. For example, "iki šiɣ triɣ" (two "dan"wheat).

"sitir/ stir/ satir",this word is come from Sogdian language, the Sogdian"styr" is from Greek

---

① <History of the Song Dynasty>,<Qiuci biography>, Zhonghua Book Company, 1974.

word "stater".

"tng / tang" is the the transliteration of Chinese word "dang".

"padir" is the the transliteration of Chinese word "bo", it comes from Sanskrit "pātra", means "bowl".

3. Currency equivalent analysis of the Uygur civil documents

（1）Land, vineyard transaction documents

"sïčï" is used to show the area of the land or vineyard, precise size is not mentioned. Japanese scholar 护雅夫 has concluded that its format is come from Chinese pattern, but it also appeared that calculate the area of the land according the male manpower. For example, in Sa11 was selling a grape garden, "on altï är kömär", （16 man bury, it means before the winter came, this area need 16 male manpower to bury the grape pip）.[①] However, there is a big difference between the data, we could only judge from original angle, there are difference in the place of the land, the degree of fertile land, or the price is different at different periods.

Number	The number of land can be sowing seeds	price	Weights and measures
Sa01	1石	100quanbu（官布）	sïɣ（石）
Sa02	3石	325官布	sïɣ（石）
Sa03	7石	3250官布	sïɣ（石）
Sa04	1石8鬥	3500棉官布	sïɣ（石） küri（鬥）
Sa14	7鬥	5 böz（棉布）	küri（鬥）
Mi28	7石、4石、6石、4石	共20 čao（鈔）	sïɣ（石）

Number	The number of the bury grape pip	price	Weights an measures
Sa16	2garpegraden	100 böz（cotton）	
Sa10	6 man could bury	120cotton	
Sa11	16 man could bury one and a half garpegraden	100 yastuq（ingot） 1man bury grape garden=12.5ingots	
RH04	Rent the grape garden opposite the ditch	10秤子cotton（tang）	tang（秤）

Analyze the Sa10 and Sa11, 20 cotton=12.5 ingot, so 1 cotton=0.625 ingot. The parity

---

① Gerard Clauson：《An Etymological Dictionary of Pre-Thirteen Century Turkish》, Oxford Universiy Press. Dis. BDR. p.582. 1972.

relationship between cotton and chao ingot provide reference for the research on the history of ancient Chinese currency.

（2）Slave population transaction documents

Germany scholar Peter Zieme through the materials analysis that "the average price of a salve is about 80-100 cotton, 1 slave（without gender）≈ 100 cotton ≈ 50 两[= 1 錠]sliver ≈ 9 ingot paper money.[①]

Population according to age, gender, probably also depends on the ability, and the prices vary, the coarse can be seen from the statistics in currency price in about 50 to 150, the price of the slave to slightly higher than that of male slave, and older prices higher.

Number	Slave	Gender	price	Weights an measures
Sa19	15 yeas old Turkic slave	uk	100官布+1匹馬	
Sa20	Asil Bay	uk	100官布	
Sa23	12 yaers old named Taq Kung	uk	80棉布	
Sa25	Bondwoman named Tulat	female	100棉布	
Sa27	13 yeas old boy named Yongqi	male	50粗布	
Sa28	Woman named Qudlugh	female	150棉布	
Sa29	Bondwoman named AsanTigin	female	52棉布	
Sa26	Son of Mubarak Qoch	male	60 altun（金）	
Ad01	Son of Titso	male	yasḍuq̇（錠）half錠kümu（銀子）	yasḍuq̇（ingot）
Sa21	Male slave name Pujing	male	47兩銀子	stir（兩）
Sa22	Female slave name Jinzun	female	50兩銀子	stir（兩）
Sa24	40 yeas old monk	male	9錠鈔	yasḍuq̇（ingot）
Lo18	二口袋半wheals, 1 or 2 16-20 yeas old woman	female	2口袋小麥=1或2個16到20歲的女人	taɣar（jute bag）

（3）Lease documents

There exists a lot of land rent documents in the Uygur civil documents,

number	Rent details	rental	analyze	Weights an measures
RH13	Rent the donkey fromQibrijdu for 10 days	29 bözgäk（小棉布）	租用驢子一天大約3個棉布	
Lo06	Rent the felt	6棉布		
Lo16	Borrow 1 satin	50棉布		

---

① Peter Zieme , <the business in ancient Uygur society>, <The ancient Oriental literature research>, No.4, 1976.

（续表）

number	Rent details	rental	analyze	Weights and measures
Mi26	3錢 red jewel	一百錠		yastuq（money）
Lo07	Borrow 6 silvers from QaraOghul	Interests 1baqïr（錢）and a half		baqïr（money）
Lo08	Borrow 3 silvers from Ishira	Interests 1 kümuš（銀子）every month		baqïr（money）
Lo09	Borrow 3 silvers	Interests baqïr（錢）every month		baqïr（money）
Lo23	Borrow 2 cereal	30Jin bag的甜（grape wine）	1鬥穀物=15斤甜葡萄酒	qap（bag）
Lo30	Need the wine for interests, so borrow half bag wine in March	Return one bag in the begin of the autumn	6months interests=half bag of wine	qap（bag）
Lo9	borrow 4 秤cotton,pay interests in March	Return 7秤cotton in the begin of the autumn	6months interests=3秤cotton	tang（秤）
Lo14	Borrow 1 and a half cotton	Return a bag of 30秤wine in the begin of the autumn	1個棉布=20秤甜酒	tang（秤）
RH05	Rent the land	2 石 interests		šiɣ（石）
RH06	Rent the land	Return half 石 cereal , 2石 cereal interests		šiɣ（石）
RH14	Rent a ox	Return 2石 grain and 3石 cereal		šiɣ（石）
Lo15	Borrow 2 cotton	I will return二石cereal in the begin of autumn	1個棉布=1石穀子	šiɣ（石）

The interests is usually 1 money or 1money and a half, material objects like cotton or cereal can be used to pay back for rental, set the begin of summer or autumn as the deadline. Uygur people in Meng Yuan dynast often use single cropping as the deadline, and the interest rate is 100％. All the documents use the autumn as the deadline never over 1 double, so it reveals that Uygur documents are adapt to the Yuan Dynast laws.

In collusion, 100 qanbu, can buy "a plot of land that can afford 1 石 seed"（Sa01）, "two grape gargen"（Sa16）, and also can buy a slave named Asil Bay"（Sa20）, "a female named Tulat"（Sa25）, in that time, slaves is equal to land or grape garden in some degree, it shows the situation of the slave market and private ownership of land.

Thus in L014, 1botton=20 秤 wine, so 1botton≈20 秤 wine≈0.625 ingots.

Sort out the weights measure words, and statistical research, respectively, and further explore the equivalence relation between these currencies.It will not only reflect the economic situation of the Uygur society ,but also reveal the characteristics of Uygur language at that time. From these documents, we can found that due to the poverty and chaos caused by war in Song and Yuan Dynast, farmers were in a suffer, they can just only sell their children or land to make living. The development of the slave market directly promote toestablish the serf system in Uygur society. Generally speaking, the Uygur civil documents are so rarity that reveals the details of Uygur society in that time.

第七届中国少数民族古籍文献国际学术研讨会参会论文选

民族古籍数字化迫在眉睫

张铁山

（中央民族大学　中国少数民族语言研究院）

摘要：少数民族古籍是中华民族传统文化的重要组成部分，是各民族在几千年历史发展过程中创造的重要文明成果。如何加强对少数民族古籍的保护，使之走入大众，走出国门，不仅是业界关注的话题，也是弘扬中华民族传统文化，实现中华民族伟大复兴中国梦的具体步骤之一。民族古籍数字化是保护和传承民族文化的重要手段，本文就如何开展民族古籍数字化工作提出了笔者的一些观点和建议。

关键词：少数民族古籍　古籍　数字化

我国是统一的多民族国家，有55个少数民族。每个民族都创造了独特的民族文化，都为中华文化做出了贡献。在中华民族的形成和发展过程中，各民族和睦相处，互相学习，共同创造了辉煌灿烂的中华文明。少数民族在历史上也留下了卷帙浩繁的各文种的书面古籍和口耳相传的口碑文献。

少数民族古籍的认定有别于汉文古籍。少数民族古籍的下限时间原则上与汉文古籍相同，以1911年为限。但考虑到各少数民族的历史特点和古籍的存世差异，其下限可延伸到1949年。少数民族古籍主要包括三部分内容：一是少数民族古文字古籍，即用民族古文字记录的古籍。它是民族古籍的重点部分，也是民族古籍中最具代表性的部分。二是汉文记述的少数民族古籍。少数民族作为中华民族大家庭中的一员，历来受到各王朝和文人墨客的关注。无论正史还是野史都或多或少地涉及到少数民族。汉文古籍中有关少数民族的材料可弥补民族文字古籍的不足。三是少数民族口碑文献。在中国55个少数民族中，有一些民族没有自己的文字，他们是以口传形式来传承本民族的历史文化的。这些口碑文献大都可以追溯到相关民族的起源、早期历史和最初的宗教信仰、原始的文学形式等，也是不可忽视的民族古籍的重要部分。

我国古代各民族创造的文字总数不少于30种。这30多种民族古文字从形式来看，主要有四类：一是象形文字，其中有东巴文、尔苏沙巴文；二是音节文字，其中有哥巴文、彝文和训民正音文字；三是字母文字，其中有吐火罗文、佉卢文、于阗文、粟特文、如尼文、回鹘文、蒙古文、满文、锡伯文、察合台文、古藏文、八思巴字、傣文等10多种文字；四是汉字系民族文字，如契丹文、女真文、西夏文、水书、白文、方块壮字、侗字、布依字、仫佬字、哈尼字、方块苗文、方块瑶文等。各少数民族都用上述古文字创造、记录、翻译了大量古籍。

我国各少数民族有着悠久的历史和灿烂的文化。各民族文字保留下来的民族古籍，是各民族的历史记录。如汉文史籍记载的《敕勒歌》虽无原始语言记载，但"天苍苍，野茫茫，风吹草低见牛羊"的汉译文，至今仍脍炙人口。很多人不知道吐火罗文《弥勒会见记》是我国迄今包括汉族在内的最早的原始剧本。很多人更不知道古代维吾尔族的《真理的入门》、彝族的《宇宙人文论》向人们展现了古代少数民族哲人对真理、宇宙的认识和看法。

少数民族古籍是民族文化的综合体现。民族古籍的内容包罗万象，涉及历史、哲学、宗教、文学、科技、医学、民俗、语言、文字等各方面，构成每一民族文化的总体系。如柯尔克孜族的《玛纳斯》、蒙古族的《江格尔》和藏族的《格萨尔王传》三大史诗弥补了汉族文学中没有史诗的缺憾，可与荷马史诗媲美。各民族古籍中都有关于本民族医学的记载和经验总结，如藏医、蒙医、苗医、维医等，它们也是中华传统医学的组成部分。

少数民族古籍是中华民族传统文化的重要组成部分，是各民族在几千年历史发展过程中创造的重要文明成果。保护民族古籍，有利于继承和弘扬少数民族优秀文化传统，推动精神文明建设；有利于促进各民族思想文化交流，加强民族团结，维护祖国统一；有利于凝聚各族人民的力量投身于全民共建小康的社会主义建设事业。

但是，由于人为、自然等众多因素影响，许多民族古籍消失了，流传下来的或被有识之士收购后，现藏于各大博物馆、图书馆；或封藏于寺院，密不示人；或散藏于民间私家。少数民族古籍收藏分散，且多为手抄本，甚至是孤本，随着时间的推移，这些珍贵的民族遗产、中华记忆，在保存和使用上面临着越来越大的局限，不少民族古籍处于濒危状态。任何一本民族古籍的损失，都意味着一件文化遗产的消失！

如何加强对少数民族古籍的保护，使之走入大众，走出国门，不仅是业界关注的话题，是古籍再生性保护与利用的有效措施，也是弘扬中华民族传统文化，实现中华民族伟大复兴中国梦的具体步骤之一，更是切实将习近平总书记关于"让书写在古籍里的文字活起来"的重要指示落到实处。

古籍数字化最早开始于20世纪七八十年代。30年多来，人们对古籍数字化的探索始终在不断向前推进。古籍数字化可以定义为：从保护和利用古籍的目的出发，应用现代信息技术，将古籍中的文字或图像信息转化为能被计算机识别的数字符号，并使之结构化，从而实现古籍整理、存储、检索、阅读、传输的电子化，它是古籍整理和开发的一项系统工作。

按古籍数字化的载体形式分，包括光盘载体和网络载体。光盘载体主要以只读光盘向终端用户提供服务，存储量大、携带方便、检索快速、易于长久保存，是目前古籍数字化的主要载体。但其局限性在于数据多为单机化利用，服务面较小。网络载体指具备固定域名或合法资格的机构、单位或个人，以互联网（或局域网）为载体和流通渠道，向终端用户有偿或无偿提供数字化古籍的检索或阅读。网络载体为广大读者提供了宽广的平台，使人们获取资源变得更快捷，这是未来古籍数字化的发展趋势。

我国少数民族古籍的数字化工作是随着中文古籍数字化的浪潮而开始的，如藏族古籍，在西藏自治区各大寺院及档案部门存有古籍4.6万多函；青海省塔尔寺除《甘珠尔》《丹珠尔》外，另有藏文古籍3341函，编为2.55万多条书目；四川省德格印经院保存的经版有21.55万块；青海省塔尔寺印经院保存3.4万多块经版，每块双面刻版，计4.3万多面，藏文档案300万卷；北京地区各单位收藏藏文典籍近2万函。傣文古籍8.4万卷。满文古籍仅档案收藏就有150万件，其他文献约1000余种。彝文古籍近万种。蒙古文古籍1.7万余种。纳西族东巴经卷有1000余种2万册。维吾尔文、哈萨克文古籍也非常丰富。根据现在的数据来看，保留下来的民族古籍有30多个文种，国家图书馆收藏的民族文字文献共26个文种10余万册件，可见民族古籍卷帙浩繁。

随着现代信息技术的飞速发展，印刷型书刊资料为主要收藏载体的传统图书馆逐渐难以适应现代社会不断增长的信息需求。数字图书馆能够拥有大规模和有组织的数据库和知识库，如果民族古籍文献能够实现数字化保护，用户就可非常简便、快捷地对系统内的数据库和知识库进行访问，并轻松获得所需要的各种信息。为了适应新形势，我国的少数民族古籍数字化工作，加速开展起来。在2005年，民族文化宫和西北民族大学携手，联合申报了科技部社会公益研究专项——"民族文字古籍文献数字化保护技术应用研究"项目。该项目通过信息处理手段，研究民族文字古籍文献的保护技术，建立民族文字古籍文献数字化保护技术网络平台，从而使中国珍贵的民族文化宝藏在世界范围内实现信息共享。由内蒙古自治区计算化中心、内蒙古大学、北京大学、潍坊计算机照排研究所、内蒙古自治区图书馆等所研制完成的蒙古文信息处理项目有：《蒙古文字符集国际标准》《蒙古文字符集国家标准》《蒙古文、汉文、西文操作系统》《华光V型蒙古文书刊、图标、报纸激光照排系统》《IMU-I蒙古文排版系统》《MPS蒙汉混合文字处理系统》《蒙古文版北大方正电子出版系统》《中世纪蒙古语文数据库》《500万词级现代蒙古语文数据库》《现代蒙古语词频词典》《蒙古文拉下化输入法》《危机蒙古文图书目录管理系统》《蒙古书目机读数据库》等。另外《中国蒙古文古籍总目数据库》也在研制中。藏文古籍的数字化工作也在稳步进行，由西藏自治区藏语文工作委员会、西藏大学等单位研制的藏文信息处理项目《藏文编码字符集国际标准》《藏文电子词库》《藏文字处理软件》等已经完成，为后面的藏文古籍数字化扫清了一些最基本的问题障碍。而由多个单位分别完成的维吾尔文、哈萨克文、柯尔克孜文、朝鲜文、彝文、壮文、傣文、满文等文的信息处理项目也都已经完成，满足了最基本层面上对这些少数民族古籍信息处理的需要。另外，我国还有大量的民族古籍流散到海外。

我国的少数民族古籍数字化工作虽然已经起步，取得了一定的成果，但面对浩如烟海的民族古籍，还有很多工作需要统一认识，加强投入，协力合作。

1. 建设权威性机构，协调各民族古籍收藏单位，促进民族古籍数字化建设

我国少数民族文献种类繁多、数量浩瀚，且具有分散的地域特征。少数民族古籍的数字化建设不可能仅由一个单位或组织来完成，而需要各个地方部门的通力合作才能进行。建立一个全国性的权威机构指导和协调各部门各单位的工作，在少数民族古籍数字化建设进程中的作用重大。

2. 民族古籍数字化人才的培育

古籍数字化是一项复杂的系统工程，是利用现代信息技术对古籍再次整理的过程，是信息时代古籍整理的另一种方式。（古籍数字化需要对用于数字化的古籍进行选题、版本选择、目录校勘，然后再扫描、文本编辑、数据建库、创建索引目录库、网络发布、深加工等一系列的过程。）因此，古籍数字化需要既精通古籍知识又熟练掌握计算机知识的复合型人才完成。民族古籍数字化人才是古籍数字化的一大问题。

3. 民族古籍数字化国际间合作的深化

目前大陆地区已经有一部分的少数民族古籍数字化成果问世，但不论是宽度还是深度，还有很大的扩展空间，需要在未来加大对少数民族古籍的数字化的资金与技术的支持，推动少数民族古籍数字化的发展。因为种种原因，中国有大量的少数民族古籍流失到其他的国家和地区。若通过国际合作交流，将这些古籍数字化，不仅可以促进有关国家间的文化交流，而且可以促进古籍研究的发展。加强民族古籍的国际合作对于中国少数民族

古籍数字化具有重大意义。

4. 构建民族古籍数字化标准体系

古籍数字化主要是利用现代信息技术，对古籍文献进行加工、处理，形成大型资源库，用以揭示古文献中所蕴涵的信息资源。首先，在古籍数字化加工过程中，标准化建设能够为古籍数字资源库的开发在质与量两方面提供技术规范和共同遵守的准则，使古籍数字化项目在各个环节做到"有章可循"；其次，通过制定、贯彻和实施古籍数字化标准，建立系统的、协调的业务流程，以达到再生性保护的目的；再次，还可以充分利用标准化建设的统一、协调、优化原则，对古籍数字化的作业进程进行科学、规范的管理，以保证数据加工环节的质量以及古籍数字资源库的质量。标准化建设也是实现古籍信息化、网络化的基础，是古籍再生性保护的重要途径。通过推进标准化建设，一方面，可以使古籍数字化尽快适应当今对古籍资源开发利用的共享趋势，并朝着专业、规范开发的方向迈进。另一方面，推进标准化建设也将有利于古籍资源数据库的研发，促进相关开发机构建立完善的古籍数字化加工平台，实现技术进步。因此，大力开展标准化建设可以有效地推动古籍数字化事业的可持续发展。

5. 建立民族古籍数字博物馆

我国的各民族古籍分布范围广、收藏单位众多，各收藏单位的收藏条件因所处地区不同，差异很大，因为各收藏单位管理人员的理念和管理方式的不同，将这些民族古籍统一调拨到一个单位也是不现实的事情，而且还有许多民族古籍现仍收藏于民间私家。为了更好地发挥这些民族古籍的文化作用，建立全国性的民族古籍数字博物馆，借助计算机和网络等技术，将这些数字化古籍集中存放，通过各种信息化工具展现给读者，这样不仅有利于文献保持，也可为更多的读者服务。

黑水城所出西夏文《碎金》考补

聂鸿音

（中国社会科学院）

摘要： 作为西夏文识字教材的《新集碎金置掌文》在黑水城出土有多种本子，俄罗斯收藏的两种抄本已经得到了充分的研究，而英国的收藏情况此前还不完全清楚。本文指出英国国家图书馆收藏有该书残片计17个编号，其中13个编号是经反复抄写的"习字纸"，这说明该书在当时主要用作书写练习的模本。此外，俄国另外还收藏有一个以手抄配补的残刻本。

关键词： 西夏文　教材　习字　黑水城　英国国家图书馆

这里介绍的是党项官员息齐文智在12世纪编写的一本西夏文教材，全称《新集碎金置掌文》（𗤻𗙏𗰔𘃡𘊝𗫨）。书的主体是用一千个不重复的西夏字组成的二百个五言句，每两句为一联，偶有词义对仗，但是不见用韵。书的编写初衷或许受到了中原《千字文》的启发，但在西夏所有的启蒙课本中毕竟是最能显示编者才思的一种。迄今对《碎金》性质和内容的认识已经比较充分，只是未能摸清该书各种本子的存世情况。所幸近年来整理公布的资料使我们有条件在这方面略做补充，虽然仍不敢说是解决了全部问题，但可以把相关的资料积累推进一步。

一

存世的多种《碎金》抄件在1909年和1914年先后出土于黑水城遗址[①]，今分藏俄罗斯科学院东方文献研究所和英国国家图书馆。俄国藏品此前知道两种[②]，编号инв.№ 741和742，保存相对完整，1963年始见著录，书题当时逐字汉译作"新集金碎掌直文"[③]，全文照片于1999年刊布[④]。由于《碎金》不像《千字文》那样充斥着大量典故，其相对浅显的语言使

---

① 1989年在敦煌莫高窟北区出土过一组残损严重的《碎金》纸片，今藏敦煌研究院，编号B56:14，照片见宁夏大学西夏学研究中心、国家图书馆、甘肃省古籍文献整理编译中心编《中国藏西夏文献》第16册，甘肃人民出版社·敦煌文艺出版社，2005年版，第18—22页。这组残片不是出自黑水城，故不在本文介绍范围。

② 俄罗斯收藏的黑水城文献数量巨大，至今还有许多未经整理，因此不排除将来再发现《碎金》残片的可能性。

③ З.И. Горбачева и Е.И. Кычанов, *Тангутские рукописи и ксилографы*, Москва: Издательство восточной литературы, 1963, с. 55-56. 书题汉译中的"直"大概是"置"的误写。

④ 俄罗斯科学院东方研究所圣彼得堡分所、中国社会科学院民族研究所、上海古籍出版社编：《俄藏黑水城文献》第10册，上海古籍出版社1999年版，第108—119页。

今人在解读时没有遇到太多困难，所以无论是克恰诺夫的俄译文[①]，还是中国学者的汉译文[②]，都比较准确地表达了原著的内容。可以称作遗留问题的只有第26联至第38联记录的党项人姓名，其中的党项姓氏克恰诺夫仅仅予以标音，未能与史料中出现的汉译勘同，中国学者则尽量据手边的资料给出了其中11个姓氏的确切汉译：

𗐖𗴿（咩布），𗁮𗖒（药乜），𗤅𗥻（令介），𗴂𗏆（骨婢），𗼻𗰔（卫慕），𘟪𘒏（芭里），𘒣𘕕（鲜卑），𘘄𗇃（拽税），𗦜𗱳（卧利），𗤋𗰔（铺主），𗍫𗭼（播杯）。

当时有六个西夏字的译音未能解决，汉译文中标以问号。现在除去第32联的第八、九两个字读音不明外，我们已经可以据龚煌城的拟音得知第31联的"𗤅𗥻"大致读作 dźe⁰ khiew², 第33联的"𘟪𘒏"大致读作 dźio¹ ror²[③]。这两个姓氏不见于已知的资料，我们姑且尝试着把它们分别音译作"乜轻"和"娘浪"。

近年来孙伯君和佟建荣先后细致地研究了党项姓氏的汉字对音[④]，使我们得以在翻译时有条件选用12世纪西北地区的惯用译音字而不是简单地搬用《番汉合时掌中珠》里的译法。下面是经过修订的《碎金》汉译文，除姓氏之外的少许改动也顺便放在其中。

  碎金序
              宣徽正息齐文智作
  夫人者，文采未明，则才能不备；律条不晓，故罪乱者多。今欲遵循先祖之礼俗，以教后人成功，故而节略纂集眼前急用要义一本，不过千言，说解总摄万义。方便以结合，接连而有获，部类首隐，非持实义[⑤]。虽然如是，抑或求少求多，无不备述；寻易寻难，焉用旁搜？五言合句，四二成章。睿智弥月会，愚钝年内通。题名谓"碎金置掌文"。余不惭妄论，见疵勿哂！
  新集碎金置掌文一本

1 天地世界初，日月尔时现。明暗左右转，热冷上下合。
  诸物能成苗，季节依次列。春开寅卯辰，夏茂巳午未。
  秋实申酉戌，冬藏亥子丑。今朝拂晓东，卓午影正南。
  晚夕暮昏西，睡眠夜晚北。明日先未过，后日后到来。
  去日一般有，岁者两俱同。变化十二时，月亏再满盈。
11 昼夜为年日，腊正旧新逢。老幼寿增减，以此定限量。
  其后智者出，为帝行律法。鬼名族类多，人中父子稠。
  四海已统领，八山谁与争？治国习学业，王臣大小明。
  头戴云冠美，身服腰带缠。皇城赞圣光，殿堂坐御位。
  皇后居后宫，太子楼阁戏。谋臣面前奏，官家敕谕旨。

---

① Е.И. Кычанов, Крупинки золота на ладони: пособие для изучения тангутской письменности, *Жанры и стили литературы Китая и Кореи*, Москва, 1969, с. 213-222.

② 聂鸿音、史金波：《西夏文本〈碎金〉研究》，《宁夏大学学报》1995年第2期。

③ 龚煌城的拟音引自李范文《夏汉字典》，中国社会科学出版社，1997年版，第544、988、112、155页。

④ 孙伯君：《西夏番姓译正》，《民族研究》2009年第5期；佟建荣：《西夏番姓汉译再研究》，《民族研究》2013年第2期。

⑤ 这两句的意思是：本书不再出现部类的首题，因为不像传统的《碎金》那样以字义分部。

21 中边设拘司①，诸城收商税。爵位文中书，军马武枢密。
    宰相裁公堂，御史断常务。取舍磨勘事，牧农二司管。
    赏罚行公正，万民无不服。折卧乃咩布，药乜没令介。
    只移贺兰势，骨淫河水乐。留纽梁且辣，息齐野佑多。
    叶玉浪罔即，骨婢赏麻尚。乃令兀卫慕，连奴舍勒啰。

31 乜轻娘罗即，芭里喻鲜卑。铺药甄没年，味奴？？静②。
    纽浪石斡讹，夜泪超𭎂青。拽税颇熟藏，良玉来卧利。
    鲁拶药吃契，税讹酉兀淫。铺主遏女斗，特吴五柳来。
    蔡𭎂小狗白，冷宁妙俄黑。桑罗耨阿香，播杯乃儿童。
    弥药勇健行，契丹步履缓。羌多敬佛僧，汉皆爱俗文。

41 回鹘饮乳浆，山讹嗜荞饼。张王任钟季，李赵刘黎夏。
    田狄褚唐秦，文武谢袁智。金严陶萧甄，胡白邵封崔。
    息传莽凌罗，司段薄徐娄。江南蔡子高，羊鞠钱薄万。
    董隋贾廵卓，韩石方穆回。解周燕商龚，何傅儿奚德。
    耿郭君邱铁，史申嵇孙贺。曹陆倪苏姚，浑酒和殷陈。

51 牛杨孟杜家，吕马纪不华。寇杨宗许虞，韦翟权薛安。
    吴九邹聂丁，侯窦左米范。为婚是旧仪，亲戚非今始。
    媒人奉承话，集体问姿容。贫富福高低，吃穿各处至。
    民庶男女混，衣食自己谋。阿爷赞子孙，阿娘爱少女。
    迎媳婆母安，得婿岳公喜。门下妇人知，外情夫君管。

61 家中狗守护，户外盗贼离。贷支勿着手，禁亦不可偏。
    增者足加倍，获利独满贯。搅海寻珊瑚，选择串璎络。
    钿珠玉耳环，钗鎞簪腕钏。金银珍宝多，价高库进出。
    绫罗锦褐裹，招工裁画缝。袄子短小合，裙裤长宽宜。
    兜肚围胸肋，鞋袜套脚胫。寒裘皮斗蓬③，雨披毯褐衫。

71 棉麻线袋细，毛毡褐囊粗。砍树斧斤头，艾割壮工镰。
    烧瓦要沙著，洗麻须杖敲。铛鼎器皿盎，碗匙筷子勺。
    亲戚茶酒先，朋友米面堪。盐巴椒芫黄，酥油菜乳酪。
    耕牛遣僮喂，碓磑使仆槌。和尚诵契经，斋毕待布施。
    道士祷星神，唱名示边隅。筵上乐人呼，丧葬宾客侍。

81 珂贝鞍桥买，帐幕马毡寻。弓箭刀剑执，伴导运输往。
    来牟豆长大，粟黍秋熟迟。斛豆衡斗升，铜铁称斤两。
    褐绢量尺寸，大数估算得。分别号独一，结合千百亿。
    熊罴食血肉，狐狸寻茅草。鹿獐逃树丛，山羊见而出。

---

① 这里的"中"和"边"分别特指西夏的京畿地区和边远地区，全句的意思是：在全国各地都设有负责治安的政府部门。

② 句中用问号替代的两个字至今不能译出。第一个"𦬊"字声韵不明，第二个字写作"𫘧"，不见于字书，若判断为"燋"字之误，则读音是kjwi¹，音译或可作"吃"。

③ 西夏"𧘉𧘇"二字原未能译出，今据李范文《夏汉字典》第901页译"斗篷"。

泉源兽奔绕，渠井牲畜饮。犛牛射杀难，殺羊历屠宰易。
91　运货骆驼强，驮重毛驴弱。鹰雕羽翼窄，顽羊角抵宽。
　　　鼠狼唇尖细，口巧齿牙灵。索借贷归还，所予现接受。
　　　诉状陈告故，情愿令审查。准备对答时，指示催促急。
　　　点集速予贿，注册重分别。成色虽迷惑，价钱参差明。
　　　官吏亦搜求，官册本当置。倘若有住滞，竟相守护之。
　　碎金序一卷终

二

　　考虑到对《碎金》性质和内容的研究在20世纪就已经基本结束，于是残损严重的英国藏品就不再受人关注。原件照片虽然在其后刊布①，但只是散见于几册书中，并没有经过统一的整理，甚至没有逐一得到准确的鉴定。

　　在英国藏品中目前可以识别出17个编号的《碎金》残片，其中13个编号是所谓"习字纸"②，也就是初学者的书法练习。其典型的书写方式是先把要学的字从右至左依次写在纸的顶端作为字样，然后在下面反复抄写十遍甚至更多，抄录的字一般会比字样略小一些（图1）。下面是残片的具体存字情况，每件残片沿用英国国家图书馆编号，后面括注上海古籍出版社所刊《英藏黑水城文献》的卷次、页次和原来的定题，有些来自同一纸的残片直接予以拼合。

　　Or.12380-3558（4.247，原题"习字"）——抄习"𗧊𗣼𘀁𗣩𗡞𗅲𗕑𗖅𘊼"（成欲故而眼前急用要）九字。原文来自《碎金》序言："𘜶𗊢𗤒𘃪𗤋𗤋𗊢，𗅲𘓞𗟭𗖻𗧊𗣼，𘀁𗣩𗡞𗅲𗕑𗖅𘊼𘝯𗖵𗰛。"（今欲遵循先祖之礼俗，以教后人成功，故而节略纂集眼前急用要义一本。）

　　Or.12380-3517（4.212，原题"习字"）——抄习"𘁂𗆄𗴛𘝯𗳉𗏕𘃪𗒘𗾧𗔇"（四二章成睿智弥月会愚）十字。原文来自《碎金》序言："𗋒𗿳𗓽𗤀，𘁂𗆄𗴛𘝯。𗳉𗏕𘃪𗒘𗾧，𗔇𗺛𗍫𗧍𗤻。"（五言合句，四二成章。睿智弥月会，愚钝年内通。）

　　Or.12380-39（1.17，原题"习字"）、36（1.16，原题"习字"）、73（1.32，原题"习字"）——第39号抄习"𘕰𘒣𗖵"（日去一）三字，第36号抄习"𗦉𗿉𗂸𘒣"（俱同变化）四字，第73号抄"𗿉𗂸𘒣"（同变化）三字。原文来自《碎金》第9联至第10联："𘕰𘒣𗖵𗧊𘎣𗥃，𗉣𗮔𗣼𗦉𗿉。𗂸𗂸𗊙𗥃𗦉，𗦺𗤏𗥼𘓺𗖃。"（去日一般有，岁者两俱同。变化十二时，月亏再满盈。）

　　Or.12380-1907（2.257-258，原题"佛经经颂"）——原件袖珍本，使用了特殊的"多次折叠装"，纸叶经展开后已与正常阅读顺序不同（图2）③。所存文字来自《碎金》第

---

①　西北第二民族学院、上海古籍出版社、英国国家图书馆编：《英藏黑水城文献》第1—5册，上海古籍出版社，2005—2010年版。

②　英国国家图书馆的黑水城藏品中有几片习字残纸不是《碎金》，例如Or.12380-3599号抄习"𗋒𗤻𗷥𗸯𗧶𗺊𗴼𗴯"（明也乎在花复开尔）八字，其来源尚不清楚。

③　《英藏黑水城文献》所载照片经过切割，已失原始纸张面貌。本文使用照片来自英国国家图书馆"国际敦煌项目"（IDP）网站：http://idp.bl.uk/database/oo_scroll_h.a4d?uid=13162668613;recnum=28277;index=1。

18、19联及第23至第31联："░░░░░。░░░░░，░░░░░。"（殿堂坐御位。皇后居后宫，太子楼阁戏。）及"░░░░░，░░░░░。░░░░░，░░░░░。░░░░░，░░░░░。░░░░░，░░░░░。░░░░░，░░░░░。░░░░░，░░░░░。"（宰相裁公堂，御史断常务。取舍磨勘事，牧农二司管。赏罚行公正，万民无不服。折卧乃咩布，药乜没令介。只移贺兰势，骨垄河水乐。留纽梁且辣，息齐野佑多。叶玉浪罔即，骨婢赏麻尚。乃令兀卫慕，连奴舍勒啰。乜轻娘罗即，芭里喻鲜卑。）

Or.12380-306F[①]——两面有字，一面抄习"░░"（年味）二字，一面抄习"░░"（青拽）二字。原文来自《碎金》第32联至第34联："░░░░░，░░░░░。░░░░░，░░░░░。░░░░░，░░░░░。"（铺药迺没年，味奴？？静。纽浪石斡讹，夜泪超咔青。拽税颇熟藏，良玉来卧利。）

Or.12380-2623（3.174，原题"新集碎金置掌文"）、2624（3.174，原题"新集碎金置掌文"）——第2623号抄习"░░░░░"（桑罗耨阿香）五字，第2624号抄习"░░░░░"（阿香播杯乃）五字。原文来自《碎金》第38联："░░░░░，░░░░░。"（桑罗耨阿香，播杯乃儿童。）

Or.12380-3668C（4.309、310，原题"习字"）——折损严重，纸张原貌已失，照片上字的次序有错乱。两面有字，一面抄习"░░░░░░░░░░░"（陈陆倪酒和史申嵇孙贺曹）十一字，一面抄习"░░░░░░░░░░"（陈牛杨孟杜家和殷陆倪）十字。原文来自《碎金》第49-51联："░░░░░，░░░░░。░░░░░，░░░░░。░░░░░，░░░░░。"（耿郭君邱铁，史申嵇孙贺。曹陆倪苏姚，浑酒和殷陈。牛杨孟杜家，吕马纪不华。）

Or.12380-2079（2.323，原题"佛经"）、2078（2.322，原题"习字"）——第2079号抄习"░░░"（归还所）三字，第2078号抄习"░░░░░"（予实接受状）五字。原文来自《碎金》第94-95联："░░░░░，░░░░░。░░░░░，░░░░░。"（索借贷归还，所予现接受。诉状陈告故，情愿令审查。）

Or.12380-3004A（3.315，原题"残片"）、2999（3.313，原题"习字"）——第3004A号抄习"░░░░"（敬有相守）四字，第2999号抄习"░░"（卷终）二字。原文来自《碎金》第100联和尾题："░░░░░，░░░░░。░░░░░░░。"（倘若有住滞，敬相守护之。碎金序一卷终。）

除去上面几种习字残片以外，Or.12380-2478和2477（3.121）此前已被正确地鉴定为"新集碎金置掌文"，这两个编号同出自一个质量很差的抄本。原件是一个袖珍本的四叶残纸，每行一句五字，也就是把完整的一联分写成了两行。上面的西夏字写得呆滞——点画全然没有笔锋，显然是书写者还没有掌握基本的运笔方法（图3）。这两个编号上书写的内容相连，相当于《碎金》的第52联至第57联：

2478号：

---

① 《英藏黑水城文献》失载，本文使用的文献资料来自英国国家图书馆"国际敦煌项目"（IDP）网站：http://idp.bl.uk/database/oo_scroll_h.a4d?uid=3235041689;bst=451;recnum=145923;index=480。

𤉡悰□□□①，𤆾𩣡蘒藊𥞃。𤩊𦓝敀鏲𨥉，編䋁䎂𦇘𡜦。譆䎃𩒘䋻𤫉，□□□□。（寇杨宗许虞，韦翟权薛安。吴九邹聂丁，侯窦左米范。为婚是旧仪，亲戚非今始。）

𦅸𩣅𥾅𩨦□，𢽴藆𦅛𤴦𥾉。耕𥻝𦂅𩦷𩡳，𦢌𤨒𥛱𥽨𦆰。茷𦉢𥺗𦈽編，𦦒𤤁□□□。（媒人奉承话，集体问姿容。贫富福高低，吃穿各处至。民庶男女混，衣食自己谋。）

2477号：

𤐻𩠽𥶋𦇑□。𢣚𩣅𦛒𥷝𦕲，𥠍𦛲𩱦𩨐𧣡。𥹙𥱇𨧇𤐟𦢻，□□𦵠𨽿□。（阿娘爱少女。迎媳婆母安，得婿岳公喜。门下妇人知，外情夫君管。）

□□𥻝𤾧𩣌，𦇅𦙹𩷿𩬉𦄈。𦱏𢾉𢓤𢼛𦝁，𤔘𣏌𦃮𢿘𩱺。𩥡𣂻𦇗𦨑𩟼②。（家中狗守护，户外盗贼离。贷支勿着手，禁亦不可偏。增者足加倍。）

Or.12380-2476号与上面两件一并出土，同为每行五字的袖珍本，但书写相对流畅，与上面两件不像是出自同一人之手。原件两纸，下部残佚，但所存内容相连，相当于《碎金》的第32联至第38联：

𦂻𦅳度□□，𣪘□□□□。𩞯𥽪□□□，𦬲𦈝□□□。廉𦨑𦌘𦡕□，𦒜𦣦𥻺蒲□。□□□□□。（铺药酒没年，味奴？？静。纽浪石斡讹，夜泪超 啰 青。拽税颇熟藏，良玉来卧利。鲁拶药吃契。）

□□䃈□□。𢼍𥤒𦜭□□，𡰮𥟝𢼢□□，𢶿𦓎□□□，𦇘𤏹□□□，𦈤□□□□，䛘𢫛□□□。□□□□□，蓁□□□□。（税讹酉兀埕。铺主遏女斗，特吴五柳来。蔡 啰 小狗白，冷宁妙俄黑。桑罗耨阿香，播杯乃儿童。弥药勇健行，契丹步履缓。）

此前鉴定出的Or.12380-2581（3.157）号残片属于另外一种类型。这片纸仅存字三行，每行两句十字，然而令人费解的是，抄写人不知出自什么缘故打破了原来的"联"，把上一联的下句和下一联的上句抄在了一行里，即始于第80联的下句，终于第83联的上句：

𦉾𦂻𦅸𦀳𦱠。𢿘𦈝𢿕苍𦪀，訛孩𦈤𩨚𨤫。𩣕𢒞萧𩱱𦭧，𩣠𢋡𦃲𦒜𣢀。𦈮𥻁𩢷𢿘𦈓。（丧葬宾客侍。珂贝鞍桥买，帐幕马毡寻。弓箭刀剑执，伴导运输往。来牟豆长大。）

三

在目前能见到的所有《碎金》抄本中，质量最好的是俄罗斯科学院东方文献研究所收藏的инв.№ 741号（图4），这个抄本用纸规整，书法纯熟，内容保存完好③。相比之下，俄

---

① 悰（杨），俄藏инв.№ 741抄本作"𥝧"（婴）。
② 𩟼（殊倍），俄藏инв.№ 741抄本作"𩢙𩟼"（利倍）。
③ 俄罗斯科学院东方研究所圣彼得堡分所、中国社会科学院民族研究所、上海古籍出版社编：《俄藏黑水城文献》第10册，上海古籍出版社1999年版，第108—114页。

藏742号的《碎金》则写在废纸背后①，书法拙劣，应当是出自初学者之手（图5）。

此前人们没有注意到的是俄藏инв.№ 6767号②，那原是个质量最高的刻本，可惜当时书的主人只拿到了半数的叶面，于是只好自己动手补抄，从而形成了一个"抄配本"（图6）。其中刻本叶面保存的内容如下：

  𗧯𗖰□□𗏴，𗖰𗒀□□□。𗅁𗧯𗤔𗏇𗙇，𗱕𗜘𗥰𗵽𗢣。𗪉𗼑𗤶𗣼𗈁，𗏴𗖰𗒀𗹦𗡶。𘃽𗏇𘄒𗲠□，□□□□□。（谋臣面前奏，官家敕谕旨。中边设拘司，诸城收商税。爵位文中书，军马武枢密。宰相裁公堂，御史断常务。）

  𗧯𗖰𗒀𗹦𗡶，𗖰□𗏴𗒀𗖰。𗒀𗏴𗒀𗖰𗏴，𗒀𗖰𗤔𗱕𗜘。𗏇𗧯𗵽𗢣𗡶，𗖰𗵽𗤔□□。𗖰𗼑𗤶𗣼□，𗒀𗖰𗧯□。𗒀𗖰𗏇𗒀𗤔𗲠，𗼑𗤶𗣼𗈁𗵽。𗖰𗤔𗱕𗜘𗡶，𗏴𗖰𗒀𗹦。𗵽𗏴𗖰𗏇𗒀，𗖰□𗵽𗢣□。𗖰𗵽𗤔𗒀□，𗼑𗤶𗣼𗈁□。𗖰𗤔𗱕𗜘𗏴，𗲠𗤔𗒀𗖰𗡶。𗏇𗧯𗒀𗖰𗏴，𗒀𗏴𗧯𗒀𗖰。𗒀𗖰𗤔𗱕𗜘，□□𗧯𗒀𗡶。𗖰𗏴𗏇𗵽𗢣，□𗒀𗖰𗏴𗤔。（只移贺兰势，骨埋河水乐。留纽梁且辣，息齐野佑多。叶玉浪罔即，骨婢赏麻尚。乃令兀卫慕，连奴舍勒啰。乜轻娘罗即，芭里喻鲜卑。铺药哂没年，味奴？？静。纽浪石斡讹，夜泪超哆青。拽税颇熟藏，良玉来卧利。鲁挏药吃契，税讹酉兀堡。铺主遏女斗，特吴五柳来。蔡哆小狗白，冷宁妙俄黑。桑罗糯阿香，播杯乃儿童。弥药勇健行，契丹步履缓。羌多敬佛僧，汉皆爱俗文。回鹘饮乳浆，山讹嗜荞饼。张王任钟季，李赵刘黎夏。田狄褚唐秦，文武谢袁智。金严陶萧甄，胡白邵封崔。）

  𗧯𗤔𗱕□□，𗒀𗏴𗼑𗤶𗣼。𘃽𗵽𗢣𗤔𗡶，𗏇𗒀𗖰𗵽𗢣。𗨻𗏇𗤔𗵽𗢣，𗖰𗵽𗢣𗤔。𗏴𗵽𗒀𗹦𗡶，𗒀𗖰𗧯𗒀𗹦𗡶□，𗖰𗒀𗤔𗱕𗜘□，𗒀𗏴𗏇𗒀𗤔□。𗒀𗖰𗤔𗒀𗤔𗒀，𗵽𗢣𗤔𗲠𗡶。𗼑𗤶𗣼𗈁𗵽，𗖰𗤔𗱕𗜘𗏴。𗒀𗖰𗏇𗒀𗤔，𗱕𗜘𗲠𗒀𗖰。□𗖰𗵽𗢣𗲠，𗒀𗖰𗧯𗏴𗤔。𗏇𗒀𗖰𗵽𗢣，𗖰𗵽𗢣𗤔𗲠。𗖰𗤔𗒀𗖰𗏴，𗏇𗒀𗤔𗱕𗜘𗡶。𗏇𗧯𗒀𗖰𗏴，𗒀𗏴𗧯𗒀𗖰。𗖰𗒀𗤔𗱕𗜘，𗏴𗖰𗵽𗢣。𗼑𗤶𗣼𗈁，𘃽𗵽𗢣𗤔𗡶。𗖰𗏴□𗒀𗵽𗢣，𗏇𗵽𗢣𗤔□。𗒀𗖰𗧯𗲠𗏴，𗵽𗢣𗤔𗼑𗤶𗣼。𗏴𘃽𗵽𗢣𗒀𗖰，𗖰□𗒀𗵽𗤔。𗒀𗏇𗒀𗤔𗱕𗜘，𗵽𗢣𗤔𗒀𗖰𗡶。（媒人奉承话，集体问姿容。贫富福高低，吃穿各处至。民庶男女混，衣食自己谋。阿爷赞子孙，阿娘爱少女。迎媳婆母安，得婿岳公喜。门下妇人知，外情夫君管。家中狗守护，户外盗贼离。贷支勿着手，禁亦不可偏。增者足加倍，获利独满贯。搅海寻珊瑚，选择串璎络。钿珠玉耳环，钗鑐簪腕钏。金银珍宝多，价高库进出。绫罗锦褐裹，招工裁画缝。袄子短小合，裙裤长宽宜。兜肚围胸肋，鞋袜套脚胫。寒裘皮斗蓬，雨披毯褐衫。棉麻线袋细，毛毡褐囊粗。砍树斧斤头，艾割壮工镰。烧瓦要沙著，洗麻须杖敲。铛鼎器皿盉，碗匙筷子勺。亲戚茶酒先，朋友米面堪。盐巴椒芫荑，酥油菜乳酪。耕牛遣僮喂，碓磑使仆槌。和尚诵契经，斋毕待布施。道士祷星神，唱名示边隅。）

---

① 《俄藏黑水城文献》第10册，第114—119页。

② 以下描述依据的是上海古籍出版社蒋维崧、严克勤二位先生2000年在圣彼得堡拍摄的文献照片。

四

作为小结,我们可以把黑水城出土的《碎金》诸本分成以下四类。

一、刻本(有抄配)——俄藏инв.№ 7676。

二、精抄本——俄藏инв.№ 741,抄写者耶酉般若茂。

三、作为习字的普通抄本——俄藏инв.№ 742,英藏Or.12380-1907、2476、2477、2478。

四、习字本——英藏Or.12380-36、39、73、306F、2078、2079、2623、2624、2999、3004A、3517、3558、3668C。

诸本之间存在少量异文,这表明全部抄本并非同出一源。不过由于多数残片上面存字过少,我们无法对其进行进一步的分类,自然也无法回答那些残片究竟是从几个本子断裂而成的。

以"碎金"作为书题不是西夏人的首创,敦煌汉文献中就有题为"百家碎金"的识字读本(S.619)[①]。西夏文的书题表明这种蒙书来自汉地古老的民间传统,只不过这位西夏作者没有像前人的同名著作那样零散地堆砌词语,而是把打算教授的文字组成了一篇"千字文"。这样的"千字文"除了便于背诵之外还有一个好处,即不出现重复的字可以提高学生的学习效率和兴趣。想来正是出于这个缘故,黑水城出土的西夏文习字纸大都是据《碎金》抄出的。当然,这部教材中出现了一些极不常用的字,而大量的常用字如"三""六""你""我"却不在其中,这决定了初学者只能把《碎金》用于习字,而不能指望借助它来掌握西夏语。

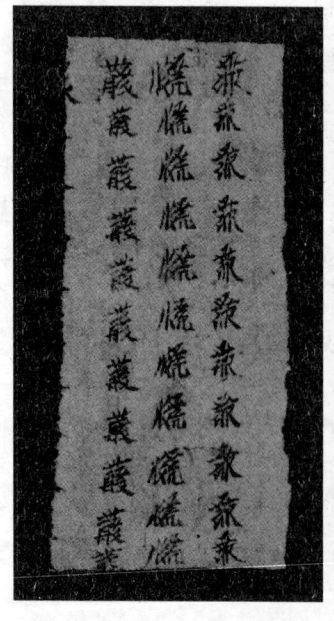

图1　英藏Or.12380-2079

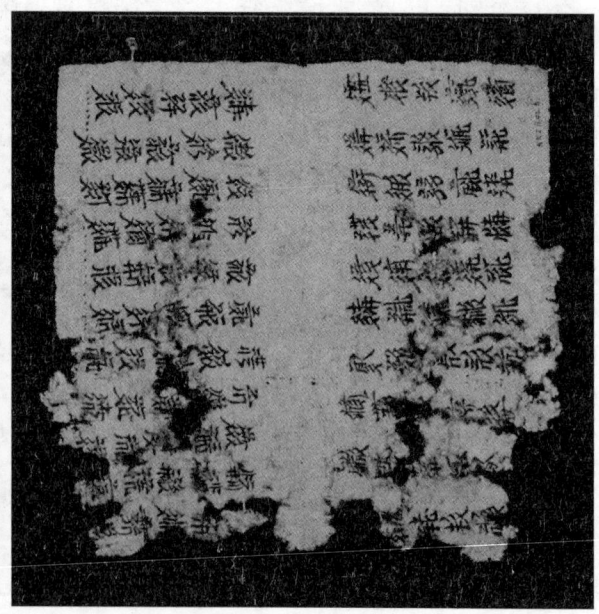

图2　英藏Or.12380-1907

[①] "碎金"类的书在明代以后曾盛行一时,据余嘉锡考察,就有《大学碎金》《通用碎金》《碎金集》《碎金精要》《草字碎金》《真字碎金》《应用碎金》等多种。参看所著《内阁大库本碎金跋》,载《余嘉锡论学杂著》,中华书局1963年版,第600页。

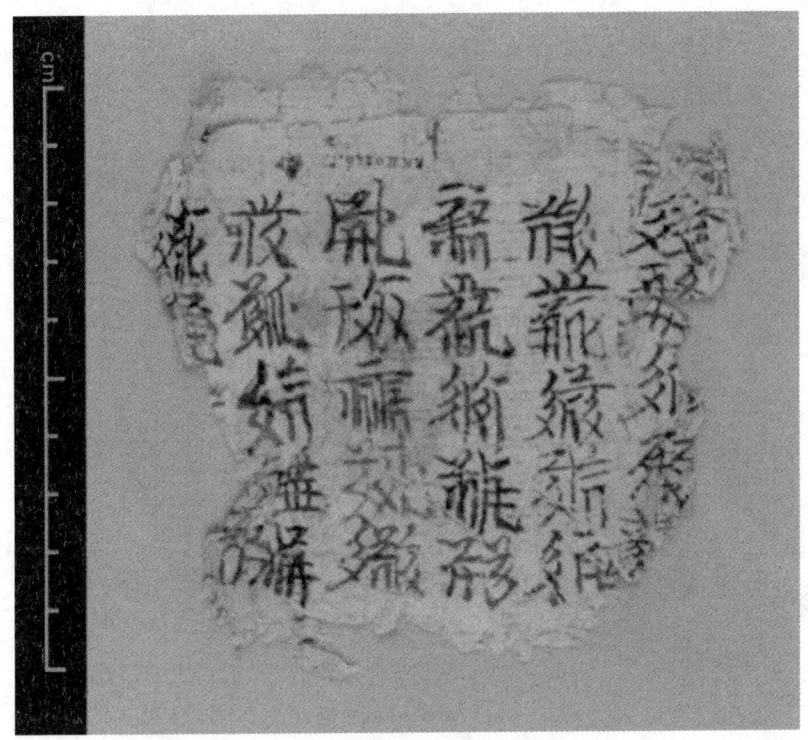

图3 英藏Or.12380-2478

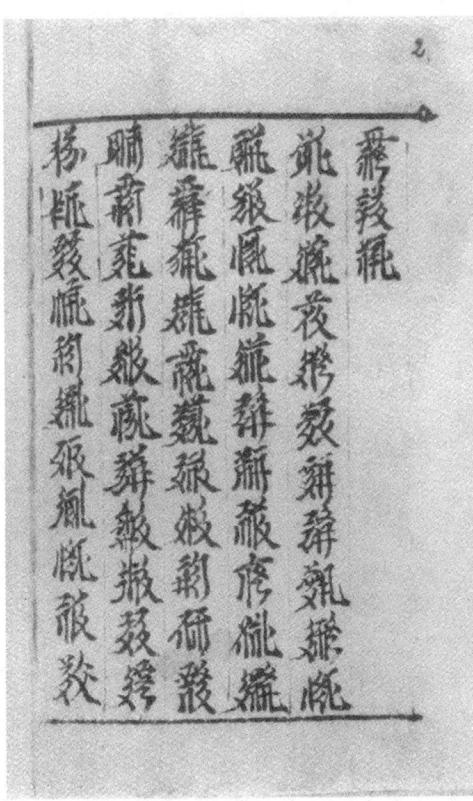

图4 俄藏инв.№741

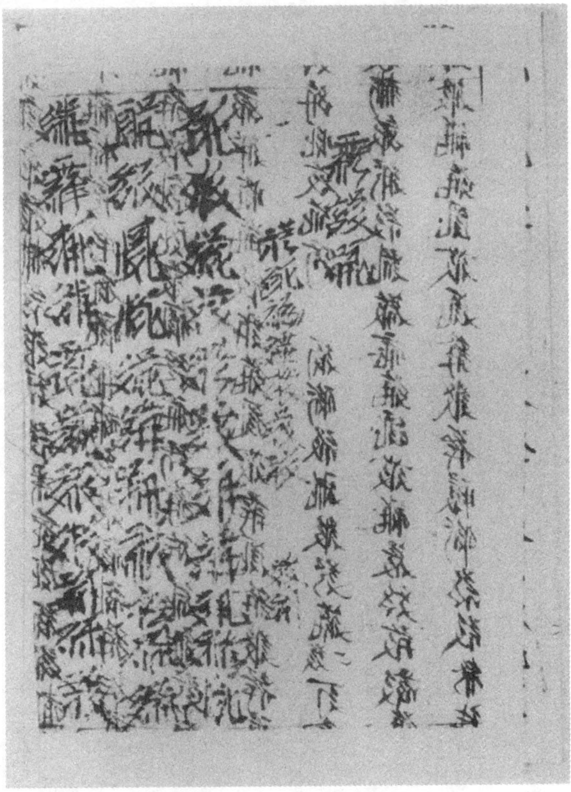

图5 俄藏инв.№742

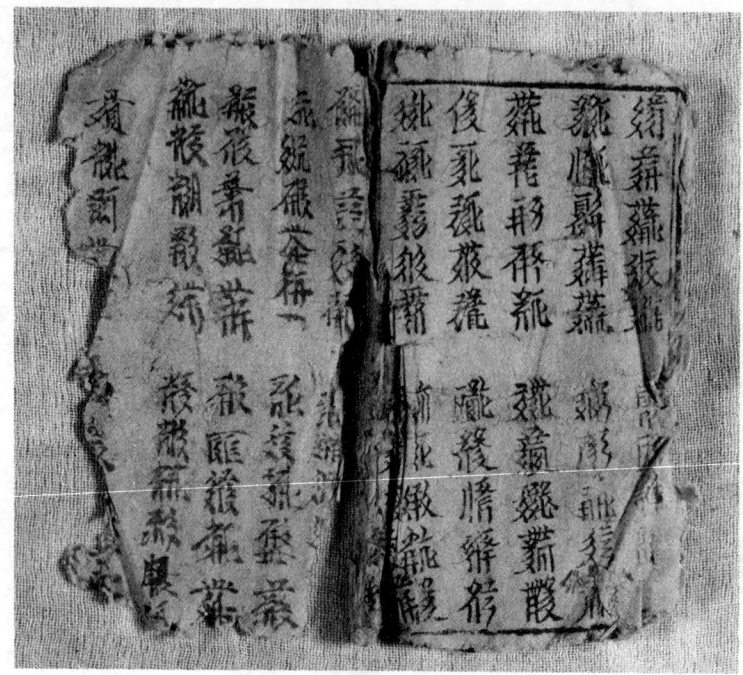

图6　俄藏инв.№ 7676

西夏文写本《整驾西行烧香歌》释补

孙伯君

(中国社会科学院 民族学与人类学研究所)

提要：俄藏黑水城文献出土ИНВ. № 5198为卷子装写本，残卷首，内容上可与俄藏《宫廷诗集》甲种本ИНВ. № 121V所收第七首诗《整驾西行烧香歌》勘同，笔体上与《宫廷诗集》乙种本ИНВ. № 876一致，可判定876与5198为同一卷子断裂而成。由于121V抄写于纸背，字迹很难辨认，故文字上可据5198加以勘订，而5198所残卷首可据121V加以补足。本文在前人研究的基础上重新整理和译释了全文。

关键词：整驾西行烧香歌 宫廷诗 西夏文学 黑水城文献

如所周知，敦煌藏经洞发现的上万件写本为我们保存了4—10世纪原始书籍的样本和珍贵的历史文化资料，而作为其后继者，黑水城出土文献则称得上是11—13世纪中国古代书籍的宝库，尤其是几千个编号的西夏文文献更是少数民族文字刻本和写本书籍的精品。本文介绍的俄藏西夏文ИНВ. № 5198，是科兹洛夫1909年于内蒙古额济纳旗黑水城遗址所获文献之一。写本，卷子装。残卷首、卷尾署有抄写时间"乾定鸡年腊月初五日写毕"。该卷内容上可与俄藏《宫廷诗集》甲种本ИНВ. № 121V所收第七首诗《整驾西行烧香歌》勘同[1]；笔体上与《宫廷诗集》乙种本ИНВ. № 876一致，可判定两个编号为同一卷子断裂而成，而从最后有抄写时间这一点可推测5198为卷尾。此前，梁松涛等曾据121V对该诗进行翻译，并据译文考证了圣容寺和相关史实[2]。由于121V抄写于纸背，字迹很难辨认，故据之刊布的录文和译文有不甚妥帖之处。之后聂鸿音又据5198刊布了准确的录文，并对诗文重新加以翻译，且根据卷尾所署抄写日期"𘜶𘝻𘝞𘙇𘝗𘟔𘝗𘜊𘞧𘟀"，即"乾定鸡年（1225）腊月初五日写毕"，判断这一相当于公元1226年1月4日的题署，是目前发现的黑水城文献中的最晚的纪年[3]。苏航《西夏文〈御驾西行烧香歌〉中西行皇帝身份再考》一文[4]，首先指出了5198当为《宫廷诗集》乙种本之残页，并对照藏文《洛绒史籍》和《巴绒噶举略说》等史籍中有关西夏皇帝曾谒甘州马蹄寺，接见帝师热巴等记载，认为西行烧香的除了仁宗皇帝外，还有可能是桓宗。由于5198与876为同一卷子断裂而成，我们不仅可以对照121V补足《整驾西行烧香歌》，还可以据5198补充876，从而进一步推断乙种本《宫廷

---

[1] 该诗题曾有《严驾西行烧香歌》、《御驾西行烧香歌》等译法，本文据汉文本《金光明最胜王经》卷10，把西夏文"𘜶𘝻"译作"整驾"。由此，甲种本121V第8首"𘜶𘝻𘞃𘝗𘝗"可译作"整驾山行歌"、第9首"𘜶𘝻𘝞𘝞𘝗"，可译作"整驾速劝歌"。

[2] 梁松涛：《西夏文〈宫廷诗集〉研究》，博士学位论文，兰州大学，2008年；梁松涛、杨富学：《西夏圣容寺及其相关问题考证》，《内蒙古社会科学》（汉文版）2012年第5期。

[3] 聂鸿音：《公元1226：黑水城文献最晚的西夏纪年》，《宁夏社会科学》2012年第4期。

[4] 苏航：《西夏文〈御驾西行烧香歌〉中西行皇帝身份再考》，《民族研究》2014年第4期。

诗集》抄写于乾定鸡年（1225）。

据梁松涛《西夏文〈宫廷诗集〉研究》一书的整理，甲、乙两种文本《宫廷诗集》共存诗33首。甲种本121V存29首，乙种本876存7首。如把5198与876加以拼合，乙种本《宫廷诗集》则共存诗8首，其中《劝制臣子歌》《天下共乐歌》《劝世歌》《整驾西行烧香歌》等4首诗分别与甲种本121V第25、14、24、7首一致。这4首诗，聂鸿音曾对照121V率先解读了《天下共乐歌》和《劝世歌》，后来又整理和翻译了《整驾西行烧香歌》，梁松涛则全文整理和翻译了876所收7首诗。如把5198与876拼合在一起，可以整理出乙种本《宫廷诗集》的诗题与作者等信息如下：

序号	西夏文诗题	诗题汉译	作者	作者汉译	备注
1		失题			
2		有智无遮歌		没息义显作	
3		轻利贵德歌		野利仪兴作	
4		净德臣赞歌		梁卫有贞作	
5		劝制臣子歌		没玉至贞作	与121V第25首一致
6		天下共乐歌		没息义显作	与121V第14首一致
7		劝世歌		没息义显作	与121V第24首一致
8		整驾西行烧香歌			与121V第7首一致

从甲、乙两种《宫廷诗集》的抄写顺序和笔体有所不同来看，其抄写时间也应该是不同的。此前，聂鸿音曾据121正面的两则年号，一是《大诗》的刊刻题记"󰀀󰀀󰀀󰀀󰀀󰀀󰀀󰀀󰀀󰀀"，即"乾祐乙巳十六年（1185）初一日"；二是同一页卷尾空白处手书"󰀀󰀀󰀀󰀀󰀀󰀀󰀀󰀀󰀀󰀀󰀀󰀀"，即"光定蛇年闰腊月二十三日为文状者没藏"，猜测甲种本抄写于乾祐十六年（1185）和光定辛巳年（1221）之间①。参照乙种本的抄写时间，我们可以推测甲种本抄写于光定辛巳年前后。

关于《宫廷诗集》的撰作时间，聂历山曾根据甲种本所收《夫子善仪歌》中对西夏文字的创造者野利仁荣的歌颂，推测这首诗是在1162年夏仁宗追封野利仁荣为"广惠王"时写下的②。聂鸿音又曾根据《新修太学歌》中对西夏仁宗乾祐二十三年（1192）重建太学（国子监）的赞美，推测这首诗撰作于1192年③。梁松涛也根据诗文中所述"七世相续"、"󰀀席（明王）"等内容，推测这本诗集纂于仁宗（1139—1193年在位）晚期④。《整驾西行烧香歌》有"父亲行事胜远古，过去旧寺略端严。新寺胜彼庄严环外围，七级楼阁云来绕"的诗句，而我们知道，初建于公元5世纪的凉州护国寺感通塔，西夏时遭地震毁坏，崇宗于天祐民安五年（1094）曾进行了重修，存世碑文曾述及"二圣临御，……至于释教，

---

① 聂鸿音：《西夏文〈天下共乐歌〉〈劝世歌〉考释》，《宁夏社会科学》2000年第3期。
② Н. А. Невский, Тангутская письменность и ее фонды, Труды Института Востоковедения 17, 1936, 又见Невский, Тангутская филология, Москва: Издательство восточной литературы, 1960, т.1, стр. 74-94.
③ 聂鸿音：《西夏文〈新修太学歌〉考释》，《宁夏社会科学》1990年第3期。
④ 梁松涛：《西夏文〈宫廷诗集〉研究》，博士学位论文，兰州大学，2008年。

尤所崇奉。近自畿甸，远及荒要。山林蹊谷，村落坊聚。佛宇遗址，只椽片瓦，但仿佛有存者，无不必葺，况名迹显敞，古今不泯者乎？"[1]由此我们倾向认为《整驾西行烧香歌》的撰作时间是崇宗之后的仁宗（1139—1193年在位）时期。

正如诗集第2首"𗧓𗴂𘝦𗣼"（《敬祖大贤歌》）所赞："𗼇𗼑𘟙𗹾𘐀𗯨𘊄"（白高国内圣明王）[2]和第12首"𘐀𗴺𘞽𗵐𘉐"（《圣宫同乐歌》）所言："𗼇𗼑𘟙𗹾𘓐𗫡𘄊"（白高国内佛天子）和"𗣼𗧘𗧚𗧯𘉞𗯨𘊄"（中兴世界菩萨王）[3]，《整驾西行烧香歌》也有"𗼇𗼑𘟙𗹾𗴂𘄄𘓐"（白高国内玉身佛）的赞叹，堪与之呼应。显然，诗作者是把当朝国君比作"佛"和"菩萨"加以颂扬的，这让我们联想到《元朝秘史》称"唐兀主"，即西夏皇帝为"不儿罕"（Burqan）（《元朝秘史续集》卷二），意为"佛王"，或许就是从西夏人对皇帝的称呼转译的。而无论从历史记载还是存世文献来看，仁宗仁孝在国民教育、宗教文化建设等方面的贡献都是西夏历代皇帝无法企及的。据《宋史》卷四八六《夏国传下》记载，仁宗"（绍兴）十三年（1143）……始建学校于国中，立小学于禁中"，"十五年（1145）八月，复重大汉太学"，"十六年（1146），尊孔子为文宣帝"，"十七年（1147），策举人，始立唱名法"，"十八年（1148），复建内学，选名儒主之"，"三十一年（1161），立翰林学士院"。不仅如此，他还通过刻字司大量刊印用于教化的书籍，据聂鸿音考证，《类林》《圣立义海》《西夏诗集》《论语全解》《六韬》均是刻字司的刻本，其中有明确题款的有三种：《类林》，卷三尾题"乾祐辛丑十二年（1181）六月二十日刻字司印"；《圣立义海》，卷一尾题"乾祐壬寅十三年（1182）五月十日刻字司重新刻印"；《月月乐诗》卷尾题"乾祐乙巳十六年（1185）四月日刻字司有"。仁宗天盛年间（1149—1169）刻字司还刊印了《天盛律令》[4]。此外，存世佛经中仁宗时期校勘、施印的最多，他还曾组织人力对前代翻译的佛经进行过大规模的校译。因此，仁宗被赞作"圣明王""佛天子""菩萨王"等也可谓是当之无愧。

关于《宫廷诗集》所收30余首诗的作者，甲种本只有第2、3、11首署"𗩈𗐝𗰔𗼫"（没息义显）作，第7首《整驾西行烧香歌》的作者则付缺如，本来乙种本中载有每首诗文的作者，怎奈5198卷首款题部分残掉了。不过，《整驾西行烧香歌》与"没息义显"所作前后几首诗在行文风格上颇为一致，我们或可推测这首诗的作者也是"没息义显"。

乙种本所记载的诗文作者还有"𘉞𗊻𘂜𗭼"（野利仪兴）、"𗦲𘉋𗦮𘛛"（梁卫有贞）、"𗩈𗰔𗦮𘛛"（没玉至贞）等，其中出现的西夏姓氏除了"野利"（𘉞·ji²𗊻rjir²）见于西夏文《三才杂字·番族姓》之外[5]，"梁卫"（𗦲lhiow¹𘉋we²）、"没玉"（𗩈mə¹𗰔gju²）、"没息"（𗩈mə¹𗐝sji²）等姓氏均不见于载籍，可能是这些姓氏的音译用字与存世文献所载不同导致的。

---

[1] 罗福成校录：《重修护国寺感应塔碑铭》，《国立北平图书馆馆刊》第4卷第3号"西夏文专号"，1932年版，第2655页。

[2] 俄罗斯科学院东方研究所圣彼得堡分所、中国社会科学院民族研究所、上海古籍出版社：《俄藏黑水城文献》第10册，上海古籍出版社1999年版，第284页。

[3] 同上书，第293页。

[4] 聂鸿音：《西夏刻字司和西夏官刻本》，《民族研究》1997年第5期。

[5] 李范文等曾译作"夷利"，参考李范文、中嶋幹起《電腦處理西夏文雜字研究》，国立亚非语言文化研究所1997年版，第120页。

关于乙种本《轻利贵德歌》的作者"𗷅𗙏𗦇𗼕"（野利仪兴），史料也未见记载，不过根据与西夏文字的创制者野利仁荣同姓来推断，他可能是野利仁荣的后人。甲种本《夫子善仪歌》有"我辈国野利夫子，天上文星出东方，引导文字照西方"，其中"野利夫子"，西夏文作"𗷅𗙏𗤋𗡝"，聂历山前述文章和克恰诺夫、聂鸿音等相关论文中均把"野利夫子"勘同于《宋史·夏国传上》所载创制西夏文字的野利仁荣[①]。另外，值得注意的是，甲种本第17首"𗧯𗧾𘃸𘏨𗛝"（《圣威平夷歌》）中还出现了"𗣀·ja²𘎑lji²𗦇thej¹𗤋sji²"，前三字梁松涛曾译作"耶谚台"，并认为其读音与"客列亦台（karaidai）"十分相近，进而据史载"客列亦台"曾嫁女于西夏国主之子一事，考证这首诗所记载的是西夏晚期发生的西夏皇室与克烈部首领和亲之事[②]。事实上，《圣威平夷歌》谈及的西夷之主"𗣀·ja²𘎑lji²𗦇thej¹𗤋sji²"，译作"耶律太子"更贴切一些，其中"𗣀·ja²"对"耶"，有梵汉对音文献的支持，如西夏文《佛说圣曜母陀罗尼经》（инв. № 7122）梵文yakṣa，西夏文译作"𗣀𗯿"，汉文本是"夜叉"，"𗣀·ja²"对ya与"夜"；梵文dhāraya，西夏文译作"𗯿𗅉𗣀"，汉文本是"驮啰野"，"𗣀·ja²"对ya与"野"，而"夜"、"野"与"耶"在中古汉语中均属于余母假摄，读音相近；"律"字为来母臻摄三等，12世纪河西方音入声塞音韵尾失落，读若遇摄三等，而中古时期遇摄三等字的韵母为-i[③]，"律"的读音正与"𘎑lji²"合；"𗦇thej¹"译作"太"，有居庸关东壁汉文《造塔功德记》"太府太卿"，译作"𗦇thej¹𗎽xu¹𗦇thej¹𘜶khji²𗤋nji²"的佐证[④]；至于"子"译作"𗤋sji²"，应该归因于阿尔泰语系蒙古语族舌尖前声母只有一个s-音位。果真如此，这首诗提到的西夷之主"耶律太子"，恐怕指的是耶律大石（1124—1143年在位）在西域建立的西辽的某位太子。

下面我们拟对西夏文《整驾西行烧香歌》全文重新加以翻译，对译中△标示的是西夏语趋向前缀等汉语没有的语法成分；译文中[]号指示的是下边要注释的内容。

拟音	bjiij²	lha¹	lji²	dźjij¹	śja¹	njwi̭²	kja²
西夏文	𗼇	𗪙	𗥑	𗃛	𗢳	𗨻	𗦳
对译	移	圣	西	行	香	烧	歌
译文	整驾[1]西行烧香歌[2]						

拟音	sju²	mji¹	ŋər¹	low²	ljiɨr¹	njijr²	ŋow²	bju²	sa²	djij¹	mji¹	lew²
西夏文	𘑨	𗪺	𘄡	𗴺	𗍳	𗦲，	𗧠	𗆐	𗰗	𗼕	𗦪	𗗥。
对译	须	弥	山	坡	四	面，	海	边	接	部	不	同。
译文	须弥山，坡四面，海边接，不同类[3]。										

---

① Е. И. 克恰诺夫：《献给西夏文字创造者的颂诗》，载白滨等编《中国民族史研究》（二），中央民族学院出版社1989年版，第144—155页。聂鸿音《西夏文〈夫子善仪歌〉译释》，载北京师范大学民俗典籍文字研究中心编《陆宗达先生百年诞辰纪念文集》，中国广播电视出版社2005年版，第333—339页。

② 梁松涛：《西夏文〈宫廷诗集〉研究》，博士学位论文，兰州大学，2008年版，第80—85页。

③ 孙伯君：《〈女真译语〉中的遇摄三等字》，《民族语文》2001年第4期。

④ 村田治郎编著：《居庸关》第一卷，京都大学工学部1957年版，第292页。

拟音	śja²	phu²	rjur¹	kięj²	kię¹	ljaa²	tsjiir¹	nju¹	pjij¹	□	?	wjɨ²	nji²
西夏文	薇	羊	炰	胹	騾	奾	禩,	巟	蔈	□	蒶	皷	絥。
对译	赡	部	世	界	金	口	法,	耳	倾	□	往	已	闻。
译文				赡部世界[4]金口法,往来倾耳已闻听。									

拟音	sǫ¹	zjǫ²	lju̱²	dji¹	mji¹	lji¹	phiow¹	bjij²	lhjij¹	·u²	ɣjiw²	lju̱²	tha¹
西夏文	散	骰	豸	貙	燯	菠①	稈	毛	隒	帰	蕆	豸	姅。
对译	三	世	身	狱	不	堕,	白	高	国	内	玉	身	佛。
译文				三世身不堕地狱,白高国内玉身佛。									

拟音	mej¹	·u²	kjɨ¹	ljij²	ŋwə¹	kięj²	rejr²	mə¹	tśhjaa¹	wee¹	phju²	śjij²	dzjwɨ¹	mə¹	phji¹	goor¹
西夏文	禩	帰	馭	散	㠇	緩	騾	臌	秡	菲,	絥	刕	刎	臌	秥	絟
对译	眼	内	必	见	五	欲	乐	天	上	生,	上	圣	帝	天	意	君。
译文				眼见五种欲乐天上生,上有圣帝天意君。												

拟音	sjiij²	·o¹	njiij¹	zji²	tśhjaa¹	swew¹	wja¹	mja¹	lji²	ljɨɨ¹	mji¹	dźji¹	dźjij¹
西夏文	姙	敫	絣	襟	秡	襏,	藏	蕊	鞈	羕②	燯	斎	蒶。
对译	思	腹	心	皆	上	照,	父	母	恩	报	不	纯	粹。
译文				心下想来上皆明,报父母恩不纯粹。									

拟音	lji¹	lju̱²	mee²	twę¹	dźiã²	tsjij²	gji²	dju¹	dju¹	ɣa²	nji²	·a	tji¹	śjwo¹
西夏文	獙	豸	炂	膦	糀	絥	稄,	巟	巟	耗	纖	揚	軞	覇。
对译	宝	身	御	袭	菩	萨	子,	有	有	上	至	△	愿	发。
译文				宝身御遗菩萨子,所有发愿得实现。										

拟音	khjɨ¹	tśhjij¹	·jaar²	neew²	wjɨ²	tsjiir¹	·jaar²	neew²	wjɨ²	tsjiir¹	njwɨ²	lhjij²	ɣu¹
西夏文	姦	藤	靴	絥	皷	鸄,	靴	絥	皷	鸄	禩	瀠	縊。
对译	足	行	日	善	已	择,	日	善	已	择	春	月	初。
译文				远足吉日已择下,择吉日在春月初。									

---

① 以上据121V补。

② "藏鞈羕"三字原残,据121V补。

108　民族古籍研究（第四辑）

拟音	bar¹	wji¹	dzjij¹	neew²	nja¹	djij²	dzjij¹	neew²	nja¹	djij²	dźjwij²	gu²	be²
西夏文	蔾	形	爇	縗	羲	惐	爇	縗	羲	惐	茪	醈	刡①
对译	还	作	时	良	△	定	时	良	△	定	夏	中	日
译文						归返良辰也选定，良辰定在仲夏日。							

拟音	mee²	dzeej¹	rjijr¹	tu̱¹	kiwej²	tshjij²	tu̱¹	tu̱¹	kiwej²	tshjij²	zji²	ɣa²	xṵ²	njij¹
西夏文	纹	敜	舭②	孤	秇	骹	孤	孤	秇	骹	禠	粍	辥	毻
对译	御	骑	马	千	骥	严	千	千	骥	严	皆	上	红	赤
译文						御骑千马皆骐骥，千匹骐骥均赤骝。								

拟音	śja̱¹	du̱²	gjij¹	mə¹	bju²	bji¹	gjuu²	kjaa¹	khjow¹	khji²	śja¹	bju²
西夏文	簧	蓊	蘨	朦	死	敗	豨	菝	羲	甗	妮③	嫡
对译	七	斗	星	天	边	光	瑞	负	强	万	香	象
译文						北斗七星天边亮，瑞膂强负万香象[5]。						

拟音	khji²	khji²	śja¹	bju²	zji²	ɣa²	xã¹	ljij¹	guu²	kiej¹	tśjow¹	lji²	pha¹	ŋewr¹
西夏文	甗	甗	妮	嫡	禠	粍	擻	舵	頁	蕗	妳	竻	靰	紎
对译	万	万	香	象	皆	于	寒	林	五	更	中	地	遍	鸣
译文						万万香象于寒林[6]，五更之间遍地鸣。								

拟音	zji̱¹	tśier¹	bji²	·jij¹	kie¹	bjir¹	ɣa̱¹	dźjwow¹	njij²	ku¹	kiej¹	xow²	ljij¹	·wji¹
西夏文	朗	狝	敝	絺	蘨	萧	甐	瓣	席	緣	甁	纚	舵	形
对译	左	右	臣	之	金	刀	剑	禽	王	凤	凰	队	列	作
译文						左右大臣金刀剑，鸟王凤凰排成行。								

拟音	ɣu¹	mjiij¹	tshji²	mjijr²	ŋwo²	lhji̱¹	lji¹	wji¹	dzjwɨ¹	ka²	tśjij²	bo¹	rer²	sjwij¹
西夏文	瓞	獮	羲	彥	姚	粆	俊	狧	刡	靰	雞	叞	鼬	瑲
对译	头	尾	侍	卫	银	弓	箭	兽	帝	狮	子	林	列	现
译文						头尾侍卫银弓箭，兽帝狮子列成林。								

---

① 原残，据121V补。
② 原文作"烄"，121V作"舭"，是。
③ 妮，121V作"葩"。

拟音	lhjij	mja¹	mji¹	gjij¹	wjor¹	·jij²	·wji¹	be²	su¹	low²	mər²	lji²	dźjij¹	njaa¹	rjɨr²	mji¹	tśhjiw²
西夏文																	
对译	国	母	母	马	背	帐	作	日	胜	暖	本	西	寒	黑	令	不	侵。
译文				国母马背围帐胜日暖，本西[7]严寒令不侵。													

拟音	ljuu²	ŋwər¹	ŋwər¹	dzow¹	djɨj²	rewr²	ɣja²	tśhjij¹	lhjij²	zjij¹	śjuu¹	·ja¹	wji²	tsja¹	njij¹	ljo²	nja¹	thew¹
西夏文																		
对译	妃	皇	皇	后	云	岸	盖	举	月	几	凉	尾	东	热	赤	何	△	透。
译文				皇妃皇后云伞盖举如月凉，尾东[8]炽热岂能透。														

拟音	tśhja²	mər²	dzjiij¹	dza¹	da²	·a	phjaa¹	bju¹	ljuu²	śio¹	ŋwəə¹	ŋwuu¹	mji¹	djij²	mji¹	tśhjɨ¹	tshjɨɨ¹
西夏文																	
对译	尊	本	师	杂	言	△	禁	聪	妙	引	咒	曰	不	虽	不	尔	诵。
译文				本师尊者禁断闲言妙导引，咒语不得不诵习。													

拟音	twu¹	ljij²	bji²	dow¹	lhejr²	mji¹	dźji	ku¹	kji¹	bjij²	kie¹	tsjiir¹	mji¹	djij²	mji¹	phjo²	kar²
西夏文																	
对译	忠	大	臣	邪	道	不	走	后	必	助	戒	法	不	虽	不	分	别。
译文				忠贞大臣不走邪道必祐助，戒法不由不分明。													

拟音	rjɨr²	?	tśja¹	ljow¹	tśjiw¹	lji²	lu²	pia¹	la¹	rjar¹	mee²	bə²	du²
西夏文													
对译	乃	往	道	凉	州	地	巧	匠	手	绘	神	浮	屠。
译文			行道所至凉州[9]地，巧匠手绘神浮屠。										

拟音	tha¹	·jij¹	mej¹	mjaa¹	śja¹	lji²	tśhju¹	pha¹	xwo²	ŋər¹	xiwā¹	njij²	dzjij²	ɣjir¹	ɣjiw²	lju²	tha¹
西夏文																	
对译	佛	之	眼	珠	舍	利	有	番	禾	山	梵	王	雕	造	玉	身	佛。
译文				佛之眼珠有舍利，盘禾山[10]雕造梵王玉身佛。													

拟音	rjur¹	ljiij²	dja²	·jar²	sjwu²	mjor¹	wji²	sju²	mjijr²	ɣie¹	dźjij²
西夏文											
对译	诸	魔	△	伏	生	实	犹	如	神	力	有，
译文			调伏诸魔栩栩如生有神力，								

① 原作"𘟙"，据121V "𘟙"字改。

拟音	mji¹	le²	tha¹	·o¹	źju²	lo¹	dja²	dzuu²	dja²	gjwir¹	tu¹	tśhjaa²	lju²
西夏文	𗴂	𗴟	𗦻	𗨁	𗰜	𗖵	𗴢	𗕴	𗴢	𗼑	𗅋	𗧠	𘑱
对译	弥	勒	佛	讹	日	啰	△	坐	△	卧	千	尺	身
译文	弥勒佛、嚩日啰[11]或坐或卧千尺身。											

拟音	wji²	rar²	mjij²	ljij¹	zji²	·jij¹	dzjiij²	swu²	ŋwu²	djiij²	phã¹	tśier¹	·ju²	·wji¹
西夏文	𗯨	𘜶	𗋏	𗧇	𗉁	𗢳	𗋕	𗉺	𘏁	𗷖	𗦀	𗣼	𘟥	𗧨
对译	已	过	未	来	皆	之	师	像	以	涅	槃	方	便	作
译文	过去未来皆其师，相作涅槃与方便。													

拟音	ɣiej¹	sjij²	wji²	dzjar²	sjwi¹	thja¹	·ji²	biaa²	thji¹	ŋər¹	śjij²	mjii²	kiej²
西夏文	𗾟	𗟲	𗯨	𘁮	𗒹	𗱤	𗢳	𗋚	𗥦	𗦵	𗖵	𗥕	𗴐
对译	真	智	已	灭	孰	彼	谓	马	蹄	山	圣	境	界
译文	真智灭绝彼孰谓？马蹄山[12]上圣境界。											

拟音	pja¹	pji¹	dźji	wji¹	so²	njwo²	su¹	tsji¹	wji¹	dzjij¹	phji¹	mjijr²	·jij²	kjwi¹	wa²	zjij¹	ljuu²
西夏文	𗥑	𗥑	𘟛	𗧨	𗱥	𗾞	𘕕	𗯨	𗷖	𘑭	𘑳	𗢳	𗱥	𗫽	𗐯	𗥑	𘗜
对译	爸	爸	行	为	高	昔	胜	亦	已	过	令	寺	院	旧	何	几	严
译文	父亲行事胜远古，过去旧寺略端严。															

拟音	mjijr²	·jij²	sjiw¹	thja¹	su¹	ljuu²	djɨr²	tśhjaa¹	kji¹	lhjoor¹	śj̣a¹	tsewr¹	du¹	rjij²	djij²	kji¹	tśjị¹
西夏文	𗢳	𗱥	𗫻	𗱤	𘕕	𘗜	𗴒	𘃪	𘕤	𘟦	𘕹	𘃚①	𘜔	𘙌	𗏁	𘕤	𗧨
对译	寺	院	新	彼	胜	严	外	面	△	环	七	级	楼	阁	云	△	绕
译文	新寺胜彼庄严环外围，七级楼阁云来绕。															

拟音	lji¹	ljij²	·a wor¹	ljij²	mji¹	wji²	·u²	rjijr²	nji²	śji¹	khji²	rjij²	tha¹	·jij²	kie¹	·a	gjwi¹
西夏文	𘊝	𗘺	𘋨	𗍁	𗐯	𗧨	𘞎	𗯴	𘜶	𘈩	𘈻	𘙌	𗦻	𗱥	𘊝	𗱤	𗼑
对译	风	大	△	起	昼	不	晓	内	向	至	往	万	重	佛	之	金	△	穿
译文	大风骤起昼不晓，吹向寺内，佛之万重金衣穿。															

拟音	dzju²	ljij²	njij²	lja¹	rar²	mji¹	dəə¹	phjo¹	lji²	saar¹	mji¹	dji¹	nar²
西夏文	𘜷	𗘺	𗳌	𘊭	𘜶	𗐯	𘕘	𗥔	𘊝	𘎀	𗐯	𗷅	𘘄
对译	雨	大	△	降	过	不	前	陆	地	动	不	迁	移
译文	大雨急降过不去，陆地震动不迁移，											

---

① 原作"𘃚"，据121V "𘃚"改。

拟音	kja²	məə¹	njɨ²	ljo̱²	kjij¹	ljiij²	sjij¹	mjor¹	śjij²	dzjwɨ¹
西夏文	𗼨	𗥦	𘄴	𗧓	𗧇	𘋩?	𘄦	𗣫	𗴐	𘅞
对译	劫	火	至	岂	破	坏?	今	如	圣	帝，
译文				劫火岂能来破坏？当今皇帝，						

拟音	mjijr²	·jij²	wjij²	ŋewr²	zjo̱²	dźjo¹	tjij¹	gjɨ¹	gjɨ²	tśhjij¹
西夏文	𗣼	𗉘	𗦫	𗤣	𗧓	𘃽	𗦇	𗐱	𗐱	𘟂
对译	寺	院	有	数，	寿	长	灯	夜	夜	举，
译文				寺院众多，长寿之灯夜夜举。						

拟音	bə²	du²	dzuu²	twu̱¹	ljo¹	kju̱¹	śja¹	sjij¹	sjij¹	njwɨ²
西夏文	𗢳	𗤿	𗴺	𗼻，	𘄡	𗼻	𗃀	𘄦	𘄦①	𘜶。
对译	浮	屠	立	各，	福	求	香	年	年	烧。
译文				佛塔立处，求福之香年年烧。						

拟音	dzjiij²	lhji²	dźjiij¹	lhwu¹	gjwi²	mjii¹	śjã¹	djij²	dzuu²	twu̱¹	tsew²	tjɨ¹	khjow¹	źjɨr¹
西夏文	𗓽	𗟻	𗉔	𗰔	𗤒	𘝯，	𗥃	𗢭	𗴺	𗼻	𗏑	𗎁	𘃆	𘒣。
对译	先	生	住	衣	穿	施，	禅	定	坐	处	斋	食	赐	实。
译文					先生住所施衣穿，禅定坐处赐斋食。									

拟音	dju¹	dju¹	lhejr²	lhjoor¹	kjɨ¹	dzju¹	dzjɨ²	mə¹	mə²	neew²	tśju¹	dja²	ɣu²	dźjwa¹
西夏文	𗰽	𗰽	𗁅	𗦇	𗗙	𗏁	𘟫，	𘌕	𘌕	𗩱	𗏣	𘒣	𗁮	𗰔。
对译	有	有	道	场	△	主	集，	种	种	善	事	△	了	竟。
译文					所有道场来召集，种种善事得了毕。									

拟音	phji¹	bju¹	wa²	kju̱¹	mji¹	tśhji¹	mjij¹	mər²	njiij¹	tjɨ¹	śiaa²	zji²	dja²	śjij¹
西夏文	𘞩	𗦫	𗉃	𗼻	𗴿	𘀄	𗱊，	𘝿	𗒹	𗏖	𗥦②	𗴟	𘒣	𘔼。
对译	意	如	何	求	不	尔	无，	本	心	愿	随	皆	△	成。
译文					所求如意无不尔，随愿初心皆达成。									

---

① 𘄦𘄦（年年），121V作"𘅞𘅞"。

② 该字据121V补。

拟音	nioow¹	tsjɨ¹	thja¹	kha¹	dźjar²	wji¹	dzjwo²	wjuu¹	·a	śjwo¹	ŋwu²	zji²	dja²	·jiij¹
西夏文	慨	北	瓩	襯	緗	穆	俶,	弄	揚	訛	赦①	祇	蘿	騰。
对译	复	亦	其	中	罪	做	人,	悲	△	发	以	皆	△	赦。
译文					亦复其中犯罪人,发大悲心皆赦免。									

拟音	·ioow¹	dźjij²	dzjwo²	tsjiir¹	bjuu²	mji¹	wier¹	·ioow¹	bju¹	bjij¹
西夏文	賑	繎	俶	骸	穆	慨	龕	賑	瓢	脥,
对译	功	有	人	官	赏	不	惜	功	凭	升
译文				有功之人不吝赏官凭功升,						

拟音	phə¹	ɣwej¹	ɣwə¹	dźji¹	tśhjaa¹	dzuu²	dja²	tshji²	ljij¹
西夏文	綴	繵	繾	醿	祕	鎣	蘿	蘢	骸。
对译	羌	回	鹘	宴	上	坐	△	侍	奉。
译文				西番[13]回鹘宴席环坐来侍奉。					

拟音	njiij¹	·u²	niow²	tśhju¹	mə¹	rjijr²	khjuu²	zar¹	śiã¹	·o¹	ŋwuu¹	dźjo²	dja²	khjow¹	dźjwa¹	·a	gjwi̯¹
西夏文	絆	帰	籤	瓴	滕	緞	緅,	赦	恠	羑	祄	虱	蘿	賙	蓡	揚	絍
对译	心	内	恶	有	天	愿	监,	汉	山	主	语	长	△	赐	带	△	穿
译文					心内生恶天有眼,汉山主[14]促膝而谈穿绶带。												

拟音	mej¹	ɣa²	·ju¹	·o¹	ŋjir¹	lja¹	wji¹	gja²	mji²	thji²	wjɨ²
西夏文	歲	秏	徂	狋	糾	慨	穆,	顢	徙	繡	綏,
对译	眼	上	鬼	有	灾	来	作,	我	等	此	刻,
译文					眼中有鬼灾降临。我等此刻,						

拟音	·jar¹	tshjij²	bju²	mji¹	kjwir¹	mji¹	la̯¹	zji²	du¹	djij¹
西夏文	戎	鱻	兂	慨	齟	慨	詎	祇	繸	嶎
对译	八	荒	边	不	盗	不	妄	皆	安	定,
译文				八边陲不盗不妄皆安定,						

---

① 该字121V无。

拟音	lew¹	gu²	kiej²	ŋo²	mjij¹	źjɨ¹	mjij¹	lhjij	wer¹	ŋa²
西夏文	𗏁	𗒹	𗥤	𗦲	𘃽	𗧘	𘃽	𗔦	𗴂	𗡝
对译	一	中	界	病	无	恼	无	国	丰	善。
译文					一中界无病无恼国昌盛。					

拟音	phju²	dzjiij²	rjijr²	·ioow¹	śjij²	dzjwi¹	lji²	dja²	bieej¹	phji¹	nji²	tha¹	wja¹	mja¹
西夏文	𗼃	𘋥	𗮅	𘁈	𗏁	𗵤	𘇂,	𘀄	𗣼	𗥤	𗍳	𗒹	𗋽	𗣼
对译	上	师	哉	功	圣	帝	恩，	△	娱	令	你	佛	父	母
译文					上师功哉圣帝恩，令汝取悦佛父母。									

拟音	źjir¹	dja²	bieej¹	kiej²	śjij²	pjɨ¹	tśhja²	dźjwa¹	njar¹	lew²	lji¹
西夏文	𗵘	𘀄	𗣼	𗥤	𗏁	𘚢	𘕕①。	𗧘。	𗥃	𘞲	𗑠。
对译	实	△	娱	界	圣	威	仪。	竟。	校	同	也。
译文				真乐世界圣威仪。竟。校同矣。							

拟音	tshjwu¹	du¹	dźjow¹	kjiw¹	rejr¹	lhjij²	ŋwə¹	djij¹	njɨ²	rjar¹	dźjwa¹
西夏文	𗤊	𘋥	𗥨	𗰔	𗐫	𗸕	𗿷	𗼱	𘂪	𗥃	𗧘。
对译	乾	定	鸡	年	腊	月	五	初	日	写	毕。
译文				乾定鸡年（1225）腊月初五日[15]写毕。							

注释：

[1]𗧘𘀄，整驾。此前曾被译作"严驾"或"御驾"，该词在《金光明最胜王经》卷10曾与汉文本"整驾"对译，见"共造七宝窣堵波，整驾怀忧趣城邑"一句。参考王静如《金光明最胜王经卷十夏藏汉合璧考释》，载《西夏研究》第三辑，中央研究院历史语言研究所单刊甲种之十三，1933年，第362页。

[2]西夏文"𗣼"和"𘀄"是两种不同的文学形式，克平认为西夏的"𘀄"与西藏的gyer（赞歌）有某种联系②。

[3]西夏人把中原王朝对周边少数民族的统称"四夷"译作"𘂪ljɨɨr1𘂪djij¹"，见《类林》卷4之"四夷篇"③。

[4]赡部世界，即"赡部洲"，梵文作Jambudvipa，或译作"阎浮提洲"，为佛教传说中的四大部洲之一。

[5]香象，菩萨之名，梵文作Gandhahasti，此菩萨在北方香聚山说法。《华严经·菩萨住处品》曰："北方有菩萨住处，名香聚山。过去诸菩萨，常于中住。彼现有菩萨名香

---

① 该句原无，据121V补。

② Ksenia Kepping, "Tangut Ritual Language", The 29th International Conference on Sino-Tibetan Languages and Linguistics, October 10-13, 1996, Leiden, Netherlands. p. 365.

③ 史金波、黄振华、聂鸿音：《类林研究》，宁夏人民出版社1993年版，第101页。

象，有三千菩萨眷属常为说法。"

[6]𗤶𗦻，此前曾译作"汉铃"或"翰林"，或可译作"寒林"。寒林，梵文作Śitavana，音译作"尸陀林"，指弃尸之处。玄应《一切经音义》七曰："尸陀林，正言尸多婆那，此名寒林。其林幽邃而寒，因以名也。在王舍城侧，死人多送其中，今总指弃尸之处。"

[7]本西，西夏文作"𗼃𗈪"。在谈及西方时，西夏人往往加一"𗼃"（本）字，而谈及"东方"时往往加一"𗏁"（尾）字，甲种本第6首《夏圣根赞歌》也出现了"本西"，曰："我辈从此人仪马，色从本西善种来，无争斗，无奔投，僻壤之中怀勇心。四方夷部遣贺使，一中圣处求盟约。"①克平认为"本西"意指"西夏之本，源于西方"②。

[8]𗏁𗤶，指东方，与"𗼃𗈪"（本西）相对。

[9]凉州，今武威，为西夏的陪都。西夏时期凉州应有很多佛塔，初建于公元5世纪的凉州护国寺感通塔，西夏时遭地震毁坏，崇宗于天祐民安五年（1094）进行了重修。

[10]梁松涛已经正确地指出番禾山在番禾县，即今甘肃省永昌县。参看梁松涛、杨富学《西夏圣容寺及其相关问题考证》，《内蒙古社会科学》2012年第5期，第66—69页。

[11]𗃛𗧠𗖵，聂鸿音已正确地指出该词是汉字"嚩日啰"的逐字音译。梵语vajra，华言"金刚"，在西夏文献中往往意译作"𗴁𗩽"（石王）、"𗼕𗦇"（金刚），音译作"𗣛𗧠𗧠""𗄈𗧠𗖵""𗣛𗧠𗖵"等，西夏文"𗴁𗩽"和"𗣛𗧠𗖵"等译法当转译自藏文bajra。

[12]马蹄山，位于今甘肃省张掖境内，今存马蹄寺石窟群。

[13]𗼇，西夏文献往往与"西番"或"番"对应，指吐蕃。

[14]汉山主，又见西夏文《天盛律令》卷12《内宫待命等头项门》，曰："前述择人、守护者，所自投奔者、汉山主、西番、回鹘使军等甚伙。"③此处与西番、回鹘对称，当是族称。《天盛律令》中几乎出现了全部西夏周边的族称，除了上述的吐蕃——"𗼇"、回鹘——"𘂜𘃀"，还有"契丹"——"𘟙𘗠"、"女直"——"𗃛𘉞"、"西州"——"𗼃𗗧"、"大食"——"𗃛𘟣"等，惟"汉山主"不知所指。如第四卷"边地巡检门"④：

𗾔𘜶𗧠𘄴𗵆𗧠𗖻𗍫𗸀𗡞，𗼇、𘂜𘃀、𗧠𗧠、𗃛𘉞𗵆𘈷𗋽𗋦𗕾𗋖，𘓶𘊴𘟣𗋦𘃡𗤓𘝯𘗠𘈷𗋱𗧒、𘟀𘗠𘞔、𘟛𗤓𘝯𗤂𗺓𗥦𗾖𗵆，𗋖𘈷𗸅𗋖，𗢳𗋱𘟣𗵆，𗏇𘉞、𘗠𗠁𗥱𗋱𘋕𗢳𘄉。

[与沿边异国除为差派外，西番、回鹘、鞑靼、女直相和倚持，我方大小检引导过防线迁家、养水草、射野兽者等来时，当回拒，勿通过防线，刺史、司人亦当检察。]

---

① 聂鸿音：《西夏文〈夏圣根赞歌〉考释》，《民族古籍》1990年第1期。
② Ksenia Kepping, "The Black-headed and the Red-faced in Tangut Indigenous Texts", in Б. Александров（сост.）. Ксения Кепинг, Последние статьи и документы, Санкт-Петербург: Омега, 2003, p.116-136. 王培培译《西夏文献中的"黑头"和"赤面"》，《西夏学》第5辑，2010年版，第177—189页。
③ 史金波、聂鸿音、白滨：《西夏天盛律令》，科学出版社1994年版，第301页。
④ 汉译文见史金波等：《天盛改旧新定律令》，第211页。西夏文原文见：《俄藏黑水城文献》第8册，第112页，第38—24图。

《天盛律令》卷九"每案文字过法"条①：
𗼼𗖵：𘒏、𘜶𘟀、𗐝、𗐴𘄒、𗦳𘊣𘗶𘊴𗴫……𗼼𗩾𗼇𗪘𗊷。
[谍案：汉、契丹、西番、西州、大食等中使……写转传谍诏。]

[15] "乾定鸡年"即夏献宗德旺在位时的乾定四年（1225）。

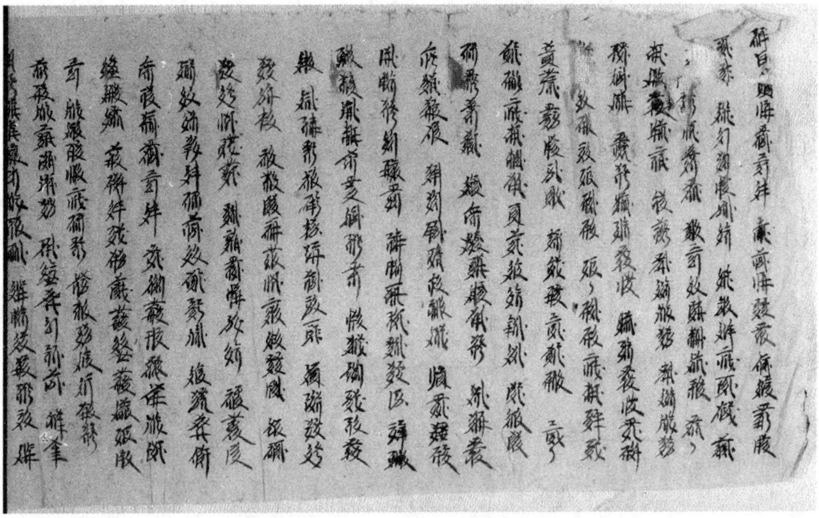

图版一：《整驾西行烧香歌》1

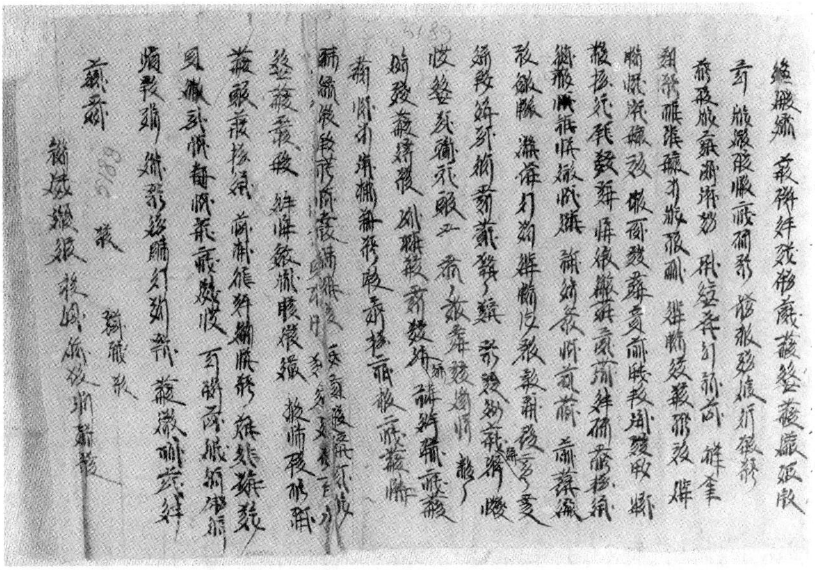

图版二：《整驾西行烧香歌》2

---

① 汉译文见史金波、聂鸿音、白滨：《天盛改旧新定律令》，法律出版社2000年版，第319—320页，本文引用时略有改动，下同。西夏文原文见俄罗斯科学院东方研究所圣彼得堡分所、中国社会科学院民族研究所、上海古籍出版社：《俄藏黑水城文献》第8册，上海古籍出版社1998年版，第188页，第49—8图。

杨仲鸿《摩些文多巴字及哥巴字汉译字典》审查经过补说

邓章应

(西南大学 文献研究所)

内容提要：杨仲鸿《摩些文多巴字及哥巴字汉译字典》成书后经教育部社会教育司送中研院史语所审查，史语所收件后随即转给相关人员审查，但一年后才应教育部函催做出审查结论。审查结论很简短，但已经具有了较科学的对东巴文的认识。

关键词：杨仲鸿 史语所 方国瑜

杨仲鸿所著《摩些文多巴字及哥巴字汉译字典》（以下称《字典》）为中国学者所著第一部东巴文字典，成书后经教育部社会教育司送中研院史语所审查，但作者后来未收到回复，认为遗失，故一直未能修改出版，成为纳西学史上的憾事。

1987年，有《字典》稿本现身北京图书馆（现图家图书馆），喻遂生师据以考证，再现稿本诸多原貌，[①]后来又收集更多杨先生遗稿，考证了《字典》的编纂经过和送审的一些情况。[②]但《字典》送审细节仍然不详。我们拟结合一些新的材料，对《字典》送审过程做些补充说明。

一、《字典》送审经过

史语所档案（编号：元228-8b）题名："教育部社会教育司来函"，事由："送杨仲鸿译么些文、象形文，请代审查"，日期：1934/10/03。正文如下：

> 倾据丽江杨仲鸿君送来自译摩西文三册，象形文四册，又自序一篇，请转送贵所代为审查。相应检同原书及其自序，函请查照办理并见复为荷。此致中央研究院历史语言研究所。
> 附送杨仲鸿编译摩西文三册，象形文四册，序文一篇。
> 教育部社会教育司启。
> 十月三日。

史语所档案（编号元228-9）题名："李济致函赵元任、李方桂"，事由："函请审查

[①] 喻遂生：《杨著〈摩些文多巴字及哥巴字汉译字典〉述略》，《丽江教育学院学报》2004年第1期，又收入《丽江第二届国际东巴艺术节学术研讨会论文集》，云南民族出版社2005年版；又收入《纳西东巴文研究丛稿》（第2辑），巴蜀书社2008年版。

[②] 喻遂生：《〈杨著《摩些文多巴字及哥巴字汉译字典》述略〉补记》，《纳西东巴文研究丛稿》（第2辑），巴蜀书社2008年版。

杨仲鸿编译之么些文及原文各三本以便转复教育部",日期:1934/10/04。正文如下:

  元任、方桂两兄:
  教育部送来杨仲鸿君编译之摩些文及原文各三本并连同原函奉上,即望会同审查以便转复教育部,至感。
  端此布颂刻安。
  弟济。十月四日。
  外孟真一函并附呈。

事隔一天,10月4日,史语所时任负责人李济先生就将审查件转给史语所二组(语言组)赵元任和李方桂两先生。
但差不多一年后,教育部社会教育司又来一函,催问审查事宜。
史语所档案(编号:元228-10b)题名:"教育部社会教育司来函",事由:"函催审查杨仲鸿译么些文、象形文及自序",日期:1935/08/26。正文如下:

  查民国二十三年十月三日据杨仲鸿君送来自译摩西文三册,象形文四册,又自序一篇,经转送贵所,代为审查在案,顷杨君来部询问,特此函请查照,将审查情形函复,以便转知为荷。
  此致中央研究院历史语言研究所
  教育部社会教育司启
  八,二六。

知此时杨仲鸿一直未收到关于审查的回复,于是到教育部询问。教育部旋又来一函催问。
时任所长傅斯年先生在此件公文上签上拟办意见:"将审查报告及原书一并函送教育部,孟真,九,十六。"
史语所档案(编号:元228-11)题名:"本所致函教育部社会教育司",事由:"函复审查"摩些文字典"、象形文经过并附审查报告",日期:1935/09/17。按:事由栏中原写作"摩西",将西字圈掉后重写的"些"。附件:摩些文字典一册,象形文四册,审查报告一份。
正文如下:

  函复者,倾大函询及杨仲鸿君摩些文等书审查情形。查此书于民国二十三年十月三日由贵司送嘱代为审查,当即当交本所语言组研究审阅,旋以原著尚有未完备处,适本所研究生方国瑜君,亦正编研此项文字,即由方君径函著者,往复商讨,致稽时日。将函前因,拟应抄送审查报告一份,连同原书摩些文字典一册,书目录二册,自序一篇,象形文四册,一并检还。即希查照是荷。此致教育部社会教育司。
  本所合衔
  附:
  么些文字典一册书目二册

象形文四册自序一篇
　　审查报告一篇

　　回函中将未及时回复教育部社会教育司的原因解释为：由当时研究生方国瑜直接回复作者，往复商讨，致稽时日。

　　但杨仲鸿在遗稿《忆美国人洛克——骆约瑟博士在丽江的一些情况》中称："但我回到昆明后，从未得到科学院的联系，真如石沉大海，毫无回响。"[①]他将稿件送审后就日等夜盼着回复，但并未收到任何回复。个中情由，现在也不得而知。

　　据董作宾先生在《么些象形文字字典序》中有如下的记述：

　　　　二十四年的秋天，我在南京又看到了杨仲鸿先生所编《么些文多巴字及哥巴字汉译字典》的稿本。从他的《自序》中，知道《字典》是作于民国二十年，又知道美国的洛克博士，也同时在研究这种文字。杨先生这本《字典》分么些文为十八类：数，天文，地理，时令，鸟，兽，昆虫，植物，人，身体，服饰及用具，水火杂佛鬼怪，龙。每字三列：左多巴字，中哥巴字，右汉译，以汉字注音并释义。在杨氏之前，有法人巴古氏（J.Bacot）于所著《么些》一书（Les Mo-so）中，附有字典，以法文译义之字母为序，书刊于民国二年（1913）。国人于么些文字成一有系统之作，当首推杨氏，虽然他的字典采录编纂，未能美备，而他的创始之功，是不可埋没的。[②]

　　董作宾先生应该是在南京史语所看到《么些文多巴字及哥巴字汉译字典》，他称1935年秋天，应该是在史语所1935年9月17号以前将全部文件还给教育部之前。

二、审查意见

审查报告很简短，全文如下：

　　　　　　摩些文字典书目录审查报告
　　　　　　　历史语言研究所第二组
　　　　字典一书，以事分类，逐字训释，颇为得体，然字形，出自摹写，或失本真，字音以汉字直言，或失本音，字训不分本义与假借义，亦易于混淆。此全书犹待于精密之整理者也。又如分类之错杂，多巴哥巴二体之相乱，俩音连书认为一字，一字同形认为二字，亦往往而有，此局部问题，亦须加详细之审核者也。总之：作者能注意于一民于之文字，汇为一书，用心可嘉，倘进而加一番精细工夫，俾益臻完善，则有裨于研究语言文字之学者，当然浅鲜。
　　　　书目汇一书，以道场分类，以诵经之次为序，且略释每经内容，可供研究民俗者

---

① 喻遂生：《〈杨著《摩些文多巴字及哥巴字汉译字典》述略〉补记》，《纳西东巴文研究丛稿》（第2辑），巴蜀书社2008年版。

② 董作宾：《么些象形文字字典序》，载《么些象形文字字典》，国立中央博物院筹备处1944年版。

参考，亦见作者用力之勤。然此等述作，不厌求详，不宜失之简略，仅具大体，令读者不能尽晓，且每书宜以其内容加以译名，所用字之本义，亦附事能释，全书能仿解题提要之例，补苴，可为民族学中重要之作。

接抄象形文四册，译文未附，宜每书于音于义，对照原本译出，为已成稿，宜即附于每书之后。

杨仲鸿在遗稿《忆美国人洛克——骆约瑟博士在丽江的一些情况》中称："雷司长还对我说：'以后院史语所方来联系时，可以详尽的提供意见。'"[1]此报告并未提供详尽的修改意见，更多的是否定性意见。

审查报告认为字典字形摹写，或失本真，字音或失本音，字训未分本义与假借。加之分类错杂，东巴文、哥巴文两种字形混乱。"俩音连书认为一字"即喻遂生师过去指出的将合文编为字典字头[2]，一字同形认为二字可能为将同一字的异体列为不同字头。

书目一书，无字形解释与解题，读者不能尽晓。

象形文四册，可能只是作为字典样例，故并未翻译。审查报告认为也应附上译文。事实上，国人翻译的东巴经直到1938年才有刊出，即陶云逵：《么梦族之羊骨卜及贝巴卜》，刊于《中研院历史语言研究所人类学集刊》1938年第1卷第1期。

客观的说，审查报告很有学术眼光，不仅指出东巴经文献应翻译，目录应尽量详尽；还指出字典编纂应字形保真，字音准确，字义区分本义与假借，指明何为东巴文，何为哥巴文，区分合文与异体字。但在当时，这样的要求对于《字典》编纂者杨仲鸿来说，太过于困难了。

三、与方国瑜先生的关系

史语所给教育部社会教育司的回函中提到："适本所研究生方国瑜君，亦正编研此项文字，即由方君径函著者，往复商讨，致稽时日。"

方国瑜先生在《纳西象形文字谱·弁言》中称：他1932年夏将卒业于北京大学研究所，所长刘半农鼓励他学习东巴文。[3]1933年秋回到丽江，参加办完大伯父丧事之后，到金沙江边的石鼓、巨甸等地收集纳西象形文字资料，又在大研镇跟东巴学习纳西象形文字。并整理出字汇草稿一小捆。1934年6月回到北平，不久刘半农先生病逝，他到南京从赵元任、李方桂两位先生学习语言学，制定纳西语的音标。然后着手编写（引者补：字汇），先编象形文字及标音文字卡片，再编字汇，至1935年7月完成《么些文字汇》初稿，随后赴

---

[1] 喻遂生：《〈杨著《摩些文多巴字及哥巴字汉译字典》述略〉补记》，《纳西东巴文研究丛稿》（第2辑），巴蜀书社2008年版。

[2] 喻遂生：《〈纳西东巴文与甲骨文比较研究〉质疑》，《云南民族大学学报》1988年第3期；喻遂生：《甲骨文、纳西东巴文的合文和形声字的起源》，《中央民族学院学报》（哲社版）1990年第1期；两文后来又收入《纳西东巴文研究丛稿》，巴蜀书社2003年版。

[3] 邓按：1932年应为1933年，方国瑜先生《自序——略述治学经历》："至一九三三年，已卒业于北京大学研究所。"（载《方国瑜文集》（第一辑），云南教育出版社2001年版）。

苏州拜谒章太炎先生，章太炎先生为《么些文字汇》作一序。①方国瑜先生传记也如此记述。②并未提及审查杨仲鸿字典的情形。

《云南教育》1934年第3卷第1期刊布了一则新闻"方国瑜采获迤西掌故资料"："教厅于去岁（引者按：1933年）九月委任方国瑜为迤西地方掌故资料征集专员，前往迤西各县从事搜集，兹悉方君已于本年五月回省，计获私人著述，石刻拓本，地方志书各若干件，已分别送交通志两馆存览，并呈报教厅在案，兹方君拟出省继续工作，俾得多件，以补不足，教厅已准补助国币二百五十元，饬方具领，并以后随时报告搜罗所得云。"知方先生1933年回乡时，接受了云南省教育厅的委任，收集地方资料。

方先生1934年6月回到北平，《钱玄同日记》1934年7月14日："上午九时方国瑜来，示我以云南之△△人象形字之'经典'，甚与殷周金文中之图形文字相类，他已学得大概，能读其音，识其义。"

其后方先生赴南京，就任史语所研究生。《国立中央研究研究院历史语言研究所二十三年度报告》："第二组（引者按：即语言组）增任研究生方国瑜。""本年研究生方国瑜来自云南，幼时即通摩些语，其语言亦由李方桂记一点点，并灌成音档。"方国瑜《滇南旧事（二）》文首跋语："国渝滇人，未弱冠走四方，已十有二载；去秋，遭伯父丧，匍匐回籍……今归北平，理旧业……二十三年九月三日记。"③1934年9月3日方国瑜还在北平。方国瑜《滇南旧事（二）》文末跋语："国渝南来治语言学……二十三年十二月十五日记。"④1934年12月时方国瑜已经南来南京治语言学了。

史语所1934/10/04收到审查件，方国瑜先生正在史语所。故所方交待方国瑜先生审查，但"由方君径函著者，往复商讨，致稽时日"的情况并不存在。只是"往复商讨"是方国瑜先生报告的内容还是所方为解释"致稽时日"则不得而知。

《国立中央研究研究院历史语言研究所二十四年度报告》："除第一组助理员钟素吾及第二组研究生方国瑜离职，其余仍与上年度同。"方国瑜1935年7月就离开南京赴苏州拜谒章太炎，8月以中英会勘滇缅南段未定界务中国委员向份赴云南边疆调查，1936年6月赴昆明在云南大学任教。

史语所网站"中国西南少数民族资料库"的"民族文书"栏目⑤中公布了中国西南一些少数民族的文书，其中包括纳西族文书373本，绝大多数为东巴经。其中唯一一本不是东巴经的文献，定名为《么些象形文字音义》。因为这本文献钤有马学良印，史语语称其为马学良辑，但史晶英经过其与《纳西象形文字谱》的对比，认为是方国瑜《象形文字谱》的早期版本。⑥稿本留存于史语所的《么些象形文字音义》如系方先生所作，也应该为方先生

---

① 方国瑜、和志武：《纳西象形文字谱》，云南人民出版社1981年版。方国瑜弁言中原作1936年7月。但喻老师考证认为应为1935年，因为章太炎先生1936年6月14日已经去世。

② 方福祺：《方国瑜传》，云南大学出版社2001年版，第46页。

③ 方国瑜：《滇南旧事（一）》，《云南旅平学会季刊》1934年第1卷第3期。

④ 方国瑜：《滇南旧事（二）》，《云南旅平学会季刊》1935年第1卷第4期。

⑤ 网址为http://ndweb.iis.sinica.edu.tw/race_public/index.htm。

⑥ 《边疆语文研究概况》是马学良先生于1947年8月25日写于南京，曾发表于《文讯》杂志1948年的第8卷第6期。文章中专门列举了"么些语文"的研究成果，其中有以下记载："么些象形文字典方国瑜未发表/该字典共收象形文字九百九十四个，其中对于宗教上的鬼神名词解释颇详。"而《么些象形文字音义》的最后一个字头编号正是994。

在史语所供职期间所作，方先生在史语所的经历只在1934年10月到1935年7月。所以《么些象形文字音义》可能也是在此期间所作。

据1938年《文艺季刊》第1卷第3期所刊《么些文字序》，此序为方国瑜提供，他在序文后跋语称"二十四年夏，国瑜以腾冲李先生函约赴苏州，适草成《广韵声韵表》《么些文字汇》初稿，行簦携往，七月八日，谒太炎先生于私邸，出所作二书请益，先生谓：么些文字，足以参证中国古代遗文，有俾学术，促即刊行，并为作序。"方先生自称"适草成"，足证其稿成时间在1935年供职于史语所期间。

四、结论

1. 关于字典名称

董作宾先生在《么些象形文字字典序》称其为《么些文多巴字及哥巴字汉译字典》。喻遂生师所见A、B两本首页均题"摩些文多巴字及哥巴字汉译字典"，但A本封面中上方贴有面积为8.6cm×7cm的新闻纸浮签，上用大小两种字体分四行横行书写"摩些文/第一集/字典/丽江杨仲鸿编译"。其中"摩些文"和"字典"为大字，其余为小字。可理解为《摩些文字典》。

教育部社会教育司均称为"摩西文三册，象形文四册，又自序一篇"，史语所复函称"么些文字典一册"。《么些文字典》可能为简称。

2. 关于送审时间

杨仲鸿遗稿《忆美国人洛克——骆约瑟博士在丽江的一些情况》中说："一九三五年夏，我被派往江、浙、闽、粤各省考察义务教育，并率领云南省童子军代表团到南京参加全国童子军教练员讲习班。其时乡亲李耀商（字东明）在南京供职，知我带来《么些象形文汉译字典》，就领我到教育部找他在日本东京大学的同学教育部高等教育司长雷震，请他发交给科学研究院审批出版。"[①]

根据史语所档案，1934年教育部社会教育司即送史语所审查。故杨仲鸿遗稿《忆美国人洛克——骆约瑟博士在丽江的一些情况》所称1935年夏应为1934年夏。

3. 关于审查人

史语所收到审查件后，即转给第二组，从史语所复函来看，转给时任研究生方国瑜审查。方国瑜先生审查《字典》一事，方先生本人未提及，其他诸多材料过去也均未指出。但不知为何，方国瑜先生并未如史语所回函所称"径函著者"。

教育部第二次来函催问，此时方国瑜已经离职，故后边审查及出具审查报告者应另有其人。

4. 审查本下落及草稿本问题

喻遂生师在北图看到有三册稿本，他考证后认为一册为定稿本，其余2册为草稿本。但送审本为摩西文三册，按道理也应该只有正式本。另外送审本有"自序一篇"，董作宾先

---

① 喻遂生：《〈杨著《摩些文多巴字及哥巴字汉译字典》述略〉补记》，《纳西东巴文研究丛稿》（第2辑），巴蜀书社2008年版。

生也称:"从他的《自序》中,知道《字典》是作于民国二十年。"[①]可知送审本有序。而喻遂生师看到的"三本均无序跋等说明性文字"。所以喻遂生师看到的北图本应该不是教育部送审稿本。

从史语所档案看来,原本连同审查报告应该已经送回教育部社会教育司。但如果该稿本不是北平图书馆稿本,则该送审本仍不知所踪,而北平图书馆稿本来源也仍不清楚。

---

① 关于杨:《字典》成书时间,喻遂生师已有考证,认为应为1933年。

Or.8212/76突厥鲁尼文文书译注*

白玉冬

（辽宁师范大学）

内容提要：斯坦因（A. Stein）发现于米兰（Miran）古城堡的Or.8212/76突厥鲁尼文文书，是盔甲等军需物品的发放账本。该文书并非如汤姆森（V. Thomsen）、奥尔昆（H. N. Orkun）、爱丁（E. Aydin）等研究者所言由3张残片构成，而是由文书（1）、（2）构成。据笔者释读，文书（2）第13行人物名号为T Y i r k (i n) š (R) G W (L) S W R ŋ (W) >tay irkin sarïy uluš urungu "大俟斤，（即）撒里地方卧龙古"，第14行人物名为L a č [i] (N) B Y ŋ W (uQ) č ŋ s> lačïn bayanguq čingis "腊真巴彦谷成吉思"。sarïy uluš "撒里地方"和čingis "成吉思"的发现，为探讨新疆历史和成吉思汗称号的由来提供了新的材料。该文书年代大约在九世纪后半叶之后。

关键词：斯坦因　米兰　突厥鲁尼文写本　回鹘
keyword: A. Stein   Miran   Turkic Runic Manuscrip   Uyghur.

大英图书馆藏Or.8212/76突厥鲁尼文文书，斯坦因（A. Stein）在第三次中亚考古（1913年7月—1916年3月）期间，于1914年初发现于新疆米兰（Miran）的古城堡遗址。关于该文书的发现经过，以及斯坦因关于该文书年代背景的意见，俱载于其所著第三次中亚考古的报告文集中。[①]据其介绍，该文书斯坦因编号为M.I.xxxii.006，同时发现的还有数十件藏文文书。文书共三件，一件保存完整，另两件为残片。其黑白图版，以M.I.xxxii.006.a、b、c的编号，由斯坦因最先刊布。[②]文书整体则由受斯坦因之托的、突厥鲁尼文文献研究的先驱汤姆森（V. Thomsen），以M.I.xxxii.006.a（单面22行）、b（正面12行和背面10行）、c（单面9行）的顺序，最早进行了解读研究。[③]之后，奥尔昆（H. N. Orkun），以及爱丁（E. Aydin）的团队，按汤姆森的释读顺序重新进行了研究。[④]哈萨克斯坦"文化遗产"官营网

---

* 资助基金：日本学术振兴会外籍特别研究员奖励金项目"丝路史观下的西州回鹘史研究：以人、物的流动与文化的传播为核心"（编号A25033050）；国家社科基金一般项目"突厥鲁尼文叶尼塞碑铭整理与研究"（编号15BMZ015）。

① A, Stein, *Serindia: Detailed Report of Explorations in Central Asia and Weternmost China*, vol.1, Oxford, Clarendon Press, 1921, pp. 471-476.

② A, Stein, *Serindia: Detailed Report of Explorations in Central Asia and Weternmost China*, vol.4, Plate CLIx.其中，缺少文书c图版。

③ V. Thomsen, "Dr. M. A. Stein's manuscripts in Turkish 'Runic' script from Miran and Tunhuang", *Journal of the Royal Asiatic Society*,1912, pp. 181-189.

④ H. N. Orkun, *Eski Türk Yazıtları*, vol. 2, Istanbul, 1938, pp. 63-68; E. Aydin & R. Alimov & F.Yıldırım, *Yenisey-Kırgızistan Yazıtları ve Irk Bitig*, Ankara, 2013, pp. 467-470.

站公开的图版与介绍,亦遵循汤姆森释读案。①克劳森(G. Clauson)在编撰十三世纪以前的突厥语词源辞典时,亦大量引用该文书内容。②不过,受条件所限,汤姆森仅给出了字迹清晰部分的释读案,而且未能给出相关部分词汇的词意。奥尔昆虽然对汤姆森未能释清的相关词汇进行了修正,但文字释读并没有超出汤姆森解读水准。最新的爱丁等人,亦未对前此二位的读法进行补正,文字释读上未有新的进展。

据国际敦煌项目(IDP)网站公开的图版,M.I.xxxii.006文书现编号为Or.8212/76(1)(2)(3),纸本墨书,褐色纸张。其中,Or.8212/76(1)保存完好,纸长33厘米,宽26厘米,单面墨书22行突厥鲁尼文。而Or.8212/76(2)(3)文书,纸张中间部分缺损严重。笔者确认上述图版,发现Or.8212/76(2)与Or.8212/76(3)图版完全一致。虽然最初的解读者汤姆森把Or.8212/76(2)(3)文书分读作文书b(正面和背面)和文书c(单面),且奥尔昆、爱尔汗遵循此读法,但实际上汤姆森视作文书c的断片,应该为文书(2)正面的上半部分(10行),而汤姆森按文书b背面释读的部分,即是文书(2)正面的下半部分(10行)。如此,汤姆森按文书b正面释读的部分,应即是由12行构成的文书(2)的背面。

据IDP给出的图版与介绍,文书(2)[同文书(3)]的纸张尺寸为长33厘米,宽约26厘米。考虑到文书(2)正面底端余留有3行空间,而行数保持完整的文书(1)总行数为22行,故能够确认到的文书(2)正面上下部分各10行、合计20行可以视作是文书(2)正面的完整行数(20行)。目前看来,文书(2)欠损处极可能不缺少整行文字。

综上,关于Or.8212/76文书的构成情况,笔者意见是该文书由两部分构成。其中,Or.8212/76(1)文书单面22行,Or.8212/76(2)文书正面20行,背面12行。下面,笔者在前人研究基础上,依据IDP提供的图版,给出Or.8212/76(1)(2)文书的换写(transliteration)、转写(transcription)和简单必要的词注。其中,换写的大写字母代表后舌音文字,小写字母代表前舌音文字与双舌音文字。换写与转写中,为文书所书停顿符号: , ▮为文书中bir"一"的缩写▮。换写中,()文字为见到残余笔画文字,[]为推定复原文字,//表示完全破损文字。译文中,()内文字为补充说明。

Or.8212/76(1)(图版1)

1. törtinč: ay: toquz: otuz: qa
2. onɣun čor: yarïqï: urungu: tudu-
3. -n: čigši: kä yarlïɣ: boltï:
4. alanï: ičiräki: yarïqï: čik:
5. bilgä: čigšikä: yarlïɣ: boltï:
6. otqa: könmiš: qïlïč: özikä:
7. yarlïɣ: boltï: külüg: urungu
8. qa: bir: yarlïɣ: boltï: küpä
9. yarïq: üčün bir: yarïq: yar-
10. -lïɣ: boltï: alanï: ičräki: südä

---

① 网址为http://bitig.org/?lang=e&mod=1&tid=4&oid=160&m=1.2017年11月18日7时19分。

② G. Clauson, *An Etymological Dictionary of Pre-Thirteenth Century Turkish*, Oxford University, 1972.

11. kälürmiš: üč: yarïqda: ögäkä
12. bir: yarlïγ: boltï: kädim: urungu
13. qa: ǀ : ädčü sangun: tiräkkä: ǀ :
14. suγču balïq: da: kirmiš: yarï-
15. -q: da: bayïrqular: qa: altï: yarïq
16. tiginkä: ǀ : bars qan sangunqa: ǀ :
17. qotuz: urungu: qa : ǀ : köl: čigsi: i-
18. -nisingä: ǀ : sarïγ čorqa: ǀ : känsig: q-
19. -a: ǀ : tänglig apa: qa: ǀ : qutluγ: qa: ǀ :
20. süčörkä: ǀ : urungu: sangun: qa: ǀ :
21. bäčä apa: ičräk: ikä: bir: yarïq: yo-
22. -šuq: birlä: yarlïγ boltï.

1于4月29日：²⁻³给卧龙古吐屯敕史（urungu tudun čigši）分发了温衮啜（onγun čor）的盔甲。⁴⁻⁵给鞠（čik）毗伽敕史（bilgä čigši）分发了阿剌尼（alanï）内廷大臣（ičräki）的盔甲。⁶⁻¹⁰用火烤直的剑分发给了于兹（özi）。给曲律卧龙古（külüg urungu）分发了一套（盔甲），做为锁甲分发了一套盔甲。¹⁰⁻¹³从阿剌尼（alanï）内廷大臣带自军队的三套盔甲中，给于伽（ögä）分发了一套，给迦帝姆卧龙古（kädim urungu）一套，给阿惕楚（ädčü）将军柱国（sangun tiräk）一套。¹⁴⁻²²从抵达自肃州城（suγču balïq）的盔甲中，给拔野古（bayïrqu）们分发了六套盔甲，（分别）给特勤（tigin）一套，给拔塞干将军（bars qan sangun）一套，给阔图兹卧龙古（qotuz urungu）一套，给阙敕史（köl čigsi）的弟弟一套，给撒里啜（sarïγ čor）一套，给健石（känsig）一套，给登陆阿波（tänglig apa）一套，给骨咄禄（qutluγ）一套，给苏啜（süčör）一套，给卧龙古将军一套，给巴茶阿波内廷大臣（bäčä apa ičräki）分发了一套盔甲和一把剑。

词注：
    2. yarïq "盔甲"：早年的汤姆森按不明文字处理，奥尔昆指出为盔甲之意。克劳森词典yarïq条引用该段内容时，遵循奥尔昆意见。①
    2. urungu "卧龙古"：原意为"旗帜"。克劳森词典urungu条引用本文书，指出共出现13次的urungu为某称号。②森安孝夫以为作为称号的urungu可能是将其与战士之意的urunγu相混淆，或为旗手之意。③该称号或与汉籍记录的突厥回鹘的牙官等官号有关，有待进一步考证。
    4. yarlïγ boltï: yarlïγ原意为"命令"，此处与boltï连用，表示"下达了命令"。克劳森词典yarlïγ条引用该文，解释做"被发布、被分配"。④

---

① G. Clauson, *An Etymological Dictionary of Pre-Thirteenth Century Turkish*, p. 962.
② G. Clauson, *An Etymological Dictionary of Pre-Thirteenth Century Turkish*, p. 236.
③ 森安孝夫：《ウイグル=マニ教史の研究》，《大阪大学文学部纪要》第31、32合卷，1991年版，第194页。
④ G. Clauson, *An Etymological Dictionary of Pre-Thirteenth Century Turkish*, pp. 966-967.

4-5. čik bilgä čigši "鞠毗伽敕史": 人名。关于čik即汉文史料记录的鞠，参见拙文。[1]

8-9: yarïq: 最初忘写，后来添加。按前后文意而言，应加在küpä之后。

14. kirmiš: kir-"进入"后续动词过去式的形动词词缀-miš。克劳森词典kir-条引用该处，翻译作out of the breastplates which arrived from the city of Suchou "从肃州抵达的盔甲"。[2]本稿从其说。

14. suγču balïq "肃州城": 即河西走廊的肃州。相关突厥、回鹘等部族与肃州之关系的文献史料，除传统汉籍外，还包括敦煌出土多语种文书。这些文献史料所反映的肃州与文书发现地米兰之间的关系，应有助于本文书年代之考察。

15. bayïrqular "拔野古们": bayïrqu "拔野古"后续复数词缀+lar "们"。bayïrqu即九姓铁勒之一的拔野古。bayïrqu之名，不仅见于后突厥汗国和回鹘汗国时期的突厥文碑铭，还出现于十世纪时期的敦煌出土文献中。此处之拔野古，对判断该文书年代，应有参考意义。

18. sarïγ čor "撒里啜": 人名。前人读作sarïγ čïr。笔者与杨富学先生合作研究的和田出土十世纪时期的突厥鲁尼文木牍文书中出现部族名称sarïγ，即汉文史料记录的黄头回纥。[3]另，德藏吐鲁番出土回鹘文木杵文书中，作为寺院施主出现人名sarïγ baš，杨富学先生译作"黄头"。[4]

21. bäčä apa: 人名。或可读作bäč apa。

Or.8212/76（2）

正面（图版2）

1. ///（可见到三个文字的下半部残余笔画，惜被修复纸盖住，无法认读）

2. bočorqa : | : yarïq:

3. äbir: ögäkä: bir: yarïq: bardï:

4. tüzmiškä : | : yarïq: qïyaγan: qa: bir

5. yarïq: qul apa: urunguqa : | : yarïq

6. qonyči: lärkä : | : yarïq: tay ögäkä

7. bir: köküzmäk: yarïq yarlïγ

8. boltï: älä köl ///

9. ïq: ïnanču ///

10. ür ///

11. : | : k i ///

12. //（Q）D i: yolluq: urungu: yarïqï-

---

[1] 白玉冬：《8世紀の室韦の移住から見た九姓タタルと三十姓タタルの関係》，《内陸アジア史研究》第25辑，2011年版，第92—95页。

[2] G. Clauson, *An Etymological Dictionary of Pre-Thirteenth Century Turkish*, pp. 735-736.

[3] 白玉冬、杨富学：《新疆和田出土突厥卢尼文木牍初探：突厥语部族联手于阗对抗喀喇刺汗朝的新证据》，《西域研究》2016年第4期。

[4] 杨富学：《沙州回鹘及其政权组织》，赞丹卓尕主编《裕固族研究论文续集》（上），兰州大学出版社2002年版，第458—460页。

13. -n tay irkin sarïɣ uluš urunguqa yarlïɣ
14. boltï: lačin bayanguq: čingis yar-
15. -ïqïn: bars urunguqa: yarlïɣ bo-
16. -ltï: ay irkin（？）sangun: tiräk
17. yarïqïn: ïnal: urunguqa: yar-
18. -lïɣ: boltï:
19. ot sangun: yarïqïn: qïyaɣan: ur-
20. unguqa: bärdï:

¹……²⁻³给宝啜（bočor）（分发了）一套盔甲，给阿苾于伽（äbir ögä）分发了一套盔甲，⁴⁻⁵给图兹迷失（tüzmiš）一套盔甲，给阙阿波卧龙古（qul apa urungu）一套盔甲，⁶给羊倌们（qonyči lär）一套盔甲，⁶⁻⁸给大于伽（tay ögä）分发了一套护胸用盔甲。⁸⁻⁹阿剌阙亦难处（älä köl ïnanču）¹⁰⁻¹¹……¹²⁻¹⁴……把药禄卧龙古（yolluq urungu）的盔甲分发给了大俟斤，（即）撒里地方卧龙古（tay irkin sarïɣ uluš urungu）。¹⁴⁻¹⁶把腊真巴彦谷成吉思（lačin bayanguq čingis）的盔甲分发给了末斯卧龙古（bars urungu）。¹⁶⁻¹⁸把爱俟斤（ay irkin？）将军柱国（sangun tiräk）的盔甲分发给了亦难卧龙古（ïnal urungu）。¹⁹⁻²⁰把奥特将军（ot sangun）的盔甲分发给了奇耶汗卧龙古（qïyaɣan urungu）。

词注：

7. köküzmäk "护胸甲"：克劳森词典köküzmäk条引用该处，指出源自kögüz "胸部"，应为护胸甲之意。①

13. tay irkin sarïɣ uluš urungu "大俟斤，（即）撒里地方的卧龙古"：笔者当下的看法是，tay irkin为人名，末尾的urungu为其称号，中间的sarïɣ uluš修饰限定之后的urung。其中，urungu "卧龙古"之前的部分，前人未能释读（图版4）。uluš的L，写法近似于Q。若按uquš "理解"来识读，则文意不清。相对于蒙古语的ulus "人们、国家"而言，突厥语uluš强调的是地理概念。sarïɣ uluš即sarïɣ地方，可以解释作sarïɣ部族所在的地区。

14. lačin bayanguq čingis "腊真巴彦谷成吉思"：人名，前人未能释读（图版5）。其中，lačin原意为 "鹰隼"，元代汉文史料多写作剌真、腊真。该词还作为女性用名，出现于茨默解读的U1568回鹘文佛典跋文残片中。②松井太解读的敦煌洞窟回鹘语题记中，莫高窟第332窟主室甬道北壁、女供养人像西侧的回鹘语题记中的人名，可复原为Lačin Tegin。③第二个单词bayanguq是漠北回鹘汗国第二代可汗名磨延啜之磨延（bayan）后续构词词缀guq。第三个单词原字为č ŋ s。该文书中，前舌音文字s除用于书写前舌音文字s外，还用于书写前后舌双舌音文字š。是故，理论上而言，č ŋ s存在读作čängäs / čängis / äčingäs / äčingis / ičängäs / ičingis / čingäs / čingis及其尾音改读作š，甚至于č ŋ与s断读的可能性。高昌回鹘王国前期，由回鹘人胜光法师（Šïngqu Säli）翻译的回鹘文《大慈恩寺三藏法师传》记录有动

---

① G. Clauson, *An Etymological Dictionary of Pre-Thirteenth Century Turkish*, pp. 714-715.
② P. Zieme, "Materialien zum uigurischen Onomasticon I", *Türk Dili Araştırmaları Yıllığı Belleten*, 1978, pp. 74, 81.
③ 松井太、荒川慎太郎编：《敦煌石窟多言语资料资料集成》，东京外国语大学アジア・アフリカ言语文化研究所2017年版，第48—49页。

词činɡï-"增强、增大"。[1]Kahar Barat把该词转写作činɡï-。按文字图版,该词转写作čingi-于理可通。笔者以为,此处č ŋ s转写作čingis最为适合。如是,对探讨成吉思汗čingis qan名号的由来,以及回鹘文中s字与z字的交替现象而言,č ŋ s> čingis可以说是个全新的材料。

16. ay irkin(?)sangun:人名。其中的i(图版6),写法不同于频现于同一写本的突厥鲁尼文正字法的i,而是接近于叶尼塞碑铭的ïq的变体文字,但没有竖线。汤姆森大概以为这是由于i的竖线部分缺失所造成。本稿姑从汤姆森读法,但不完全否定ïq之异体字的可能性。

背面(图版3)

1. ïnal: urungu: yarïqï: ton as: qa
2. yarlïɣ: boltï: yurtta: at: üč unayu
3. kälmiš: yarïqïn yïɣmïš: tutuq
4. qa: yarlïɣ: boltï: bindir
5. kä: yarïq yarlïɣ: boltï:
6. yolta: at kögürmiš: ärkä : | : ya-
7. -rïq: yarlïɣ: boltï: külüg: sang-
8. -unqa : | : yošuq yarlïɣ: boltï
9. küribir: urungu: sangunqa : | :
10. qïlïč : | : barduq: yarlïɣ: bolt-
11. -ï: qočo: balïq: da: kälmiš: qïl-
12. -ič: küč qara: qa yarlïɣ: boltï:

[1-2]把亦难卧龙古(ïnal urungu)的盔甲分发给了暾阿斯(ton as)。[2-4]把(以)三匹马从毡房(大本营?)满满地运来的盔甲分发给了依格迷失都督(yïɣmïš tutuq),[4-5]分发给了宾迪尔(bindir),[6-7]分发给了从路上带回马匹的士兵一套,[7-8]给俱禄将军(külüg sangun)分发了一套头盔,[9-11]给屈罗勿(küribir)的卧龙古将军(urungu sangun)分发了一把剑、一面旗,[11-12]把来自高昌城(qočo balïq)的剑分发给了曲出喀剌(küč qara)。

词注:

1.ton as:ton即后突厥汗国大臣暾欲谷tonyuquq之暾ton,"第一、元"之意,as为"貂;黄鼠狼"之意。前者或可读作(T)m>tam"墙;泥土建筑;砖结构建筑;坟茔"等,姑存疑。

2. unayu"满满地":汤姆森以来均读作on"十",然与紧随其后的kälmiš"来的"之间语义不通。据上下文意,该词应修饰kälmiš"来的"。una-详见克劳森介绍。[2]

6. küɡür"带来":克劳森词典küɡür-条引用该处,认为是"带来"之意,但

---

[1] Kahar Barat, *XUANZANG—Ninth and Tenth Chapters*, Indiana University Research Institute for Inner Asian Studies Bloomington, Indiana, 2000, pp. 49, 391.

[2] G. Clauson, *An Etymological Dictionary of Pre-Thirteenth Century Turkish*, p. 171.

文后加？，以表存疑。①笔者以为是源自kir-"来"的使役动词kirgür的音变，即kirgür>kigür>kügür。

8. yošuq "头盔"：详见克劳森词典yošuq条。②

9. küribir "屈罗勿"：回鹘九姓之一。

10. barduq：分发物品名，但前人未给出答案。据克劳森之说，batraq "旗、帜"大概通过粟特语借自梵语，但在回鹘语中，辅音b与p，d与t之间的区别不明确。③考虑到突厥语词汇中出现-r-音的换位现象，此处的barduq或为batraq之-r-换位后之音。姑按此解释，但不排除其他不明物品之可能。

11. qočo: balïq "高昌城"：即今吐鲁番。历史上高昌地区和文书发现地米兰之间的关系，应有助于文书年代的考证。兹不详述。

综上，斯坦因在新疆米兰古城堡遗址发现的Or.8212/76文书，无疑为军需文书。众所周知，米兰位于罗布泊南，扼控塔里木盆地通往敦煌的道路。汤姆森依据文书中出现将军、敕史等中国式的官职名称，主张当时的米兰及其临近地区是在中国（唐朝）的统治之下，而且因文书并不与吐蕃相关，故得出的结论——该文书年代不晚于吐蕃在米兰地区建立起统治的八世纪中叶，进而以为文书的格式和纸质与这一推定年代相符。④斯坦因则提出中国式官职名称的出现未必能够证明当时的米兰是处于中国统治之下，指出在吐蕃侵占唐河西道并建立起统治的766年后，不可能有肃州的突厥语族士兵前往米兰，而且米兰城堡是在吐蕃统治期间——约八世纪下半叶开始的一百年间建造和使用的。斯坦因最终认为——与唐朝廷保持密切关系的突厥语族部族军在吐蕃占领米兰期间曾一时占领米兰，上述Or.8212/76文书可能即是当时所遗留，亦有可能该文书根本不是出自米兰，而可能是由中国统治下的突厥人带自敦煌或安西。⑤森安孝夫对上述汤姆森和斯坦因的看法提出质疑，指出该文书中出现的众多人物所带有的称号，如tigin、tudun、ögä、čigši、sangun、totoq、ičräki、tiräk，均是操突厥语部族构成某一国家时期的高级官员之称号，若该文书年代属于九世纪后半叶以后，则上述称号与西州回鹘王国或河西回鹘王国的官号相符。⑥哈萨克斯坦"文化遗产"官营网站则介绍L.Barnett主张的不迟于约750年之说。⑦

笔者以为，关于Or.8212/76文书成立的年代和背景，相比汤姆森和斯坦因，森安孝夫的意见更接近一步。毋庸置疑，确定该文书的成立年代，需要排查包括回鹘语写本、碑刻题记、木杵文书等在内的多种文献资料，对文书中出现的部族名、地名、官职名等进行勘定。本稿目的在于提供一个最新的转写文本，故对此问题不做深究。唯要补充的是，文书中出现的拔塞干将军（bars qan sangun）的bars qan可以视作德藏第3号木杵文书（回鹘文）

---

① G. Clauson, *An Etymological Dictionary of Pre-Thirteenth Century Turkish*, p. 713.

② G. Clauson, *An Etymological Dictionary of Pre-Thirteenth Century Turkish*, p. 977.

③ G. Clauson, *An Etymological Dictionary of Pre-Thirteenth Century Turkish*, p. 307.

④ V. Thomsen, "*Dr. M. A. Stein's manuscripts in Turkish 'Runic' script from Miran and Tun-huang*", pp. 184-185.

⑤ A, Stein, *Serindia: Detailed Report of Explorations in Central Asia and Weternmost China*, vol.1, pp. 472-474.

⑥ 森安孝夫：《吐蕃の中央アジア進出》，氏著《東西ウイグルと中央ユーラシア》，名古屋大学出版会2015年版，第184—185页。

⑦ http://bitig.org/?lang=e&mod=1&tid=4&oid=160&m=0.2017年11月18日7时28分。

记录的高昌回鹘的西境bars-xan,① 人物名称sarïy čor "撒里啜"的sarïy,以及修饰人名的 šsarïy uluš "撒里地方"的sarïy可以视作和田出土十世纪时期的突厥鲁尼文木牍文书中的部族名称sarïy "黄头"。是故,结论上而言,笔者赞同上述森安孝夫之意见,即该文书年代属于九世纪后半叶以后。退一步而言,文书中关于肃州城、高昌城与米兰之间的关系,以及部族名称拔野古与屈罗勿的出现年代等,仍有不少问题有待解决,兹不赘述。

（拙文是第七届中国少数民族古籍文献国际学术研讨会参会论文。② 会上,中央民族大学张铁山教授提供了宝贵意见,在此表示衷心的感谢）

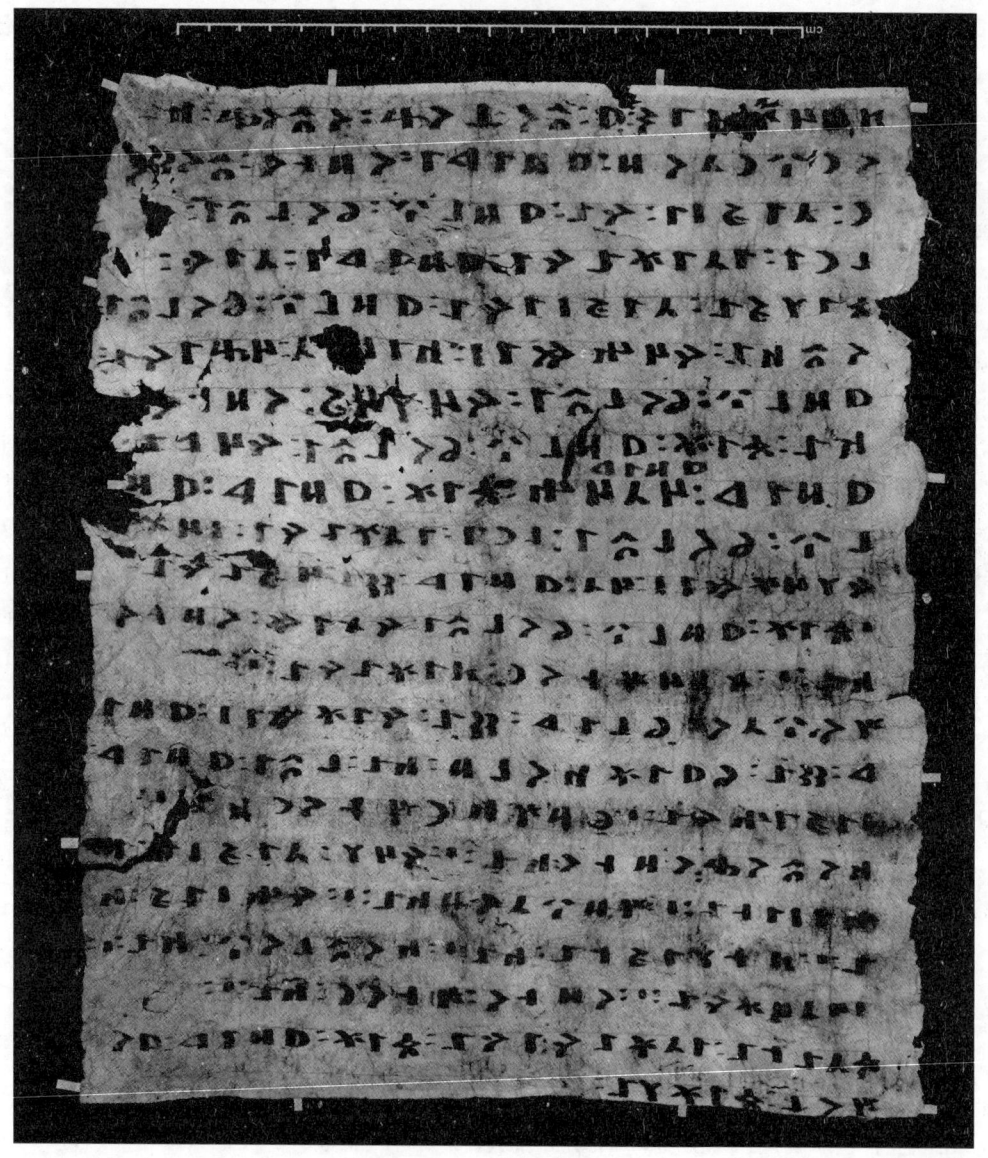

图版1　or.8212_76（1）

---

① 森安孝夫：《西ウイグル王国史の根本史料としての棒杭文書》,氏著《東西ウイグルと中央ユーラシア》,第695页。
② 中国民族古文字研究会、中央民族大学少数民族语言研究院、西昌学院主办,四川省西昌市,2017年9月22日至25日。

图版2　or.8212_76（2）r

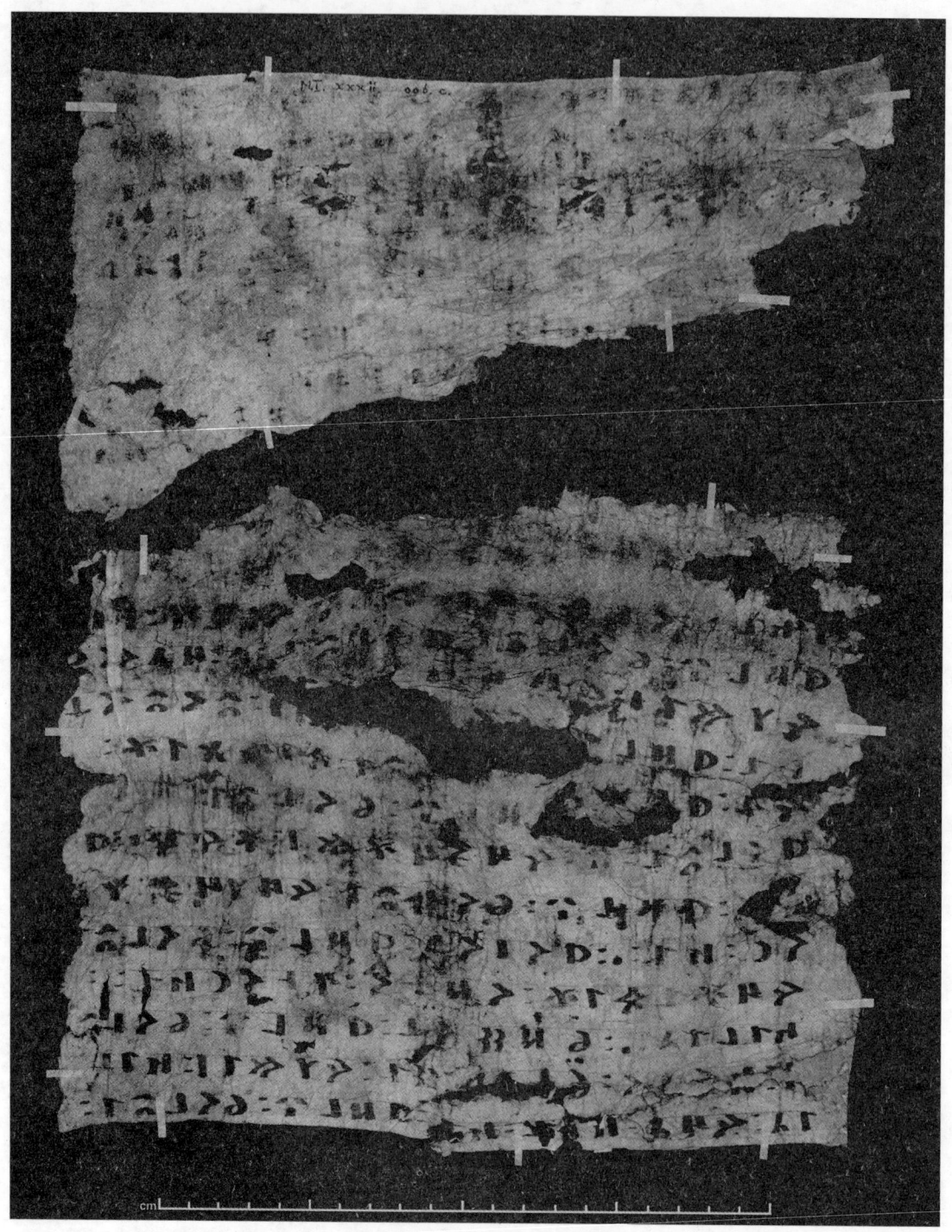

图版3　or.8212_76（2）V

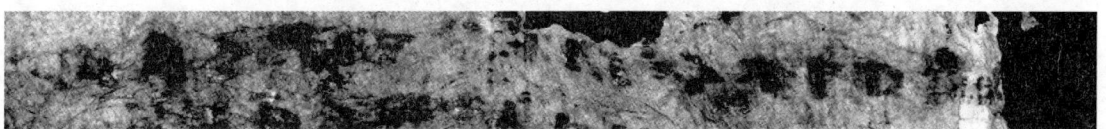

图版4

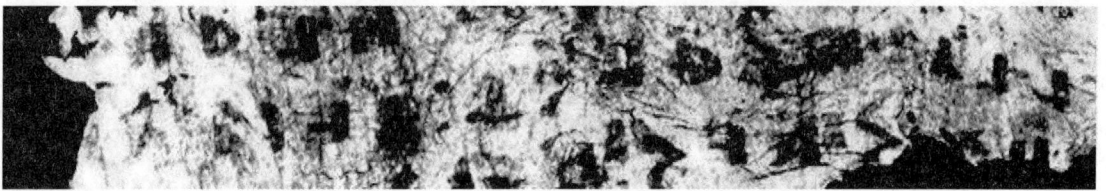

图版5

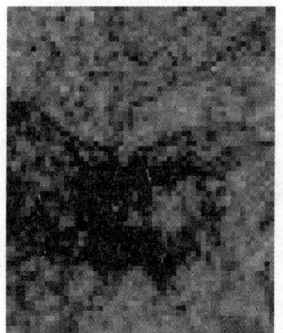

图版6

从《猓猡译语》的版本比较看其编修过程*

孔祥卿

（南开大学）

摘要：《猓猡译语》是清代乾隆年间官方编纂的汉语彝语对译的词汇集，共有五种，分别采集自不同的彝语区。目前所知《猓猡译语》有三处收藏，故宫博物院图书馆藏有全部五种，日本今西春秋教授收藏一种。本文阐述《猓猡译语》五种版本的关系，并推测是书编纂过程。

关键词：《猓猡译语》 版本关系 编纂过程

《猓猡译语》[①]是清代乾隆年间官方编纂的汉语彝语对译的词汇集，共有五种，分别采集自不同的彝语区。第一种（下称《倮一》）题后标"东川府属"，记录的是今云南会泽、东川一带彝语；第二种（下称《倮二》）题《建昌属沙骂梁山各猓猡译语》，记录的是今四川凉山彝语；第三种（下称《倮三》）题《永宁属水潦猓猡译语》，记录的是今四川泸州叙永县水潦彝族乡的彝语。第四种（下称《倮四》）和第五种（下称《倮五》），没有标明语料来源地。

目前所知《猓猡译语》有三处收藏，故宫博物院图书馆藏有全部五种，下称故宫本，未刊；日本今西春秋教授收藏一种，对应故宫三，下称今西本，西田龙雄（1980）《倮儸译语の研究》影印了该本；神田喜一郎教授收藏一种，对应故宫四，下称神田本，大谷大学文献研究丛书第1卷（2015）影印了该本；法国远东学院（1902年在越南河内，1950年迁巴黎）藏有三种，分别对应故宫一、二、三，下称远东本，闻宥（1940）和神田喜一郎（1969）有介绍。各版本对应关系如表一：

表一

故宫本	一	二	三	四	五
日本		神田本	今西本		
远东本	一	二	三		

一、故宫一与远东一的关系

《倮一》存世有两个版本，故宫本和远东本。目前我们还没有看到远东本，只有闻宥（1940）影印了该书第一页。拿这一页与故宫一对比，发现"雷"的彝文写法不同，故

[①] "猓猡"是带民族歧视的旧写法，后面行文中以"倮儸"取代。但涉及原书名时仍照录原文献字样，特此说明。

宫本作 ![字], 远东本作 ![字], 标音"木叱"。这个词是复合词, 前一字是"天"。故宫二"雷"作 ![字], 标音"木兹", "天"作 ![字], 标音"麽迷"; 故宫三"雷"作 ![字], 标音"没之", "天"作 ![字], 标音"母"; 故宫五"雷"作 ![字], 标音"木遮", "天"作 ![字], 标音"木"。可见各地"雷"的第一字都与"天"同。远东一"天"作 ![字], 标音"木", 据此, "雷"这个词远东一的写法 ![字] 应该是正确的。但仅凭这一条我们还无法判定故宫一与远东一的关系。

孔祥卿（2016）对比了神田本、今西本和故宫二、三, 根据词条顺序、汉字书写行款的不同, 判定日本藏本是当初进呈皇帝预览的版本, 成书在前, 其编写体例、词条顺序、汉字行款都与故宫九种《西番译语》相同, 这是初编时的格式。而故宫本并非照样抄录的副本, 而是重新整理后的版本, 词目调整了顺序, 先单字词, 后双字词; 汉语词条由从左到右横排改为从上到下竖排, 标音汉字由从左到右改为从右到左; 用字也有一些改变, 有些神田本、今西本使用社会通行的俗字, 故宫本整理时改成了符合《康熙字典》的正字。

但是故宫一的格式与另外四种《猓㑩译语》不同, 而与初编时的格式相同, 即双字的汉语词条从左向右横排, 标音汉字也是从左向右横排。此外, 与其他四种《猓㑩译语》相比, 故宫一的彝文书写非常熟练、规整。说明故宫一应该就是初编本。

二、故宫二、神田本、远东二的关系

孔祥卿（2016）比较神田本与故宫二内容不同的地方, 属于神田本的抄录错误和属于故宫本的不相上下; 两版本相同的内容, 也存在大量共同的抄录错误。由此认为故宫二是以神田本为基础校录的版本, 校录本纠正了原本中的部分错误（故宫正, 神田误）, 但更多的错误没有被发现而照录下来（两版本同误）, 甚至因为格式的改变又出现了新的抄录错误（神田正, 故宫误）。

那么, 神田本与远东二又是什么关系呢？

今故宫本五种《猓㑩译语》都没有题序, 神田本、今西本和远东二、三书前都有小序, 标明了译语的来源、采集的地域。远东本虽未得见, 但闻宥（1940）刊发了远东二、三的小序。两相比较, 发现个别字有差异。

神田本《建昌属沙骂梁山各猓㑩译语》, 卷首序:

  四川建昌镇
   建昌道
   镇标中营, 靖远营
   宁远府
   各所辖内: 除镇标左营德昌所管辖之德昌、威龙、普济, 右营管辖之高岸1、虚郎、义什、拖郎、越嶲营卫之邛部2十六寨, 会州营会理州属之黎溪、普隆、红卜苴、苦竹坝、以固村、迷易、者保, 永定之披沙, 怀远营之白路、虚郎、耳挖沟、饿巴堡、宁远营之松林地、煖带密、白石村、老鸦漩、六翁、野猪塘、大树堡、桂皮罗3, 及泸宁之各番夷麽麽4, 并无书字5不造外, 所有中营管辖之沙骂、河东、大梁山、阿都、继事田、大石头、长村, 及大小梁山三十一处, 靖远营管辖之意咱罗、竹雾6、五马山、必力沈渣等处猓㑩, 字语均同, 依照奉颁字书门类次序翻译, 其书法自上而下，字行由左而右，照缮如左。

1."高岸"，远东本同。查乾隆《四川通志》卷十九《土司》革职土司衔名有"河西宣慰司安吉茂、义什村土百户咩咱、高崖子土百户阿易、虚郎沟土百户别克、拖郎沟土百户错巫何赏"，则"岸"为"崖"之形误。

2."邛部"，远东本误作"印部"。乾隆《四川通志》卷十九《土司》：越嶲卫属"邛部宣抚司岭安柱于康熙四十二年归诚授职，颁给宣抚司印信一颗，号纸一张，住牧之地曰迤北大寨，于康熙五十一年内奉。"

3."桂皮罗"远东本作"桂及罗"，闻宥（1940）指出"及"为"皮"之误。乾隆《四川通志》卷十九《土司》：越嶲营属"皮罗木罗土百户七儿，每岁认纳杂粮十一石，每石折仓斗米五斗，共折米五石五斗，解冕山营完纳兑支兵食"。"桂皮罗"可能就是"皮罗木罗"。

4."麽麽"远东本作"麽麽"，"麽麽"即"么些"，神田本"麽"与"麽"形近而误。

5."书字"远东本作"字书"。

6."竹雾"，远东本同。闻宥（1940）指出"雾"为"露"之误。乾隆《四川通志》卷十九《土司》：冕山营属有"竹露一枝土百户卑卑，每岁认纳杂粮二十五石，每石折仓斗米五斗，共折米十二石五斗，解靖远营完纳兑支兵食"。

故宫本是后来的校录本，省掉了题序。神田本和远东二均有小序，应该是初编时所有，但是哪个是初编的正本，哪个是抄副本呢？从以上题序的比较来看，两处藏本都有错误，说明应该还有一个最初的采集稿本，后经由地方官府的书吏誊抄之后才进呈朝廷。

神田本为黄绢封面、白纸题签，松川节、聂鸿音（2015）据此推定神田本是当初进呈御览的正本。但200多字的小序内就有四处抄录错误，尤其"麽麽"神田本写作"麽麽"，是非常明显的抄录错误，给皇帝御览的正本似乎不应该如此粗心。孔祥卿（2016）已指出神田本正文内容的大量抄写错误。此外，从彝文的书写来看，神田本彝文书写很不规范，有些字严重失真，比如："文官"作 ，汉译"百姓邪坡"，第二字应为 ，摹写成 ，第三字应为 ，摹写成 。这可能是因为誊抄的书吏不懂彝文导致摹写失真。因此，到底哪个是正本，还需要视远东本的内容尤其是彝文书写情况来定。

三、故宫三、今西本、远东三的关系

孔祥卿（2016）比较了故宫三与今西本，两版本内容不同的地方，有属于今西本的抄录错误，但相对而言，属于故宫本的抄录错误更多一些；两版本相同的内容，也存在一些共同的抄录错误。由此认为故宫三是以今西本为基础校录的版本，校录本纠正了原本中的部分错误（今西本误，故宫三正确），但有些错误没有被发现而照录下来（两本同误），甚至因为格式的改变又出现了更多新的抄录错误（今西本正确，故宫三误）。

那么，今西本与远东三又是什么关系呢？比较今西本与远东三的卷首小序，有几处不同。

今西本《永宁属水潦猓猡译语》，卷首序：

四川永宁协
　　永宁道
　　协标龙场营
　　叙州府1叙永同知
　　各所辖苗、猓、都长、革老、菜家2、马胡、龙家，有语无字，及左右大坝、建武、叙马等营所辖诸夷，统无夷字，雷波、黄螂猓猡，番字不全，均不造外，惟叙永水潦3猓猡，字语与建昌猓猡各别，照依奉颁字书门类次序翻译，其书法字行亦自上而下，由左而右，照缮如左。

　　1．远东本"叙州府"后有"属"字。康熙八年（1669）置川南永宁道，驻泸州，领叙州府、马湖府、泸州；雍正五年（1727）裁马湖府；八年（1730）增领叙永厅。因此，叙永厅与叙州府是平级机构，都隶属于永宁道，直隶厅的长官称同知。显然叙永同知并不隶属叙州府，因此远东本"属"字误衍。
　　2．"菜家"，远东本作"莱家"。"菜家"即"蔡家"，远东本"菜"误作"莱"。
　　3．"水潦"远东本作"水獠"，今四川泸州叙永县有水潦彝族乡，远东本作"獠"字，当是受后面"猓猡"的偏旁影响所致。
　　从以上题序的比较来看，远东本三处错误今西本都不误，似乎今西本的抄录更为仔细。我们在日本京都大学查阅了今西春秋教授所藏的《永宁属水潦猓猡译语》，紫红色绢封面，封面没有题签，黄纸题签粘贴在内里第一页。仔细查看，今西本每一页都是经过修补的，原来的书页很薄已破碎，修补粘贴在较厚的宣纸上，因此，封面可能也不是原来的，原来封面是什么颜色不得而知。从彝文书写来看，今西本的彝文相对规范，汉字抄录错误也比较少，有可能是正本。希望日后有机会看到远东三的全部，以便全面比较，作校勘之用。

四、《猓猡译语》的编修过程推测

　　通过以上版本的比较，我们可以推测《猓猡译语》的采集编纂成书过程。

　　（一）《倮一》

　　云南巡抚爱必达在乾隆十六年十月的奏折中上报了云南各种译语的采集和汇编情况：

　　　　采集番字，镇远府之僰夷，普洱府之车里，东川府之猓罗，顺宁府之猛甸、猛麻，永昌府之耿马、镇康、潞江、芒市、猛卯、遮放、干崖、南甸、盏达、陇川、孟连、湾甸、猛猛等一十八种。内遮放与猛卯，盏达、陇川与南甸，猛猛与湾甸字体相同，分汇成书一十四本进呈。下部知之。[《大清高宗纯（乾隆）皇帝实录》卷400]

　　云南共采集了18地的译语材料，"遮放与猛卯，盏达、陇川与南甸，猛猛与湾甸字体相同"，因而合并，最后汇编成14种。东川府《猓猡译语》（即《倮一》）是其中的一种。
　　云南这批译语除了故宫收藏全部14种外，法国远东学院藏有8种9册，分别为：（据神田喜一郎《远东博古学院观书记》）

猓㑩译语（东川府属）
猛麻译语（永昌府属）
孟连译语（永昌府属）
潞江译语（永昌府属）两册
南甸译语（永昌府属，盏达陇川同）
干崖译语（永昌府属）
猛卯译语（永昌府属，遮放同）
芒市译语（永昌府属）

此14种译语词条数量各不相同，多的如《镇康译语》800多条，少的如《猓㑩译语》200多条，大部分在三四百条。差异如此之大，其原因可能跟文字有关，即有文字记录的词语就收录，无字可写的就不收。

《倮一》与其他四种《猓㑩译语》相比还有一个最大的不同，就是标音汉字和彝文的字数并不都是一对一的。如表二所示：

表二

	汉义	彝文	标音		汉义	彝文	标音
一对一	天		木	二对二	雷		木吣
	星		脚		门		果轻
	云		单		荒地		迷得
一对多	日		你己	二对多	猓㑩		那苏铺
	夷		奈苏铺		猫子		沙土铺
	槐		你己惟龙		海巴		务泥补谓

造成这种复杂对应的原因，可能与译语采集记录的程序有关。我们推测，《倮一》的彝文采集和记音是分别进行的。调查前已有一个参考之前其他译语所列出的汉义调查提纲，先由会写彝文的人（一般是毕摩）写出意义对应的彝字，没有字的词条就不记录，又按照汉义询问彝人这个意思彝语怎么说，用汉字记下彝语的发音。彝文是表意文字，书面语与口语有很大的差异，书面语很多单音词在口语中早已双音化，因此造成书面是一个彝字，而口语是双音或多音节的情况。

（二）《倮二》《倮三》

四川总督策楞在乾隆十五年七月的奏折中说到：

遵旨采集番书，除土番内或有音无字，或字不全备，无凭采录外，所有龙安、松潘、茂州、保县、汶川、雅州、宁远、打箭炉、冕宁、盐源、叙永等厅州县所辖西番、猓㑩字语，遵照四译馆西番书例，注明音义，就其同者合之，异者分之，统辖之

道府厅州县并部落土司，载明卷首，以备稽考，计共十一本，谨缮写进呈。[《大清高宗纯（乾隆）皇帝实录》卷369]

四川采编的这十一本译语包括九种《西番译语》和两种《猓㑩译语》，即《猓二》和《猓三》。十一本译语都有题序，注明了语料来源地。序中都有"照依（或依照）奉颁字书门类次序译缮如左"的字样，说明四川各地采录译语时有统一的词表。神田本、今西本与九种《西番译语》一样都是20门类，740个词条，具体门类、词条及顺序与明代四译馆编的乙种本《西番馆译语》完全相同，说明这就是采编时所遵的"四译馆西番书例"。从上述奏文可知，采集本是经过"缮写"才"进呈"朝廷的，因此，无论是日本神田本、今西本，还是远东学院藏本，都是经过官府的汉族书吏缮誊，因为不懂彝语彝文的缘故，出现较多的抄录错误就可以理解了。

（三）《猓四》《猓五》

《猓一》来自云南东川府，乾隆十六年十月，云南巡抚爱必达的奏折有说明，《猓二》来自四川建昌，《猓三》来自四川叙永，在各自的小序中已有说明。但是《猓四》《猓五》只有故宫一种版本，除了题名《猓㑩译语》外，没有任何编辑者和采集地的信息。从云南巡抚爱必达和四川总督策楞的奏文来看，这两本《猓㑩译语》不是云南和四川采集的。另一个彝族聚居，人口、支系较多且保存大量彝文文献的地域是贵州。孔祥卿《故宫第四、第五种〈猓㑩译语〉来源地考查》（2016）根据两书的用字、标音情况判断《猓四》采自贵州威宁，《猓五》采自贵州大方。2017年暑假我们去威宁和大方实地调查，调查结果证实了这个判断。将有专文论证。

《猓四》《猓五》彝文两字以上者不像《猓二》《猓三》采用川式彝文从上向下竖排，而是从左到右书写，这与贵州彝文的书写行款一致。贵州编的只有这两种译语，史籍中没有任何档案记录，我们推测这两种译语很可能是在这次朝廷主持的大规模调查编写译语的工作结束之后补编的，因此不再上奏皇帝御览，而是直接交由会同四译馆整理。《猓四》《猓五》词条数量及具体词条都与《猓二》《猓三》同，说明其使用的是与四川相同的调查词表，词条顺序与故宫本《猓二》《猓三》同，标音汉字也跟故宫本一样从右向左，说明《猓四》《猓五》也是经过整理的。有个别词条的标音汉字出现顺序颠倒的错误，比如《猓五》"衣服门"的"帽"，彝文作 ⬚，标音"倒乌"，应为"乌倒"。但是类似这样的誊写错误在两书中极少，而且彝文书写相当熟练、规范，标音汉字与彝文对应的也非常整齐，因此推测，编撰《猓四》《猓五》的是通晓彝汉双语双文的人，彝文和标音汉字都是彝族学者一次完成的。明清以后，贵州水西和乌撒都深受汉文化影响，贵族头领甚至派遣其子弟到城里学校学习汉文，因此彝族的上层社会已有较高的汉文水平，可以直接按照汉字调查词表翻译成彝文，并用汉字标记彝文的发音。

参考文献

[1] 孔祥卿：《故宫藏〈猓㑩译语〉的版本与校勘》，《民族语文》2016年第2期。
[2] 孔祥卿：《故宫第四、第五种〈猓㑩译语〉来源地考查》，中国民族古文字研究会第10次学术研讨会，2016年7月。
[3] 神田喜一郎：《远东博古学院观书记》，《東洋學文獻叢説》，二玄社1969年版，第39—60页。

[4] 松川节、聂鸿音：《大谷大学所藏〈猓猡译语〉述略》，《"华夷译语"与西夏字符国际学术研讨会论文集》，中国社会科学院民族学与人类学研究所2013年版；又见大谷大学文献研究丛书1《华夷译语（西番译语四种、猓猡译语一种）》，松香堂2015年版，第23—29页。

[5] 松川节、孙伯君：《大谷大学博物馆所藏4种〈西番译语〉初编本》，《"华夷译语"与西夏字符国际学术研讨会论文集》，中国社会科学院民族学与人类学研究所2013年版；又见大谷大学文献研究丛书1《华夷译语（西番译语四种、猓猡译语一种）》，松香堂2015年版，第13—22页。

[6] 孙伯君：《乾隆敕编九种〈西番译语〉初编本及其定名》，《满语研究》2012年2期。

[7] 闻 宥：《倮俪译语考》，《华西协和大学中国文化研究所集刊》1940年第1卷，第77—97页。

[8] 西田龙雄：《倮俪译语の研究》（华夷译语研究丛书Ⅳ），松香堂1980年版。

[9] 杨玉良：《一部尚未刊行的翻译词典——清官方敕纂的〈华夷译语〉》，《故宫博物院院刊》1984年第4期。

附录：《猓猡译语》示例

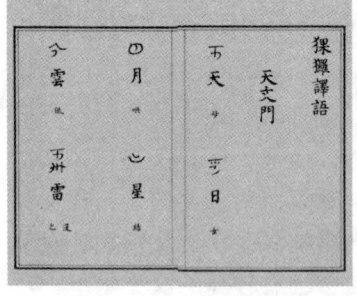

倮三

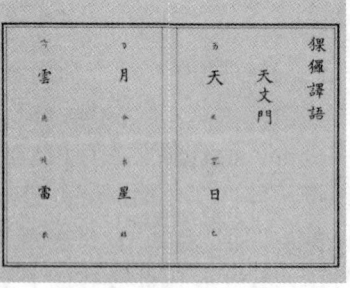

倮四

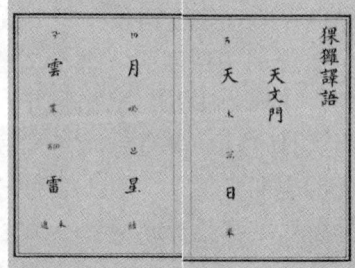

倮五

场域视野下彝族《指路经》的"活态"解读

肖 雪

(西昌学院)

摘要：《指路经》是在彝族举行丧祭仪式时，通过彝族毕摩把亡灵从亡故地一站一站指引回祖地时念诵的经文。它既是彝族独具特色的宗教典籍，也是彝族丧葬仪礼中重要的仪轨要素。从20世纪30年代，我国陆续收集整理并出版了有关彝族《指路经》的文献典籍，并从语言、历史、文化和民族认同等多视角对其进行了内涵解读。但彝族《指路经》丰富的内涵并不仅仅局限于文本本身，还在于所处的不同场域中不同的文化指涉。它不仅突出了彝族《指路经》的口诵演绎特征，而且也反映了彝族宗教文化的社会建构、变迁与调适，以及彝族划分的"自己人/外人"的社会网络。这些文化内涵都具有动态的、变化的特点，仿若具有鲜活的"生命"，因而对彝族《指路经》的解读也不应仅局限于文本本身，而应该采取一种"活态"的解读方式。

关键词： 场域论 《指路经》 仪式回归 社会网络 社会建构

一、彝族《指路经》研究综述

彝文典籍主要包括宗教类、历史类、文学类、医药类等，内容上天文地理、医药病理、伦理道德、美术建筑、军事哲学、农业生产，包罗万象，其中宗教类内容最多，数量最丰富。从现有的宗教典籍内容上来看，包括祭祖祀神、消灾除秽、驱魔送鬼、指路召魂、祈祷占卜等。[①]《指路经》是其中影响广泛、流传久远而具有独特风格的彝族宗教典籍，何谓"指路"？就是指毕摩"指引亡者从居住地沿着古代彝族迁移路线，回归到祖先聚居的地方，与祖先的亡灵团聚"。[②]因此，彝族举行丧祭念诵《指路经》已是必不可少的一项仪轨要素。

国外学者对《指路经》关注最早的是法国学者保禄·维亚尔，他在19世纪末写的《维亚尔的云南来信》一文中对《指路经》的使用进行了描述。[③]1936年翻译出版的《爨文丛刻甲编》中，专门列有《指路经》部分。这部《指路经》后来又收录在1986年出版的《增订〈爨文丛刻〉》之中，这是目前发现的最早向彝族之外介绍的《指路经》。其后，1993年翻译出版了《彝文〈指路经〉译集》18部，是目前所见的滇川黔此类经籍最多的一部汇译资料。1997年翻译出版了《彝族指路丛书·贵州卷（一）》，收录了贵州省毕节地区的8部《指路经》；2002年翻译出版了《乌蒙彝族指路书》，收录了云南省昭通市的"乌蒙卷"

---

① 李列：《彝族〈指路经〉的文化学阐释》，《民族文学研究》2004年第6期。
② 云南省少数民族古籍整理出版社规划办公室编：《指路经（第一集）》，云南民族出版社1989年版，第1页。
③ 黄建明、燕汉生编译：《保禄·维亚尔文集》，云南教育出版社2003年版，第96页。

和"芒布卷";2009年翻译出版了《滇南彝族指路经》,收录了云南省红河哈尼族彝族自治州元阳县和红河县的2部《指路经》。另外,广西壮族自治区民族古籍办公室内部出版了《那坡彝族开路经》1部。①

"全国期刊网络数据库"中以"彝族指路经"为主题词检索,在期刊数据库和硕博论文数据库中共有47篇论文,其中比较有代表性的有曲木铁西、巴莫阿依的《凉山彝族"尼木措毕"祭祖送灵仪式研究》、蔡富莲的《彝族毕摩文献中的生命孕育观研究》、徐秋平《彝族宗教语言的内涵与功能研究》、高文《记忆与回归——国家认同视野下的滇缅边界木城彝族〈指路经〉研究》、李列的《彝族〈指路经〉的文化阐释》、樊秀丽《彝族的归属集团仪式在其丧葬文化中形成的可能性》、胡建设的硕士学位论文《盘县坪地彝文指路经翻译研究》等,分别从宗教学、语言学、文化学、民俗学等视角对彝族《指路经》进行了研究和解读,认为"《指路经》对彝族迁徙的路线、发展的历史等都有可以明确考证的科学内涵,并且具有活态的和生动活泼的文学艺术特色。"(王明贵、罗曲,2015);"彝族的归属集团意识形成的应有状态,不仅有关祖界、祖先迁徙的原点以及送灵、招魂、祖先迁徙路线的言说,还与以流传于各地的《指路经》为首的在其他众多的彝文经典中被记载的关于始祖阿普笃慕、六祖的言说都有着密切的关系。"②(樊秀丽,2012);"彝族的祖先崇拜的指路仪式,还强化了彝族人为国戍边的文化记忆,这种记忆逐步构建成了彝族的乡土文化认同,有利于国家认同的构建。通过指路仪式增加了彝族社会的回归意识与部落归属感,这种文化向心力使得彝族边民从边疆向内地的聚拢,加速了边民的文化认同和心灵回归"。③(高文,2014)

而研究彝族《指路经》的专著,目前仅见黄建明的《彝文经籍〈指路经〉研究》,此书重点对彝语东南部方言区、南部方言区、东部方言区、北部方言区、"国珍本"等共计13部彝文《指路经》进行了比较研究。

当然,以上所述并非《指路经》的全部,在彝人社会,几乎每个家支都有自己的《指路经》,因而,也可看出《指路经》的多样性和差异性。

综上所述,以上研究成果多从文字学、语言学、文学、民族学、历史学的视角对彝族《指路经》进行了研究,而本文将从宗教社会学的视角对其解读,以期从另一视角对这部著名的彝族经籍文献进行认识。

需要注意的是,我们从《指路经》的描绘中能解读出这样几组对立统一的二元结构,即死—生、祖地—人间、祖灵—子嗣、送灵—招魂、虚—实、荣耀—悲伤。从表面上看,送灵仪式所指向的是死亡、祖地、祖灵,但实际上,《指路经》正是从另一个思维向度来强调"生"的意义。经文中多次出现"由毕摩指路""要毕摩来教"的话语,而亡魂在整个行走过程中,一直跟随毕摩的教导和指引、行走、学习,为的是能顺利到达另一个地方获得新生。同时,伴随着指路的是毕摩对有关生活信息的交代。每一段路程中,毕摩把祖先的经验告诉亡魂,亡魂照着做,便可顺利回到祖地,而对活着的人而言完全就是生活经验的介绍和传递。这种传递,贯穿阴界与阳界,通过毕摩的指路,先祖以"祖先精神"这

---

① 王明贵、罗曲:《彝文经籍〈指路经〉的科学内涵与文学特色》,《西南民族大学学报》2015年第7期。
② 樊秀丽:《彝族的归属集团意识在其丧葬文化中形成的可能性》,《西南民族大学学报》(人文社会科学版)2012年第3期。
③ 高文:《记忆与回归——国家认同视野下的滇缅边界木城彝族〈指路经〉研究》,《保山学院学报》2014年第6期。

一不朽身份继续参与到后代人的生活中。

二、场域中彝族《指路经》的建构与关系网络

一部完整的《指路经》，一般由以下几个部分构成：

1. 开头部分，主要描写和记述指路的来历，或者毕摩指路的缘由，死者必需接受指路的传统，或者其他一些与指路仪式相关的内容；

2. 主体部分，描写和记述死者经过火化或者祭祀之后，从所居住的地点开始一个站点一个站点返回祖先的发祥地，在这里和祖先包括已经逝世的父母的灵魂相聚；

3. 结尾部分，最后是毕摩对到达祖地的亡灵进行交待后指引自己的灵魂返回。①

这三部分中，最为重要的是主体部分，经文中，在毕摩指引亡灵回归祖居地的路上，每到一处，多会描绘当地的某种风物。毕摩根据风物，诵出一定的故事来，以此指引亡灵应该怎样办，如何走。各地毕摩所诵之经，虽都大同小异，但不尽相同，说明随意性较大，而不同的毕摩在诵经中内容会有所删减或增加。②这表明即便是毕摩对于同一本《指路经》的解读，因自身的知识结构、认知方式，以及不同的场域，也会有所不同。一方面，《指路经》在传承过程中，因地域、记忆、誊写、保存等原因，文本本身会存在差异；另一方面，毕摩在指路仪式中，并非一人独立完成，在特定的场域里，不仅需要自己诵读经书，而且需要送灵亲属的仪式配合，因而，《指路经》的建构便不可避免。

什么是"场域"（Field）呢？布迪厄这样说过："我将一个场域定义为位置间客观关系的一网络或一个形构，这些位置是经过客观限定的。"③布迪厄的场域概念，不能理解为被一定边界物包围的领地，也不等同于一般的领域，而是权力分布的结构，是个人赖以获得利益的空间范畴和个人地位间客观关系的领地。布迪厄认为，社会空间是由人的行动场域所组成的，是由各种不同的场域如文化场域、政治场域、经济场域、权力场域等组成。事实上，"场域"代表着各种不同的社会空间，它展示的是由不同的资本和权力所决定的处于不同位置的行动者之间的客观关系。④从分析的角度来看，一个场域可以被定义为在各种位置之间存在的客观关系的一个网络，或一个构型。布迪厄同时强调："现实的就是关系的，在现实社会世界存在的都是各种各样的关系———不是行动者之间的互动或个人之间交互主体性的纽带，而是各种所谓的独立于个人意识和个人意志而存在的客观关系"，"根据场域概念进行思考就是从关系的角度进行思考"。⑤

指路的最终目的是要把祖灵顺利送入祖界。祖界虽令人神往，但却不易到达，因此祖灵在回归之路上需要诸多引导和帮助，除了诵读《指路经》外，还需配合舞乐送灵、转场送灵、牺牲送灵等仪式。在这一动态过程中，毕摩宗教场域中存在着三种力量代表，这就是神鬼祖先、仪式主家和毕摩，就此而言，毕摩宗教场域具有生命力，而且始终处于各种

---

① 王明贵、罗曲：《彝文经籍〈指路经〉的科学内涵与文学特色》，《西南民族大学学报》2015年第7期。
② 罗兵：《彝族〈指路经〉指路意义浅探》，《科学发展观与民族地区建设实践研究》2009年第7期。
③ L.D.Wacquant, Towards a Reflexive Sociology: A Workshop with Pierre Bourdieu[J], Sociological Theory, Vol.7, 1989, p.39.
④ [法]布迪厄：《国家精英》，杨亚平译，商务印书馆2004年版，第713页。
⑤ [法]布迪厄、[美]华康德著：《实践与反思——反思社会学导引》，李猛、李康译，中央编译出版社1998年版，第166页。

力量互动中的紧张状态。①一方面,毕摩作为亡魂与人之间的沟通者,在整个祭祀送灵过程中享有至高无上的权力,祭祀家主人和其他亲朋必须服从毕摩的各种调遣与安排。而祭祀家主人在与神鬼祖先的关系中处于被动和被支配的地位;毕摩却在与神鬼祖先的关系中处于主动和支配地位,正是通过控制和驾驭神鬼祖先来帮助、服务于群体和个人。在彝人理念中,如果说祖灵是具有一定神性的人神,那么,毕摩便是具有一定神性的神人。对毕摩而言,他们具有的沟通神鬼的神性,并不仅仅在于他们能诵读具有法力的彝文经书、能操作各种复杂的宗教仪式,更是一种源自内心深处的坚定信仰。在彝人看来,行毕后,家人的繁荣、平安与否,关键在于毕摩,因此,毕摩在彝族社会中享有崇高的声誉,受到极大的尊敬;②其次,仪式主祭人与毕摩、亲友、邻里之间又存在一种"权力-人情"关系,仪式进行时,毕摩具有权力支配权,而仪式结束后,祭祀家主人拥有了权力支配权,不仅可以支配毕摩的饮食,还可以决定毕摩的"卡巴"(工钱)多少,另外也有权力管理如何答谢一同送灵的亲友、邻里。而参与送灵的亲友、邻里基于人情关系,积极参加、配合仪式的进行,也反映出彝族社会"自己人—熟人—生人"的社会网络关系。

这种彝族式"关系"的重要性正在于这种私人关系在政治、经济、社会等领域的广泛渗透尤其是在私人情感的表象之下往往有着人情的互惠往来和工具性的利益联结,且这种私人利益联结常常由于"公""私"不分而突破组织制度及公共规则的边界。由此,彝族社会的"差序格局"的"关系"意涵除了集中于"自己人-外人"的横向维度可能还有"权力-人情"的纵向维度。③我们需要明确的是,"差序格局"所要突出的"关系"显然不可能涵盖所有类型的人际关系,就彝人社会的特异性而言个人"关系"所内含的家支血缘特征是不能忽略的,而家支关联正是彝族父系血缘社会赖以生存和发展的基本社会关系组织。这种血缘"关系"的连结并非局限于家支内部,而是逐渐在政治、经济及社会的不同领域有所渗透。

此外,彝族认为死亡只是死者离开了我们生活的现世界,但并不意味着他在该世界的各种社会关系网络的中断。彝族葬礼不仅与现实生活中父系家支关系的秩序存在着基本的对应关系,而且也是丧家姻亲关系和社会关系的大展演,是现实生活中的各种社会交际关系的秩序和结构在丧葬场域中的再现和重组。丧葬仪式上一个明显的特征就是血缘亲属和姻缘亲属都向外进行大范围延伸,不仅联系了葬礼主家的各种亲朋关系,强化了乡邻之间的互助关系,而且把村落也尽可能地勾连了起来。葬礼上,人们既可以见到平日里很难碰面的亲朋、家支名人等,又可以畅所欲言,话题大到国家政治经济政策、社交之道,小到家长里短、育儿教育等等。这种言论的自由交流,从某种意义上说,正好调和了随社会发展而日益凸显的阶层、职业、教育程度、家庭背景等差距,为参加葬礼的彝族提供了一个相对平等、自由的可积极参与公共事务和公共话题讨论的活动空间,在这一空间里,人们从单纯关注死亡、关注仪式本身逐渐转变为更关注平日松散的社会网络的加强和亲朋好友邻里间的沟通与交流。④

---

① 王进:《宗教场域论:一种民族宗教研究的新范式——以彝族毕摩教为例》,《云南社会科学》2011年第5期。
② 马锦卫、曹晓蓉:《彝族宗教文化的传承与流变》,《西南民族学院学报》(哲社版)2002年第6期。
③ 沈毅:《迈向"场域"脉络下的本土"关系"理论探析》,《社会学研究》2013年第3期。
④ 肖雪:《彝族死亡认知的本土表达与现代调适——以"尼木措毕"仪式为例》,《宗教学研究》2013年第4期。

三、场域中彝族《指路经》的仪式回归与调适变迁

由于彝族毕摩宗教场域存在多维关系，因而《指路经》的意义不能仅仅局限于文本本身，为了实现其真正价值，应该进行仪式回归。

一、因为祖灵进入祖界沿途艰辛，有各种鬼怪的阻挠，仅凭毕摩诵读《指路经》进行指导，依靠亡灵自身的力量并不能顺利进入祖地，这就需要用生者的群体力量来为其开路和保驾护航。当完成献牲仪式后，主人家宗族男性成员便被集中起来，身披察尔瓦，全副武装。主人家宗族成员跟随在助祭人后，手执长矛或棍棒，模仿各种驱赶动作，并大喊"让开，让开"，最后是手拿法器并念诵经文的毕摩。一群人按顺序围着灵房转三圈，利用集体的力量威慑归祖路上的各种鬼怪。而这一切仅凭经文本身无法实现，只有在仪式中才能召唤出集体的力量，从而对亡灵回归祖界保驾护航。

二、在吟诵过程中，随着《指路经》内容的变化，毕摩根据需要灵活地使用各种语气与"亡灵"沟通，时而解释，时而劝说，时而祈请，时而安慰，时而恐吓，时而驱遣，时而指示，等等，通过生动的表述，把亡灵指引向目的地。随着毕摩吟诵的腔调，常常使听众也热泪盈眶，不能自持，亲属的悲痛哀伤之情油然而生，凄楚怆恻。有了这样的吟诵腔调，《指路经》经籍才体现其本来面目，更加感人和生动。[1]正是因为《指路经》的文学性，人们通过传播中文学的审美体验和毕摩充满魅力地念诵，而受到一种艺术的感染，产生共鸣，从而为《指路经》内容所感动。同时，彝文传统经籍虽然是固定的文字文本，但是在具体的仪式场域中，由于具体社会生态环境不同，毕摩的功力深浅不一，在动态的使用过程中，对于听众发生的感染作用会不相同。此时，文本的经书与毕摩的吟诵合二为一，即是彝族经籍文本与口头演绎的完美结合，因此仅靠阅读文字文本并不能真正体会与理解彝人宗教世界中"指路"的神圣性和庄严性。

三、仪式回归有助于宗教仪式增强对个体社会化的效果。一方面，毕摩通过授徒方式，将彝文经籍文献中的内容，以及必要的彝族历史、天文、地理、历法以及各家支的谱系等知识，通过声教和演绎操作的形式传授给自己的弟子，正是毕摩这种传承体制不仅培养了彝族宗教仪式的主持人，同时也培养了一代又一代彝族文化的继承人。另一方面，针对广大的彝族群众，毕摩宗教仪式活动的过程，实质就是毕摩通过仪式行为与参与的大众进行传递、交流的过程。这一过程巩固了从民间—仪式—民间的循环，并不断完善和创新。而这种以宗教形式反映和保存下来的彝族文化中的精华，正以凉山彝区旅游业的发展为依托，被传播到凉山以外的地方。[2]

四、仪式回归有助于彝族集体记忆的延续。法国社会学家莫里斯·哈布瓦赫（Maurice Halbwachs）认为，"集体记忆"是"一个特定社会群体成员共享往事的过程和结果"。[3]美国学者康纳顿也指出，集体记忆是通过"具有仪式性的操演传递和保持的"。[4]彝人正是

---

[1] 王明贵、罗曲：《彝文经籍〈指路经〉的科学内涵与文学特色》，《西南民族大学学报》2015年第7期。
[2] 肖雪：《凉山彝族毕摩宗教仪式的教育功能探究：教育人类学的视角》，《西昌学院学报》（社会科学版）2015年第3期。
[3] [法]莫里斯·哈布瓦赫著：《论集体记忆》，毕然、郭金华译，上海人民出版社2002年版，第39—40页。
[4] [美]保罗·康纳顿著：《社会如何记忆》，纳日碧力戈译，上海人民出版社2000年版，第91页。

通过一次次的宗教仪式活动，传递了彝族宗教信仰、民风民俗、家支意识、神鬼观念等传统文化知识。而彝族村民通过多次的参与和实践不断了解和习得了相关知识，并保持和传承了这一习惯与记忆。彝族儿童跟随父母和长辈参加宗教仪式活动，也是对彝族文化无意识的耳濡目染。"重大的公共事件在直接参与者的心灵中留下了深刻的印记，特别是在他们还处于成年身份形成的早期阶段"。①斯图尔德也认为"地方群体或社区所施行的社会化也是从儿童期开始"的。②彝族儿童幼年时期参与毕摩宗教仪式的可行性和必要性导致了他们小小年纪便潜移默化于演述场域的熏陶，从而加深了对这些宗教仪式的记忆和认知，在满足了好奇心的同时也延续了彝民族的集体记忆。

德国社会学家齐美尔在1908年时就曾指出："存在和行动的个体性会逐渐变弱，社会领域涵盖个体生活的范围与幅度将会越来越大。""为了融入新的生活区域和扩展社会网络，社会分化和个体化的过程将会减弱个体与周围人群之间的关系纽带，加强其与更远距离人群之间的联系"。③当社会圈子和宗教传统在不同体系间扩展和蔓延时，一种转变过程就会发生。接触具有不同特征的其他群体和宗教，会加强和凸显不同社会群体间原先未被注意到的一些差异或共同属性。由此，我们也可以清楚地观察到宗教之间的相互吸纳特征和宗教发展过程中的混合注意策略。④由于受到主流文化——汉文化的影响，加之彝区经济文化快速发展，彝族社会不断出现跨族际，乃至跨国婚姻，加之受到不同性别、不同年龄、不同教育程度、不同工作和生活区域、不同职业等因素的影响，传统的毕摩信仰在其信仰虔诚度和影响范围上出现了转变。因而，毕摩宗教文化从形式到内涵不得不进行调适和变迁，导致出现了一个家庭中两种不同宗教信仰并存、改信其他宗教、对毕摩信仰半信半疑的现象。从另一侧面也可看出，《指路经》所代表的彝族毕摩信仰所表现出的宗教关爱更多针对的是群体成员，而非个体，从而对于力图寻求慰藉、安抚、忏悔等宗教心理体验的个体而言，毕摩信仰的宗教关怀远远不够，于是给了佛教、基督教等外来宗教生存发展的空间。

四、余论与思考

彝族《指路经》所代表的毕摩宗教信仰不仅表现出了彝族先民宗教信仰上的质朴和乐观，而且能根据当下社会经济和文化生活的变迁进行相应改变和调适，从被动到主动，从自发到自觉，使彝族对《指路经》的认知不仅仅表现在仪式诵读上，更将其所代表的毕摩信仰内化成了彝族日常生活的一种方式，从这一意义上讲，彝族对《指路经》的认知不仅是了解彝族信仰世界的窗口，也是了解彝人真实生活的文化图像。彝族《指路经》丰富的内涵并不仅仅局限于文本本身，还在于所处的不同场域中不同的文化指涉，不仅凸显了彝族《指路经》的仪式特征，而且也反映了彝族宗教文化的社会建构、变迁与调适，以及彝族独特的社会网络关系。这些文化指涉都是动态的、变化的，仿若具有鲜活的"生命"，因而对其应采取一种"活态"的解读方式，才能更全面的认识和理解彝族《指路经》在彝人宗教生活和日常生活中的重要性。

---

① [法]莫里斯·哈布瓦赫著：《论集体记忆》，毕然、郭金华译，上海人民出版社2002年版，第52页。
② [美]斯图尔德著：《文化变迁的理论》，张恭启译，允晨文化实业出版公司1984年版，第60页。
③ [美]莱斯特·库尔茨著：《地球村里的诸神》，薛品、王旭辉译，北京大学出版社2010年版，第51—52页。
④ 同上书，第89页。

试探突厥碑铭文献解读新范式
——以《阙特勤碑》为例*

赵洁洁

（中央民族大学 少数民族语言文学系）

摘要： 民族文献解读在新时期面临着新任务，要求我们既与计算机工具相结合，又要提高效率，与其他交叉学科共同发展。前人研究工作中已经有一套成熟的解读标准，文章以一段突厥碑文为例，介绍"语法标注"，试探新范式。一并阐明采用新规范的三项意图。最后与计算机处理语言材料相结合，论证其具备的效力。

关键词： 民族文献　解读　语法标注　碑文

文献解读是民族古文献研究开展的基础性工作，一直以来深受重视。对解读规范的商定，取决于我们要借此完成哪些任务，实现哪项研究。解读规范不断成熟进步，是因为目标和任务在新时期有了变化。

中国少数民族古文献是中华民族重要的历史文化遗产，民族古文献的特点是不可再生性。历史上由于人为的破坏，或古籍本身的自然老化，现存古籍破损现象十分严重，当前我国少数民族在文献保护与抢救工作上十分紧迫。大数据技术是社会发展的大趋势，是衡量一个学科现代化建设水平的标志。许多大学都正在全力以赴建设独具特色的大数据平台，如贵州民族大学已建有"中国少数民族文化大数据中心"，云南民族大学努力建立以西南少数民族文献为主题的大数据平台。

在大数据技术发展趋势下，民族文献的解读和研究既要提高效率，又要凸显功用，必须不断尝试新方法，尝试与计算机工具相结合。

一、已成熟的解读标准

突厥文文献的解读，经历了一个漫长的演变过程。耿世民先生在《古代突厥文碑铭研究》[①]一书中，采用"转写+汉译+考释"的范式。张铁山先生于2013年公开发表的《〈故回鹘葛啜王子墓志〉之突厥如尼文考释》[②]一文中，在转写前附上原文图版及原文，先换写一遍，再增添字母，补缺残损部分，完成第二遍转写，并附加必要的情况说明。

转写，即把突厥文原文转写为国际上通行的某一套字母，目前有四套，分别是：欧洲式（以德国为主）、土耳其式、中日式、俄罗斯式，基本上充分利用本国字母形式自成一个体系。汉译，是把突厥文翻译成读者易懂的、晓畅明白的汉文；考释意味着结合其他史

---

* 本文是国家社科基金重大项目"《突厥语大词典》翻译与考订"（17ZDA315）的阶段性成果。

① 耿世民：《古代突厥文碑铭研究》，中央民族大学出版社2005年版。
② 张铁山：《故回鹘葛啜王子墓志》之突厥如尼文考释，《西域研究》2013年第4期。

料和汉文材料对文本涉及的问题进行考证。

西夏文文献的解读，同样采用类似的标准，参看《西夏文〈大白伞盖陀罗尼经〉及发愿文考释》[1]一文，先是移录原文并对译，再进行意译，最后考释佛经及发愿文。应该说，民族古文献的解读大致遵循这样的体例，重视汉译，能把一段或一篇民族古文字文献译通、译懂，语言文字学者的研究目的基本达成。前人的解读工作为民族古文献的研究做出了卓越贡献，为历史、民俗、宗教、文学等其他领域的研究提供了丰富的材料，为后辈学者打下坚实基础，使之站在更高的起点。但不可避免，它逐渐呈现出局限性，如：成果转化率低，掌握吸收难度高，需要尝试一套更为精准的解读规范，去迎合学习者和研究者的需求。

二、试探新范式

突厥文作为民族古文字，突厥语作为古代文献语言，从研究内容上来说具有稳定性，从现实应用研究来说无异于一家绝学。突厥碑铭文献的解读前人已做过大量工作，如今尝试采用新的解读规范，意图有三：1.与当下民族语言研究领域接轨，保持学科先进性，为其他民族古文字文献的解读提供一个可供参考的成熟案例；2.解除学科神秘性，用一套学界通用的语法标注规则解析文献，明晰易懂，便于后来者学习，也方便历史学、民俗学等其他学科领域的专家参考、探究，取得新发现；3.规范文献文本的研究体式，以实现利用计算机软件处理、研究语言材料的直接目的，提高效率。

与成熟的解读标准相比，在"转写"和"汉译"两步之间增加了"语法标注"。

（一）语法标注

语言行间标注是进行语言学描写非常有用的工具，利用它记录的语料便于进行归类、储存和分析，因外语教学与研究的需要而出现。通过标注，读者能够追踪到原始文本和翻译文本之间的关系，并且非常明确地展示原始语言的结构。起初标注规则不定，造成混乱，后来出现了"莱比锡标注系统"，逐渐成为统一的语法标注系统，它包括十条标注规则和一份附录。作为标注规范，它的标注单位是语素，而不是一个形态语法分析的标准框架。国内外对"语法标注文本研究"已有积极探索和丰富经验，国内有李锦芳教授主编的《仡佬语布央语语法标注话语材料集》，中国社会科学院民族学与人类学研究所编写了一整套《中国民族语言语法标注文本丛书》。但是，语法标注多用于活态语言的描写，尚未运用到文献语言的研究上来。

张定京先生于2017年公开发表《突厥语族语言语料转写与标注规范问题》[2]，聚焦于突厥语族语言，文中提及"采用多少行转写注释，由转写标注的目的来决定"，描写活态语言注重准确记录语音，文献语言不关注语音现象的演变，因此没有语音转写这一行。

（二）以《阙特勤碑》为例

本文以《阙特勤碑》一行碑文的解读为例，按"原文—转写—标注—汉译"的模式逐

---

[1] 史金波、西夏文：《大白伞盖陀罗尼经》及发愿文考释，《世界宗教研究》2015年第5期。
[2] 张定京：《突厥语族语言语料转写与标注规范问题》，《伊犁师范学院学报》（社会科学版）2017年第2期。

句解析。文中出现的缩略语以莱比锡大学语法标注规则[①]、黄成龙先生的语法标注缩略语[②]为基础，如1sg是first person singular的缩写，指的是"第一人称单数"，能标注的语法功能项目尽量标注，不能标注的就不标注。

　　需要说明的是：1.标注单位是语素，就要对词进行切分，可切分的语素之间用"短横线"隔开，语素之间要对应。2.只有语法意义的语素通常由缩写的语法类别标签来标注。3.当对象语言中一个成分有几种语法功能，这几种语法功能要用多个缩写形式来标注时，它们之间用"圆点"隔开。4.人称代词的标注方式特殊。高频、显著的范畴可以有自己的专用规则。

Kül Tėgin Yazıtının Güney Yüzü

1

[古突厥文文字]

täŋri täg:täŋridä:bolmïš:türük:bilgä:qaγan:bu ödkä:olurtïm:sabïmïn:tükäti:äšidgil: ulayu:iniy
igünim:oγlanïm:biriki:oγušïm:bodunum:biriyä:šadapït bäglär:yïraya:tarqat: buyuruq: bäglär:otuz
(tatar.....) toquz oγuz:bägläri:bodunï: bu sabïmïn:ädgüti: äšid:qatïγdï:tïŋla!

(1) täŋri täg   täŋri-dä bol-mïš   türük bilgä qaγan
　　 天   像…的   天-LOC   成为-ADJVZ   突厥   毗伽   可汗
　　 我，像天一样的，在天所生的突厥毗伽可汗，
(2) bu   öd-kä   olur-tïm   sab-ïm-ïn   tükäti   äšid-gil
    这个 时间-ALL   登基-PAST.1sg 话-1sg.POSS-ACC   全部   听-IMP
    这时登上了汗位。（你们）全都聆听我的话：
(3) ulayu   iniyi-gün-im   oγl-an-ïm   biriki   oγuš-ïm
    以及   弟-PL-1sg.POSS   儿子-PL-1sg.POSS 联合的   氏族-1sg.POSS
    bodun-um   biriyä   šadap-ït   bäg-lär
    人民-1sg.POSS   右面   诸失毕-PL   官-PL，
    首先是我的诸弟和诸子，其次是我的族人和人民，右边的诸失毕官，
(4) yïraya   tarqa-t   buyuruq   bäg-lär   otuz（tatar.....）
    左边   达干-PL   梅禄（大臣） 官-PL   三十（鞑靼）
    左边的诸达官梅禄官、三十姓（鞑靼）、
(5) toquz   oγuz   bäg-lär-i   bodun-ï:
    九   乌古斯 官-3pl.POSS   人民-3sg.POSS
    九姓乌古斯诸官和人民，

---

① Comrie,Bernard&Martin Haspelmath& Balthasar Bickel 2008 Leipzig Glossing Rules.http://www.eva.mpg.de/lingua /resources/glossing-rules.php.

② 黄成龙：《语法描写框架及术语的标记》，《民族语文》2005年第3期。

（6） bu　　　　sab-ïm-ïn　　　　ädgü-ti　　äšid　　qatïγ-dï　　tïŋla
　　　 这　　 话-1sg.POSS-ACC　　好-ADV　　听　　努力-ADV　　听
　　　我的话你们好好听着，努力听着。

可以看到，添加一行语法标注后，碑文的解读有章可循，读者只要了解缩略语的含义，就能对这一段碑文掌握得更明晰。语法标注之所以产生，正是源于外语教学与研究的需求。这一尝试确对突厥文学习者大有裨益。

三、小结

1. 工具的变化

目前，国内外语言学家调查语言、处理语言材料的一种重要手段是隔行对照化，上文演示即此。但进行隔行对照化的方法大相径庭，可以采用纯手工，Excel便能满足，目前大多数研究人员都采用这种方法；也可以采用工具辅助的方法，通常使用的辅助工具有ELAN、TOOLBOX等。Toolbox是一种用来语法文本标注的软件工具，在计算机里进行文本和词典互动，使语言材料加工尽可能的一致和精确；可以提高效率，便于存储和查找。

具体来讲有三点好处：第一点，内嵌一部词典，可以进行词法分析，实现半自动词干与词缀切分；第二点，对文本材料进行隔行对照分析，符合语言学论文中材料使用格式；第三点，可以进行简单的检索。

2. 内容的变化

在转写和汉译之间加入一层"语法标注"，把长篇语料逐句切分，再进行逐词逐句标注，能使读者有效学习、利用语料，为语言专题深度研究提供支撑，是语言类型学、历史语言学、区域语言学、语言接触研究等资源依赖型学科不可或缺的语料基础和学术财富，是从事语言学、民族学、人类学、历史学和自然语言处理的学者必备的资源和工具。另一方面，进一步打通文字与语言的关系桥梁，在成熟的文字体系中，文字是来记录和反映语言符号系统的，文献解读并不仅仅是文字解读。在今后的民族文献解读工作中，应逐渐突出其语言性的一面。

本文对文献解读新范式的探究仍有许多不足，细节之处有待改进。利用toolbox工具进行文本语法标注，对于文献学研究人员而言，计算机工具掌握起来难度高；语法标注则对其语法知识的基本功要求甚严。这激励我们勤学苦练，不负前辈学者付出的艰辛。

小议回鹘文《玄奘传》第六卷所见之Ögä一词[*]

王 立

(中央民族大学 少数民族语言文学系)

摘要：回鹘文《玄奘传》是别失八里人胜光法师根据汉文《大唐大慈恩寺三藏法师传》翻译的回鹘文版本，其对回鹘及周边民族的语言文字、社会文化、宗教信仰、历史等领域的研究具有重要的学术价值。同时，对胜光法师翻译的用词、翻译的方法及其翻译的时代背景等方面，也还有不少值得深入思考的地方。本文将从胜光法师在翻译中对ögä一词的使用入手，通过探讨ögä一词的词源及流传过程，分析胜光法师对一些特殊专有名词的翻译方法，以及胜光法师用词的背后所隐含的草原民族政权独特的政治背景。

关键词：回鹘文《玄奘传》 翻译 Ögä 政治背景

《玄奘传》，全名《大唐大慈恩寺三藏法师传》，是玄奘的弟子慧立、彦悰根据玄奘的口述撰写的一部关于玄奘的传记类作品，其中详细记叙了玄奘西行印度的经过，及其在途中的各种见闻，是研究中古时期新疆、中亚及印度的历史、地理、文化等的宝贵材料。该书同玄奘自撰的《大唐西域记》相辅相成，在受到中国学界高度重视的同时，也被翻译成多种外语通行于世。

其实早在唐末宋初，《玄奘传》就已经被高昌回鹘王国的学者、别失八里人胜光法师翻译成了回鹘文，其另一部重要的翻译作品是著名的《金光明最胜王经》。除了这两部译作之外，由土耳其学者刊布的回鹘文《千手千眼观世音菩萨广大圆满无碍大悲心陀罗尼经》，以及由匈牙利学者刊布的回鹘文《观身心经》，据研究也出自胜光法师之手。[①]由此可见，胜光法师是一位不折不扣的回鹘文—汉文翻译大师。

学界历来对胜光法师的翻译水平评价甚高，认为其不仅精通汉语文和回鹘语文，而且对中原历史文化和佛教典籍有着深入的了解。而最能彰显胜光法师翻译功力的则是其对汉语专有名词的翻译。其在《玄奘传》第六卷中对ögä一词的使用就是将其翻译功底体现得淋漓尽致的经典一例。[②]

ögä一词在回鹘文《玄奘传》第六卷中一共出现了6次，分别为"ol ödün čao quy iltäki čaŋbaylïy sunvuki atlïy ögä ötünti"（Ⅵ11.23—Ⅵ11.25），汉文原文为"时赵国公长孙无忌对曰"；"xan yrlïq/adï/ögäsiz-iŋ saviŋïz čïn ol tip"（Ⅵ12.19—Ⅵ12.21），汉文原文为"帝

---

[*] 本文是国家社科基金重点项目"古代'突厥文文献'集解"（16AZD046）的阶段性成果。
[①] 详见耿世民《回鹘文〈玄奘传〉及其译者胜光法师》，《中央民族学院学报》1990年第6期。
[②] 关于胜光法师翻译的研究，可参考郑恒《回鹘文〈大唐大慈恩寺三藏法师传〉对源语文化概念的翻译》，《民族翻译》2009年第4期；朱国祥：《试论回鹘文〈玄奘传〉专有名词的翻译方式——以回鹘文第九、第十卷为例》，《宁夏大学学报（人文社会科学版）》2014年第2期。

曰：公言是也"；"yana xan samtso ačari/nïŋ/il purohitisi/ö/gä bolɣu-qa yaraɣlïɣ/ïn/körüp"（Ⅵ13.6—Ⅵ13.9），汉文原文为"帝又察法师堪公辅之寄"；"čaoquɣ il-lig/čaŋ/baɣ-lïɣ sunvuki ögäxan-/qa/ïnča tip ötünti"（Ⅵ14.16—Ⅵ14.18），汉文原文为"赵国公长孙无忌奏称"；"nä krgäkin barča bir qalïsïz... li ögä birz-ün tip tutuz/dï/"（Ⅵ18.10—Ⅵ18.11），汉文原文为"诸有所须，一共玄龄平章"；"tütrüm nom töz-in ögä küläyü yrlïqaz-un"（Ⅵ25.5—Ⅵ25.7），汉文原文为"赞扬宗极"。①

ögä在这6句话中对应的汉义有3个，即"公"（Ⅵ11、Ⅵ12、Ⅵ13、Ⅵ14）"平章"（Ⅵ18）和"宗"（Ⅵ25）。但其实Ⅵ11和Ⅵ14中完整的汉语词应为"国公"，胜光法师在翻译的时候将国和公分开了，直译就变成了"赵国的公"，这显然是胜光法师的一个失误，而之所以出现这种情况，很可能是因为在胜光法师熟悉的政治环境和政治体系之中，并没有一个特定的专有词汇能与"国公"直接对应上，所以其才将国和公分开来翻译。同时，由于胜光法师并没有清楚地将表示等级的"公"和表示敬称的"公"，也就是"您、大人"之间的不同含义区分开来，这也就导致在Ⅵ12和Ⅵ13两句中，其用表示官职的ögä来对译表示敬称的"公"。Ⅵ25的情况也是如此，所谓"宗极"，本意就是"至高无上"的意思，将该句翻译成现代白话就是"至高无上的赞扬"。而胜光法师在翻译的时候则"错误"地用了"宗极"的引申义，即"至理、根源"。因为tütrüm意为"深刻的"，nom意为"法理"，"töz"为"根"之意，所以ögä在这里自然该是表示"至高、至大、至深"之意。胜光法师之所以选择用名词ögä来表达"至高、至大、至深"的意思，很有可能是将这一名词词义中所具备的"高贵性"进行了引申。

无论如何，ögä在《玄奘传》中对应的汉义其实应当有4种，即"国公""公""平章"和"宗极"。在这些汉义中，"国公"和"平章"是表示中原王朝爵位和官职的专有名词，而"公"和"宗极"则是敬词和形容词。为什么同一个词能够用来翻译4个看似毫无关联的词汇，甚至连词性都有所不同呢？这就有必要先来梳理一下ögä一词的词源。

在德国学者冯·加班所著《古代突厥语语法》一书的词汇表中，ögä一词被释作"名誉"②，但这个释义似乎与上述四个对应汉义相去甚远。而在麻赫默德·喀什噶里所著的《突厥语大词典》中，该词的释义为"贤明的，贤哲，贤能，贤良"，之后麻氏又进一步解释该称呼是"赐予平民出身的年长者的称号，比特勤低一级。"③英国学者克劳森所著《十三世纪以前突厥语词源词典》对该词的解释是"一种高级的突厥称号，大致相当于'顾问'。在穆斯林时代被阿拉伯语借词wazir所取代。"④根据《大词典》和《词源词典》

---

① 回鹘文转写见Л.Ю.ТУГУШЕВА, УЙГУРСКАЯ ВЕРСИЯ БИОГРАФИИ СЮАНЬ-ЦЗАНА, Москва"НАУКА"Главнаяреда кциявосточнойлитературы, 1991, p.106、107、108、111、117。汉译见[唐]慧立、彦悰著，孙毓棠、谢方点校：《大慈恩寺三藏法师传》，中华书局1983年版，第129、130、133页。相关研究还可参见崔焱《俄藏回鹘文〈玄奘传〉第六卷研究》，中央民族大学2017年硕士学位论文。

② [德]冯·加班著：《古代突厥语语法》，耿世民译，呼格吉勒图（审校），内蒙古教育出版社2004年版，第328页。

③ 麻赫默德·喀什噶里（著）：《突厥语大词典》第一卷，何锐等（译），米尔苏里唐·奥斯满等审阅，米尔苏里唐·奥斯满等校对，民族出版社2002年版，第97页。该书中ögä一词写作"өgə"。

④ Gerard Clauson, An Etymological Dictionary of Pre-Thirteenth-Century Turkish, Oxford: Oxford University Press, 1972, p. 101. 该引文的英文原文为"a high Turkish title, roughly equivalent to 'Counsellor'; in the Moslem period displaced by Arabic l.-w. wazir."该书中ögä写作"öge"。

的解释，冯氏的所谓"名誉"，可能更多的是指"荣誉称号"的意思。

以上大致梳理了ögä的词源词义，接下来再来看看其在《玄奘传》中对应汉义的情况。关于"国公"，《旧唐书》记："司封郎中、员外郎之职，掌国之封爵，凡有九等。……三曰国公，从一品，食邑三千户。……"①《新唐书》载："凡爵九等：……三曰国公，食邑三千户，从一品；……"②而关于"平章"，《旧唐书》载："其时以他官预议国政者，云与宰相参议朝政，或云平章国计，或云专典机密，或参议政事。"③《新唐书》记："以太宗尝为尚书令，臣下避不敢居其职，由是仆射为尚书省长官，与侍中、中书令号为宰相，其品位既崇，不欲轻以授人，故常以他官居宰相职，而假以他名。……贞观八年，仆射李靖以疾辞位，诏疾小瘳，三两日一至中书门下平章事，而'平章事'之名盖起于此。"④由此可见，"国公"是爵位中的佼佼者，而"平章"这一职衔则是宰相的象征，是官制中的至高者。ögä既然能同时对应这两个词，其本身也应该是高官显爵，而这并非是上述"平民出身的年长者的称号"和"顾问"所能完全对应的。

那么ögä是否还有其他的释义能够符合上述这两个特点呢？答案是肯定的，只不过这个答案并非位于胜光法师所在的高昌回鹘王国，而在于其所处时代的另一游牧民族政权——辽。⑤

辽是契丹民族占统治地位的政权，且统治中心地处东北地区，看似与地处西北地区的高昌回鹘政权并无什么特别的关联，但实际情况却非如此。首先，胜光法师所处的高昌回鹘政权与辽朝在地理上实际是接壤的，这就为双方的经济、文化交流提供了天然的交通便利；其次，辽朝的历任皇后中有不少人是回鹘之后，其中就包括辽朝的开国皇后——辽太祖淳钦皇后，以及太宗靖安皇后、世宗怀节皇后、圣宗钦哀皇后、兴宗仁懿皇后、道宗宣懿皇后⑥，这就从政治上为双方的交往提供了便宜；再次，两个政权均信仰佛教，就连同样信仰佛教的西夏政权都多次向辽朝进贡回鹘僧⑦，可以想象两个政权之间在佛教层面的交往应该更为频繁，这也就为双方在文化上的交流架设了桥梁；最后，虽然现在关于契丹语的系属还没有一个明确的结论，但现有的研究多倾向于认为其属于蒙古语族，而高昌回鹘政权的通用语—突厥—回鹘语则属于突厥语族，这两个语族的语言同属于阿尔泰语系，在一些基本的词汇和语法方面有着高度的相似性，甚至就连契丹小字的创制也是受了回鹘文的启发。⑧这种语言文字上的相通性也为双方的往来提供了方便。也正是因为有这样的多重便利，辽朝灭亡后，作为契丹宗室的耶律大石才能顺利地"征服"高昌回鹘，进而在西域建

---

① [后晋]刘昫等（撰）：《旧唐书》卷43《职官志二》，中华书局2012年第10次印刷版，第6册，第1821页。
② [北宋]欧阳修、宋祁撰：《新唐书》卷46《百官志一》，中华书局2013年第11次印刷版，第4册，第1188页。
③ 《旧唐书》卷43《职官志二》，第6册，第1849页。
④ 《新唐书》卷46《百官志一》，第4册，第1182页。
⑤ 辽朝在历史上曾多次更换国号，契丹也是其国号之一。本文为避免混乱，不考虑国号更迭的具体断限，统称为辽。
⑥ 详见[元]脱脱等（撰）：《辽史》卷71《后妃传》，中华书局2011年第10次印刷版，第5册，第1199、1200、1201、1203、1204、1205页；[元]脱脱等（撰）：《辽史》修订本卷71《后妃传》，中华书局2016年版，第1319、1321、1324、1325、1326页。
⑦ 详见《辽史》卷115《西夏记》，第5册，第1523—1529页；修订本，第1675—1681页。
⑧ 详见《辽史》卷64《皇子表》，第4册，第968—969页；修订本，第1070—1071页。关于契丹语中的突厥—回鹘语借词还可参见杨富学《回鹘语文对契丹的影响》，《民族语文》2005年第1期。

立西辽政权，并延续了近一个世纪之久。

在辽朝的官制系统中，有一个职衔叫"于越"，《辽史》对该职衔的描述为："无职掌，班百僚之上，非有大功德者不授，辽国尊官，犹南面之有三公。太祖以遥辇氏于越受禅。"①从这段描述可以看出，辽朝的于越虽是官职，但并无实际执掌，实际上也就是一个荣誉头衔，基本可等同于中原王朝的爵位，而这正好就可以对应《玄奘传》中的"国公"。同时，于越又被描述为相当于中原王朝的宰相三公，虽然在辽朝建国后于越一职没有了实际执掌，但在建国前的部落联盟时期，其应该是有实权的，《辽史》在记述辽太祖的发家史的时候就载："遂拜太祖于越、总知军国事。"②因此，于越大致又可以与《玄奘传》中提到的"平章"对应起来。

至此，我们终于找到了一个既能和作为荣誉头衔的爵位"国公"相对应，又能和掌握朝政大权的"平章"相对等的职衔。但是作为辽朝职衔的"于越"又是如何与突厥—回鹘的称号ögä联系上的呢？

原来，该职衔名称并不是契丹人的"原创"词汇，而是从突厥语中借用过来的，虽然其属于契丹语词汇，但却是一个不折不扣的突厥语借词。孙伯君、聂鸿音所著的《契丹语研究》一书写道："于越üγö：汉意为'尊敬的、贤明的'，借自突厥语。"③《辽金史辞典》中也有相似的表述。④再加上上文所述的契丹语和突厥语的系属关系，这种借用词汇，特别是专有名词的可能性十有八九是存在的。另外，唐太宗曾为尚书令，以致唐朝后世无人敢任此职，进而导致了以旁职加"平章"之衔兼任宰相之事的情况，这与辽太祖以于越之职登基的情况颇有相似之处，可以说"平章""于越"这两个职衔均与朝代历史上的著名君主有过交集，这不仅在无形中增加了这两个词本身的"至尊性"，同时也更加深了两者之间在文化背景上的相似性，从而使相互译介更为合理。

另外，从《玄奘传》翻译的时间上来看，胜光法师也极有可能在翻译政治术语时对辽朝的政治体制进行参考。按照耿世民的看法，回鹘文《玄奘传》翻译于元代以前，而其书中提到的冯家升先生的观点则更为"精确"——公元10世纪第二个25年，也就是925—950年间。⑤不过聂鸿音先生则认为该书译于11世纪。⑥就目前的情况来看，大致将该书的翻译时间定在10—11世纪应该是没有太大的问题的。而该时期的前半段，中原地区正处于唐朝灭亡后各方混战的五代十国时期，世代更迭相当频繁，政治体制也混乱不堪，似乎很难想象胜光法师会选择这些短暂而混乱的政权进行政治参考。后半段则为与北方民族政权的长年征战的北宋前、中期，与北方民族政权的关系并不十分亲密。而且最重要的是，无论是五代政权还是北宋，在地理位置上与高昌回鹘王国都不接壤，从地理交通的角度来讲，交流不甚便利。与之形成鲜明对比的是北方的辽朝，从辽太祖时起辽朝就致力于经营西域诸

---

① 《辽史》卷45《百官志一》，第3册，第694页；修订本，第782页。
② 《辽史》卷1《太祖纪》，第1册，第2页；修订本，第2页。
③ 孙伯君、聂鸿音：《契丹语研究》，中国社会科学出版社2008年版，第122—123页。
④ 具体参见邱树森主编《辽金史辞典》，山东教育出版社2011年版，第15页。
⑤ 耿世民：《古代维吾尔族汉文翻译家胜光法师》，耿世民：《内亚文史论集》，中央民族大学出版社2015年版，第310页。
⑥ 聂鸿音：《回鹘文〈玄奘传〉中的汉字古音》，《民族语文》1998年第6期。

国，并成功将西域地区纳入到辽朝的有效控制范围之中[①]，在辽太宗朝还成功吞并燕云十六州，使辽朝的势力凌驾于中原政权之上。因此，西北地区诸国一直以来在政治上都倾向于北方的辽朝，而与中原政权较为疏远。所以如果需要寻找政治上的参考，胜光法师从自己熟悉且相对亲近的辽朝入手也是合乎常理的。

据此我们可以得出结论，胜光法师在翻译《玄奘传》时极有可能参考了契丹语和辽朝官制，其之所以在翻译"国公""平章""公"和"宗"时选择ögä一词，应该是受到了辽朝官职"于越"这一契丹语词汇的影响和启发。

不过，既然在突厥语中有ögä这个词，而这个词正好也是突厥—回鹘政权中的职衔称号，为什么胜光法师放着本民族语言里的原生词不用，偏要兜一个圈，到异民族语言中去寻找翻译用词呢？

要解释这个问题，我们又不得不回到《玄奘传》中来。翻阅《玄奘传》第六卷的汉文原文可知，该卷中记载的国公除了赵国公长孙无忌外，还有梁国公房玄龄。但令人不解的是，胜光法师准确地用ögä对译了长孙无忌的赵国公职衔，却没有用同样的方式对待房玄龄梁国公的职衔。

《玄奘传》第六卷一开头就提到了房玄龄："京城留守左仆射梁国公房玄龄"[②]，而胜光法师对此的翻译则是"laγki balïq bägi tŋri/tavγ/ačxan-niŋ sol qoltïnqï boγinil-limi yüübaγlïγ huinli atly/bä/g-kä"（Ⅵ1.15—Ⅵ1.18），其中boγnil-lim应该对应的就是汉文中的梁国公（ï/ⁱ为第三人称词缀）[③]，il是"国"的意思，而lim则应是"梁"的转译。虽然我们暂时还不知道"boγ nil-lim"的确切意思，但从句意来看，"nil-lim"对应的可能为"梁国"，"boγ"对应的则可能是"公"[④]，这显然与同样对应"公"的ögä不是一个词。

为什么同样的职衔却要用两个不同的词来翻译呢？极为可能的一个原因就是，胜光法师在翻译时，不仅借鉴了"于越"这个词，甚至还在行文中或多或少地受到了辽朝二元政治体制，即南北面官制的影响。

关于辽朝的二元政治体制，《辽史》记："至于太宗，官分南、北，以国制治契丹，以汉制待汉人。……辽国官制，分北、南院。"而在介绍北面官时载："惕隐治宗族，林牙修文告，于越坐而论议以象公师。"[⑤]由此可见，于越正是属于北面官体系的高官。

虽然史书中没有明确的记载，但现在研究者们基本认可的是，"北面的行政系统虽然

---

① 《辽史》卷103《文学传上·萧韩家奴传》载："及太祖西征，至于流沙，阻卜望风悉降，西域诸国皆愿入贡。因迁种落，内置三部，以益吾国，不营城邑，不置戍兵，阻卜累世不敢为寇。统和间，皇太妃出师西域，拓土既远，降附亦众。"见《辽史》，第5册，第1447页；修订本，第1595页。

② 《大慈恩寺三藏法师传》，第126页。

③ 回鹘文转写见УЙГУРСКАЯ ВЕРСИЯ БИОГРАФИИ СЮАНЬ-ЦЗАНА, p.97.此处吐古舍娃的书中将"boγinil-limi"解释为"房玄龄"的音译，这应该是有问题的，因为后文出现了"yüübaγlïγhuinliatlγ"，即"姓yüü名huinli"的表述。在同一句中接连将同一个姓名用不同的方式翻译两次，这样的情况应该是不正常的。而huinli作为"玄龄"的音译则应该是没有问题的，详见《回鹘文〈玄奘传〉中的汉字古音》。至于为什么胜光法师将"房"对音为"yüü"还有待进一步考证。吐古舍娃的翻译见УЙГУРСКАЯ ВЕРСИЯ БИОГРАФИИ СЮАНЬ-ЦЗАНА, p. 323.

④ "boγ"和"nil"的具体意思还有待考证，而"lim"有可能是"梁"的转译，关于后者可参见《古代维吾尔族汉文翻译家胜光法师》，《内亚文史论集》，第317页。至于为什么胜光法师在翻译"赵国"的时候用了音译"čaoquγ"，而在翻译"梁国"是要用意译"nil-lim"，还有待进一步考证。

⑤ 分别见《辽史》卷45《百官志一》，第3册，第685、686页；修订本，第773、774页。

不排外，但主要由契丹人出任并冠以传统的契丹称号。……它在本质上是部落领袖一个庞大的私人扈从，它的职位许多是为皇族或后族的一支或另一支成员所设置并通过世袭选举（世选）担任"。①而辽朝官员的选任途径也能从侧面反映北面官基本由契丹贵族担任的事实，"这种世选制度还推广至南、北府宰相选任，于是世选在世袭皇权确立之后，就成了确保贵族地位得以累世不坠的有效制度了。'世选'仅适用于北面官。……北宰相多出于后族，而南宰相则多出于皇族。""辽朝选任南面官的主要途径是科举。……兴宗时期还有关于不准契丹贵族子弟应试的规定。"②

众所周知，唐朝的统治集团是直接承袭北朝而来，其中有不少是由北魏时期就传续下来的鲜卑族贵族，而本文所讨论的主角长孙无忌就是其中之一，"其先出自后魏献文帝第三兄。初为拓拔氏，……世袭大人之号，后更跋氏，为宗室之长，改姓长孙氏"。更进一步的是，"文德皇后即其妹也"。③鲜卑族贵族加上后族外戚的身份，自然使得长孙无忌所承的"赵国公"头衔能够在多方面与辽朝的于越一职形成对等关系。而汉族出身的房玄龄则不然，其18岁举进士④，是不折不扣的科举入仕。汉族出身加之科举入仕的人，按照辽朝的制度，虽然可以担任宰相一类的高官，但是绝对不可能获得如"于越"这种只有契丹族贵族才能拥有的显爵头衔。辽朝历史上著名的汉臣韩延徽就曾担任辽朝的南府宰相，并被封为鲁国公。其子韩德枢也曾加门下平章事之衔，并封为赵国公。⑤由此还可看出，辽朝的汉官是可以被封为"国公"的。这应该也就是胜光法师虽然用ögä来翻译了房玄龄的官职"平章"，却没有用ögä来翻译其爵位"梁国公"，而是采用了另一种表达方式的原因所在。

所以，胜光法师可能准确地察觉了长孙无忌和房玄龄两者在身份上的差异，加之自己对辽朝政治体制的理解和借鉴，从而在具体的翻译过程中对两者的相同职衔做出了符合自己政治"常识"的对译。

其实，胜光法师理解和借鉴辽朝的南北面官制度是有"先天优势"的。虽然与兴起于东北的鲜卑慕容氏创造的"胡汉分治"的二元政治体制不尽相同⑥，但蒙古高原的北方草原民族政权其实长期以来奉行的也是一种二元甚至多元的政治体制。从匈奴帝国的左右王将分居东西，单于居中的政治体系，到鲜卑部族联盟檀石槐"自分其地为三部：从右北平以东至辽东，接夫余、濊貊二十余邑为东部，从右北平以西至上谷十余邑为中部，从上谷以西至敦煌、乌孙二十余邑为西部。各置大人主领之"。再到突厥汗国将统治区域分为三

---

① [德]傅海波、[英]崔瑞德编：《剑桥中国辽西夏金元史》，史卫民、马晓光等译，陈高华、史卫民等（校订），中国社会科学出版社2007年版，第77页。
② 分别见李泽厚、白滨《辽金西夏史》，上海人民出版社2003年版，第78、79—80页。
③ 《旧唐书》卷65《长孙无忌传》，第7册，第2446页。
④ 具体见《旧唐书》卷66《房玄龄传》，第7册，第2459页；《新唐书》卷96《房玄龄传》，第12册，第3853页。
⑤ 见《辽史》卷74《韩延徽传》、《韩德枢传》，第5册，第1231、1232页；修订本，第1358—1359页。
⑥ 关于东北少数民族创造的"二元政治体制"，可参见[美]巴菲尔德著《危险的边疆——游牧帝国与中国》，袁剑（译），江苏人民出版社2012年第2次印刷版，第131—132页。

部：可汗居中，东西分置设或小可汗进行统治。①甚至之后的蒙元时期"四大汗国"的并立以及明代蒙古达延汗将统治区域分为左右两翼，均是这种二元甚至多元政治体制的体现。而这种世代沿袭的"分而治之"的草原政治传统，一方面是由于草原政权幅员辽阔，一元统治很难覆盖政权全境；另一方面可能也和草原民族对于可汗或汗这一称号及其权力的理解有关。②而这种多元政治体制也极有可能是导致草原民族政权在政权末期常常分裂为东西或南北两部的原因之一，匈奴分为南北匈奴如是，突厥分为东西突厥亦如是。

继突厥而起的回纥（鹘）汗国，显然继承了突厥的政治体制，同样也将统治区域划分为左右两部。③而在回鹘汗国覆灭之后，回鹘西迁所建立的两个重要的政权——喀喇汗王国和高昌回鹘王国，虽然已经从游牧转为定居，但很显然也应该继承了草原民族的这种多元政治体制。④正是草原民族政权之间这种政治体制上的相似性和传承性，为胜光法师理解和借鉴辽朝的政治制度，并将其运用到具体的翻译工作中提供了现实基础。

综上所述，胜光法师在翻译《玄奘传》中的"国公""平章"这两个政治专称时，通过对ögä一词的运用，以及将房玄龄的梁国公和长孙无忌的赵国公这两个同样的职衔用不同的方式译出，体现出了其对辽朝官制理解和借鉴的高超水平，以及其对北方草原民族政权多元政治体制的深刻理解。虽然其没有将职称的"国公"和敬称的"公"区分清楚，但这并不妨碍其通过对多方政治知识的运用，实现"信达雅"的翻译宗旨。而其自身，则无愧为伟大的回鹘文——汉文翻译大师。

同时，ögä一词作为突厥语的原生词汇，被借入到契丹语中，成为契丹政治体制中极其重要的一个职衔；然后又在"有意无意"间被回鹘翻译家从契丹语中再引回到回鹘文的翻译作品中。这种语言词汇的跨民族、跨地域"旅行"确实也是一个极其有趣且值得研究的问题。

参考文献：

[西汉]司马迁撰：《史记》，中华书局1963年第3次印刷版。
[西汉]司马迁撰：《史记》修订本，中华书局2016年第3次印刷版。
[南朝宋]范晔撰：《后汉书》卷90《鲜卑传》，[唐]李贤等注，中华书局1973年第2次印刷版。
[唐]慧立、彦悰著：《大慈恩寺三藏法师传》，孙毓棠、谢方点校，中华书局1983年版。
[唐]魏徵、令狐德棻（撰）：《隋书》，中华书局2014年第13次印刷版。

---

① 《史记》卷110《匈奴列传》："诸左方王将居东方，直上谷以往者，东接秽貉、朝鲜；右方王将居西方，直上郡以西，接月氏、氐、羌；而单于之庭直代、云中：各有分地，逐水草移徙。"[西汉]司马迁撰：《史记》，中华书局1963年第3次印刷版，第9册，第2891页；[西汉]司马迁撰：《史记》修订本，中华书局2016年第3次印刷版，第3495—3496页。[南朝宋]范晔（撰）：《后汉书》卷90《鲜卑传》，[唐]李贤等注，中华书局1973年第2次印刷版，第10册，第2989—2990页。《隋书》卷84《突厥传》载："佗钵以摄图为尔伏可汗，统其东面，又以其弟褥但可汗子为步离可汗，居西方。"[唐]魏徵、令狐德棻（撰）：《隋书》，中华书局，2014年第13次印刷版，第6册，第1864页。具体研究可见林幹《突厥与回纥史》，内蒙古人民出版社2013年第2次印刷版，第33—38页；以及马长寿：《突厥人和突厥汗国》，上海人民出版社1957年版，第23—24页。

② 具体可参见钟焓《"四海之内皆可汗"——论内亚汗权体制中的"有限性君权"》，《文化纵横》2017年第4期。

③ 参见《突厥与回纥史》，第161页。

④ 关于喀喇汗王国的政治情况，可参见魏良弢《喀喇汗王朝史稿》，新疆人民出版社1986年版，第75页。而关于高昌回鹘王国的情况，可参见程溯洛《〈宋史·龟兹传〉补正——兼论高昌回鹘王国中的双王制》，《历史研究》1987年第3期。

[后晋]刘昫等撰：《旧唐书》，中华书局1975年版。

[北宋]欧阳修、宋祁撰：《新唐书》，中华书局1975年版。

[元]脱脱等撰：《辽史》，中华书局2011年第10次印刷版。

[元]脱脱等撰：《辽史》修订本，中华书局2016年版。

程溯洛：《〈宋史·龟兹传〉补正——兼论高昌回鹘王国中的双王制》，《历史研究》1987年第3期。

崔焱：《俄藏回鹘文〈玄奘传〉第六卷研究》，中央民族大学硕士学位论文，2017年。

耿世民：《内亚文史论集》，中央民族大学出版社2015年版。

耿世民：《回鹘文〈玄奘传〉及其译者胜光法师》，《中央民族学院学报》1990年第6期。

李泽厚、白滨：《辽金西夏史》，上海人民出版社2003年版。

林幹：《突厥与回纥史》，内蒙古人民出版社2013年第2次印刷版。

麻赫默德·喀什噶里著：《突厥语大词典第一卷》，何锐等译，米尔苏里唐·奥斯满等审阅，米尔苏里唐·奥斯满等校对，民族出版社2002年版。

马长寿：《突厥人和突厥汗国》，上海人民出版社1957年版。

聂鸿音：《回鹘文〈玄奘传〉中的汉字古音》，《民族语文》1998年第6期。

邱树森主编：《辽金史辞典》，山东教育出版社2011年版。

孙伯君、聂鸿音著：《契丹语研究》，中国社会科学出版社2008年版。

魏良弢：《喀喇汗王朝史稿》，新疆人民出版社1986年版。

杨富学：《回鹘语文对契丹的影响》，《民族语文》2005年第1期。

郑恒：《回鹘文〈大唐大慈恩寺三藏法师传〉对源语文化概念的翻译》，《民族翻译》2009年第4期。

钟焓：《"四海之内皆可汗"——论内亚汗权体制中的"有限性君权"》，《文化纵横》2017年第4期。

朱国祥：《试论回鹘文〈玄奘传〉专有名词的翻译方式——以回鹘文第九、第十卷为例》，《宁夏大学学报》（人文社会科学版）2014年第2期。

[德]冯·加班著：《古代突厥语语法》，耿世民译，呼格吉勒图审校，内蒙古教育出版社2004年版。

[德]傅海波、[英]崔瑞德编：《剑桥中国辽西夏金元史》，史卫民、马晓光等译，陈高华、史卫民等校订，中国社会科学出版社2007年版。

[美]巴菲尔德著：《危险的边疆——游牧帝国与中国》，袁剑（译），江苏人民出版社2012年第2次印刷版。

Gerard Clauson, An Etymological Dictionary of Pre-Thirteenth-Century Turkish, Oxford: Oxford University Press, 1972.

Л.Ю.ТУГУШЕВА, УЙГУРСКАЯ ВЕРСИЯ БИОГРАФИИ СЮАНЬ-ЦЗАНА, Москва"НАУКА"Главнаяредакциявосточнойлитературы, 1991.

《弥勒会见记》佛教语词的甲种吐火罗语—回鹘语对音研究

郑华栋

（中央民族大学　少数民族语言文学系）

摘要： 本文以吐火罗文新博本和回鹘文哈密本《弥勒会见记》中相对应的46组佛教语词为基本语料，具体分析了甲种吐火罗语和回鹘语的语音对应关系。

关键词： 弥勒会见记　佛教语词　甲种吐火罗语　回鹘语　对音

现存的《弥勒会见记》主要由吐火罗文和回鹘文这两种文字抄写而成，回鹘文本乃译自吐火罗文本。在翻译过程中，译者智护法师常常用音译的方法翻译吐火罗文本中的佛教语词，这就为我们研究甲种吐火罗语和回鹘语之间的对音规律创造了基本前提。本文拟将回鹘文哈密本《弥勒会见记》中直接音译自甲种吐火罗语的佛教语词与其在吐火罗文新博本中的对应语词进行语音比对，以探索两者的语音对应关系，进而为回鹘语中的吐火罗语借词研究提供参考。据现有研究成果可知，这两个文本中相对应的佛教语词共有46组，即现存的吐火罗文新博本内的46个佛教语词被音译为回鹘语并被记录①回鹘文哈密本中。②下面以此46组佛教语词为基本语料，具体分析《弥勒会见记》佛教语词的甲种吐火罗语—回鹘语对音情况，见表1。

表1

甲种吐火罗语	回鹘语	词例		
		词首	词中	词尾
a	a		paṭṭinī（Tor.A）>patina（Uyg.）	
	零形式		elabhadre>ilaptri	
ā②	a	ārāḍṃ>arati	ārāḍṃ>arati	muktikā>muktika
ä				
	i		gopikā>gopika	mahāprajāpati>maxaparčapati
i	y		paiṅgike>payngike	vijai>wičay
	零形式		dhṛḍhirāṣṭre>tritraštri	mahāśrāvaki>maxašrawak

---

① 郑玲通过查找共得45组，这里将"vijai>wičay"补入，故共有46组。见郑玲《〈弥勒会见记〉异本对勘研究——回鹘文（哈密本）与吐火罗A（焉耆）文本之比较》，中央民族大学博士学位论文，2013年，第228、230—233页。

② 这46个甲种吐火罗语佛教语词中并未出现字母ä、r̥、k、kn、ch、jh、ñ、th、ṭh、n̠、P、ph、m̐、r̠、l、ś、ṣ、ts、ts̠，故没有相应的回鹘文语音与之对应。

（续表）

甲种吐火罗语	回鹘语	词例 词首	词例 词中	词例 词尾
ī	a			paṭṭinī>patina
u	u	upaśime>upašimi	gautami>gautami	
ū	u		virūḍhaki>wirutaki	
r				
e	i	elabhadre>ilaptri	ceṭikā>čitika	upanande>upananti
ai	ay		haimavati>xaymawati	
o	o		yaśodharā>yažotara	
au	o		maudgalyāyan>motgalyini	
	au		kauśike>kaužiki	
k	k	kauśike>kaužiki	virupākṣe>wirupakši	sarvapāṣāṇḍik>sarwapašantik
ḵ				
kh				
g	g	gautami>gautami	pudgalik>putgalik	
gh	g		mogharāje>mogarači	
ṅ	n		piṅgale>pingali	
c	č	citrarathe>čitrarti	vemacitre>wimačitri	
ch				
j	č	jalaprabhe>čalaparabi	mahāprajāpati>maxaparčapati	
jh				
ñ				
ṭ	t 零形式		ceṭikā>čitika paṭṭinī>patina	
ṭh				
ḍ	t		sarvapāṣāṇḍik>sarwapašantik	
ḍh	t		dhṛḍhirāṣṭre>tritraštri	
ṇ	n		purṇake>purnaki	
t	t d	tiṣye>tiši	śariputr>šariputr saṃtuṣite>sanduširi	
ṯ	t			māgaṯ>magit
th			citrarathe>čitrarti	

（续表）

甲种吐火罗语	回鹘语	词例		
		词首	词中	词尾
d	d		purṇabhadre>purnabadari	
	t		nande>nantï	
dh	t	dhr̥dhirāṣṭre>tritraštri	yaśodharā>yažotara	
	d		nirdhane>niridani	
n	n	nande>nantï	pāṣānak>pašanak	maudgalyāyan>motgalayan
	m		suyāne>suyami	
ṇ				
p	p	pudgalik>putgalik	śariputr>šariputr	
p̱				
ph				
b	b	bārāṇas>baranas		
bh	b		māṇibhadre>manibatri	
	p		elabhadre>ilaptri	
m	m	muktikā>muktika	vemacitre>wimačitri	viśvakārm>wišwakrmi
m̐				
ṃ	n		saṃsār>sansar	r̥ṣiwataṃ>äršwidan
	零形式			ārāḍṃ>arati
y	y	yaśodharā>yažotara	suyāne>suyami	
	零形式		tiṣye>tiši	
r	r	r̥ṣiwataṃ>äršwidan	bārāṇas>baranas	saṃsār>sansar
	零形式		nyagrodharām>nigodaram	
r̥				
l	l		piṅgale>pingali	
ḷ				
v	w	virūḍhaki>wirutaki	mahāśrāvaki>maxašrawak	
w	w	waiśravaṃ>wayširwan	r̥ṣiwataṃ>äršwidan	
ś	š	śariputr>šariputr	upaśime>upašimi	
	ž		kauśike>kaužiki	
ś̱				
ṣ	š		virupākṣe>wirupakši	
ṣ̱				
s	s	saṃtuṣite>sandušiti	saṃsār>sansar	bārāṇas>baranas

（续表）

甲种吐火罗语	回鹘语	词例		
		词首	词中	词尾
ṣ h ts tṣ	x	haimavati>xaymawati	mahāśrāvaki>maxašrawak	

由表1可知，《弥勒会见记》佛教语词的甲种吐火罗语和回鹘语之间的语音对应关系主要有以下特征。

第一，两种语言中共有的语音大多能彼此对应。

第二，甲种吐火罗语佛教语词中的长元音与回鹘语中的短元音相对应。张铁山先生认为："回鹘文献语言尽管有长元音，但长元音与短元音的对立已经不是十分严格了，长元音已经处于退化或正在消失的过程之中。"[①]此处甲种吐火罗语的长元音仅与回鹘语的短元音对应，似乎验证了张铁山先生的判断。

第三，当甲种吐火罗语佛教语词的词尾元音为e时，相应的回鹘语佛教语词的词尾元音高化为i。[②]

第四，当甲种吐火罗语佛教语词中的一些辅音不见于回鹘语的辅音系统时，译者往往会音译为与这些辅音近似的回鹘语语音。

第五，甲种吐火罗语佛教语词中的个别语音在相应的回鹘语词汇中表现为零形式。

参考文献：

[1] 季羡林：《吐火罗文研究》，《季羡林文集》第十二卷，江西教育出版社1998年版。
[2] 耿世民：《回鹘文哈密本〈弥勒会见记〉研究》，中央民族大学出版社2008年版。
[3] 张铁山：《回鹘文献语言的结构与特点》，中央民族大学出版社2005年版。
[4] 郑玲：《〈弥勒会见记〉异本对勘研究——回鹘文（哈密本）与吐火罗A（焉耆）文本之比较》，博士学位论文，中央民族大学，2013年。
[5] 耿世民：《古代焉耆语（甲种吐火罗语）概要》，《语言与翻译》2012年第2期。
[6] 聂鸿音：《回鹘文〈玄奘传〉中的汉字古音》，《民族语文》1998年第6期。
[7] 张铁山：《吐火罗文和回鹘文〈弥勒会见记〉比较研究——以吐火罗文YQ1.3 1/2、YQ1.3 1/1、YQ1.9 1/1和YQ1.9 1/2四页为例》，《敦煌吐鲁番研究》2011年第12卷。

---

① 张铁山：《回鹘文献语言的结构与特点》，中央民族大学出版社2005年版，第50页。
② 郑玲：《弥勒会见记》异本对勘研究——回鹘文（哈密本）与吐火罗A（焉耆）文本之比较，中央民族大学博士学位论文，2013年，第228、226—227页。

俄藏回鹘文《玄奘传》第六卷七叶释读

崔焱

(中央民族大学 少数民族语言文学系)

摘要：回鹘文《玄奘传》译自汉文本。汉文《玄奘传》共十卷，是玄奘弟子慧立据玄奘口述撰写的一部著作。书中详细记述了公元七世纪我国伟大旅行家和佛教大师玄奘的生平事迹。本文以吐古舍娃的《回鹘文〈玄奘传〉》（1991）第六卷转写为基础，对其中第六卷的七叶进行对译、意译、汉文对照和注释。

关键词：回鹘文　玄奘传　第六卷　释读

《大唐大慈恩寺三藏法师传》（以下简称《玄奘传》）是由玄奘弟子慧立、彦悰按照玄奘口述而撰写的一部名著。该书共十卷，详细记述了7世纪我国伟大的旅行家、翻译家和佛教大师玄奘的生平事迹。特别是该书的卷一到卷五详细记述了他在629—645年去印度期年间在新疆、中亚和印度各地的见闻。此书与玄奘的另一著作《大唐西域记》一起构成今天我们研究古代新疆、中亚和印度历史、地理和文化等方面的珍贵史料。早在19世纪这两部重要著作就被译成多种外语。《玄奘传》的翻译注本，1851年由法国学者M.斯坦拉·儒莲翻译出版《慧立、彦（宗）的玄奘传及其629—645年旅行》（即《慈恩传》一书）。

一、回鹘文《玄奘传》概述

回鹘文《玄奘传》（回鹘文名为bodïstw taïto samtso ačarïnïng yorïyïn oqïtmaq atlïy tsï ïn čuïn tigmä kwi nom bitig）约在公元10—11世纪由新疆别失八里人胜光法师（僧古·萨里）译自汉文。胜光法师的在世年代于史无考，我们只知道他还从汉文翻译过《金光明最胜王经》和《千手千眼观世音菩萨广大圆满无碍大悲心陀罗尼经》，但由于这两个译本也未题写翻译年代，所以回鹘文《玄奘传》的确切翻译时间也始终无从确定。冯·加班认为翻译年代在"后唐"（923—936）；[1]冯家昇以为"于北宋或较合理"（960—1127）；[2]耿世民根据该文献回鹘文字形的特点认为该书翻译年代在回鹘西迁以后和元代以前，即9—12世纪之间；[3]牛汝极认为"约在10世纪左右"。[4]

回鹘文《玄奘传》写本于1930年前后在南疆一带出土，写本的装帧形式为梵夹装，麻制，极厚，呈黄褐色。写本长44厘米，高18厘米，四边有红框线，每面27行，每叶54行，每行字数多少不一。在每叶文字的第5行到第9行之间划有圆圈（直径约4.9厘米），为穿绳

---

[1] A.von Gabain, Die uigurische Übersetzung der Biographie Hien-tsangs, SPAW, Berlin, 1935, pp.151-180.
[2] 冯家昇：《回鹘文写本〈菩萨大唐三藏法师传研究报告〉》，《冯家昇论著辑粹》，中华书局1987年版，第385页。
[3] 耿世民：《回鹘文〈玄奘传〉第七卷研究》，《民族语文》1979年12月第4期。
[4] 牛汝极：《维吾尔古文字与古文献导论》，新疆人民出版社1997年版，第221页。

孔。书写顺序是自上而下，由左到右。每叶背面左边原有小字回鹘文，注明写本的卷叶和叶码，今大部分剥落，存的不过七八处，卷首语和卷尾语尤存不多。现存的回鹘文残片都涉及到汉文第1—10章的内容。从学术界提供的信息看，到目前为止，已知此回鹘文本现分别藏于国家图书馆（原北京图书馆）、法国巴黎吉美博物馆（Musée Guimet），及俄罗斯科学院东方文献研究所，在柏林及敦煌、吐鲁番藏品中也曾发现别种版本。

回鹘文《玄奘传》是20世纪以来新疆出土的重要回鹘文文献之一，就其数量而言，只有《金光明经》《弥勒会见记》等少数几部篇幅较大的回鹘文文献可与之相比。该文献不仅为我们提供了关于中亚及印度佛教史方面的材料，还为我们提供了中亚及印度的许多地名的正确发音，对研究回鹘部族及其周围中亚诸民族的语言文字、文化、宗教、历史等具有十分重要的意义。

二、回鹘文《玄奘传》第六卷VI10–VI16七叶释读

俄藏回鹘文《玄奘传》第六卷共23叶，46面，共1229行。汉文第六卷正文从汉文本"贞观十九年春正月景子"到"纵复须人，今亦伊、吕多矣"。本文以吐古舍娃的《回鹘文〈玄奘传〉》（1991）第六卷转写为基础，研究其中七叶，分为对译、意译、汉文对照及注释四部分。对译文字置于相应的转写录文之下，汉文对照置于右侧，在每叶后进行注释。

VI10

244（0）altïnč　　ülüš　　　…　　　　　　　　　　汉文原文
　对译　第六　　　　卷
　意译　第六卷

245（1）/ol/　　　　　orun　taɣtïn-ïnta　　…
　　　　那　　　　　地方　山
　　　　在山那边　　　　　　　　　　　　　　　　圣威镇葱山之外，

246（2）kirügi　uč　yirdäki　bäg-lär　kün/in/
　　　　西边　尖　地方　　官员　　　日
　　　　远镇西方边界之外各地的首领　　　　　　　所以戎夷君长，

247（3）gä　　　　körgäli　bolïr-lar　bulït-ta
　　　　向格　　　看　　　动词-复数　云-位格
　　　　每当看见云中　　　　　　　　　　　　　　每见云翔之

248（4）učuɣma　quš　bädiz-lig　　　orun-ta
　　　　飞的　　鸟　　装饰-形容词　位置-位格
　　　　东方之鸟　　　　　　　　　　　　　　　　鸟自

249（5）öŋdürtin　käligli-lär　　ančulayu
　　　　东　　　　来的-复数　　如此
　　　　自东方飞来，　　　　　　　　　　　　　　东来者，

250（6）oq　　　　siz-ik-läri　　turup
　　　　语气词　　疑问-复数　　复数
　　　　都怀疑　　　　　　　　　　　　　　　　　犹疑

251（7） üstünki　　il-kä…
　　　　　上面的　　国家-向格
　　　　　是来自我大唐上国　　　　　　　　　　发于上国家,
252（8） miš　　　　　　　ät'öz-in　　　inčip　　a/ɣïr/
　　　　　形动词　　　　　　身体-宾格　　　如此　　重
　　　　　而对之心生　　　　　　　　　　　　　　　敛躬而
253（9） ayaɣ　　　　　qïlur-lar　:taqï　　nä　　　ayït/maq/
　　　　　尊重　　　　　做-复数　　况且　　什么　　问
　　　　　敬慕, 何况　　　　　　　　　　　　　　敬之, 况
254（10） krgäk:　　m（ä）n　　　toyïn　　huinsto
　　　　　需要　　　我　　　　　　道人　　　玄奘
　　　　　我玄奘乃一介　　　　　　　　　　　玄奘
255（11） tägirmi　　bašlɣ　　törtkil　　　　adaq/lïɣ/
　　　　　圆的　　　头　　　　四方的　　　　脚
　　　　　圆领方袍　　　　　　　　　　　　　圆首方足,
256（12） yaqïn　　tägirmi-sig　　igdiš…
　　　　　近的　　　圆一类的　　　教育、教化
　　　　　之沙门,　　　　　　　　　　　　　亲承育化者也。
257（13） ïɣ　　　　bulu　　tükädmägim　üz-ä　　t/ŋri/
　　　　　宾格　　　得到　　不结束　　　上面　　天
　　　　　更仰赖　　　　　　　　　　　　既赖天
258（14） ilig　　　　　　qutï-nïŋ　　čoɣïn　　yalïn-/ïn/
　　　　　王　　　　　　　福的　　　　光　　　　光芒-宾格
　　　　　天王慈悲的光芒　　　　　　　　　　威,
259（15） anïn　　barmïš-ta　　kälmiš-tä…
　　　　　故、所以　去-位格　　　来-位格
　　　　　所以才能往返　　　　　　　　　故得往还
260（16） bolmadï :　　xan　　söz-lädi :
　　　　　无、没有　　　可汗　　说
　　　　　无碍啊。皇帝说："　　　　　　　无难。"帝曰："
261（17） bu　　samtso　　ačari　　savï　　ärsär　　/čïn/
　　　　　这　　三藏法师　　　话　　　是真正的
　　　　　三藏法师这话都是　　　　　　　　　此自是
262（18） kirtü　　baxšï-lar-nïŋ　　uluɣ-lar
　　　　　真的　　法师-复数-领属　　伟大-复数
　　　　　法师您的　　　　　　　　　　　　师长者
263（19） nïŋ　　　　savï　　　ärür　　 : biz　　näčük　titi/nir/
　　　　　领属　　　话　　　　是　　　　我们　　为什么　担当
　　　　　功德, 朕哪里敢担当呢　　　　　　　之言, 朕何敢当也。"

264（20） biz　　　　　utruŋyalï　　　tip　　　：ötrü　bu
　　　　　我们　　　　对着　　　　说　　　　之后　这个
　　　　　于是接着询问西域诸国的情况　　　因广问彼事。

265（21） tïltaɣ-ïn　　　qar-lïɣ　　　art-ta
　　　　　原因-宾格　　雪的　　　　山岭-位格
　　　　　从雪岭　　　　　　　　　　自雪岭已

266（22） kirügi　　　änätkäk　　　ili-niŋ　　　isig
　　　　　西边　　　印度　　　　国家的　　　热的
　　　　　以西，以及印度之境，　　　西，印度之境，

267（23） inquyaš-ïn　　　　tört　　öd-läk
　　　　　宾格太阳-宾格　　四　　　时间-形构词
　　　　　四时气候　　　　　　　　玉烛和气，

268（24） töz-in　törümiš　　　ädin　　tvar
　　　　　根-宾格　立起来　　货物　　商品
　　　　　物产　　　　　　　　　　物产

269（25） ïn　　　　törü-sin　　toqu-sïn：
　　　　　宾格　　　风俗　　　　风俗
　　　　　风俗　　　　　　　　　　风俗，

270（26） säkiz　　uluɣ　　ilig-lär-niŋ
　　　　　八　　　伟大的　王-复数-领属
　　　　　八王故迹，　　　　　　　　八王故迹，

271（27） /i/tmiš　stupïn　　vrxar-ïn
　　　　　做、建造　佛塔　　寺院
　　　　　佛塔　　　　　　　　　　四佛

注释：
246（2） kirügi uč yirdäki bäg-lär，意为"西方尽头的官员们"，对应汉文"戎夷君长"。
267（23） quyaš-ïn tort öd-läk，意为"四时气候"，对应汉文"玉烛和气"。
271（27） "四佛"，译文中脱落。

VI11

272（1） ...lar-nïŋ　qodmïš　　　iz　　　...
　　　　　复数-的　　放下　　　印记
　　　　　遗踪，　　　　　　　　　　遗踪，

273（2） oruq-ïn　　　barčanï　körmiš-in　　kiŋ/ürü/
　　　　　遗迹-宾格　所有的　看的-宾格　　广泛的
　　　　　都广泛地记录，　　　　　　　　　并博望之所不传，

274（3） ayïtdï：　samtso　ačari　　änätkäk
　　　　　说　　　三藏　　法师　　印度
　　　　　法师在印度　　　　　　　　　　班、马无得而载。法师

275（4） dä　　　　yorïp　　　körünč-lämiš　　balïq
　　　　位格　　　走动　　　看到　　　　　　城市
　　　　亲自游览城市，　　　　　　　　　　　　　　　　　既亲游其地，

276（5） larïɣ　　　känt-lärig　　köz-in　　　　körm/iši/
　　　　复数　　　城市　　　　用眼睛　　　　看的
　　　　记录下眼睛看到的　　　　　　　　　　　　　　　观觇疆邑，

277（6） qulɣaqïn　　ašidmiši　　bar/ča/
　　　　用耳朵　听　　　　　所有的
　　　　耳朵听到的，都　　　　　　　　　　　　　　　　耳闻目览，记忆

278（7） qalïsïz-z　köŋülintä
　　　　剩余的　　心
　　　　用心记录，　　　　　　　　　　　　　　　　　　无遗，

279（8）/ač/uq　　adïrt-lïɣ　　ärdi　　　：anï
　　　　明显的　　有区分的　　是　　　　因为
　　　　没有遗漏。

280（9）/ü/čün　　tvɣač　　xan　　nätäg　　ayïtdï
　　　　于是　　　桃花石　　可汗　　怎么　　说呢
　　　　于是唐太宗

281（10）/ärsä/r　　：　　ol　　aytïɣ-ïŋa　　yarašï
　　　　所以　　　　　　　那个　问　　　　　合适的
　　　　询问的时候　　　　　　　　　　　　　　　　　　随问

282（11）...lïɣ　　yaŋlïɣ　　　ay-ï　　uz　　kiginč
　　　　......的样子　　　　非常　　好回答
　　　　...都有条不紊、详细地讲述　　　　　　　　　　酬对，皆有条理。

283（12）/bir/di　：xan　ärtiŋü　　yaz-ïlïp　tapïɣ
　　　　给予　　　可汗非常　　　开怀供养
　　　　皇帝非常开心　　　　　　　　　　　　　　　　　帝大悦。

284（13）/čï/bäglär-gä　　söz-lädi　：öŋrä
　　　　人臣　　　　　　说　　　　以前
　　　　对侍臣说道："以前　　　　　　　　　　　　　　谓侍臣曰："昔

285（14）...kün　atlɣ　　xan　　tao-an　tayšïɣ
　　　　天　　　名　　　可汗　　道安大师
　　　　...天可汗名叫释道安大师　　　　　　　　　　　苻坚称释道安

286（15）/tŋr/idämbilig-niŋ　　idisi　　ol　　tip
　　　　神圣的　　智慧的　　　　器物　　那　　是（表判断）
　　　　为神器，　　　　　　　　　　　　　　　　　　　为神器，

287（16）...lap　　tolp　　　　köz-ünč-dä-ki　　　bäglär
　　　　　　　　全部的　　　眼前所能看到的　　臣
　　　　受到朝野一致的　　　　　　　　　　　　　　　举朝

288（17）/ü/skintä ayatï　　ayïrladï :　amtï
　　　　　面前　　尊重　　　尊重　　　现在
　　　　　尊崇。如今朕　　　　　　　　　　　　　尊之。朕今观

289（18）...samtso ačariɣ　körsär :　　söz
　　　　　三藏　　　　　　法师　看　　　说
　　　　　再一睹法师的　　　　　　　　　　　　　法师

290（19）/lä/miš　savï　　kövšäk（？）　körklä sïɣšay（？）
　　　　　形动词　　话　　无拘无束　　　　漂亮的 ？
　　　　　言论风采，　　　　　　　　　　　　　　词论典雅，风节贞峻

291（20）/.../rusi（？）ɋamaɣ-ta　yigräk　näŋ
　　　　　　　　　　　　全部-位格　　比较级　不
　　　　　与古人相比也不逊色，　　　　　　　　　非惟不愧古人，

292（21）/i/di　　　aymanmägülüki yoɋ:　sökilär
　　　　　强调语气词　害怕、有愧于　没有　　以前的人
　　　　　恐怕还超越古贤　　　　　　　　　　　　亦乃出之

293（22）dä　　　　ymä　önüp　（？）　taɋï　ïraq ärtmiš
　　　　　位格　　　又　　出来　　　　　又　　远过去的
　　　　　甚远呢!"　　　　　　　　　　　　　　 更远。"

294（23）/t/urur（？）tip tidi:　ol　　ödün　čao　quɣ
　　　　　处在......情况下　说 说了那个 时候　赵国
　　　　　这时赵国　　　　　　　　　　　　　　　时赵

295（24）iltäki　čaŋ　baɣlïɣ　sunvuki atlɣ
　　　　　国的　　长　　姓　　孙无忌　名
　　　　　姓长名孙无忌的　　　　　　　　　　　　国公长孙无忌

296（25）ögä　ötünti :　čin　ol　bögü　tŋri
　　　　　谋士　呈报　　真正 表判断聪明的　天
　　　　　谋士附和道："的确如　　　　　　　　　对曰："诚如圣

297（26）/ili/g（？）qutï-nïŋ　yrlïɋamïš　yrlɣ
　　　　　王　　　　福的　　说的　　　　命令
　　　　　圣上所言，　　　　　　　　　　　　　　旨。

298（27）...sar　tapïɣčï　ɋolunčï（？）otuz
　　　　　　　　　臣　　　臣　　　　　　三十
　　　　　...臣曾读《三十　　　　　　　　　　　　尝读三十

注释:

273（2）"并博望之所不传"回鹘文译为"oruq-ïn barčanï körmiš-in kiŋ/ürü/（都广泛地记录）"。

274（3）"班、马无得而载"，回鹘文译文脱。

280（9）、281（10）　　"随问酬对"前增加了"/ü/čün tvɣač xan nätäg ayïtdï/ärsä/r : ol aytïɣ-ïŋa yarašï（于是唐太宗问）"。

285（14）tao-an〈tao（道）+an（安），汉语借词，意为"道安"。
tayšïɣ〈tay（大）+šïɣ（师），汉语借词，意为"大师"。
291（20）näŋ，不，与否定形式的动词组合在一起，起着强调否定的作用。
295（24）长孙无忌（594—659），字辅机，河南洛阳人，唐初宰相、外戚，隋朝右骁卫将军长孙晟之子，母亲高氏为汉族（北齐乐安王高劢之女），文德皇后同母兄。姓长孙，名无忌，回鹘文译为"čaŋ baɣlïɣ sunvuki atlɣ（姓长名孙无忌）"，译错。
296（25）ötünti，呈报，上报，表示下对上说话。

VI12
299（0）altïnč　/ülüš/　...
　　　　第六　　卷
　　　　第六卷
300（1）（i）l-lär ödiki　čüntsi...
　　　　国-复数　呈报　春秋
　　　　国春秋》，　　　　　　　　　　　国春秋，
301（2）bitigig　　　uz-adï　oqïyu　taginür-mn
　　　　写出的东西　经常　读　　我拜读了
　　　　写的东西我常常拜读，　　　　　　见叙安事，
302（3）kim　anta　söz-läyür　nom-qa　šaz
　　　　关联词　在那里　说　　经-向格　教义
　　　　其中的言说、经义　　　　　　　实是
303（4）in-qa　　　asïɣ　tusu　qïltačï　čïn
　　　　　　　　　有利　有益　做成　　真
　　　　十分有益，　　　　　　　　　　高行
304（5）kirtü　　　üstünki　　yig　yorïɣ-lïɣ
　　　　真正　　　上面的　　好　行走
　　　　真正的高尚得道的　　　　　　博物
305（6）bilgä　toyïn-larïɣ：　uluɣ
　　　　智慧的　道人-宾格　伟大的
　　　　伟大智慧的僧人　　　　　　　之僧。
306（7）asïɣ　tusu　qïltï-lar
　　　　利益　利益　做-复数
　　　　做了很多好事，
307（8）ärsär　　　ymä：tk　　ol　　öd...
　　　　是　　　　又　　但是　那　　时间
　　　　但当时　　　　　　　　　　　但彼时
308（9）burxan　nomï　kälmiši　yaɣuru
　　　　佛　　　法　　如来　　　走近
　　　　佛法传来我国不久　　　　　　佛法来近，

309（10）sudur-lar šastr-lar　　　ymä　　taq/ï/
　　　　　经-复数　论-复数　　　　又　　　还
　　　　　所传经论　　　　　　　　　　　　　　　　经、论未

310（11）üküš　ärmäz　ärdi　：ančata　　nom/uɣ/
　　　　　多　　　不是　　是　　在那　　　经
　　　　　有限，　　　　　　　　　　　　　　　　多，

311（12）bïšruntï-lar　　　　ärsär　ymä　　čïb/ïq/
　　　　　学习-复数　　　　　假设　　又　　　枝条
　　　　　即使潜心钻研　　　　　　　　　　　　　虽有钻研

312（13）yapïrɣaq̈-ïn　　　　bïšruntï-lar：näŋ
　　　　　树叶-宾格　　　　　学习-复数　　不
　　　　　习，所得的也不过是枝叶而已，不　　　盖其条叶，

313（14）samtso　ačari　täg　k（a）ntü-lär　änä/tkäk//
　　　　　三藏　　法师　　像　　自己　　　　印度
　　　　　像三藏法师亲临佛国，　　　　　　　　如法师躬

314（15）kä　　　　barïp　öz　köz-in　　körmäd/i/
　　　　　向格　　　　去　　自己　眼睛-宾格　看
　　　　　亲自用眼睛感受，　　　　　　　　　　窥净域，

315（16）lär　　：qamaɣ　ädgü　nom-lar-nïŋ　tö/z-in/
　　　　　复数　　　所有的　好　　佛经地　　　根-宾格
　　　　　追寻众妙之源，　　　　　　　　　　　讨众妙之源，

316（17）tüp-in　tüpkärdäči　nirvan-nïŋ　y/olï/
　　　　　底下　　追究　　　　涅槃-领属　　路径
　　　　　穷究涅槃的路径啊！　　　　　　　　　究泥洹之迹，

317（18）oruqï　ärsär　oɣrayu　bu　samtso
　　　　　道路　　假设　　正好　　这个　三藏
　　　　　这正是三藏　　　　　　　　　　　　　者矣。"

318（19）ačari　ärür　tip　tidi　：xan　yrlïq/adï/
　　　　　法师　　助动词　说　　助动词　可汗　说
　　　　　法师。"太宗说道："　　　　　　　　帝曰："

319（20）ögä　siz-iŋ　savïŋïz　　čïn
　　　　　谋士　您的　　话　　　　真的
　　　　　您说得对啊！　　　　　　　　　　　公言是也。"

320（21）ol　　　　tip：yana　samtso　ačari-qa
　　　　　那个　　　　说　　又　　　三藏　　法师-向格
　　　　　皇帝又对法师说到："　三藏法师您说　帝又谓法师曰："

321（22）söz-lädi：burxan　toɣmïš　yir
　　　　　话　　　　　　佛　　出生的　　地方
　　　　　佛诞生的地方　　　　　　　　　　　　佛国

322（23）ärtiŋü   ïraq   ärür :   nomluɣ   yrlï/qï/
         非常   远   是   法的   命令
         非常遥远,   邈远,

323（24）inčkädä inčkä   üküš   tit/ir/
         细小的   细小   多   说
         那里的灵迹和法教,   灵迹法教,

324（25）öŋräki   käd-lär   töz-iŋä   tägür/ü/
         以前的   知识   根   使达到
         前代史书   前史

325（26）bilgäli uqɣalï   umadï-lar :   kim   ol
         知道   知道   不能够   表关联那个
         不能详述其原委   不能委详,

326（27）samtso   ačari   ...kö...
         三藏   法师
         法师   师

注释：

300（1）čüntsi<čün（春）+tsi（秋），汉语借词，意为"春秋"。
302（3）söz-läyür<söz（说）+lä（动构词）+yür（现将时形动词第一人称单数）。
šazin<Śāsana，梵文借词，意为"教义"。
306（7）"asïɣ tusu qïltï-lar（做了很多好事）"，此处是译者增加的，汉文无。
316（17）nirvana<Nirvāṇa，梵文借词，意为"涅槃"，是佛教全部修习所要达到的最高理想，一般指断灭"生死"轮回而后获得的一种精神境界。据认为，人们处于"生死"，原因在有烦恼和各种思想行为（业），特别是世俗欲望和分别是非之观念。涅槃即对"生死"诸苦及其根源"烦恼"的最彻底的断灭。在佛典史籍中，通常也作为死亡的代称。此处汉文为"泥洹"，将此译为"nirvana"（涅槃）极为贴切。

VI13

327（1）bilmäyüküg   bilti   : yaraɣ/ay/
         不知道   知道   合适
         知道和不知道的   既

328（2）amtï   kim   ol   körmiš   yir   orun
         现在   谁   那   看见   地方   地方
         亲眼看见过,   亲睹,

329（3）larïɣ tuta bir   kavi   yaratz-un
         复数抓 一   诗歌   创造-第三人称祈使式
         应该写部传书,   宜修一传,

330（4）körgitgü-lük   bolz-un   körmäyük
         显示、让人看   成为   没有看见的
         给没有看见的。"   以示未闻。"

331（5）äšidmäyük-lärgä　　tip　　　tidi　　　　:　　　　　　:
　　　　　没有听见的　　　　说了　　助动
　　　　　没有听说的人展示。

332（6）yana　xan　samtso　　　　　ačari
　　　　　又　可汗　三藏　　　　　　法师
　　　　　皇帝又发现三藏法师　　　　　　　　　　　　　　帝又察法师

333（7）/niŋ/　　　　　　il　　　purohitisi
　　　　　领属格　　　　　国　　　师
　　　　　有担任国师　　　　　　　　　　　　　　　　　　堪

334（8）/ö/gä　　bolɣu-qa　　　　yaraɣlïɣ
　　　　　谋士　　成为-向格　　　合适的
　　　　　公卿的才能　　　　　　　　　　　　　　　　　　公辅之寄，

335（9）/ïn/　　körüp　samtso　ačariɣ　igil　bolup
　　　　　宾格　　看　　三藏　　法师　　世俗　成为
　　　　　就劝他还俗，　　　　　　　　　　　　　　　　　因劝罢道，

336（10）…atanïp ap　nomluɣ　ap　　　il-lig
　　　　　称为　　既　　法的　又　　　国家的
　　　　　协助自己处理　　　　　　　　　　　　　　　　　助秉

337（11）/tü/　　　　türlüg　iš　　ködügüg　　iš
　　　　　各种　　　　各样的　事情　事情　　　　事情
　　　　　世俗的事情，　　　　　　　　　　　　　　　　　俗务。

338（12）/lägü/gä ödlädi : samtso ačari
　　　　　动词　　　奉劝　　三藏　　法师
　　　　　法师辞谢道："　　　　　　　　　　　　　　　　法师谢

339（13）/öt/ünti : m（ä）n　huints　kičig　ky-äm
　　　　　呈报　　　我　　　　玄奘　　小　　　强调-第一人称
　　　　　玄奘从小　　　　　　　　　　　　　　　　　　　曰："玄奘少

340（14）/nom/　šaz-in-lïɣ　qapïɣ-da　　irklädim
　　　　　法　　　教义　　　门-位格　　　克服
　　　　　进入释门，　　　　　　　　　　　　　　　　　　践缁门，

341（15）/burx/an　nom-iŋa　qodï　aŋïtdïm
　　　　　佛　　　　法　　　　向下　倾心于
　　　　　笃信佛教，　　　　　　　　　　　　　　　　　　伏膺佛道，

342（16）/yürü/ŋ nomuɣ bošɣundum　quŋvutsi
　　　　　白的　　　法　　学习　　　　孔夫子
　　　　　教法是熟悉的，孔门的　　　　　　　　　　　　玄宗是习，孔教

343（17）/nom/ïn　äšidmädim : birök　amtï　tüz
　　　　　法　　　不听　　　　　如果　　现在　平的
　　　　　学问却很生疏，如今　　　　　　　　　　　　　未闻。今

344（18）…li törümin   kämišip   il   bolmaq
           制度   抛弃   国家   成为
       让我还俗，   遗从俗，

345（19）…iyin   bolsar-mn :   kimi   kölünüp
        跟随   是-我   船   乘坐
       无异于使河   无异乘

346（20）/a/qar   suvuɤ   käčär   ärkän   suvuɤ   uluɤ kölüngä
        流动的   水   渡过   当…时候   水   大乘
        流里的船   流之舟使

347（21）kämišip   quruɤ   yirgä   barmïš   täg
        抛弃、丢弃 干旱的   地   去的   像
        离水上岸，   弃水而就陆，

348（22）/a/dï/r/tsïz   bolɤay-mn   :   näŋ   yalŋuz
         不区别   成为   非   单独的
        没有区别，不单单   不唯无功，

349（23）/ät/'öz-üm   artamïš   bolɤay-mn
          身体   弄坏   成为
        把身体弄坏。

350（24）/quŋvu/tsi-lïɤ   quvraɤ   barča   yirügäy   quvraɤ   titsilär
        孔夫子的-形容词 大众的   全部破坏   全部   弟子们
        孔夫子的大众弟子们   亦徒令腐败也。

351（25）artaɤay : küsäyür-mn   uluɤ   ilig
        弄坏   希望-我   大的   国家
        变坏，我希望伟大国家   愿得毕身

352（26）bäg-ä :   bir   až-unta nomč   yorïp
         官员   一个   世界   按照法   行走
         的官员按照道行行走，   行道，以报国恩，

353（27）…yinčin   tägürgü-lüg   :
         达到   到达
         到达

注释：

333（7）purohitisi<Purohita，梵文借词，意为"梵辅天（Brahma-purohita）"。
329（3）kavi<Kāvya，梵文借词，意为"诗歌"。
342（16）quŋvutsi<quŋ（孔）+vu（夫）+tsi（子），汉语借词。
345（19）iyin，为后置词，意为"跟随"。
346（20）uluɤ kölüngä，大乘，külüngü意为乘，车。此词在梵语里为yāna，意即乘载（如车、船）或道路。梵语为Mahāyāna，即大乘佛教，1世纪左右形成的佛教派别，自称能运载无量众生从生死大河之此岸达到菩提涅槃之彼岸，成就佛果；kičig külüngülär，小乘，梵语为Hīnayāna，即小乘佛教，指运载狭劣之根机以达小果，原是大乘佛教徒对原始佛

教与部派佛教之贬称，其后学术界沿用之，并无褒贬义，一般称为二乘，即所谓声闻乘、缘觉乘。根据鸠摩罗什、僧肇、吉藏等人的意见，二者的主要区别是：小乘把释迦牟尼视为教主，大乘则提倡三世十方有无数佛，并进一步把佛神化。前者追求个人自我解脱，把"灰身灭智"、证得阿罗汉作为最高目标，后者宣传大慈大悲，普度众生，把成佛度世、建立佛国净土作为最高目标。在义学上，前者否定人我的实在性（众生空），后者还否定法我的实在性（法空）。在修习上，前者着重于三十七道品的宗教道德神通等修养，后者倡导以六度为内容的菩萨行。

350（24）quŋvutsi-lïɣ，孔夫子，此处为译者增加。

VI14

354（0）altïnč　　/ülüš/...
　　　　 第六　　　 卷
　　　　 第六卷

355（1）...ïnčïp　　huintso ...
　　　　 如此　　　 玄奘
　　　　 这是玄奘最大的愿望。"　　　　　　　　　　　玄奘之幸甚。"

356（2）ärür　　 tip　　munčulayu　　qatïɣ　　söz-läp
　　　　 是　　　 说　　 这样的　　　 硬的　　 说
　　　　 法师这样的坚决辞谢，太宗才作罢。　　　　　如是固辞乃止。

357（3）xan-ïɣ　　　särgürdi　　：　ol　　ödün　　xan
　　　　 可汗-宾格　 支持　　　　　那　 时候　　 可汗
　　　　 当时太宗正准备　　　　　　　　　　　　　 时帝将

358（4）uruŋut-larï　　vintsuy　liubin
　　　　 将军　　　　　问罪　　 辽滨
　　　　 用兵辽东　　　　　　　　　　　　　　　　　问罪辽滨，

359（5）atlɣ　　 bäglär　　il　　süüsin　　yïɣïp
　　　　 问　　　官员　　　国家　军队　　　 汇集
　　　　 全国的兵马　　　　　　　　　　　　　　　　天下之兵

360（6）laɣki　　　balïq-ta　quvram　/ïš/
　　　　 洛京　　　 城市　　　汇集
　　　　 已集中到洛阳，　　　　　　　　　　　　　　已会于洛，

361（7）lar　　　 ärdi　：　süü　　iš
　　　　 复数　　 是　　　 军队　 事情
　　　　 军务　　　　　　　　　　　　　　　　　　 军事

362（8）iväkintä　　sïqïɣïnta
　　　　 紧迫　　　 忙碌
　　　　 繁忙紧迫，　　　　　　　　　　　　　　　 忙迫，

363（9）samtso　　 ačari　　xan　　birlä　　/tip/
　　　　 三藏　　　 法师　　 可汗　 一起　　 说
　　　　 听说三藏法师来到，　　　　　　　　　　　 闻法师至，

364（10） äšidip   xan-qa   ötüg   ïd/ïp   köz/
         听   对可汗   请求   派   看
         请入朝廷,   令引入朝,

365（11） ünč-kä   kirdi-lär: anč/aɣïnča/
         向格   进   就在那个时候
         本想只作   期暂

366（12） samtso   ačari   birlä   körüš...
         三藏   法师   一起   相见
         短暂会见,   相见,

367（13） kirsiz   arïɣ   savïn（?）   nom   taɣ...（?）
         干净   干净   话   法   山
         说干净的话,   而清言

368（14） birlä   sišürü   qatšuru   söz-l··· qatïɣ
         一起   相容   融合   话   硬的
         可一起谈下去,   既交,

369（15） ingä   ötrü   kün   kičä   bol···
                  之后   白天   晚上   成
         就不知不觉到了黄昏。   遂不知日昃。

370（16） tuymadï-lar   :   čaoquɣ   il-lig   /čaŋ/
         感觉不到-复数   赵国的   国   长
         赵国公姓长   赵国公长

371（17） baɣ-lïɣ   sunvuki   ögä   xan-   /qa/
         姓   孙无忌   谋士   可汗   向格
         的孙无忌谋士,向可汗   孙无忌

372（18） ïnča   tip   ötünti   :   tŋri   i/lig/
         这样   说   呈报   神圣的   国
         这样呈报,神圣的国家   奏称

373（19） qutï   yrlïqasar   samtso   ačariɣ
         福   说   三藏   法师
         说三藏法师在   法师停

374（20） quŋlusï-da   tünägü-kä   taplay/u/
         鸿胪寺   过夜   意愿
         鸿胪寺住宿,   在鸿胪,

375（21） yrlïqasar bolu   täginäy   ärdi
         命令   成为   到达   是
         命令到达的时候

376（22） ärmäsär   kün   kičä   bolu   tägin/ür/
         不是   日   晚上   成为   接触
         天晚   日暮

377（23） tünämiš saŋram-in　　　yitgüs/i/ alp
　　　　　过夜　　寺　　　　　　达到　困难
　　　　　恐怕赶不回去。　　　　　　　　　　　恐不及。

378（24） täginür tip tidi : 　 xan　y/rlï/
　　　　　接触　说　助动　　　 可汗　命令
　　　　　太宗说　　　　　　　　　　　　　　 帝曰："

379（25） qadï　ay-a　tip　muntaɣ söz-lä/p/
　　　　　猛烈　语气词　说　这样　话
　　　　　时间仓促话说不完，　　　　　　　　 匆匆言犹未尽意，

380（26） savïn　üz-mäz　ärdi : xan kö/rüšdük/
　　　　　话　　弄断-否定　是　　可汗　会面
　　　　　太宗想请　　　　　　　　　　　　　 欲共

381（27） tä　　　　samtso ačariɣ...
　　　　　位格　　三藏　　法师
　　　　　三藏法师…，　　　　　　　　　　　 师东行

注释：

358（4） vintsuy<vin（问）+tsuy（罪），汉语借词。
liubin<liu（辽）+bin（滨），汉语借词。
374（20） quŋlusï<quŋ（鸿）+lu（胪）+sï（寺），汉语借词。
379（25） muntaɣ<bu（这）+n（增音）+taɣ（性状词）。

VI15

382（0） altïnč　/ülüš/ ...
　　　　　第六　　卷
　　　　　第六卷

383（1） ...süükä　iltip　balïq　ul/uš/
　　　　　军队　　拿去　城市　国家
　　　　　...军队去城市　　　　　　　　　　　省方

384（2） /kör/gitgü　　bodun　qraɣ　körünčlätgü
　　　　　展示、展现　人民　　百姓　看
　　　　　上看百姓的风光民俗，　　　　　　　 观俗

385（3） tapï　ärdi : anï　üčün　kim　ol
　　　　　愿意　是　　所以　因此　关联词　那
　　　　　在我指挥用兵　　　　　　　　　　　 指麾

386（4） bäg-lärig taštïn　öntürüp
　　　　　官员　　 外面　　让他出去
　　　　　之暇，（抽空再作长谈，法师是否同意）之外，别更谈叙，师意如何？"

387（5） samtso　ačari　ïnča　ötünti :
　　　　　三藏　　法师　　这样　请求

　　　　　　　法师辞谢道："玄奘　　　　　　　　　法师谢曰："玄奘
388（6） ïraqtïn　　käli　　tägindim
　　　　　从远处　　来　　得到、到达
　　　　　刚从远方归来，　　　　　　　　　　　远来，

389（7）...na　iglig　　kämlig　　tägin
　　　　　　　有病的　有欠缺的　　到达
　　　　...身体又有毛病，　　　　　　　　　　兼有疾疹，

390（8）/ür/mn　：　näŋ　　usum
　　　　　　　　　　否定词　我的好处
　　　　恐怕不能　　　　　　　　　　　　　　恐不堪

391（9）/tä/ginmäztŋri　　ilig　qutï-nïŋ
　　　　　达到　　　上天　　国家　福气的
　　　　陪同伟大的　　　　　　　　　　　　　陪

392（10）...i　　iyin　　barï　　tägingäli　　tip
　　　　　　　　跟随　　去　　助动词　　　说
　　　　天子东行。"　　　　　　　　　　　　驾。"

393（11）/tid/i　：　xan　　söz-lädi　：　samtso
　　　　　了　　　可汗　　说了　　　　三藏
　　　　太宗说："法师　　　　　　　　　　　　帝曰："师

394（12）/ačar/ï　yalŋuz-ïn　　bardï　：　qorqïnč
　　　　　法师　　单独　　　　去　　　　可怕的
　　　　一个人尚能够　　　　　　　　　　　　尚能

395（13）ïraq　　änätkäk　iliŋä　　amtïqï
　　　　　远的　　　印度　　国家　　现在的
　　　　到远方印度游学，如今　　　　　　　　孤游绝域，今

396（14）yorïɣ　ärsär　　qantu　täpmiš　täg
　　　　　行走　　是（助动）　什么　　像　　像
　　　　前去同行　　　　　　　　　　　　　　此行盖同

397（15）…birläki yorïɣ　ol　：　muŋar　näkül
　　　　　一起的　　行走　　那　　对他　　怎样
　　　　走不了几步，　　　　　　　　　　　　跬步，

398（16）/ta/lqanɣu　（？）　tip　tidi　：　samtso　ačari
　　　　　相互对立　　　　　说　　了　　　三藏　　法师
　　　　还用得着推辞？"法师　　　　　　　　安足辞焉？"法师

399（17）/ö/tünti　：　tŋri　ilig　qutï　ilgärü
　　　　　请求　　　　天　　国　　福　　向东面
　　　　答道："陛下东征，　　　　　　　　　对曰："陛下东征，

400（18）/süü/läyü yrlïqasar　altï　bölük
　　　　　派军队　命令　　　　　六　　部分
　　　　派遣六军，　　　　　　　　　　　　　六军奉卫，

401（19）/sü/üsi　täginür　küz-ädür　　　　：　bulɣaq-ïɣ
　　　　　军队　　到达　　保卫　　　　　　　乱的-宾格
　　　　　征伐乱　　　　　　　　　　　　　　罚乱

402（20）/a/z-ɣurdačï　　　　il　　　ölütčisi　bäg
　　　　　迷失方向　　　　　　国　　　该杀的　　官员
　　　　　国，诛讨逆臣，　　　　　　　　　　　国，诛贼臣，

403（21）/lär/-niŋ　　　otɣuraq　　bar　　öŋ-dä
　　　　　复数-领属　　　一定的　　　有　　在前面
　　　　　自当有重要的　前面　　　　　　　　必有牧

404（22）/ar/qa-ta küz-ädmäk　　ärdäm-läri
　　　　　在后面　　保卫　　　　功劳-复数
　　　　　后面保卫的功劳，　　　　　　　　野之功，

405（23）/an/-ta　turup　t（a）rk　　t（a）vraq
　　　　　那样的　站立　　快速的　　　迅速的
　　　　　那样快速的胜利，　　　　　　　　昆阳之捷。

406（24）/iš/yumuš　　　　　qïlmaɣ-larï　　：toyïn
　　　　　事情　　　　　　　做　　　　　　　和尚
　　　　　玄奘是做和尚的，　　　　　　　　　玄奘

407（25）/huin/tso barsar-mn　　näŋ　　idi
　　　　　玄奘　　如果我去　　　不　　　根本
　　　　　玄奘我去不能有帮助，　　　　　　自度，终无

408（26）/art/　　basut　bolqum　　yoq　　čärig
　　　　　帮助　　　帮助　　是　　　　没有　　军队
　　　　　行军作战无能为力，　　　　　　　　裨助行阵之效，

409（27）…käz-ikdä　　　　　iš…
　　　　　次序　　　　　　　事情

注释：

403（21）、404（22）"牧野之功"译为"öŋ-dä/ar/qa-ta küz-ädmäk ärdäm-läri（保卫前方后方的功劳）"这里是意译的翻译方法。

407（25）barsar-mn＜bar（去）+sar（条件式）+mn（第一人称单数），如果我去。

VI16

410（0）alt/ïnč　　ülüš/...
　　　　　第六　　　卷
　　　　　第六卷

411（1）ködüg　　süz-üm　　üz-ä　　：yol…
　　　　　没有　　　事情　　　在……上面　道路
　　　　　徒然增加途　　　　　　　　　　　虚负途路

412（2） quruɣ   qïlmaɣïm-qa   ötünü-ü
       空的   做   请求
       中麻烦。   费损之惭。

413（3） täginür-mn   taqï   artuqraq   süü
       我到达   又   更多余   军队
       再说兵戎   加以兵戎

414（4） süŋüš   körünč-lämägiɣ   vinay-da
       打仗   见面   律-位格
       战斗，戒律   战斗，律制

415（5） titä   yrlïqamïš   ol ：ïduq   tükäl
       舍弃   命令   那 神圣的   全部的
       禁止观看，   不得观看。

416（6） bilgä   tŋri   tŋrisi   bu/rxan/
       智慧的   天上   天   佛
       这是   既佛

417（7） nïŋ   bu   yrlïqï...
       属格   这个   命令
       佛说过的，   有此言，

418（8） ärip   toyïn   huintso t...
       是   道人   玄奘
       我不敢不奏明。   不敢不奏。

419（9） mägäy-mn   ol   yrlɣ-ïnča   qïlmaq
       ？   那   命令   做
       望陛下   伏愿

420（10） kösäyü   täginür-mn   tŋridäm   yrl/ïqaz/
       愿望   助动词   上天的   慈悲
       体察   天慈

421（11） čučï   köŋülin   irinčkäyü   yrl/ïqaz/
       的   心   怜悯地   命令
       苦衷，   哀矜，

422（12） un   toyïn   huintso-nuŋ   küsüš/i/
       道人   玄奘   希望
       则玄奘幸甚。"   即玄奘幸甚。"

423（13） bu   täginür   tip   tidi: xan   samt/so/
       这个   到达   说   说了   可汗   三藏
       太宗   帝信

424（14） ačari-nïŋ   ötügin   äšidip…
       法师-领属   请求   听到
       听从   纳

425（15）sïnča　　alïp　　iltgü　　savïɣ　　qo/du/
　　　　带　　　带来　　话　　　放置　　下
　　　　作罢。　　　　　　　　　　　　　　　而止。

426（16）yrlïqadï :　　samtso　ačari　ya/na/
　　　　命令　　　　　三藏　　法师　　又
　　　　法师又　　　　　　　　　　　　　　　法师又

427（17）ïnča　　tip　　ötünti :　m（ä）n　huints/o/
　　　　这样　　说　　请求　　　我　　　　三藏
　　　　上奏太宗道："玄奘　　　　　　　　　奏云："玄奘

428（18）änätkäkdin　　kälürmiš　　altï　　yüz…
　　　　印度　　　　　来　　　　　六　　　百
　　　　从西域获得的六百多部　　　　　　　　从西域所得梵本六百余部，

429（19）änätkäkčä　　nom-ta　　bir　savï　ymä　tv/ɣač/
　　　　印度语　　　　经-位格　一　　话　　又　　桃花石
　　　　梵文经本，一个字都　　　　　　　　　一言未译。

430（20）ča　　ävrilmäyük　　ol　 :　　amtïuluɣ
　　　　　　　不转动　　　　那　　　　现在　伟大的
　　　　没有翻译。伟大的大唐　　　　　　　　今

431（21）ilig　　bäg　　uqmïš（?）　　bolu　yrlïqaz-/un/
　　　　国家　　官员　　明白　　　　　是　　命令
　　　　如今得知国家的　　　　　　　　　　　知此

432（22）bu　　süŋ　　qoɣ　atlɣ　　uluɣ　basɣuq
　　　　这　　嵩　　　山　　名叫　　大　　山脉
　　　　名叫嵩山的大山脉　　　　　　　　　　嵩岳之南

433（23）nïŋ　　küntün-intä　　šaošir-šab　　t/aɣ/
　　　　领属　　在…之南　　　少室山　　　　山
　　　　的南面，在少室山　　　　　　　　　　少室山

434（24）ol　　taɣ-nïŋ　　taɣdïninta　　šaolim/sï/
　　　　那　　山的　　　在…之北　　　少林寺
　　　　之北有个少林寺，　　　　　　　　　　北有少林寺，

435（25）atlɣ　　saŋram　ol　　qop　　tiki　čoɣï-/ta/
　　　　名叫　　寺院　　那　　全部　垂直的　光耀
　　　　那里光辉垂直照耀，　　　　　　　　　远离壅落，

436（26）öŋi　　ödrülmiš :　　yuulï　yulaqï
　　　　分别　　各自　　　　小溪
　　　　溪水　　　　　　　　　　　　　　　　泉石

437（27）süz-ük　　inč　amïl　 : …
　　　　洁净　　　静　现在
　　　　洁净，现在…　　　　　　　　　　　　清闲，是后魏孝文

注释：

419（9）mägäy-mn，前有破损，词意不清。

421（11）irinčkäyü<irinčkä（怜悯）+yü（副动词）。

427（17）ïnča<ï（那）+n（增音）+ča（性状词），意为"那样"。

432（22）süŋ qoɣ，汉语借词，嵩山。

433（23）šaošir-šab，汉语借词，少室山。

434（24）šaolim/sï/，汉语借词，少林寺。

435（25）远离壃落，"atlɣ saŋram ol qop tiki čoɣï-/ta/（那里光辉垂直照耀）"，这里采取意译的翻译手法。

435（26）"yuulï yulaqï"为复合词，意为"一条小溪"。

黑水城出土星命书《百六吉凶歌》残叶考

秦光永

（四川大学　历史系）

摘要： 俄藏инв.No.3582（2-2）号残叶是一件西夏文抄本的星命书，其内容与明代万民英编纂的《星学大成》所载的《百六吉凶歌》部分内容基本相同。借助今本《百六吉凶歌》的记载，可释读其内容。同时，此份残叶亦可证明《星学大成》部分内容的古老性，可直接将其作为释读宋元时期星命类占卜文书的主要参考文献。

关键词： 星命　《星学大成》　《百六吉凶歌》　洞微大限

俄藏инв.No.3582（2-2）号残叶，1909年出土于黑水城遗址，今藏俄罗斯科学院东方文献研究所，照片刊布于上海古籍出版社出版的《俄藏黑水城文献》第十册，题"历书"[1]。《俄藏黑水城文献》第十四册叙录将其改名为《星命书》。原件为麻纸写本，由三件残片构成，"均高22.3，宽依此从右至左为2.2,13,7.3。西夏文楷书、行草书。正文大字，注释双行夹注，小字分别为1行、11行、6行"[2]。迄今为止，国内尚未有学者对此件残叶进行专门研究。从其内容来看，该残叶实为星命书《百六吉凶歌》的西夏文译本残叶[3]，与《星学大成》卷七所载《百六吉凶歌》相吻合。

一、星命概说

星命术，属于中古时期西域舶来品，起源于古巴比伦，后经中西交往通商、佛教东渐，从印度、西亚传入中国。与中国传统的军国星占不同，星命术所占之事一般不涉及军国大事，而是利用十一曜在十二星宫的位置来推占个人夭寿贵贱，即所谓"谈星命者以十二宫值十一曜立说，论人行年休咎"[4]。唐宋时期，星命术流传很广，在士大夫阶层和下层百姓间很有市场，韦兵师对此已有专文论述[5]。此外，饶宗颐、陈万成、钮卫星、宋神

---

[1] 俄罗斯科学院东方研究所圣彼得堡分所、中国社会科学院民族研究所、上海古籍出版社合编的《俄藏黑水城文献》第10册，上海古籍出版社1999年版，第150页。

[2] 《俄藏黑水城文献》第14册，2011年版，第10页。

[3] 其前页为3582（2-1）号残叶，叙录亦称之为"星命书"，但考其内容，与3582（2-2）号残叶无关且并非星命文书，故本文不作赘述。

[4] （明）陆容：《菽园杂记》，卷二，中华书局1985年版，第18页。

[5] 参见韦兵《宋元士大夫与星命、星命术士》，《学术月刊》2017年第3期。

秘、孙伟杰、盖建民[①]等学者亦对唐宋时期星命术做了深入研究。

今人研究星命术主要参考文献为明万民英编撰的《星学大成》。万民英，字育吾，大宁都司人，嘉靖庚戌进士，历官河南道监察御史，出为福建布政司右参议。此书特点四库馆臣总结为："取旧时星学家言，以次编排，间加注释论断"，"其于星家古法纤巨不遗，可称大备"，"鸠集众说，多术家不传之本，实为五星之大全"[②]。也就是说万明英《星学大成》主要不是他的创论，而是汇集古代星命著作，并加以条理化和系统化。《星学大成》所载有关洞微大限部分内容与《正统道藏》洞真部众数类"菫"字号的《秤星灵台秘要经》所载《洞微大数休咎歌》和《洞微限歌》相当，《秤星灵台秘要经》中有乾宁（894—897）中作者勘疏的记录，可见成书于晚唐五代，故可推知《星学大成》卷七中《洞微百六限起例》、《百六吉凶歌》也是晚唐五代的古书。

今本《百六吉凶歌》载于《星学大成》卷七，3582（2-2）号残叶内容与《百六吉凶歌》基本相同，该残叶应该译自汉文本《百六吉凶歌》。洞微大限又称"洞微百六限"，"洞微大限一百年零六个月，故曰百六"，洞微大限推各限时间为："命宫十五貌宫十，福德妻宫十一详。官禄十五最高位，迁移止有八年粮。疾厄七兮共六六，财帛兄弟五年强。田宅子孙并奴仆，四年之半定毫芒"。[③]此为行限标准，但是以行限推占命运好坏，则需要参考《星学大成》中《百六吉凶歌》、《洞微歌》等内容。

此外，英藏黑水城文献Or.12380-1796号残叶与本残叶相似，也为《百六吉凶歌》西夏文译本残叶。[④]

二、инв.No.3582（2-2）号星命书残叶考释

3582（2-2）号残叶（图一）由三片残叶构成，为行文方便，我们把他们从右至左依次命名为一号残叶、二号残叶和三号残叶。[⑤]

[①] 饶宗颐：《论七曜与十一曜——记敦煌开宝七年（九七四）康遵批命课》，《选堂集林·史林》，明文书局1982年版，第771—793页；陈万成：《杜牧与星命》，《唐研究》2002年第8期；后收入氏《中外文化交流探绎——星学·医学·其他》，中华书局2010年版，第1—24页；钮卫星：《唐宋之际道教十一曜星神崇拜的起源和流行》，《世界宗教研究》2012年第1期；钮卫星、宋神秘：《继承、改造和融合：文化渗透视野下的唐宋星命术研究》，博士学位论文，上海交通大学，2014年；孙伟杰、盖建民：《斋醮与星命：杜光庭〈广成集〉所见天文星占文化述论》，《湖南大学学报》（社会科学版）2016年第3期。

[②] （清）永瑢等：《四库全书总目提要》，卷109，《子部·术数类二》，中华书局1965年版，第928页。

[③] （明）万民英：《星学大成》，卷七，《总论诸限·洞微百六限起例》，中央编译出版社标本2015年版，第177页。

[④] 参见徐阳《英藏黑水城文献西夏文译〈百六吉凶歌〉残叶释读》，第七届中国少数民族古籍文献国际学术研讨会会议论文。

[⑤] 该残片由正文和双行小注构成。录文中正文部分以仿宋体加粗形式表示，双行夹注部分则以仿宋体不加粗形式表示，文中所引《百六吉凶歌》内容亦依此体例。

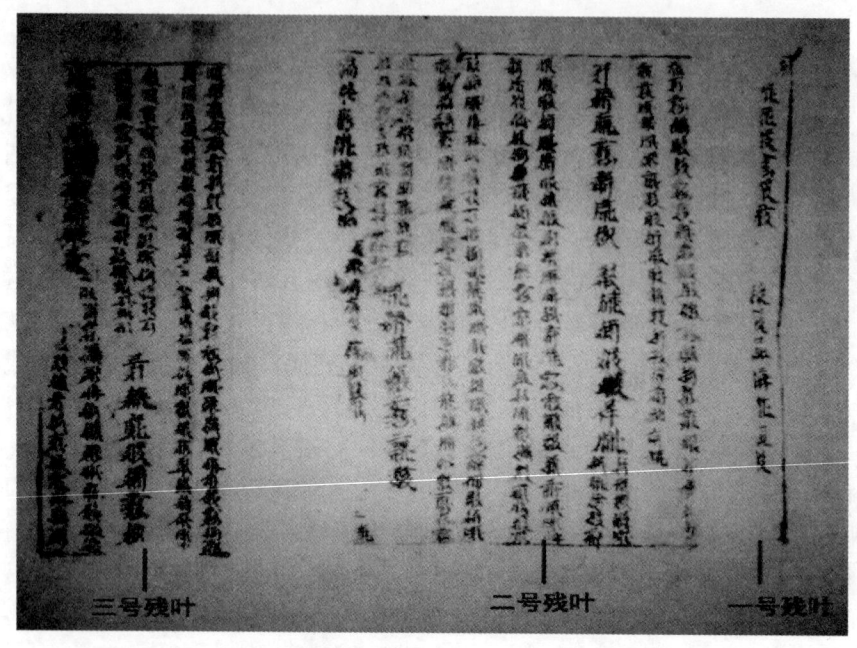

图一　инв.No.3582（2-2）号残叶书影

一号残叶

原文及对译：

𗼃𗾁𗣥𗋈𗆧𘃎𘃔。𘃔𗧘□①𗣼𗈪𗖻𘃔。

身命行年恶曜见。太阴□内亡月为。

《百六吉凶歌》：

身命行年恶曜随。留逆之月为亡月。

本句只残存半句，前后文均缺，在《百六吉凶歌》中，此句的完整表述为："初入忌星宫限里，身命行年恶曜随。留逆之月为亡月，宫居五弱不需疑。"且后文接的双行夹注注解如下：

> 如人正入昼火夜土限，身命行年宫入值凶星守照，兼其宫在五弱位，虽是初入限，忌星留逆之月，身便亡，更不候依常数而灾发也。②

所谓忌星，指昼生人忌星为火，夜生人忌星为土，是星命术士推洞微大限关注的一个重要因素："大抵洞微所急者，限主也。洞微所贵者，禄星也。所重者，诸曜顺行也。所发者，庙宫也。所畏者，忌星也……"③在洞微大限中，忌星所在宫位直接关系到命主命运好坏，甚至关乎性命，"大凡限逢忌星，不死亦灾"④。但并非无解，只需火在阴宫，土在

---

① "□"表示暂未识别的西夏文，一个"□"代表一个字，下文同。
② 《星学大成》，卷七，《总论诸限·百六吉凶歌》，第189页。
③ 《星学大成》，卷七，《总论诸限·统论》，第181页。
④ 《星学大成》，卷七，《总论诸限·统论》，第182页。

阳宫，或二星为三方主，则无性命之忧："夜忌土星日忌火，三方不是死无疑。此星若是三方主，虽有灾侵命不离。火阴土阳宫尤秒，好乐位中别有奇。"①

二号残叶
原文及对译：
𘞌𘞏𘝵𘟖，𘞎𘞑𘝵𘞚𘞛𘞜，□𘜕𘜖□。𘞌□𘝵□𘟙𘟚，𘞎𘝶𘟛𘟜
十一曜中，紫气星与遇时，□倍胜□。福□喜□生时，日月对见

𘝵𘟝𘞔，𘟝𘟞𘞛𘞜，𘞎𘝷𘞟𘞎𘞠，𘞎𘝷𘞟𘞡𘞢𘞣𘞤𘞥。
与宫同，宫限遇时，不仕者官授，已仕者则清忠位得。
《百六吉凶歌》
限中紫气星相见，职位清高主翰词。
十一曜中，惟推天乙紫气遇之，倍胜别星；若当生，更与日月同对，此限数遇之，不仕者主释褐授官，已得仕者主职加清峻。
本段只存双行夹注部分。前缺"限中紫气星相见，职位清高主翰词"一句正文，本句在谈论洞微大限逢紫气星所在之限的吉象，紫气星为吉曜，主功名："此星天上文星，行年及身命限得之，学者春秋，必逢补中……若遇气限者，功成名就，凡事称心。"②双行夹注"若当生更与日月同对"一句意为：若洞微大限逢紫气所在之限，生时同宫或对宫有日月二曜，则"不仕者主释褐授官，已得仕者主职加清峻"。

原文及对译：
𘝸𘞑𘝹𘝵𘟦𘝶𘟝𘞛，𘝺𘝻𘞐𘞑𘞥𘝼𘝶。
一限二星居庙宫，益寿四年福但知。

𘝽𘞈𘞉𘟔𘝶𘞊𘝶𘞛，𘞎𘞋𘝶𘝶𘞌𘝶𘞛，𘝵𘟧𘞐□□𘝶𘞍𘞎𘞏𘝵𘟖。
譬如狮子宫命宫为，至金牛宫官禄宫为，十五年□□宫内月金二星见。

𘝼𘟨𘟩𘞌𘝶𘞍𘞐𘞊𘞛。𘝵𘟧𘞐𘞛，□𘞑𘞐□。𘞌𘝵𘞌𘝶𘞚𘞒𘝶𘞛，
太阴者金牛内庙为。十五年在，□上四年□。金星金牛宫喜乐宫是，

𘟪𘝼𘞔𘟦𘞐𘞓，𘞎𘞐𘝶𘞍𘞔，□𘟦𘝼𘞏𘞐𘞛。
前等上二年增，官禄宫内为，□二十一年在。

𘟫𘟬、𘟭𘝶𘞔𘞕𘟮𘝶𘞍𘞛，𘟯𘞖𘝼𘞗𘝶𘞚，𘟰𘞘𘟔𘞙𘝶𘞊。
又火、土宫同摩羯宫内在，火之旺度宫是，土临庙堂宫谓。

———
① 《星学大成》，卷七，《总论诸限·统论》，第182页。按：标点本中"此星若是三方主"一句中"三方主"作"二方主"，查四库本为"三方主"，该标点本以四库本为底本点读，且星命术中无"二方主"之说，故依四库本改为"三方主"。
② 《星学大成》，卷十九，《三辰通载·紫气论》，第543页。

𘓝𘍚𘗢𘄥𘃣，𘖀𘗘𘇅𘊤□𘕕，𘛰𘍚𘗢𘉰𘗑，𘚨𘗂𘙀𘉰𘚛𘊤𘕕。
二宫限与遇，等日夜生□为，前宫限等上，一星年数增生为。

𘑼𘊡：𘙟𘊤𘖧𘗂，𘙀𘉰𘋄𘛬；𘇅𘊤𘛍𘗂，𘙀□□□𘊚。
经云：昼生火星，年数不增；夜生土星，年□□□也。

《百六吉凶歌》
一限两宫俱好乐，益寿四年福要知。
　　假令狮子为命宫，行金牛宫限，遇见金、月二星，是官禄宫中好乐。又火、土同在磨蝎，火临旺度，土临庙堂，是两宫好乐。限数遇之，不问昼夜，在限本数，只加一星之数。经云："昼火不增数，夜土不加年"故也。

　　本段为3582（2-2）号残叶保留最完整的一段，通过对比《百六吉凶歌》可以发现，本段"官禄宫为,十五年□□宫内，月金二星见，太阴者，金牛内室为，十五年在。□上四年□金星金牛宫喜乐宫，是前等上二年增，官禄宫内为，□二十一年在"一句在《百六吉凶歌》中表述为"遇见金、月二星，是官禄宫中好乐。"残叶中"一限二星居庙宫，长寿四年福愿知"一句，《百六吉凶歌》的记载为"一限两宫俱好乐，益寿四年福要知。"《秤星灵台秘要经》记载为"一限两星居好庙，益寿四年人要知。"[①]通过下文双行夹注解释可以看出，本句意在指出，若行限至某限内有两星，且该限为此二星的旺、乐宫，则每星加两年之寿，合共四年，《星学大成》卷七《统论》将此表示得更清楚：

　　　　若是限星居庙度，即于本数外更加四年。居旺乐度，即增算两年。如一限之中见两星在旺乐，合共延四年。[②]

　　此处所说延年即延寿，共有三种延年情况：其一，若行限所至之宫有一星，且该限恰为此星庙宫[③]，则寿加四年；其二，若是行限所至之宫有一星，且该宫恰为该星旺、乐宫，则寿加两年；其三，若行限所至之宫有两星，而该宫又为此二星之旺、乐宫，则每星加两年，共加四年寿。故而"一限两宫俱好乐，益寿四年福要知"指第三种情况。因此，《星学大成》所载《百六吉凶歌》"一限两宫俱好乐，益寿四年福要知"一句表述有误，作"两宫"于理不通，疑为传抄过程中致误，将"一限两星"误写为"一限两宫"，当以《秤星灵台秘要经》和3582（2-2）号残叶记载为准。
　　下文双行夹注，则用某狮子宫安命的人的情况举例，对此句加以解释。图二为此人命盘示意图。

[①] 佚名：《秤星灵台秘要经》，《正统道藏》第8册，洞真部众数类"堇"字号，新文丰出版公司1977年版，第196页。
[②] 《星学大成》，卷七，《总论诸限·统论》，第181页。
[③] 十一曜之庙旺喜乐宫参见《星学大成》卷一，《星曜吉凶图例·星辰分野所属庙旺喜乐之图》，第4页。

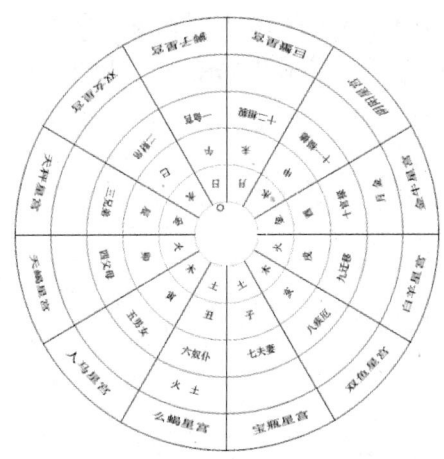

图二　某人以狮子宫安命星盘

依洞微百六限起例，残叶中"至金牛宫，官禄宫为，十五年□□宫内"指当行限至官禄宫金牛宫时，共十五年在此宫。"太阴者，金牛内庙为，十五年在，□上四年□。"指金牛宫为月之庙宫，故在本数十五年之上加四年，即十九年，与上述《统论》中"若是限星居庙度，即于本数外更加四年"一句合。"金星金牛宫喜乐宫，是前等上二年增，官禄宫内为，□二十一年在。"指金牛宫为金星之乐宫，则依"居旺乐度，即增算两年"，在十九年基础上再加两年，共得二十一年。但是本段与"益寿四年福要知"存在逻辑问题，如果是二十一年，那么要改为"益寿六年福要知"，显然与原意不符，金牛宫为月之旺宫而非庙宫，故而此处只应加二年，加上金星居旺乐度两年合共四年，故而3582（2-2）号残叶中二十一年表述有误。

万民英在整理《星学大成》时，已发现了前代文献中此处存在的逻辑问题，故而将"一限二星居庙宫"一句改为了"一限二宫俱好乐"，并将双行夹注中以狮子宫为命宫之举例进行删改，将原文献中"太阴者，金牛内庙为，十五年在，□上四年□。金星金牛宫喜乐宫，是前等上二年增，官禄宫内为，□二十一年在"一句改为"见金、月二星，是官禄宫中好乐"。以求达到前后逻辑相通的目的。万氏精于命理术，发现此种问题并非没有可能。

双行夹注"又火、土宫同，摩羯宫内在，火之盛度宫是，土临庙堂宫也，二宫限与遇，等日夜生，□为前宫限等上，一星年数增生为。"则解释了另外一种"一限二星"加年的情况，即当火、土忌星同在庙乐宫时的情况。如图二，当行限至摩羯宫时，有火、土二星在此宫，查《星辰分野所属庙旺喜乐之图》可知，摩羯宫为土之庙宫、火之旺宫，但因火、土二星为忌星，故而此处情况特殊，不依照上述三种情况加年，"不问昼夜，在限本数，只加一星之数"，即当如图二所示，行限至摩羯宫时，为第六宫奴仆宫，无论是昼生人还是夜生人，只在四年半[①]基础上加一星之年数，即只加两年。残叶中"经云：昼生火星，年数不增。夜生土星，年□□□也。"与《百六吉凶歌》"经云：'昼火不增数，夜土不加年'故也"此二句中的"经"已不可考，但意思相同。

虽然3582（2-2）号残叶本段表述与今本《百六吉凶歌》表述有小的初入，但是可以基

[①] 依《洞微百六限起例》"田宅子孙并奴仆，四年之半定毫芒"，限在奴仆宫的限数为四年半。

本据此断定二者是同源的，只不过万民英在编纂收录《百六吉凶歌》时进行加工，相比之下，3582（2-2）所载《百六吉凶歌》内容更能体现其原始面貌。

原文及对译：
𗧁𗴂𗤁𗢭𗤋𗵒𗆐，𗒹𗤋□𘜶𗼻□□
宫限二恶曜遇时，灾为□重避□□

□𗴂𗏹𗤁𗒹𗵒𗆐𗰔……
□限内二灾星在时□……

《百六吉凶歌》
𗧁𗨁𗒹𗵒𗤋𗆐𗒹，𗒹𗤋𗇋𗨁𗒺𗏹
一限之中见两灾星临照，则灾重，虽遇善曜亦不能救。

本段正文"灾为□重避□□"一句及双行夹注"□限内二灾星在时□……"在2号残叶左侧，均只残存一半。

对照《百六吉凶歌》可知本段完整表述。本段所表述的意思很明显，即当行限至某宫时，而该宫恰有土、火、孛等灾星中的两星照临，则是十分不利之局。"为灾至甚定难移"即指当碰到上述情况时，即使有善星在旁，亦不能救，会遭遇大灾。

三号残叶
原文及对译：
𗧁𗴂𗒹𗥨𗆐，𗤁𗒹𗨁𗆐𗒹𗏹𗵒𗆐，𗾼𗧁𗴂𗏹𗧁𗤁𘟛𗵒𗆐，𗏹𗧁𗤋□𗾼
宫限换临时，身命行年宫上视灾恶曜见，又宫限前宫内亦忌星在时，前宫不□此

𗒹𗵒𗤁□□□□□𗰙𗵒𗧁𗵒𗧁𗆐，𗵒𗴂𗆐𗒺𗒹𗏹𗵒，𗰙𗒹𗒺𗒹𗤋𗏹𗵒，
到害内□□□□□白羊宫命宫是，命生时土人马宫在，三十七至五十一至，

𗟥𗤋𗧁𗵒，𗵒𗴂𗆐𗵒𗒹，𗏹𗵒𗵒𗧁𗤋𗆐，𗒺𗒹𗒺𗤋□□𗒹𗏹
摩羯宫在，五十一时上，土星命宫内见，人马不至□□死也。

《百六吉凶歌》
大凡行限到将来之时，身命行年宫上见灾忌之星，前一宫又遇忌星来迫，则更不候入前宫而便亡。假令夜生白羊是命，生时土在人马，自三十七至五十一限在磨蝎，于五十岁又遇土星临照身命，则便不候交人马限而亡也。

本段为3582（2-2）号残叶左侧残叶第一段只存双行夹注，前缺"限数临宫未一岁，身命行年灾忌随。前宫更有忌星迫，未交前限命须悲。"据《百六吉凶歌》可将其补充完整。

此段又提出了一种洞微行限的凶象，即当行限至某宫时，身宫、命宫和行年宫上有灾

忌星、且前宫上也有火土忌星，则此限还未出限便已身亡。双行夹注以某夜生、安命白羊宫的人为例作了说明。如图三，"假令夜生白羊是命，生时土在人马，自三十七至五十一限在磨蝎"意为：某夜生人以白羊宫为命宫，生时忌星土星在人马宫。按洞微飞限，命主三十七至五十一岁十五年限在摩羯宫。五十一岁过，五十二至五十九岁八年，限在迁移宫即在人马宫。但是由于此人命不好，三十七至五十一岁行限摩羯宫的前宫人马宫有忌星土星，且刚好五十一岁是忌星土星又照临其身命宫，就应了上文"身命行年灾忌随""前宫更有忌星迫"两种不好格局，最终活不到五十二岁时交入前限人马限就身亡了，即所谓"未交前限命须悲"。值得注意的是，今本《百六吉凶歌》写的是"于五十岁又遇土星临照身命"，而3582（2-2）残叶写的是五十一岁，经上述分析可见3582（2-2）残叶表述更为准确。

图三　某人以白羊宫安命

另外，如图三，3582（2-2）号残叶提及该夜生人，生时土在人马，五十一岁时土在命宫白羊宫。而《星学大成》所载土星行度为"行宫度，一宫住二十九个月，二十八年行一周天。"[①]若按此推算，此人五十一岁时，土星位置大约在辰位天秤星宫，和白羊宫相差甚远。而此处并未交待此人身宫在何处，可以假设天秤宫就是此人身宫。故而此句《百六吉凶歌》五十一岁时，遇土星"照临身命"的表述更为严谨。

原文及对译：
𗨞𗖓𗄻𗥢𗅁𗆧𗤒，𗧘𗕿𗦫𗨁𗢳𗐯𗗚。
身命行年吉曜在，宫限不变喜言有。

□𗩯𗅁𗦲𗧘𗗛𗆧，𗦲𗧘𗦫𗧵□□𗥩，𗪘𗤻、𗦒、𗮃𗤋、𗤔𗨞𗖓𗄻𗥢𗄳，𗧐𗦲𗧘……
□福星前限内在，前限不入□□年，遇金、木、紫气、罗睺身命行年见，则前限……

《百六吉凶歌》
身命行年逢吉曜，不候交宫福佑之。

---

① 《星学大成》，卷十六，《三辰通载·土星论》，第437页。

如人将入福星限，未交限前一年，遇金、木、紫气、罗睺照身命行年宫，则不候交到前限，便有迁官喜庆之事。

本段为3582（2-2）三号残叶最左侧，上、左、下均有边框，当为某叶最后一段。该段文字亦有残缺。

本段意思也较为简单，"如人将入福星限，未交限前一年，遇金、木、紫气、罗睺照身命行年宫"一句中，"福星"即为天福星，此星"大凡在财帛、在七强与身命主同宫，主大富"①。本句意为当行限某限将出限的头一年，若身宫、命宫或行年宫有金、木、紫气或罗睺等吉曜照临，即"身命行年逢吉曜"。遇此情况，不待行限至有天福星照临的下限，提前交好运，有升官发财之喜事，即"不候交宫福佑之"。

三、инв.No.3582（2-2）号残叶排版问题

通过上述分析，3582（2-2）号残叶内容可以基本得到解读。但是比勘《百六吉凶歌》内容，可以发现，3582（2-2）号残叶一、二、三号残叶排序并不正确。出现此问题，疑似该残叶刊布时刊布者未详细考订其内容，仅依凭三片残叶边框将其按现有次序排出。通过对照《百六吉凶歌》内容可以发现，3582（2-2）号残叶正确的排序从右至左应当为三号残叶、二号残叶、一号残叶。三片残叶之间均有缺文。

对比《百六吉凶歌》，可以发现三号残叶"宫限二恶曜遇时，灾为□重避□□"一段正文及引文之后、二号残叶"十一曜中，紫气星与逢时……"一句之前，缺了两大段正文和"限中紫气星相见，职位清高主翰词"一句正文。即缺下面几段：

> 灾星忌曜命宫位，乐宫二位莫生疑。
> 一二岁中为福庆，已后灾侵祸不迟。
> 若昼生人火在天蝎，夜生人土在磨蝎，宝瓶数遇之，初入限一二年主有喜事，已后必有灾危。
> 又看疾厄迁移宫，更详诸曜命宫推。
> 孛计相逢无吉曜，限数将交定死期。
> 妻妾、疾厄、迁移名曰三紧位，当生切忌恶曜照临，若见计、孛则寿夭而不善。行限至此，又无吉星照临，则出宫时死矣！
> 限中紫炁星相见，职位清高主翰词。②

又因三号残叶存上、左、右三边边框，按古籍排版体例，此残叶为其所在之叶最右侧，其后内容则在下一叶；且二号残叶右侧无边框，显然其右边仍有缺文。上引《百六吉凶歌》三段文字即是二号残叶右侧所缺文字，且该段文字前接三号残叶，为三号残叶下一页之内容。

---

① 《星学大成》，卷一，《星曜吉凶图例·天福星》，第17页。
② 《星学大成》，卷七，《总论诸限·百六吉凶歌》，第188页。加粗部分为正文，不加粗部分为双行夹注部分。

二号文书左侧亦无边框，显然后面仍有缺文。而一号残叶上、右、下均有边框，按古籍排版体例，当为一叶之始。对勘《百六吉凶歌》，两叶之间所缺内容为：

则灾重，虽遇善曜亦不能救。
初入忌星宫限里。

"则灾重，虽遇善曜亦不能救。"一句当为二号残叶最左侧"宫限二恶曜遇时，灾为□重避□□"一句后面的缺文。"初入忌星宫限里"则紧接其后。此二句当为二号残叶最左侧内容，排版只有一行，"初入忌星宫限里"一句为二号残叶最后一句话，其下叶则接一号残叶"身命行年恶曜见，太阴□内亡月是"一句。

综上所述，3582（2-2）号残叶正确排版顺序当是三号残叶在最右，后缺一部分；再接二号残叶，其后缺一部分；再为一号残叶。

四、余论

инв.No.3582（2-2）号残叶是一份重要的宋元时期星命术书籍译本，与《谨算》等占命文书不同，它并非间接引用星命书内容，而是此类文书占命时所参考的主要书籍。通过该残叶可以直接一窥宋元时期星命类书籍原貌。

该残叶内容基本与《星学大成》所载《百六吉凶歌》及《秤星灵台秘要经》等文献记载相吻合，因此该残叶可径直命名为"西夏文《百六吉凶歌》残叶"。

该残叶亦可说明《星学大成》等文献所辑内容之古老性，亦可直接利用其大部分内容来释读《谨算》等唐宋时期遗留下来的星命类占命文书。

此外，该文书的发现，更是说明在唐宋时期中原地区流行的星命术，已被西夏人所吸收利用，揭示了西夏与中原地区的文化交流。

参考文献：

[1] （明）万民英：《星学大成》，中央编译出版社2015年版。
[2] （清）永瑢等：《四库全书总目提要》，中华书局1965年版。
[3] （明）陆容：《菽园杂记》，中华书局1985年版。
[4] 佚名：《秤星灵台秘要经》，《正统道藏》第8册，洞真部众数类"薑"字号，新文丰出版公司1977年版。
[5] 俄罗斯科学院东方研究所圣彼得堡分所、中国社会科学院民族研究所、上海古籍出版社：《俄藏黑水城文献》（10），上海古籍出版社1999年版。
[6] 俄罗斯科学院东方研究所圣彼得堡分所、中国社会科学院民族研究所、上海古籍出版社：《俄藏黑水城文献》（14），上海古籍出版社2011年版。
[7] 韦兵：《宋元士大夫与星命》，《星命术士》，《学术月刊》2017年第3期。
[8] 徐阳：《英藏黑水城文献》，西夏文译，《百六吉凶歌》残叶释读，第七届中国少数民族古籍文献国际学术研讨会会议论文，2017年9月。

西夏写本《佛前烧香偈》考

王 龙

（中国社会科学院　世界宗教研究所）

内容提要：在佛教典籍中，最先流行的是"香为佛使"的说法。目前汉地可考最早的行香偈，是出自唐代道宣的著作，而宋代道诚时称作"行香梵"的"如来妙色身"偈，实际上是唐代以后行香唱导时的叹佛梵。由于佛和十方诸天喜闻梵呗，故烧香有"烧香呗"，行香时要唱呗赞。本文首次公布释读了两个编号的西夏文译本《佛前烧香偈》，发现西夏文《佛前烧香偈》和敦煌莫高窟隋代第276窟的《行香说偈文》有密切的关系，同为举办布萨等佛教仪式时，用来请佛及十方凡圣赴会，以证明功德，其渊源可能就是道安制定的行香之法。最后对西夏文加以录文、解读和注释，旨在为西夏佛教史、西夏文献学和语言学研究提供一份语料。

关键词：西夏文　佛经　佛前烧香偈　仪式

一

在佛教典籍中，最先流行的是香为佛使的说法。据侯冲的研究，香为佛使有两层含义，一是在齐僧时用以请佛僧赴供，二是在佛事活动刚开始时，用来请佛及十方凡圣赴会，以证明功德。由于佛和十方诸天喜闻梵呗，故烧香有烧香呗。虽然佛事活动开始时要行香的理念和实践随着佛经传入中国，已普遍存在于僧人宗教实践中，但道安是汉地最先根据佛经制订行香仪的僧人。行香时要唱呗赞，但道安当时的行香偈是什么，暂时无考。目前汉地最早可考的行香偈，出自唐代道宣的著作。而宋代道诚时称作"行香梵"的"如来妙色身"偈，实际上是唐代以后行香唱导时的叹佛梵。[1]

香为佛使系佛祖释迦牟尼亲口所说，道宣《四分律删繁补阙行事钞》卷下称：

《增一》云：有设供者手执香炉而白时至。佛言：香为佛使，故须之也。[2]

香为佛使，其目的是请佛僧作证明。道世《法苑珠林》卷四十二载：

又《增一阿含经》云：若有设供者，手执香炉而唱时至。佛言：香为佛使。故须烧香，遍请十方。既知烧香本拟请佛，为凡夫心隔，目睹不知。佛令烧香，遍请十方一切凡圣，表呈福事，腾空普赴。[3]

---

[1] 侯冲：《中国佛教仪式研究——以齐供仪式为中心》，博士学位论文，上海师范大学，2009年。
[2] 高楠顺次郎、渡边海旭等：《大正新修大藏经》，第40册，大正一切经刊行会1928年版，第136页中。
[3] 高楠顺次郎、渡边海旭等：《大正新修大藏经》，第53册，大正一切经刊行会1928年版，第612页上中。

小字"十方一切凡圣,表呈福事,腾空普赴",指凡圣赴请道场,为施主作证明。所以请十方凡圣的目的,是为施主证明功德。佛教法会仪式中,烧香作为法会最初仪式程序之一,显然与此有关。

烧香有烧香偈,即烧香梵呗。烧香时作呗赞叹,与设斋供僧要请佛和诸天鬼神,而佛和诸天鬼神又听闻和喜闻有关。赞宁《大宋僧史略》卷中"赞呗之由"条亦有文曰:

> 或曰:梵呗之声,此何益也?通曰:一者佛道法乐也。此音韵虽哀不伤,虽乐不淫,折中中和,故为法乐也。二者诸天鬼神闻皆欢喜故。三者诸佛常法,十方刹土,何莫由斯乐也。①

据此说明,不仅佛听闻梵呗,诸天鬼神亦喜闻。由于香为佛使,并被用来请佛及一切凡圣,以为施主证明功德,故烧香请佛时,往往要唱佛及诸天乐闻的梵呗。行香亦有行香赞呗。道宣《四分律删繁补阙行事钞》卷下"讣请设则篇"载:

> 行香时呗,未见经文。而诸经律多有呗匿比丘。②

行香的受香偈,在宋代时已开始与叹佛梵混为一谈。这在道诚集《释氏要览》卷上"行香"条中有较为明显的表现。其中有文称:

> 若今念"如来妙色身"三节文,出《胜鬘经》。今呼行香梵。③

《胜鬘经》即刘宋求那跋陀罗译《胜鬘师子吼一乘大方便方广经》,唐菩提流志译《大宝积经》卷一和智严译《大乘修行菩萨行门诸经要集》卷下中包括"妙来妙色身"的两契:

> 如来妙色身,世间无于等。
> 无比不思议,是故今敬礼。
> 如来色无尽,智慧亦复然。
> 一切法常住,是故我归依。④

这两契作为行香梵三次出现,说明它们在唐代已被广泛用于佛教仪式。宋代道诚时称作"行香梵"的"如来妙色身偈"实际上是唐代以后行香唱导时的叹佛梵。⑤

此外,在藏外佛教文献No.68"如来广孝十种报恩道场仪"中也记载了"行香说偈"的相关仪式,如:

---

① 高楠顺次郎、渡边海旭等:《大正新修大藏经》,第54册,大正一切经刊行会1928年版,第242页中。
② 高楠顺次郎、渡边海旭等:《大正新修大藏经》,第40册,大正一切经刊行会1928年版,第136页中。
③ 高楠顺次郎、渡边海旭等:《大正新修大藏经》,第54册,大正一切经刊行会1928年版,第276页上。
④ 高楠顺次郎、渡边海旭等:《大正新修大藏经》,第12册,大正一切经刊行会1928年版,第217页上。
⑤ 侯冲:《中国佛教仪式研究——以斋供仪为中心》,博士学位论文,上海师范大学,2009年。

惟愿慈悲常摄受
第二，烧香供养
上来叙意已竟，今当烧香供养。谨按《陀罗尼集经》云：佛言：善男子手执香炉烧香供养，为其七世父母、现存父母着一丸香，普为六道着一丸香，又为自身着一丸香，又为一切病苦众生着一丸香，如法供养释迦文佛，运心周遍。诸众生处，香云遍至，满十方界，称扬三宝，遍至六道，满众生愿。病苦众生香云入体，除去一切种种病苦。今请会主烧香，一一注想。
众等志诚心，同诵烧香偈：
戒定慧解知见香，遍十方刹常芬馥。
愿此香云亦如是，回作自他五分身。[①]

而在西夏文《番汉合时掌中珠》中，也出现了有关"用香"的记载，为后人提供了西夏崇佛赞呗仪式的民俗文化资料，如在"人事下"条中出现了有关"香"的一批词语，即"𗟲𗟲𗟲𗟲"（供养烧香）、"𗟲𗟲"（檀香）、"𗟲𗟲"（乳香）、"𗟲𗟲"（安息香）、"𗟲𗟲"（草香）、"𗟲𗟲"（沉香）、"𗟲𗟲"（涂香）和"𗟲𗟲"（末香）等。汉文"香"，西夏文译作"𗟲"*śja^1，归正齿音，读若普轻。又《同音》35B2中"𗟲: 𗟲𗟲"* śja^1 lie^2 g ia^2（香：好香），《文海》54.213曰："𗟲𗟲𗟲𗟲𗟲，𗟲𗟲𗟲𗟲𗟲𗟲"（炉者围圈也，香炉、火炉等之谓）。

二

西夏本《佛前烧香偈》讲解的是佛家行香说偈，目的在于是在佛事活动刚开始时，用来请佛及十方凡圣赴会，以证明功德。由于佛和十方诸天喜闻梵呗，故烧香有烧香呗。原件有抄本两种，1909年一并出土于内蒙古额济纳旗的黑水城遗址，今藏俄罗斯科学院东方文献研究所，编号инв. № 5508和инв. № 7674。书题著录首见戈尔巴乔娃和克恰诺夫合著的《西夏文写本和刊本》[②]，西田龙雄在《西夏文佛经目录》中据书题指出其译自汉文本[③]，其版本形制则有克恰诺夫在1999年的详细描述。[④]结合克恰诺夫的著录和上海古籍出版社蒋维崧、严克勤二位先生20世纪末在圣彼得堡拍摄的照片看，这两个本子的基本情况如下。

инв. № 5508号为粗绳订册叶装抄本，18.5×9厘米，凡10叶，每叶6行，行14字。卷首题"𗟲𗟲𗟲𗟲𗟲"（佛前烧香偈），尾题后两行作"𗟲𗟲𗟲𗟲𗟲𗟲𗟲𗟲"（大宝积经第九十）和"𗟲𗟲𗟲𗟲𗟲𗟲𗟲𗟲𗟲𗟲𗟲𗟲𗟲𗟲𗟲𗟲𗟲𗟲𗟲𗟲𗟲！"（至心顶礼南无十方尽法界虚空界极少微尘数一切诸佛！）初装本曾脱胶散落，导致页次多有错乱，所幸全书页面保存基本完好。戈尔巴乔娃和克恰诺夫合著的《西夏文写本和刊本》第357号将其著

---

① 方广锠主编：《藏外佛教文献》第8册，宗教文化出版社2003年版，第147页。
② З. И. Горбачева и Е. И. Кычанов, *Тангутские рукописи и ксилографы*, Москва: Издательство восточной литературы, 1963, стр. 119, 100.
③ 西田龙雄：《西夏文华严经》第3册，京都大学文学部1977年版，第39页。
④ Е. И. Кычанов, *Каталог тангутских буддийских памятников*, Киото: Университет Киото, 1999, стр.575-576.

录为"大宝积经"①，概因尾题"𘓯𘉋𘂋𗟨𗫬𗳽𗸰𗖰"（大宝积经第九十）所致。

инв. № 7674号为麻纸线订册叶装抄本，13.5厘米×8.5厘米，无边栏。保存完整，凡13叶，每叶4行，行9字。卷首题"𗼇𘜶𗸐𘊏𗷅"（佛前烧香偈），无尾题。戈尔巴乔娃和克恰诺夫合著的《西夏文写本和刊本》第134号将其著录为"佛前园烧颂"②，概把"𘊏"（香）误作"𘊏"（园）所致。西田龙雄在《西夏文佛经目录》第181号中据书题著录为"佛前烧香颂"，没明确指出其译自汉文本③。克恰诺夫沿用西田先生的著录，据书题明确指出其译自汉文本④。

比较两个本子，唯卷首开头部分相同，即西夏文作"𗦉𘊏、𗾈𘊏、𗾢𘊏、𗥑𗵃𘊏、𗥑𗵃𘉋𗳌𘊏、𘉋𗳌𗼍𘋃𘊏、𗼍𘋃𗃬𘋊𘊏、𘘚𗹥𗢳𘅍𗒘𗷅𘜶、𘘚𗹥𗢳𘅍𗒘𗷅𗼈、𘘚𗹥𗢳𘅍𗒘𗷅𗹏。𗙏𗯨𗅆𗉘𘟩𘆝𗊀𗵑、𗼃𘉒𗅆𗉘𘟩𘆝𘉋𗵑、𗹳𗎉𗅆𗉘𘟩𘆝𘛈𗵑、𘓆𗅀𗯨𘇫𘟩𘆝𗢌𗵑。"可以汉译作："戒香、定香、慧香、解脱香、解脱知见香、知见光明香、光明云花香。供养十方无量佛，供养十方无量法，供养十方无量僧。烦恼无边誓愿断，法门无边誓愿学，众生无边誓愿度，无上菩提誓愿成。"自此以后两个本子内容完全不同。

两个本子的现存部分都没有提供汉文本原作者、西夏译者和施主的信息，唯一值得注意的是 инв. № 5508 开头的那首四言偈，西夏文及汉译文作：

𗣿𗼊𘓯𗭊	𘓆𘊏𘊁𗢏	𘉊𘓯𗸰𗬤	𗥑𗵅𘓯𗸰	𗬤𗼇𘕕𘈩	𘝒𘋊𗌭𗯨
天女大众	坏如鱼身	得三十五	首出三十	诵五佛名	依次生天

这是汉文原书作者在编撰《佛前烧香偈》时写下的卷首语，其中"三十五"三个字似乎表明该书与"三十五佛名经"有千丝万缕的关系。通过翻检史料可以感觉到，最符合上述条件的应该是《佛说三十五佛名经》。《佛说三十五佛名经》署菩提流志译，是截取《大宝积经》卷九十"优波离会第二十四"中的三十五佛名称的前后段落，独立成篇的，这一发现正好可以印证，此四言偈接于尾题后两行之后，即"𘓯𘉋𘂋𗟨𗫬𗳽𗸰𗖰"（大宝积经第九十）和"𗇋𘟩𗢳𘅍𘉋𘟂𘟣𗵃𘟂𗾫𘓆𗖵𗉘𗱕𗷅𗗚𗳆𗅋𘘘𘟣𗦇！"（至心顶礼南无十方尽法界虚空界极少微尘数一切诸佛！）

众所周知，唐代以来，"三十五佛名礼忏法"在我国甚为盛行，几乎成为佛教信众的日诵经典。孙伯君先生曾对黑水城出土的西夏文本和汉文本中有关"三十五佛名礼忏法"做过系统的研究。⑤目前所知，当时中原较为流行的汉文本是不空从《大宝积经》"乌波离所问经"中析出的《佛说三十五佛名礼忏文》，据《贞元新定释教目录》记载，此经又名

---

① З. И. Горбачева и Е. И. Кычанов, *Тангутские рукописи и ксилографы*, Москва: Издательство восточной литературы, 1963, стр.119.

② З. И. Горбачева и Е. И. Кычанов, *Тангутские рукописи и ксилографы*, Москва: Издательство восточной литературы, 1963, стр.100.

③ 西田龙雄：《西夏文华严经》第3册, 京都大学文学部1977年版, 第39页。

④ Е. И. Кычанов, *Каталог тангутских буддийских памятников*, Киото: Университет Киото, 1999, стр. 508.

⑤ 孙伯君：《黑水城出土三十五佛名礼忏法综考》，载孙伯君著：《西夏文献丛考》，上海古籍出版社2015年版，第329—343页。

《佛说三十五佛名经》。[1]与之相应，西夏时期也盛行三十五佛礼忏信仰，《佛说三十五佛名经》是西夏境内党项、汉族以及藏族童行成为正式僧人必读的经典之一。据《天盛律令》卷十一"为僧道修寺庙门"记载，当时番、汉以及藏族童行成为正式僧人必须念诵十一种经典，即：

𘒏𘓨𘓐、𘗧𘓺𘕿𘘄𘟀𘝔𘜶：
𘝶𘟀𘛥𘘍、𘘗𘜶𘝦𘞐𘑗、𘛋𘜶𘟗𘒎𘓨、𘝦𘕿𘗧𘘍、𘒋𘘍𘟙、𘝔𘓨𘔡𘟉𘗺𘓨、𘕯𘞤𘝀𘛋𘓺𘓨、𘘋𘘄𘝥𘟀、𘘍𘞼𘜉𘒀𘜶𘟝、𘕘𘒋𘜶𘝂、𘕚𘘌𘜉𘟀𘜶𘜁𘞵。[2]

一等番、羌所诵经颂：
仁王护国、文殊真实名、普贤行愿品、三十五佛、圣佛母、守护国吉祥颂、观世音普门品、竭陀般若、佛顶尊胜总持、无垢净光、金刚般若与颂全。

𘒏𘓨𘝔𘓺𘓨𘘄𘟀𘝔𘜶：
𘝶𘟀𘛥𘘍、𘕯𘞤𘝀𘛋𘓺𘓨、𘝦𘕿𘗧𘘍、𘝔𘓨𘔡𘟉𘗺𘓨、𘒋𘘍𘟙、𘘋𘘄𘝥𘟀、𘘗𘜶𘝦𘞐𘑗、𘕯𘞤𘝔𘟀𘝂𘓨、𘘍𘞼𘜉𘒀𘜶𘟝、𘞿𘟉𘜉𘘍、𘛀𘝔𘓨𘕚𘘌𘜉、𘛋𘜁𘟎。[3]

一等汉僧所诵经颂：
仁王护国、普贤行愿品、三十五佛、守护国吉祥颂、佛顶尊胜总持、圣佛母、大随求、观世音普门品、孔雀经、广大行愿颂、释迦赞。[4]

上述记载中党项、藏、汉族僧人所诵的《三十五佛》，汉文本名为《佛说三十五佛名经》，西夏文本名为《佛说一切如来悉皆摄受三十五佛忏罪法事》。黑水城出土汉文本《佛说三十五佛名经》，署菩提流志译，摘自《大宝积经》"优波离会第二十四"。此经出土于内蒙古额济纳旗的黑水城遗址，今藏俄罗斯科学院东方文献研究所和英国国家图书馆。俄藏本中有两个刻本比较完整，即TK140和TK245，分别刊布于《俄藏黑水城文献》第3、4册。[5]两个本子各有残缺，但大致可以合成一个完本，据孟列夫《黑城出土汉文遗书叙录》一书介绍，TK245版式为：刻本，经折装，版框高15厘米，每面5行，行10—12字。[6]英藏本只存卷首一个残片，编号Or.12380-3840，刊布于《英藏黑水城文献》第五册。[7]

在存世的藏经中还没有发现与《佛前烧香偈》完全对应的汉文原本。但据曹凌介绍：

---

[1] 参见《贞元新定释教目录》卷二一，载高楠顺次郎、渡边海旭等：《大正新修大藏经》，第55册，大正一切经刊行会1928年版，第929页上。

[2] 图版为49-35，参见俄罗斯科学院东方研究所圣彼得堡分所、中国社会科学院民族研究所、上海古籍出版社《俄藏黑水城文献》第8册，上海古籍出版社1998年版，第245页。

[3] 俄罗斯科学院东方研究所圣彼得堡分所、中国社会科学院民族研究所、上海古籍出版社：《俄藏黑水城文献》第8册，上海古籍出版社1998年版，第245页。

[4] 史金波、聂鸿音、白滨：《天盛改旧新定律令》，法律出版社2000年版，第404—405页。

[5] 俄罗斯科学院东方研究所圣彼得堡分所、中国社会科学院民族研究所、上海古籍出版社：《俄藏黑水城文献》第3、4册，上海古籍出版社1996、1997年版，第201—204、306—308页。

[6] 孟列夫著：《黑城出土汉文遗书叙录》，王克孝译，宁夏人民出版社1994年版，第143—144页。

[7] 西北第二民族学院、上海古籍出版社、英国国家图书馆编：《英藏黑水城文献》，第5册，上海古籍出版社2010年版，第149页。

佛教典籍中有部已佚的《烧香咒愿经》，又名《咒愿经》，或谓慧简所译，一卷。对于此经的著录，《出三藏记集》卷五（55/39a）、《法经录》卷四（55/138b）、《仁寿录》卷四（55/174b）、《静泰录》卷四（55/212b）、《内典录》卷十（55/334b）、《开元录》卷十八（55/674a）、《贞元录》卷二十八（55/1018b）将此经收入伪经录，《房录》卷十（49/93b）将此经作为慧简所译收入代录。此经最早为僧佑所著录，出现时间当在518年以前。《房录》著录此经为慧简所译。慧简，僧传无载，其译经情况颇难考订，但从诸录可知其多有抄经之事，或此经亦为带有抄经性质的经典。[1] 从西夏译本看，这部著作的主体内容是对佛家行香说偈的描述和解释，有些记述与存世的经典不尽相合。但我们仍然可以感觉到，《佛前烧香偈》和《烧香咒愿经》有些许的关系，就像许多东土佛教撰述那样，其中有些文字并非直接来自原始经典，而是来自其他佛教著作的转引或转述。例如文中征引《华严经》：

　　戒香、定香、解脱香，光明云台遍法界。供养十方无量佛，见闻普熏证寂灭。维那打静讫，供养者复座，维那仍本位。

对西夏本《佛说烧香偈》的解读实际上是对那部已佚汉文原书的"构拟"。当然，我们提供的汉译文固然可以尽最大可能再现汉文原书的总体意义和语言风格，但是并不能保证和原书字字不差。下面分别对编号为инв. № 5508和инв. № 7674的全文进行解读。

三

（一）инв. № 5508号西夏文及对译：

𘞯𘜶𘟪𘜔𘝞
佛前烧香偈
𘜔、𘜔、𘜔、𘜔𘜔、𘜔𘜔𘜔𘜔、𘜔𘜔𘜔𘜔、𘜔𘜔𘜔𘜔。
戒香、定香、慧香、解脱香、解脱知见香、知见光明香、光明云花香。
𘜔𘜔𘜔𘜔𘜔𘜔，𘜔𘜔𘜔𘜔𘜔𘜔，𘜔𘜔𘜔𘜔𘜔𘜔，𘜔𘜔𘜔𘜔𘜔𘜔𘜔𘜔，
供养十方无量佛，供养十方无量法，供养十方无量僧。烦恼边无誓愿断我，
𘜔𘜔𘜔𘜔𘜔𘜔𘜔𘜔，𘜔𘜔𘜔𘜔𘜔𘜔𘜔𘜔，𘜔𘜔𘜔𘜔𘜔𘜔𘜔𘜔。
法门边无誓愿学我，众生边无誓愿度我，无上菩提誓愿成我。
𘜔𘜔𘜔𘜔！𘜔𘜔𘜔𘜔𘜔、𘜔𘜔𘜔𘜔、𘜔𘜔𘜔、𘜔𘜔𘜔𘜔、𘜔𘜔𘜔𘜔𘜔、𘜔
一心归依！极乐世界尊、四十八愿、圆满故、初地菩萨、导师受用身、诸
𘜔𘜔𘜔𘜔𘜔、𘜔𘜔𘜔、𘜔𘜔𘜔𘜔、𘜔□□□、𘜔𘜔𘜔𘜔𘜔𘜔、𘜔𘜔𘜔𘜔𘜔、
大众庶民等、寿无量、楼阁及宝树、璧□□□、诸化生莲台坐、妙鸟宝乐器、
𘜔𘜔𘜔𘜔𘜔、𘜔𘜔𘜔𘜔𘜔𘜔、𘜔𘜔𘜔。
声出皆要门、极乐国生往故、实真察。

---

[1] 曹凌：《中国佛教疑伪经综录》，硕士学位论文，上海师范大学，第61页。

𘓆𘟙𘄴𘆜! 𘡔𘕿𘊝𘐌𘊨、𘟎𘞏𘄒𘄍、𘆴𘎇𘓘、𘇳𘇳𘅝𘋐𘆴、𘓣𘖯𘋥𘅾𘏭、
一心归依! 般若波罗蜜、二谛正等、不思议、三世诸现在、本生发生处、
𘞅𘤆𘄒𘠺𘑰𘝯、𘫡𘋀𘘤、𘊀𘙏𘊝𘕎𘎅、𘞅𘆕𘟛𘖕𘏭、𘟛𘟛𘍂𘅾、𘖗𘦞𘝢、𘡔𘕿……
诸众生四苦海、救度令、诠言道常断、诸边无执著、及无轮回、唯法界、般若……
𘓆𘟙𘄴𘆜! 𘡔𘕿𘊝𘐌𘊨、𘟎𘞏𘄒𘄍、𘆴𘎇𘓘、𘇳𘇳𘅝𘋐𘆴、𘓣𘖯𘋥𘅾𘏭、
一心归依! 般若波罗蜜、二谛正等、不思议、三世诸现在、本生发生处、
𘞅𘤆𘄒𘠺𘑰𘝯、𘫡𘋀𘘤、𘊀𘙏𘊝𘕎𘎅、𘞅𘆕𘟛𘖕𘏭、𘟛𘟛𘍂𘅾、𘖗𘦞𘝢、𘡔𘕿
诸众生四苦海、救度令、诠言道常断、诸边无执著、及无轮回、唯法界、般若
𘒃𘟣𘝢、𘟛𘊝𘓣𘖯𘘤、𘋠𘫡𘕱𘅾𘟱𘊝、𘋐𘒃𘝢。
空真相、为无本生无、六度修三轮空、实真觉。
𘓆𘟙𘄴𘆜! 𘐀𘏋𘅝𘤆𘝢、𘞷𘅜𘅂𘎅𘜁𘆓𘆕、𘞆𘟊𘠚𘢲𘢴、𘟚𘎘𘝟𘈻𘜐、𘮳
一心归依! 文殊大菩萨、七宝璎珞庄严身、五现佛顶饰、相好比与无、妙
𘎅𘤵𘖕𘢻𘊾、𘟥𘤦𘍂、𘣷𘄒𘕱𘪳𘆙、𘆓𘘤𘅝𘊨𘏭、𘞅𘅜𘬊𘕿𘆴𘘤、𘐀𘏋𘣵𘄒𘢀、
吉祥勇男识、世导师、十方佛国土、身化微尘数、又贤伎现思说不、文殊万德有、
𘊀𘥣𘟛𘋐𘒃、𘇳𘤆𘝢𘖂𘎅𘤉、𘇳𘋫𘋀。𘘁𘥤𘮳𘒲:
言出唯实真、大菩萨名闻者、越三界。供养咒曰:

𘤓	𘊝𘅾𘤆	𘄍𘊝𘓵	𘋀	𘝯
.a	gji¹ dzjɨ¹ rjar¹	pu¹ sjɨ² pjij¹	xo	wja¹
唵	末口则啰	悉併	吽	花

𘤓	𘊝𘅾𘤆	𘄍𘊝𘝯𘓵	𘋀	𘬢
.a	gji¹ dzjɨ¹ rjar¹	pu¹ sjɨ² bji² pjij¹	xo	śja¹
唵	末口则啰	併	吽	香

𘤓	𘊝𘅾𘤆	𘢸𘐌𘎇	𘋀	𘘤
.a	gji¹ dzjɨ¹ rjar¹	ˀa lo¹ kjij¹	xo	tjij¹
唵	末口则啰	阿罗迦	吽	灯

𘤓	𘊝𘅾𘤆	𘮉𘅵	𘋀	𘪺
.a	gji¹ dzjɨ¹ rjar¹	gja¹ dji¹	xo	li²
唵	末口则啰	遏祢	吽	涂

𘤓	𘊝𘅾𘤆	𘈘𘟡𘠛	𘋀	𘝳
.a	gji¹ dzjɨ¹ rjar¹	nji² wjij² tji¹	xo	tji¹
唵	末口则啰	你尾帝	吽	果

𘤓	𘊝𘅾𘤆	𘊙𘊝𘏟𘎅	𘋀	𘬎
.a	gji¹ dzjɨ¹ rjar¹	wa¹ sjɨ² tjɨ¹ rjijr²	xo	lhwu¹
唵	末口则啰	恒哩	吽	衣

𘤓	𘊝𘅾𘤆	𘬦𘥢𘅜𘎅	𘋀	𘅾𘊝
.a	gji¹ dzjɨ¹ rjar¹	ˀa lã¹ kja¹ rjijr²	xo	jɨr² rer²
唵	末口则啰	阿兰迦哩	吽	璎珞

𘎳𘎇𘥺𘋃𘅾𘋫𘪭𘊨𘥺𘘤𘬋𘮈。
贫穷我执障灭有大我无座得。
𘇳𘑰𘢺𘦞𘦝𘞅𘊝𘫮

大宝积经契九十第
𘞽𘝞𘞃𘙥𘝞𘚀𘞟𘙥𘟂𘜔𘝞𘟂𘜼𘜼𘟂𘟂𘞽𘝞𘟂𘜔𘝞𘟂𘜼！
南无十方法界虚空界尽极少微尘数诸佛一切之至心顶礼！

译文：

佛前烧香偈

戒香、定香、慧香、解脱香、解脱知见香、知见光明香、光明云花香。供养十方无量佛，供养十方无量法，供养十方无量僧。烦恼无边誓愿断，法门无边誓愿学，众生无边誓愿度，无上菩提誓愿成。①

至心归依！尊极乐世界、四十八愿、为圆满、初地菩萨、导师受用身、诸大众庶民等、无量寿、楼阁及宝树、璧□□□□、诸化生坐莲台、妙音鸟乐器、出声皆要门、往生极乐国故、真实察。

至心归依！般若波罗蜜、二谛正等、不思议、三世诸现在、本立生处、诸众生四苦海、令救度、言诠道常断、诸无边执著、及无轮回、唯法界、般若……

至心归依！般若波罗蜜、二谛正等、不思议、三世诸现在、本立生处、诸众生四苦海、令救度、言诠道常断、诸无边执著、及无轮回、唯法界、般若空真相、无为无本生、六度修三轮空、真实觉。

至心归依！文殊大菩萨、七宝璎珞庄严身、五现佛顶饰、相好无与比、妙吉祥男勇识、世导师、十方佛国土、化身微尘数、又贤伎不可思议、文殊万有德、出言唯真实、闻大菩萨名者、越三界。供养咒曰：②

唵	末口则啰	▨悉併	吽	花
唵	末口则啰	▨併	吽	香
唵	末口则啰	阿罗迦	吽	灯
唵	末口则啰	遏祢	吽	涂
唵	末口则啰	你尾矴	吽	果
唵	末口则啰	▨▨怛哩	吽	衣
唵	末口则啰	阿兰迦哩	吽	璎珞

贫穷我大有执灭障得无座。
大宝积经第九十
至心顶礼南无十方尽法界虚空界极少微尘数一切诸佛！……

（二）инв. № 7674号西夏文及对译：

𘞽𘝞𘚀𘞟𘙥
佛前香烧偈

---

① 《六祖坛经》中四弘誓愿作："众生无边誓愿度，烦恼无边誓愿断，法门无尽誓愿学，无上佛道誓愿成。"而宗宝本偈句作："自心无边誓愿度，自心烦恼无边誓愿断，自性法门无尽誓愿学，自性无上佛道誓愿成。"详见沈善增著《坛经摸象》，生活·读书·新知三联书店2014年版，第168、169页。

② 参见《俄藏黑水城文献》中的"十种供养偈"，详见俄罗斯科学院东方研究所圣彼得堡分所、中国社会科学院民族研究所、上海古籍出版社《俄藏黑水城文献》第6册，上海古籍出版社2000年版，第119、120、121页。

戒香、定香、慧香、解脱香、解脱知见香、知见光明香、光明云花香。
供养十方无量佛，供养十方无量法，供养十方无量僧。烦恼边无愿誓
断我，法门边无愿誓学我，众生边无愿誓度我，无上菩提愿誓成我。
苦受轮回世界内，无常业力生我时；法忍不得此方者，句要恶趣中不堕；
善修人身当成我，愿力人身成我时；王之国内大丞及，主意事断莫为我；
利寻油榨酒买盗，仆女等身莫歌我；比丘众之主受及，先善愿发后退休；
众主等身莫歌我，边中道及邪见人；姓苦杀类中不生，菩提不得此方者；
真性修中当生我，愿力彼中生我时；恒常禁断病当无，禁断病无得我时；
真实性与乃遇我，若真实与遇我时；闻想修慧乃知我，定心六识及不随；
定上心者当坚固，定心坚固得我时；四摄六度法等以，情有一切度已得。
十方中住诸正觉，及菩提勇识，悲有上师、护法、善神等，我之△思惟△我
名某甲：若我此生，若他生中。律依善根，定依善根，慧依善根。若自作，若他作
教令，作见随喜，等善根力以，国王大臣，及诸施主父母、上师、法界情有一切，
生老病死四大海中，立即当过助空行增。见道、修道、学无平等正觉，不成就
此方，世世生各，七种功有，人身殊胜当成就，佛之神力，法之神力，僧之神力，
是如愿言，立即当成就。

译文：

佛前烧香偈

戒香、定香、慧香、解脱香、解脱知见香、知见光明香、光明云花香。供养十方无量佛，供养十方无量法，供养十方无量僧。烦恼无边誓愿断，法门无边誓愿学，众生无边誓愿度，无上菩提誓愿成。

于受苦轮回世界，我生无常业力时；
不得法忍此方者，不堕要句恶趣中；

当成我善修人身，我成愿力人身时；
国境中王及大丞，莫为我主意断事；
寻利榨油盗卖酒，莫歌我仆女等身；
及执掌比丘之众，先发善愿后停休；
莫歌我众主等身，边中道及邪见人；
姓苦莫隐于屠肆，不得菩提此方者；
当生我修真性中，我生其中愿力时；
当恒久无禁断病，我得禁断无病时；
当我值遇真实性，若我值遇真实时；
我乃知闻想修慧，及不随定心六识；
当坚固于定心者，我得定心坚固时；
以四摄六度法等，能济度一切有情。

十方中住诸正觉，及菩提勇识，有悲上师、护法、善神等，我已思惟我名某甲：若我此生，若他生中。以戒善根，以定善根，以慧善根。若自作，若教他作，见作随喜，以等善根力。国王大臣，及诸施主父母、上师、法界一切有情，生老病死四大海中，即当过资粮加行①。见道、修道、无学平等正觉，不成就此方。世世代代，有七种功，人身殊胜当成就。佛之神力，法之神力，僧之神力，如是愿言，即当成就。

四

  香偈是在诸佛菩萨像前烧香时所唱之偈，所以也称作"烧香回向文"。常用的香偈载于《华严经》，共四句，即：戒香定香解脱香，光明云台遍法界。供养十方无量佛，见闻普熏证寂灭。"行香说偈文"在唐五代时期的河西地区已颇为流行，据王惠民等研究，敦煌文献中有中国僧人编撰的"行香说偈文"，主要在举办布萨等佛教仪式时念诵，内容体现了佛教五分法身的思想。并经过考证认为此"行香说偈文"可能就是道安制定的行香之法。②莫高窟第276窟西壁龛外北侧维摩诘立像侧有当时流行的行香偈语的榜题，曰："戒香、定香、惠香、解脱香、解脱知见香，光明云台遍法界，供养十方无量佛，见闻普熏证寂灭，一切众生亦如是。"这段话并非出自《维摩诘经》，而是行香时所唱的偈语。敦煌本"行香说偈文"有S.440、P.4597、S.2580、S.5918、P.3221等多个编号，亦有详本和略本之分。此外，敦煌藏经洞还出土了"国忌行香文"，有S.5637、P.2815、P.2854、P.2854v、P.3545v等卷号，每件内容颇为完整，篇幅也比较长，从这些作品的写作年代来看，均属于晚唐张氏归义军时期，是节度使张议潮、张淮深为唐朝先圣皇帝、皇后忌日举办行香纪念活动的发愿文。冯培红曾在《敦煌本〈国忌行香文〉及相关问题》一文中对敦煌敦煌藏经洞出土的"国忌行香文"加以系统的梳理和研究。下面是西夏文《佛前烧香偈》与敦煌汉文本《行香说偈文》（详本和略本）、《六祖坛经》以及《华严经》香名的比较：

---

① 黄振华、聂鸿音、史金波整理：《番汉合时掌中珠》，宁夏人民出版社1989年版，第361页。
② 王惠民：《莫高窟第276窟〈行香说偈文〉与道安的行香之法》，《敦煌研究》2009年第1期。

香名	《佛前烧香偈》	详本（S.440、P.4597）	略本（S.2580、S.5918、P.3221）	《六祖坛经》	《华严经》
1	戒香	戒香	戒香	戒香	戒香
2	定香	定香	定香	定香	定香
3	慧香	慧①香		慧香	慧香
4	解脱香	解脱香	解脱香	解脱香	忍香
5	解脱知见香	解脱知见香		解脱知见香	精进之香
6	知见光明香				法香
7	光明云花香				德香
8					无上菩提妙香
9					白净法香

　　从香名看，西夏文《佛前烧香偈》与敦煌"行香说偈文"汉文本虽不尽相同，但明显有继承关系。略本《唱行香说偈文》中只提到"三香"，即"戒香、定香和解脱香"，详本《行香说偈文》中增加到五香，和《六祖坛经》相同，属于"五分法香"，而西夏的"佛前烧香偈"明显又多了两种，成了"七分法香"，但《华严经》提到的九种香，并不是西夏《佛前烧香偈》提到的七种香。说明西夏"佛前烧香偈"虽然对唐五代以来河西地区的"行香说偈"方式有所继承，但内容上又有所变化和发展。

　　香供养位列佛教"香、花、灯、涂（涂香）"四供养之首，行香为佛教常见仪式②。但西夏文的明显多出了"食、衣和璎珞"三种供养。此外，西夏文《佛前烧香偈》还有两个不同的版本，且инв. № 5508号开头一段出现了"天女大众、坏如鱼身、得三十五、首出三十、诵五佛名、依次生天"等语，说明西夏境内佛前烧香仪式与三十五佛信仰有互相渗透和融合的倾向。显然，地处河西的西夏不仅对唐五代时期河西"行香说偈"形式有所继承，而且很大程度上延续了唐五代时期河西"行香说偈"与佛教相融合的传统。

---

① 慧，敦煌本原作"惠"。

② 严耀中：《从行香看礼制演变》，载"程应镠先生逝世10周年纪念文集"《论史传经》，上海古籍出版社2004年版。廖淇晴：《敦煌香药方与唐代香文化》，《敦煌学》第26辑，2005年版。张梅雅：《佛道经典中的行香文化》，硕士学位论文，台北政治大学宗教研究所，2002年。

俄藏西夏文《大智度论》考释

郭垚垚

（中国社会科学院研究生院）

摘要：本文首次刊布了俄藏Инв. No. 563西夏文《大智度论》的前五页录文，并依照汉文本，对西夏文本进行了翻译和注释。目的是为西夏佛教文献的研究提供参考，并为西夏语文研究提供一份基础性材料。

关键词：西夏文 佛教 大智度论

一

《大智度论》（梵文Mahāprajñāpāramitā-śāstra），又称《摩诃般若波罗蜜经释论》、《大智度经论》《摩诃般若释论》《大智释论》《智论》《大论》《释论》《智度论》等，为古印度高僧龙树菩萨晚年所撰。[1]汉文本凡一百卷，由鸠摩罗什于后秦弘始四年至七年译出。作为诠释《摩诃般若波罗蜜经》的论典，《大智度论》因其所引经典之广、解说之详细，被尊为"论中之王"。

目前发现的《大智度论》西夏文译本[2]按其出土地点的不同，可以分为三种。第一种于1909年和大批文献一起出土于内蒙古额济纳旗的黑水城遗址，今藏于俄罗斯科学院东方文献研究所，原件迄今尚未刊布。此种西夏文译文著录首见于戈尔巴乔娃和克恰诺夫合著的《西夏文写本和刊本》，编号分别为Инв. No. 563、1169和3178。[3]其后，克恰诺夫在《西夏文佛教文献目录》中对其进行了版本和内容的描述。[4]核查上海古籍出版社蒋维崧、严克勤二位先生于20世纪末在圣彼得堡拍摄的照片，Инв. No.563为经折装，现存69个经折页，保存相对完整，内容相当于《大智度论》卷第七十一《释成办品第五十》及《释譬喻品第五十一》。第二种出土于高昌，今藏于日本东京大学，为来自三种不同刊本的西夏文译本

---

[1] 学界向来公认《大度智论》由龙树菩萨所造，但自20世纪以来，不断有质疑《大智度论》的作者与编者的声音出现。参见尹邦志《〈大智度论〉禅观管窥》，《世界宗教研究》2004年第2期。

[2] 关于《大智度论》的西夏文译本，此前，学者荒川慎太郎、彭向前、武宇林都从不同的侧面研究过。参见荒川慎太郎《东京大学所藏西夏文断片について——西夏语訳〈大智度论〉断片》，《京都大学语学研究》第22号，2003年12月；彭向前：《中国藏西夏文〈大智度论〉卷第四考补》，《西夏学》第2辑，2007年版，第110—114页；武宇林：《日本东京大学所藏西夏文〈大智度论〉残片研究述评》，《北方民族大学学报》（哲学社会科学版）2009年第1期。

[3] 戈尔巴乔娃、克恰诺夫合著：《西夏文写本和刊本》，《民族史译文集》第3集，白滨译，中国社会科学院民族研究所历史研究室编译，1978年版，第86页。

[4] Е. И. Кычанов, *Каталог тангутских буддийских памятников*, Киото, 1999, стр. 448.

残片，其中一残片的内容相当于《大智度论》卷24中的一节；[1]第三种于1917年在宁夏灵武出土的一佛经裱褙页中发现，首尾皆残，现藏于中国国家图书馆，已在《中国藏西夏文献》第6卷中刊布，此种《大智度论》西夏文译本著录首见于西田龙雄的《西夏文华严经》Ⅲ第61号。[2]据彭向前研究，该本"板间接纸处有西夏文函号用字和表示经名和卷次的汉字'大智度四巳（卷）'"。[3]本文尝试对上述第一种——俄藏《大智度论》西夏文译本的前五页进行初步考释。

二

保存完整的Инв. No.563号，内容涵盖《大度智论》卷七十一《释成办品第五十》及《释譬喻品第五十一》。其中《释成办品第五十》有36个经折页，每页凡6行，行17字至22字不等，下面给出西夏文译本前六折录文，并附对译和汉文原文。西夏文本中[ ]号标示的是西夏文本的页次。

西夏文及其对译：
[1]□□□□□𗼇𘟂𗧓𗉞□𗰞𗤓𘄴𗤻𗫡𘓄
　　（大智度本母）大事生△（品）五十第△释能

𗍁𗏹，𗼃𘊴𘏞𘃡𗭼𗧘𘟀：	"𗃛𗿳！𗏇𗾞𗸦𗖅𘘚𗊌𗏁𘏨𗧓，𗼇𘟂𘊬𘏨，𘅞𗣼
尔时，须菩提佛之言谓："世尊！是深般若波罗蜜多者，大事起起，思议

𘋤𗐯𘟂𗤋𘏨𗧓，𗅠𘋤𗐯𘟂𗤋𘏨𗧓，𗅢𘋤𗐯𘟂𗤋𘏨𗧓。𗃛𗿳！𗏇𗾞𗸦𗖅𘘚
可不事故起起，量可不事故起起，测可不事故起起。世尊！是深般若波罗

𗊌𗏁𘏨𗘂𘈪𘋤，𘟂𗤋𘏨𗧓。
蜜多者等等无，事因起起。

译文：

大智度论[1]释大事成办品第五十
尔时，须菩提白佛言："世尊，是深般若波罗蜜多者[2]，大事起[3]，不可思议事故起，不可称事故起，不可量事故起[4]。世尊！是深般若波罗蜜多，无等等事故起。

说明：

（1）西夏文"𗼇𗤓𘟂𘏞𘄴𗤻"，字面意思为"大智度本母"，汉文本作"大智度论"，

---

① 荒川慎太郎：《東京大学所蔵西夏文断片について——西夏語訳〈大智度論〉断片》，《京都大学語学研究》第22号，2003年12月；武宇林：《日本东京大学所藏西夏文〈大智度论〉残片研究述评》，《北方民族大学学报》（哲学社会科学版）2009年第1期。

② 西田龙雄：《西夏文华严经》第3册，京都大学文学部1977年版，第22页。

③ 彭向前：《中国藏西夏文〈大智度论〉卷第四考补》，《西夏学》第2辑，2007年版，第110—114页。

梵文为Mahāprajnāpāramitā-śāstra。"本母"，术语，梵语曰优波提舍，Upadeśa，此译论译。又名摩怛理迦，Mārka。本母者去出生之意，以集诸经之义而论义之，出生别趣之义理故也。

（参考丁福保《佛学大辞典》，上海书店，1991年，第844页。）

（2）西夏文"􀀀􀀀􀀀􀀀􀀀􀀀􀀀􀀀"，字面意思为"是深般若波罗蜜多者"，汉文本全部作"是深般若波罗蜜多"，下同。

（3）西夏文"􀀀􀀀􀀀􀀀"，字面意思为"大事起起"，汉文本作"为大事故起"。

（4）西夏文"􀀀􀀀􀀀􀀀􀀀􀀀"，字面意思为"不可量事故起起"，汉文本作"无有量事故起"。

西夏文及其对译：
[2]􀀀􀀀􀀀􀀀􀀀􀀀："􀀀􀀀! 􀀀􀀀! 􀀀􀀀􀀀􀀀􀀀􀀀􀀀􀀀，􀀀􀀀􀀀􀀀，􀀀
　　佛须菩提之谓："是也！是也！是般若波罗蜜多者，大事故起起，乃

􀀀􀀀􀀀􀀀􀀀􀀀。􀀀􀀀􀀀？􀀀􀀀􀀀􀀀􀀀􀀀􀀀，􀀀􀀀􀀀􀀀􀀀􀀀。􀀀􀀀
至等等无事故立起。何云也？是般若波罗蜜多中，五波罗蜜多含受。般若

􀀀􀀀􀀀􀀀，􀀀􀀀、􀀀􀀀􀀀􀀀􀀀􀀀􀀀􀀀。􀀀􀀀􀀀􀀀􀀀􀀀􀀀􀀀􀀀􀀀，􀀀􀀀
波罗蜜多，内空、乃至法有法无空含受，四念处乃至八圣道故含受，是最

􀀀􀀀􀀀􀀀􀀀􀀀􀀀，􀀀􀀀􀀀􀀀􀀀􀀀􀀀􀀀􀀀。􀀀􀀀􀀀􀀀，􀀀􀀀􀀀
深般若波罗蜜多中，佛十力乃至一切种智含受。譬如顶灌王，国土内最
􀀀􀀀。
尊国土。

译文：

佛谓须菩提："如是！如是！是[1]般若波罗蜜多[2]者，大事故起[3]，乃至无等等事故起。何以故？是[4]般若波罗蜜多中，含受五波罗蜜多；般若波罗蜜多，含受内空，乃至无法有法空；含受四念处，乃至八圣道故[5]；是最[6]深般若波罗蜜多中，含受佛十力，乃至一切种智。譬如灌顶王，国土中最[7]尊。

说明：

（1）（4）是，汉文本无。
（2）般若波罗蜜多，汉文本作"深般若波罗蜜多"。
（3）大事故起，汉文本作"为大事故起"。
（4）同说明（2）。
（5）乃至八圣道故，汉文本作"乃至八圣道分"。
（6）最，汉文本无。
（7）同上。

西夏文及其对译：

𗨞[3]𗧊𗾔𗻻𘋙𗬫𗵘𗓁，𗖰𗫡𘒣𗋃𗾟𗗚𗣼𘃎。𘘚𘏞𗟲！𗪲𘝯、𗼃𘜶𗗟，𘊟𘉋
诸　 事皆大臣△付嘱，尔时国王安乐事无。须菩提！声闻、独觉法，菩萨

𗗟，𘃽𗗟，𘂶𘂶𘊳𗗟𘍞𘜶𗳽𗫂𗅉𘋢，𘍞𘜶𗳽𗫂𗅉𘊐𗁲𗧊𘗠𗰜𗧊𗣼𘝙。
法，佛法，一切者皆般若波罗蜜多中在，般若波罗蜜多亦其等事皆办能。

𘘚𘏞𗟲！𘈞𘅞𘍞𘜶𗳽𗫂𗅉𘝙，𗧊𗾔𗃢𗧊𗂧，𘊐𗥑𘃞𘃞𘉋𗾔𗃢𗧊𗂧𘔭。𗍫，
须菩提！彼依般若波罗蜜多者，大事故起起，乃至等等无事故起起也。又，

𘘚𘏞𗟲！𗁠𘍞𘜶𗳽𗫂𗅉𘝙，𗝢𘘺𘟙，𗝢𘘺𗝾𗠷𗾔，𘒣𘄡𘝙。
须菩提！是般若波罗蜜多者，色不取，色不著则故，成办能。

译文：

诸事[1]皆委[2]大臣，尔时[3]国王安乐无事。须菩提！[4]声闻[5]、独觉[6]法，菩萨法、佛法，一切皆在般若波罗蜜多中，般若波罗蜜多亦皆能成办其等事。须菩提！[7]彼依[8]般若波罗蜜多，大事故起，乃至无等等事故起也[9]。""复次，须菩提！是般若波罗蜜多者，不取色，不著色故能成办。

说明：

（1）西夏文"𗨞𗧊"，字面意思为"诸事"，汉文本作"诸有官事"。

（2）西夏文"𗻻𘋙"，汉文本作"委"。据《夏汉字典》，该词在《文海研究》、《西夏语文学Ⅰ》中作"嘱咐"，在《金光明最胜王经》卷8《夏藏汉合璧考释》中作"付嘱"。①

（3）尔时，汉文本无。

（4）之前汉文本还有"如是"，西夏本无。

（5）之前汉文本还有"所有"，西夏本无。

（6）𗼃𘜶，意译为"独觉"，对译汉文本"辟支佛"。独觉又称缘觉，常乐寂静，独自修行，修行功成，于无佛之世，自己觉悟而离生死者，谓之独觉。梵文作pratyeka-buddha，意译"独觉、缘觉"，音译作"辟支佛"。

（参考丁福保《佛学大辞典》，上海书店1991年版，第2631页）

（7）之前汉文本还有"以是故"，西夏本无。

（8）彼依，汉文本无。

（9）也，汉文本无。

西夏文及其对译：

𗢳、𘊟、𗥑、𘊎𘘺𗠷、𘘺𗝾𗠷𗾔𘋢[4]𘄡𘝙，𘒣𘄡𘂶𘂶𘝙𘘺𗠷、𘘺𗝾𗠷𗾔

---

① 李范文：《夏汉字典》，中国社会科学出版社1997年版，第709页。

受、想、行、识不取、不著则故成 办能，乃至一切种智不取、不著则故成
𗖻𗗈𗆧。𘜶𗧊𗹬𘜶𘝞𘅫𘃽𘍞𘊓𘜶，𗫡𗯨𘝞𗖻𗗈𗆧，𘝞𘅫𘃽𘅎𗤆𘍞𘖑𘃆𘈖𘏚
成办能。须陀洹果乃至阿罗汉果，辟支道成办能，乃至阿耨多罗三藐三菩

𗡞，𘍞𗦲、𘍞𘊓𘅎𗖻𗗈𗆧。"𘜶𘏚𗆧𘊐𗧘𗣼𗧘："𘈬𗴺𘞌𗡞𘍞𗫲𗤒𘍩𘈬、
提，不取、不著则故成办能。"须菩提佛△言谓："何云般若波罗蜜多色不取、

𘍞𘊓𘅎𗖻𗗈𗆧？𘈬𗴺𘞌𗡞𘍞𗫲𗤒𘍩，𗫢、𗤒、𘟣、𘖃𘝞𘅫𘃽𘅎𗤆
不著则故成办能？何云般若波罗蜜多，是受、想、行、识乃至阿耨多罗三

𘖑𘃆𘈖𘏚𗡞𘍞𗫲、𘍞𘊓𘅎𗖻𗗈𗆧𘊏？"
藐三菩提不取、不著则故成办能耶？"

译文：

　　受、想、行、识不取、不著故能成办；乃至一切种智不取、不著故能成办。须陀洹果乃至阿罗汉果、辟支佛道能成办[1]，乃至阿耨多罗三藐三菩提[2]，不取、不著故能成办。"须菩提白佛言："云何色不取、不著故，般若波罗蜜多能成办？云何受[①]、想、行、识，乃至阿耨多罗三藐三菩提，不取，不著故，般若波罗蜜多能成办？"

说明：

（1）能成办，汉文本无。
（2）西夏文本"𘅎𗤆𘍞𘖑𘃆𘈖𘏚𗡞"，汉文本作"阿耨多罗三藐三菩提"，对译梵文Anuttara-samyak-sa/bodhi，义为"无上正遍知"，其中梵文myak用西夏文"𘏚bia¹"对，不如用"𗫻mjiw²"准确。[②]

西夏文及其对译：
𗣼𘜶𘏚𗆧𗧘[5]𗧘："𘟪𗱕𘟏𘈬𗴺？𗫢𘆑𘏚𗆧𘍞、𗵺𘍞𗢩𘐘𘊏？"𘜶𘏚𗆧
佛须菩提△　　告："汝意于何云？是色于取可、著可有△见？"须菩提

𗧘："𘈷𘊛𘉏𗖻。"𗣼𘜶𘏚𗆧𗧘𗧘："𘟪𗱕𘟏𘈬𗴺？𗫢、𗤒、𘟣、𘖃𘝞𘅫𘃽
言："不尔见我。"佛须菩提△告："汝意于何云？是受、想、行、识乃至阿

𘅎𗤆𘍞𘖑𘃆𘈖𘏚𗡞𘏚𗆧𘍞、𗵺𘍞𗢩𘐘𘊏？"𘜶𘏚𗆧𗧘："𘈷𘊛𘉏𗖻。"𗣼𗧘：
耨多罗三藐三菩提于取可、著可有△见？"须菩提言："不尔见我。"佛言：

"𗊢𗧘！𗊢𗧘！𘜶𘏚𗆧，𗖻𗯨𗫢𘆑𘏚𗆧𘍞𗵺𘍞𗢩𘈷𘊛𘉏𗖻。𘍞𘊓𘍞𗫲，
"善哉！善哉！须菩提，我亦是色于取所、著所有不尔见我。不见故不取，

[①] 𗫢，意为"受"，原文误作"𗭑（国）"。
[②] 孙伯君：《〈佛说阿弥陀经〉的西夏译本》，《西夏研究》2011年第1期。

不取故不著。

译文：

佛告须菩提："于汝意云何？是色可取、可著？"须菩提言："不尔见。"佛告须菩提："于汝意云何？见是受、想、行、识乃至阿耨多罗三藐三菩提可取、可著？"须菩提言："不尔见。"佛言："善哉！善哉！须菩提，我亦不见是色可取、可著。不见故不取，不取故不著。"

西夏文及其对译：

𗼻𗾧𗆟、𗆟、𗾧、𗆟𗾧𗑜𗾧𗻲𗦀𗤋𗧊𗨁𗤋𗨁𗼻𗾧[6]𗧊𗧊𗾧𗆟𗾧𗧊 𗤋𗨁𗾧𗑜
复是受、想、行、识乃至阿耨多罗三藐三菩提　一切种智等于亦取所著所

𗾧𗑜𗾧𗑜𗧊𗆟。𗼻𗾧𗑜𗼻𗾧，𗼻𗾧𗑜𗼻𗑜。𗧊𗤋𗨁！𗆟𗑜𗧊、𗑜𗆟𗧊、𗧊𗑜𗾧
有△尔见我不见故不取，不取故不著。须菩提！我佛法、如来法、自然人

𗧊、𗧊𗧊𗾧𗾧𗧊 𗑜𗾧𗑜𗆟。𗼻𗾧𗑜𗼻𗾧，𗼻𗾧𗑜𗼻𗑜𗾧。𗧊𗤋𗨁，𗾧𗑜𗾧
法、一切智人法亦不尔见我；不见故不取，不取故不著也。须菩提，是故诸

𗾧𗑜𗾧𗑜𗾧𗑜𗼻𗾧，𗼻𗑜𗾧。𗆟、𗆟、𗾧、𗆟𗾧𗑜𗆟𗧊、𗑜𗆟𗧊、𗧊𗑜𗾧、
菩萨摩诃萨色不取、不著应。受、想、行、识乃至佛法、如来法、自然人法、

𗧊𗧊𗾧……
一切智……

译文：

我亦见受、想、行、识乃至阿耨多罗三藐三菩提、一切种智等亦可取、亦可著；不见故不取，不取故不著。须菩提！我亦不见佛法、如来法、自然人法、一切智人法；不见故不取，不取故不著。须菩提，是故诸菩萨、摩诃萨色不应取、不应著。受、想、行、识乃至佛法、如来法、自然人法、一切智……

西夏文大宝积经卷八十八"摩诃迦葉会"解读

刘少华

（中央民族大学　少数民族语言文学系）

摘要：解读西夏佛经对研究西夏语源学以及了解西夏佛经翻译形式具有重要的意义。本文对尚未解读的西夏文《大宝积经》第八十八卷"摩诃迦葉会"进行解读。采用三行对译法，意译部分摘自《大正藏》。佛教术语的注释取自《丁福保佛学大词典》。将西夏文本中的异文，通假和错字进行校注，校注部分标为1，注释部分标为[1]。

关键词：西夏文　大宝积经　解读

西夏文《大宝积经》（𘓺𘃞𘕕𘟙𗣠）共一百二十卷，是通论大乘一切法门各经的总括。佚名译自唐菩提流志同名汉文本，夏仁宗皇帝御校。存写本多种。其一麻纸经折装。各卷规格不等。每折6行，行19字。有帙号。约半数卷册保存完整。原件1909年出土于黑水城遗址，今藏俄罗斯科学院东方文献研究所。著录见《西夏文佛教文献目录》页320—353，照片参考《西夏文大藏经》1730—1913页①。在《西夏文写本和刊本》②中亦有著录。卷八十八，馆册第1490号，13页。33.5×11.8厘米。每页6行，每行19个字。上边距6厘米，下边距3厘米。标题后有标记和仁孝皇帝封号③。现未见解读者，此次考释以《大正藏》为参考，是对西夏文《大宝积经》卷八十八的第一次全面解读。

对译：

𘓺𘃞𘕕𘟙𗣠𗧓𘝯𗦫𘝯𗊭　𘟂𗤋𘞃𘟙𗏁
大宝积经契卷八十八第　动天顺道显

𘜶𗼃𘀄𘍦𘄒𗧓𘗎𗊭𗍊𗤀
摩诃迦叶会二十三第之一

𗎫𘄿𗩈𗅁𗊱。𘋤𗕼𗕼𗕼　𗰜𗕼𗽀𗩱𗸐𘟁𗌽𘝯𗊱𗃛，
是如闻我也。时婆伽婆[1]，舍婆提城往祇树[2]给独孤善树园[3]，

𘝯𗅲𗥃𗎫𗧓、𘝯𗅲𗅊𘟁𘜶𗼃𘟁𗧓𗆫𘟏。𗴺𗫡𗩱𗼰𗦫𗖻
五千大比丘众、八千菩萨摩诃萨人与俱在。其名曰文殊师利

𘟁𘟁、𗫠𗋚𘟁𘟁、𘓺𘃞𘟁𘟁、𗤞𗸯𘟁𘟁、𗴳𘃡𘟁𘟁，
菩萨、观世音菩萨、大势至菩萨、德藏菩萨、弥勒菩萨，

𗎫𘄿𗓁𘟁𗧓𗆫𘟁𗩱𗅁𘘤𗊱。
是如等菩萨摩诃萨上首为也。

---

① 《中国少数民族古籍总目提要西夏卷》，待出版。
② З. И. Горбачева и Е. И. Кычанов, *Тангутские рукописи и ксилографы*, Издательство восточной литературы, 1963.
③ Е. И. Кычанов, *Каталог тангутских буддийских памятников*, Университет Киото, 1999.

译文：

大宝积经卷第八十八

奉天显道

摩诃迦叶会第二十三之一

如是我闻。一时婆伽婆。在舍婆提城祇树给孤独园。与大比丘僧五千人俱。菩萨摩诃萨八千人俱。其名曰文殊师利菩萨。观世音菩萨。大势至菩萨。德藏菩萨。弥勒菩萨。如是等菩萨摩诃萨。而为上首。

[1]婆伽婆：佛教术语Bhagavat，一作婆伽伴、婆誐鑁、婆伽梵、薄伽梵、薄阿梵Bhagavān。

[2]祇树：祇陀太子之树林，略名祇树。是太子供养佛者。

[3]孤独园：给孤独园之略。祇园精舍所在之处。给孤独园者，须达多之译名。此圆为须达长者所布施，故曰给孤独园。

校注：1.应为𦩦。𦩦，𦩦二字字形相似，字音相同，西夏人在翻译佛经时存在使用通假的情况，如以"过"的"过"对译"结果"的"果"，所以此处应为通假。

对译：

𗗔𗆫，𘝞𘚞𗃀𗓢𗆈𗅲𗖵𗰔𗉔𗰜𗂧𗸂𗣠。𗗔𗆫，𗫂𗙷𗅲

尔时，世尊[4]百千大众恭敬围绕而法说为。尔时，摩诃

𗅲𗏁𗆈𗅲𘕕𗾈，𗊢𗊢𗐓𗉘。𘟂𗠁𗦳𘆝，𗆫𗐱𗖵𗏣，𗁅𗖵𗆈𘂤

迦叶大众中在，坐从而起。右肩偏袒，右膝地着，掌合恭敬

𗖵𘓁𗅥𘟀："𘚞𘝞，𘞽𗅲𗔀𗹙𘕿𘎪𗩱𗅆𘒣𗐱𗴂𘕿𗆐。

佛之白言："世尊，我少许事如来顺应正遍知[5]之问欲。

𗴂𗖵𘓁𘆝，𗹙𗗔𘎪𘎪𗅥𘎪𗴂。𗖵𗅲𗏁𗅥𘟀："𗵆𘉍𗅁𗰗𗅥

若佛言听，则乃敢复问咨我。佛迦叶之告云："汝意依所问

𗝢。𗹙𘎪𗵆𘎪𘏒𘎪𗵆，𗵆𘎪𘎪𗄊𗵆𘕿，𗖵𘉍𗏣𗅥𗝢。"

耶。如来汝之悉为分别能，汝之疑心断，心悦得令耶。"

译文：

尔时，世尊与百千大众。恭敬围绕而为说法。尔时摩诃迦叶在大众中。从坐而起，偏袒右肩，右膝着地合掌恭敬白佛言："世尊。我欲少问如来应正遍知[6]。若佛听许乃敢咨问。"佛告迦叶："恣汝所问。如来悉能为汝分别，断汝疑心令得欢喜。"

[4]世尊：佛教术语，梵語曰路迦那他Lokanātha，译为世尊，或婆迦婆Bhagavat译为世尊。佛之尊号。以佛具万德世所尊重故也。

[5]正遍知：佛教术语，梵語与正徧觉同。一译正徧知。真正徧知一切法也。又，梵語三藐三菩提，一译正徧知。

校注：

2.《大正藏》为"偏袒右肩"此处作"𗐱"意为"左"疑误。

3.《大正藏》为"若佛听"此处作"𘓁"意为"苦"，与原文不同，疑误。

对译：

尔爻，𘟓𘞆𘜔𘟊𘞤𘘦𘟑𘝊：“𘟃𘟄，𘘣𘞏𘜘𘘦、𘞏𘟌𘝞，
尔时，摩诃迦叶佛之言白："世尊，若善男子、善女人，
𘟑𘘫𘛼𘛽𘜔𘛮𘞵𘟆𘞥𘞤，𘞥𘛼𘞏𘛼𘟃？𘞏𘛼𘜎？𘞏𘛼𘝎𘜎𘝎？"
涅槃求正法[7]中家出欲，当何云学？何云行？何云观修所？"
尔爻，𘟃𘟄𘟓𘞆𘜔𘟊𘞤𘘦𘟑𘝊："𘝣𘟑𘝣𘟑。𘞆𘟊，𘜘𘛼𘞤𘜎
尔时，世尊摩诃迦叶告云："善哉善哉。迦叶，汝今如来于
𘘫𘜌𘝣𘜘𘝢𘘫。𘜘𘘦𘜘𘟆𘜞𘜞𘜔𘝔𘝍𘟆𘟎𘟆
是如义问能耶。汝所问者，诸天世人一切之利益安乐得
𘝍𘟑。𘜘𘘦𘛽𘜘𘘦，𘝎𘞵𘟜𘟑。𘟆𘜘𘜘𘟏𘝣𘟑𘟑𘞤𘘫。"
令为。汝今谛听，思念善所。吾汝之分别解说为耶。"

译文：

尔时，摩诃迦叶白佛言："世尊，若有善男子、善女人，欲求涅槃于正法中出家，当云何学？云何行？云何修观？"尔时世尊告摩诃迦叶："善哉善哉。迦叶，汝今善能问於如来如是之意。如汝所问，为利一切诸天世人令得安乐。汝今谛听善思念之。吾当为汝分别解说。"

[6]正法：佛教术语，真正之道法也。理无差曰正。以三宝中之法宝，教理行果之四者为体。无量寿经上曰：「弘宣正法。」

对译：

尔爻，𘟓𘞆𘜔𘟊𘞤𘘦𘟑𘝊："𘟃𘟄，𘝣𘟑𘝞𘞒𘟑𘝣。"𘘦
尔时，摩诃迦叶白佛言："世尊，如是愿乐欲闻。"佛
𘜔𘟊𘞤𘘦𘟑："𘞏𘜘𘘦、𘞏𘟌𘝞，𘟑𘘫𘛼𘛽𘜔𘛮𘞵𘟆𘞥𘞤，𘞥
告迦叶："善男子、善女人，涅槃求正法中家出欲，应
𘘫𘟆𘟜𘟑，𘘣𘜓𘘫𘜔，𘜔𘛽𘜔𘝔，𘞏𘘣𘛽𘟎𘟆𘝍𘜓𘟑。
戒净修学，律仪戒具，正法具教，清净戒于微细不犯。
𘟎𘝎𘜔𘛽𘟆𘜔𘘣，𘝔𘞏𘛽𘛮𘟆，𘝍𘞵𘜓𘟆，𘜘𘟑𘟆𘝔。𘟆𘟎𘛮
应如正法与随顺，谄曲心离，贪欲远离，惭愧具足。常死生
𘛼𘛽，𘜓𘟆𘞏𘜓，𘝍𘞒𘝢𘟆，𘟆𘜘𘟌𘞒，𘘫𘜌𘟆𘜔。𘘣𘟎𘝢
畏，远离求乐，死生厌离，常涅槃念，此如学应。若在树下，
𘞆𘞥，𘘣𘞥𘟆𘞵𘛽，𘘣𘟎𘛽𘛽，𘘣𘝎𘞥𘛽，𘛽𘟆𘜘𘜔𘛽，𘞥𘞒
坐，若山岩间，若静室在，若窟中在，初正意修时，如来
𘟆𘝋𘟆𘟆𘛽𘞥𘟊𘜔𘟆𘜘𘛽𘛮𘜔𘘦𘝔𘝎𘜔𘘦𘟑𘝍𘞒𘝢𘟆𘛽𘝎
顺应正遍知明行足[8]逝善[9]能世间解丈夫[10]之调御最上士天人师[11]
𘘦𘝎𘝢𘝎𘞒，𘟄𘟊𘟆𘜓，𘜘𘝋𘟆𘜓，𘟑𘜓𘟆𘝢，𘟑𘜓𘝞𘞒，
佛婆伽婆于，种姓[12]具足，善根[13]具足，无量戒净、无量三昧[14]、
𘟑𘜓𘞵𘝋，𘟑𘜓𘝎𘞏，𘟑𘜓𘝎𘞏𘜔𘟎𘟆𘜓，𘜶𘜩𘘦𘘫𘝢𘟑𘟑
无量智慧、无量解脱、无量解脱知见具足，边无佛法思议可

ꏦꋌꋌꅫꇉ，ꊨꇉꑊꇉꑋꍈꅫꇉꆀꅽ，ꊿꅽꇐꇐꀋꄨ，ꏢꑼ
不一切具足，等无边无功德实语真语，所言无二，众生
ꐯꀋꄒ。ꐥꃢꏷꐚ，ꐚꆏꇭꑌ；ꀋꑽꏂꐚ，ꐥꑆꆅꅫ；
之不诳。大医王[15]为，毒箭拔能；不请友为，大慈悲具；
ꐥꉌꑽꐚ，ꇰꉬꎔꑽ，ꇰꉬꍅꒉ；ꑞꉬꎔꑽ，ꑞꉬꏢꒉ。ꀨ
大导师[16]为，甚深法说，甚深入令；寂灭法说，寂灭得令；空
ꆀꑼꇉ，ꑳꇉꑳꊒ，ꋏꇉꋏꒀ，ꒁꊨꀋꅾ，ꀕꒁꊨꒉ。ꆅꋋ
众生无，相无相断，愿无愿离，戏论无有，诸戏论离。甚深
ꀉꑌꐚꋯ，ꑗꅺꒈꒀ。ꐜꇉꃀꒀ，ꑌꇉꑌꊒ。ꒆꇉꒆꒉ，ꇯ
见难觉难，其性远离。有无于离，行无行断；说无说离，相
ꇉꑊꐛ；ꋌꒀꑓꆈ，ꋓꇉꐮꇉ。ꒁꊨꅺꌕ，ꀋꍙꅽ
无平等；垢离清净，取无舍无。诸苦灭能，爱渴断
ꑽꅽꃀꑌꑽ。ꋍꄹꇐꑊꇉ。ꋀꁆ，ꃀꅐꋀꃋꃓꇉꑍꃓꐰ，
能涅槃至令。此如心起应。迦叶，比丘是如一日若一日过，
ꑞꇉꇈꈹ，ꅻꑋꆏꈼꇄꇉ。ꑊꋌꑊꈼꊒ，ꑌꐛꀋꑊ，ꆏꑼ
静室中在，心常如来念应。复是思念作，我人身得，家出
ꃴꑊ，ꃀꅐꅽꑊ。ꆏꑌꋌꌸꎈ，ꉣꏽꐚꈨ。ꋊꐨꐥꃊ？
道得，比丘法得。如来与亲近，懈怠应不。此者何云？
ꋌꑴꐵꆍ，ꒉꆅꌅꑊ。ꋌꋌꊰꑋꃋꑊꐥꂺ，ꆅꂁꎔꑘ，ꆏ
此于戒修，当道果得。是因缘以未来世于，若佛世出，当
ꅎꑤꁔꌞ。ꁔꎔꑘꇉꎔꁢꑋꄮꒉꇊ。ꋀꁆ，ꃀꅐꁖꆄꌐ，
必定佛见。佛世出难优昙花如谓应。迦叶，比丘修行时，
ꑻꇛꄃꑾꒆꑓ，ꁖꑾꇬꈼꇊ。ꋀꁆ，ꆏꑌꇰꒈꅻꒉꌸ，
慧命[17]须菩提学，修行如学应。迦叶，如来顺应正遍知，
ꀉꑌꀉꑌ。ꑊꇉꑺꇛꇱ，ꃀꅐꂒꅫ，ꑗꆅꂁꆀꒈꀶ
见闻得难。正法中家出，比丘戒具，亦甚希少有能。
ꇯꈷ、ꉅꇙꄉ，ꑊꇉꑺꇛꇱꋋ，ꑠꌎꈨꌐ。ꑠꑆꅺꉒ？ꌃꑓ
善男子、善女人，正法中家出者，二事故为。二者何云？一者
ꆏꁱꈜꋴꅻꌐ。ꑠꑯꅺꎈꁔꅻꌐ。ꋀꁆ，ꀨꁡꇍꇛ，
则道果[18]得故为。二者见未来佛故为。迦叶，有诸痴人，
ꍦꄄꌎꁤ，ꆏꑌꒈꑼꅱ，ꎭꐮꋌꑽꑆ，ꇯꇴꀉꁊꁨ。
袈裟受着，如来而违背，我而所道果得，圣人是我谓。
ꑻꒉꂁꑞꇉꇈꈹ，ꆅꎔꇉꇈꈹ，ꊐꇱꎏꎃꌒꌒꋧꆍꂮꌰꌱ
是人若静室中在，若窟中在，贪心而施主一切思我之衣钵[19]当
ꎂꎺ。ꋀꁆꄮꒉ。ꆏꑌꈹꎭꑊ，ꋋꆍꏾꄨ，ꋋꆍꏾꑊꎂ。
施谓。是如念作。如来我之不知，我之不觉，我之不见谓。
ꋀꁆ，ꃀꅐꀨꁡꇍꇛ，ꎭꐮꇍꇛ，ꎭꁖ，ꎭꆣ，ꎭꐪ，
迦叶，比丘若静室中在，若窟中在，若行、若坐、若卧，
ꁯꐨꄪ，ꎭꃖꋯꄪ，ꑊꐚꐥꀕꄷꑌꑴꈌꐛ，
贪欲念，若瞋恚念，及余种种诸恶识觉观起，

𘃜𘆏𘌋𘍞。𘃡𘊝𘍴𘋤，𘃡𘆠𘍚𘊤𘍰𘈧𘊪𘌂𘊧𘏨，𘉹𘍹𘎂𘎚。
所住处随。其中诸神，彼比丘心愁忧思生且知，是如念作。
𘉹𘍴𘆠𘍚𘊯𘈯𘐂𘈯𘑛𘍚，𘏃𘐂𘊝𘉎𘊯𘑓𘆠𘉺。
此诸比丘何非法非宜为，正法中家而已舍。
𘉹𘍹𘈯𘐂𘐂𘍚𘊯𘐂𘊯𘑛？𘎴𘏍，𘃡𘉹𘍴𘊲𘆠𘍚𘊹𘊤𘈯𘍚，
是如不善法思惟者何而谓？迦叶，彼诸神等比丘之心知故，
𘌋𘊜𘊯𘊯𘈯𘆹𘊤𘎐。𘎴𘏍，𘃡𘉹𘊙𘊜𘊯𘑓𘏃𘊢𘌢𘊯𘑓𘊯𘆠𘊡。
各方便以不安隐令。迦叶，彼诸天神稀少善根以稀少智慧得，
𘋂𘆹𘊤𘈯𘍚。𘈯𘏃𘁊𘋴𘐛𘑜𘈯𘑗𘎱𘊡𘐂𘃝，𘊯𘆠𘃝𘎁𘁃𘎐。
尚他之心知。复如来百千万亿阿僧祇劫[20]中，智慧具所修行。
𘃡𘊤𘊯𘊡𘊯𘎐𘊬。𘎴𘏍，𘃝𘏃𘊯𘊡𘊯𘈯，𘈯𘐁𘊯𘈯，
彼心无知何有。迦叶，如来无不知者无，不见者无，
𘈯𘏃𘊯𘈯，𘈯𘊹𘊯𘈯。𘎴𘏍，𘃝𘏃𘊯𘈯𘊯𘆠𘃝𘈯，𘊯𘊯
不觉者无，不证者无。迦叶，如来碍无智慧具足，三世
𘉹𘍰𘎅𘍰𘍚𘉕。𘊦𘉹，𘎴𘏍，𘊯𘊢𘊭、𘊯𘊢𘋥，𘏃𘐂𘊝𘉎𘊯
诸法皆悉了知。故此，迦叶，善男子、善女人，于正法中家出
𘃡𘍞，𘉹𘎂𘎚𘍚。𘆠𘊬𘃝𘏃𘊯𘃦𘉹𘊢𘍚，𘉕𘊯𘆠𘐂𘉿𘃝𘊦𘊹
得者，是念作应。诸佛如来我心悉知，十方世界中现在
𘆠𘊬𘋂𘃦𘃡𘊯𘍚𘑘𘍚。𘃝𘏃𘁊𘉾𘆺𘎚𘍚𘐛。𘎴𘏍，
诸佛亦我之心知谓所。佛法中沙门贼作所莫。迦叶，
𘉾𘆺𘎚𘍰𘋒𘍚𘊯？𘉾𘆺𘎚𘋒𘊯𘎁。𘋒𘍰𘊦𘉽？𘎴𘏍，𘊴𘎺𘆠
沙门贼者何而为？沙门贼四种有。四者何云？迦叶，设若比
𘌋𘍰𘎅𘉲𘎂，𘊢𘋤𘊯𘆠𘃡𘍚，𘆚𘉺𘊯𘍚，𘏃𘎪𘊯𘎂，
丘法服整理，身像以比丘为，常禁戒破，不善法作，
𘊦𘉹𘊯𘊘𘉿𘉾𘆺𘎚𘍚。𘋧𘍞，𘊴𘊝𘊷𘉽，𘉿𘏈𘏃𘍴𘊯𘍰𘎂，
故此者一第沙门贼为。二者，日暮后时，心念不善法有思惟，
𘊦𘉹𘊯𘋧𘊘𘉿𘉾𘆺𘎚。𘊦𘉹，𘋶𘊯𘊧𘎐，𘊦𘉽𘊪𘏈𘊯
故此者二第沙门贼为。三者，圣果未得，自凡夫是以
𘍰，𘊥𘍞𘍚，𘊦𘉵𘆠𘎂𘊧𘊴𘍰𘑘，𘉹𘍞𘊘𘉿𘉾𘆺𘎚。𘊦𘍚，
知，利养故，则阿罗汉果得自称，此者三第沙门贼为。四者，
𘊪𘌢𘏲𘊯……
自赞他毁……

[7]明行足：佛教术语，佛十号之一。梵名婢侈遮羅那三般那Vidyā—caraṇa—saṁpanna。依涅槃经之说，明者，阿耨多羅三藐三菩提也，行足者，脚足之义，指戒定慧言。佛依戒定慧之脚足而得阿耨多羅三藐三菩提，故名明行足。

[8]逝善：即善逝，佛教术语，梵名须伽陀Sugata，译曰善逝，又曰好去。诸佛十号之一。

[9]丈夫：佛教术语，勇健之人。勇进正道修行不退者。

[10]天人师：如来十号之一。梵语曰舍多提婆摩㝹舍喃Devamanuṣyaśāstṛ，为天与人之教师，故名天人师。

[11]种性：佛教术语，种为种子，有发生之义。性为性分，有不改之义。

[12]善根：佛教术语，身口意三业之善，固不可拔，谓之根。又善能生妙果，生余善，故谓之根。维摩经菩萨行品曰："不惜身命，种诸善根。"注曰："什曰：谓坚固善心深不可拔，乃名根也。"大集经十七曰："善根者，所谓欲善法。"

[13]三昧：梵音samādhi，旧称三昧，三摩提，三摩帝。译言定，正受，调直定，正心行处，息虑凝心。心定于一处而不动，故曰定。正受所观之法，故曰受。调心之暴，直心之曲，定心之散，故曰调直定。正心之行动，使合于法之依处，故曰正心行处。息止缘虑，凝结心念，故曰息虑凝心。

[14]大医王：譬喻，譬佛菩萨也。维摩经佛国品曰："为大医王善；疗众病。"无量义经曰："医王大医王，分别病相晓了药性，随病授药令众乐服。"

[15]大导师：佛教术语，佛菩萨之德号。以其能导众生使超生死之险难也。无量义经曰："处处为众作大导师，能为生盲而作眼目。"维摩经佛国品曰："稽首一切大导师。"

[16]慧命：佛教术语，法身以智慧为寿命。智慧之命夭伤，则法身之体亡失。盖慧为法身之寿命，故曰慧命。又尊称比丘曰慧命。博闻强识，以慧为命之义也。又曰慧寿。新译曰具寿。犹言慧命须菩提等。

[17]道果：佛教术语，道为菩提，果为涅槃，涅槃由菩提之道而证，故曰果。

[18]衣钵：佛教术语，三衣与钵也。二者为僧之资物最重大者。后为袈裟与铁钵之意。

[19]阿僧祇劫：佛教术语，无数劫也。劫者年时名。

[20]十方世界：（杂语）东西南北，四惟，上下，十方有有情世界无量无边，故曰十方世界。

[21]阿罗汉果：佛教术语，悟位谓之果。以是为对于修行之因之结果也。阿罗汉为小乘之极果。

校注：

4.《大正藏》为"愿乐欲闻"，此处作"㤭"意为：讹，族姓。疑误。应为"㤭"。

5.《大正藏》无此"坐"字，疑衍。

6.《大正藏》为"初修正意"无"时"字，疑衍。

7.《大正藏》中无"此如心起应"句，西夏文本疑衍。针对这种情况，笔者怀疑西夏人翻译佛经时并不是完全对译，而是按照自己的理解适当的增加了一些语句。和这种情况相同的还有校注的第13，14条。

8.《大正藏》此句为"当得见佛"，而非"当必定见佛"，与西夏文本不同。

9.《大正藏》无此"㲲"（时）字。

10.《大正藏》为"现得道果故"，西夏文本缺一"现"字。

11.《大正藏》本为"若贪念欲"，西夏文本缺一"贪"字。

12.《大正藏》本为"及余种种诸恶觉观"，与西夏文本"及余种种诸恶识觉观起"少"识"与"起"字。

13.《大正藏》本为"思惟如是不善之法"与西夏文本"是如不善法思维者何而谓"不同。

14.《大正藏》本无"彼心无知何有"句。西夏文本疑衍。
15.西夏文本以下缺。

译文：

世尊，如是愿乐欲闻。佛告迦叶。善男子，善女人。欲求涅槃于正法中出家。应学净戒。具律仪戒。具正法教。于清净戒微细不犯。应如是学，随顺正法离谄曲心。远离贪欲具足惭愧。常畏生死乐求远离。厌离生死常念涅槃。若在树下。若山岩间。若在静室。若在窟中。初修正意。念于如来应正遍知明行足善逝世间解无上士调御丈夫天人师佛婆伽婆。生具足种姓。具足善根。具足无量净戒。无量三昧。无量智慧。无量解脱。无量解脱知见。具足一切无边佛法不可思议。具足无等无边功德实语真语。所言无二不诳众生。为大医王能拔毒箭。为不请友具大慈悲。为大导师说甚深法。令入甚深。说寂灭法令得寂灭。空无众生。无相断相。无愿离愿。无有戏论离诸戏论。甚深难见难觉。其性远离。离於有无。无行断行。无说离说。无相平等。离垢清净。无取无舍。能减诸苦。能断渴爱令至涅槃。伽叶。比丘如是一日若过一日。在于静室心念如来。作是思念。我得人身。得出家道。得比丘法。亲近如来。不应懈怠。所以者何。于此修戒当得道果。以是因缘于未来世。若佛出世当得见佛。佛出世难如优昙花。伽叶。比丘修行。应学慧命须菩提之所修行。伽叶如来应正遍知。难得见闻。于正法中而得出家。具比丘戒甚为希有。善男子善女人。于正法中出家者。为二事故。何等为二。一者为现得道果故。二者为见未来佛故。伽叶。有诸痴人。受著袈裟违背如来。自谓我得道果圣人。是人若在静室。若在窟中。贪心思念。一切施主施我衣钵。作如是念。如来不知我。不觉我。不见我。伽叶。比丘若在静室。若在窟中。若行若坐若卧。若念贪欲。若念嗔痴。及余种种诸恶觉观。随所住处。其中诸神。知彼比丘心生愁尤。作如是念。此诸比丘非法非宜。于正法中得出家已。思惟如是不善之法。伽葉。彼诸神等知彼比丘。各作方便令不安隐。迦叶。彼诸天神以少善根得少智慧。尚知他心。况复如来百千万亿阿僧祇劫。具行智慧。迦叶。如来无所不知。无所不见。无所不觉。无所不证。迦叶。如来具足无碍智慧。于三世法皆悉了知。是故迦叶。善男子善女人。于正法中出家者。应作是念。诸佛如来悉知我心。十方世界现在诸佛亦知我心。莫于佛法作沙门贼。迦叶。云何名沙门贼。沙门贼有四种。何等为四。迦叶。若有比丘整理法服。似像比丘而破禁戒作不善法。是名第一沙门之贼。二者于日暮后。其心思惟不善之法。是名第二沙门之贼。三者未得圣果。自知凡夫。为利养故。自称我得阿罗汉果是名第三沙门之贼。四者自赞毁他……

通过对译西夏文佛经可以得出两个结论，第一，西夏人在翻译佛经时存在使用通假字的情况，如以经过的"过"对译因果的"果"；第二，在翻译佛经人名时采用意译加音译的方式，如婆伽婆，第一个"婆"字采用意译，第二个"伽"字采用了音译的方法。这种译经方式和固有的一律采用音译或意译的做法不同，可以据此推测西夏人在翻译其他作品时也可能存在这种情况。同时也发现了两个问题，第一，西夏文否定词很多，此篇《大宝积经》中经常使用的有三个分别为"𗟲""𗟍"和"𗞞"，可以确定的是"𗞞"经常用在句尾，表示"非"的意思，有时也可以译为"不"。但是表示"不"的"𗟲"有时候也可以译为"非"，如"𗢳𗭴𗌗𗖻𗯨𗟲𗮔𗟲𗟍𗫂"即对译为"此诸比丘何非法非宜为"，这些否定词在意义是否可以混用，在使用上是否有自己固定的结构，尚没有专门的文章做研究，还需要进一步的考察。第二，西夏佛经在对译"死生"的时候，经常使用"𗧓"字，如本篇佛经中的"𗼇𗼨𗽀𘜶"对译为"常死生畏",此字是西夏皇族的姓氏,因为西夏文中表示"死"的字有一个写作"𗼨",二者字形相似,所以笔者推测应该是误字,但查考其他的西夏佛经皆采用"𗼨"字来对译"生死"的"死"字,所以是否为误字还有待进一步的相关研究。西夏文献中像这样的未解之谜还有很多,想要解开这些谜底,就绕不开佛经的解读。相信随着越来越多的佛经得到解读,这些未解之谜也会得到妥善的解决。

参考文献:

[1] 丁福保:《佛学大词典》,文物出版社1984年版。
[2] 高楠顺次郎:《大正新修大藏经》,大正一切经刊行会。
[3] З. И. Горбачева и Е.И.Кычанов, *Тангутскиерукописииксилографы*, Издательствовосточнойлитературы, 1963.
[4] Е. И. Кычанов, *Каталогтангутскихбуддийскихпамятников*, Университет Киото, 1999.
[5] 《中国少数民族古籍总目西夏卷》待出版。

壮字喃字同形字的三种类别及简要分析

何思源

(中央民族大学　中国少数民族语言研究院)

内容提要：本文通过对三本工具书收录的壮字、喃字同形字进行分类和简单分析，指出两种文字的同形字有相当部分不是出于偶合，而是文化接触与影响下的产物。喃字经历了规范化，字形比壮字要相对固定，它的使用者总体而言汉字掌握程度高于壮字使用者。壮字吸收了一定比例的喃字，喃字则几乎没有被壮字影响。汉字在传播过程中，并不是直接通过壮族聚居区向越南传播的。存在这样的历史时期：在中越边界地带，壮族一度被越南京族的政治、文化影响力所吸引而在文字使用上出现跟随。

关键词：喃字　壮字　同形字　壮族　京族　分类　传播

一、引言

方块壮字和喃字都是汉字孳乳型文字。这两种文字产生、形成之后，国内外学者对它们的关注从未中断过，尤其是它们与汉字的对比研究，成果不胜枚举。半个多世纪前，学界开始对方块壮字和喃字进行对比研究，经历了一个零星状态——分散状态——分述状态——联系比较状态的发展过程。然而这些研究对壮、喃字的对比涉及范围小、问题少、样本随意性大，多集中讨论文字的宏观问题，不能微观、详尽而全面地观照两种文字的共性与差异。

因为"借源"都是汉字的音形义，造字、用字原则又都大致相同，跨民族的汉字系文字里头有大量的同形字本就不足为奇。空间地理上相距甚远的两种汉字系文字，其同形字更多是出于偶合而几乎无任何关联。但作为地缘上毗邻、文化上有接触和交流的两种文字，它们的同形字在音、形、义等方面则呈现出复杂重叠、千丝万缕的关系。如能对这些同形字进行搜集、分类并分析，找出背后的各种直接、间接因素，从中能发现汉越音、壮族"读书音"、两种民族语音及汉字音的面貌及演变脉络，进而把握汉文字在壮族和京族地区的传播路径、文字的借用影响、"边缘"地带文化的嬗变等。

二、材料来源

在越南，喃字的重视度较高，因此喃字辞书的编纂工作开始得较早。数量可观的喃字工具书中，又以《喃字大字典》（武文敬，Đại Tự Điển Chữ Nôm）的权威性较高。相比之下，方块壮字的搜集整理工作远远落在喃字之后，目前能看到的方块壮字辞书只有《古壮字字典》（广西壮族自治区少数民族古籍整理出版规划领导小组办公室,民族出版社）。因此选用这两本字典作为两种文字的同形字的筛选与比较的材料库。

两本字典的收字原则与标准不尽相同。只要是用来书写喃字作品的字，《喃字大字典》都收录，因此包含了相当数量的汉字（读音为汉越音或纯越音）。也就是说，它收录的是"广义"的喃字。《古壮字字典》则是把音形义全部借自汉字的字排除在外，也就是说，它只收录了"狭义"的壮字。

　　汉字被借入两种民族的语言文字中，其音义的细微差异性正好体现两种语言的发展演变及各自特点。如能把这部分壮喃同形字进行比较，我们将发现，汉越音与壮族"读书音"的联系与区别、两种民族语音的差异、汉字在这一区域的传播等规律。但由于其中一本字典并不收录这部分字，我们的研究中便把这类研究价值极大的同形字排除在外。

　　越南喃字的使用持续到20世纪中叶，由于"国语字"的推广普及而退出历史舞台成为一种死文字。方块壮字在民间依然被大量使用来传抄歌本经书等。《古壮字字典》就收录了一定数量的在汉字简化字基础上生成的壮字。如果忽略了这些事实，严格地筛选两者的同形字显然是不对等的。由于中国京族也仍在使用喃字，这些喃字也经历了汉字简化运动带来的影响，因此我们也可以引入《中国京族喃字汉字对照手册》（民族出版社，2016年）作为对比材料的必要补充。这本手册也因为不做"正体字""异体字"的区别、如实收录了流传于民间的大量喃字而使得与壮字同形字的比较有了更多的可比性、可操作性。

三、分类与比较

　　在参阅以上三本工具书的基础上，我们筛选出了不少同形字。由于篇幅限制，暂不一一罗列。数量最大的一部分同形字，无疑是由于用字、造字理据大致相同而形同音近但意义不同的字。它们同形更多出于偶合，不存在相互影响或接触传播关系。如：

同形字	壮字音义	喃字音义
咘	paak^{7}嘴（声符"百"为粤方言音）	buk^{7}急迫，迫切
挳	pjoŋ^{5}凿开，破开，开窟窿	buoŋ^{1}放，垂下，松开；vun^{1}堆积
哎	eem^5<方>叫骂声，嘈杂	an^{1}吃
吗	kooŋ^1<方>哼哼；呻吟	kɔŋ^{5}瓮，小罐
皈	sai^{3}肠，肠子	suɯə^{4}奶，奶水
烝	fa^4<方>天，天空，天上 kɯn^{3}上面，上方	tsəəi^{2}天
摺	ɕap^8<方>收拾（声符"习"为粤方言音）	zəp^{7}遮盖，遮掩
让	kɯn^{3}上，上面	zəŋ^{1}奉上，献上；上升
茫	pjak^{7}菜	bek^{5}灯芯草，草芯，灯芯
胎	keet^{7}疼爱；疼痛 kat^7<方>吃酸东西时过量或饥饿的感觉（声符"吉"为粤方言音）	kət^{8}肾，腰子
佶	ke^1<方>他们；ke^5<方>叔父（声符"吉"为西南官话音）	kiet^{7}吝啬

（续表）

同形字	壮字音义	喃字音义
結	ke⁵间隙，缝隙（声符"吉"为西南官话音）	kɛt⁷箱子，柜子
笈	kip⁷<方>斗笠	kaap⁸衣服、篮子等的边缘
嗜	khaan⁵<方>呛，味道刺鼻	khɛn¹赞，赞颂，赞美
紏	pok⁷穿牛鼻的绳子 buuk⁸<方>缚，绑 puɯ²编辫子或绳子（声符?卜为官话）	vɔk⁷丝光绸
圤	pjo²<方>山丘，小山包 khoi⁴<方>奴仆	khoi³离开
胖	buun⁵贩卖（声符"半"为粤方言音）	baan⁵卖
跐	pe⁴<方>疲劳（声符"北"为官话音）	buk⁷步伐；迈过
醛	çai⁶<方>蛋	sai¹醉

这类同形字数量巨大，虽说形符和声符大多借自汉语记录本民族语的音义，但总的来说喃字的声符背后的汉语方音比较统一，而壮字的声符借自平话、粤语、官话（主要是西南官话）的都有。这与喃字历史上曾经进行过规范而壮字一直流于民间缺乏统一整理有关，同时也由于壮字跨越的时间较长，空间范围较大，受到了多个汉语方音的影响。

这些同形字中，有一类比较引人注目：喃字多借汉字的音、义，而壮字借汉字的形，即把汉字当做具体描摹的物象来看待。如：

同形字	壮字音义	喃字音义
彐	puɯ¹犁耙，耙子	kɛ⁶魔鬼，秕子 ke⁶不理，不管
凡	çam²<方>吻	faam²平凡；凡俗；凡是
卜	aam⁵背，背负孩子	buok⁸缚，束缚；绑；捆绑；迫使
具	tham¹<方>阴囊	ku⁶用具，东西
爿	tuŋ⁴拐杖	fien⁵片
郢	kum⁴<方>低头	lɛu⁴紧跟，跟随
㸚	pho¹<方>堆，一堆；堆状物	vuə¹头领，王

"彐"由于酷似耙子的形象而被用来记录壮语的"耙子"puɯ¹，喃字用"彐"的汉语中古音来记录越南语的kɛ⁶（魔鬼，秕子）；"凡"由于像张着的双唇吻着东西而被用来记录壮语的"吻"，喃字则完全借用"凡"的汉语音义；"卜"像大人背负一个孩子，用来记录壮语的"背"aam⁵，喃字则是用它的中古音buok⁸来记录"缚"buok⁸的音义；壮字用"具"来表示"阴囊"，喃字音形义都和汉语差不多；壮字用"爿"来形象表达壮语的"拐

杖",喃字则是用它来记录简化的"片";壮字"𭔂"的"了"酷似一个人低头的样子,喃字则用该字作为声旁记录越南语的lɛu⁴"紧跟,跟随";"𠫾"的形符声符完美记录的越南语的"头领",但它在壮字中只用"布"作为声符,"王"的字形是用来描摹"堆状物"的。这些字被借入壮字后,只借用的它们的外在形状,要么整个字的音义与汉字无关,要么某个部件借的只是汉字的外在形状,总之做到了搁置汉字的音义,只专注于它的形体所能指向的意义。相比之下,喃字是在汉字的音义基础上进行增删或重组,这也似乎说明,喃字的创造者/使用者,其汉字掌握程度相对较高。

把这部分同形字排除之后,再对同形字进行初步分类,大致有以下几种:

1. 由于壮语、越语之间存在关系词而带来的同形字。如:

同形字	壮字音义	喃字音义
妑	pa³伯母,姨妈;中年妇女 pa²<方>妻子	ba²太太,夫人
盎	aaŋ⁶<方>盆子	aaŋ¹瓦瓮;谷物容器
𣲠	kjat⁷(水)冷	kat⁷形容极冷
粓	hau⁴米,稻米	ɣaau⁶米,稻米
贴	ku⁶东西	kuə³财产,物产;属于
垌	toŋ⁶田野	doŋ²田野
妏	khaai⁵<方>女人	ɣaai⁵女孩
䥵	khiiŋ²<方>镜子 另一个壮字"䥵"更表音义	ɣɯəŋ¹镜子
絙	mai¹细线,缝衣线	mai¹缝纫
肐	ko²脖子,颈	ko³脖子,颈
𧵅	ɕiiu⁴<方>受	tsieu⁶受,遭受

由于关系词的存在,这些同形字是偶合还是相互借用已经很难区别了。这说明壮字与喃字之间存在相互接触、相互借用的事实,并不存在独自发展、互不干涉的真空状态。

2. 一方受到另一方单向影响的同形字

有一部分同形字,无论从汉语还是壮语的音形义考察都看不出造字、用字理据,只有参考同形的喃字的音义才看出端倪。如:

同形字	壮字音义	喃字音义
𧿒	keeŋ³<方>用小棍聚拢起来	kaŋ⁵翅膀
獋	ki⁴<方>屎	khi³猴子
琨	koon⁵前,先,前面	kɔn¹孩子

（续表）

同形字	壮字音义	喃字音义
𦬁	kou⁶一双，一副	kɔ³草
䀏	ŋe⁶<方>水牛叫声	ŋɛ听，聆听
侱	teen¹<方>仙，仙人	ten¹名，名字
扒	tam¹捶打	tɔm⁵抓住，收拢，归纳
圡	tum¹<方>土，泥，泥土，土壤	tum¹瓮；车轮轴承
歹	laam²<方>篮子	laam²做
算	taan¹<方>剪禾穗	toan⁵算，算数（中国京语音taan⁵）
朒	thaaŋ³<方>安装	thaaŋ⁵月份
傘	taan³<方>踢	taan³伞，华盖
啨	teeŋ⁴<方>句，句子	tieŋ⁵声音；语言；话语；句子
疎	tu⁶汗，汗水	sə¹幼小（中国京语音thə¹）
须	tu⁶<方>（动物及人称的词头）头，只	tu¹须，必须；胡须

　　壮字为何不采用木字旁来表示的"用小棍聚拢"的意义而选用了"羽"？参考喃字，"翅"指"翅膀"，与羽毛有关；壮字"獡"指的"屎"，为何排泄物会与表示动物的反犬旁有联系？参考喃字，原来"獡"表示"猴子"；壮语的"前，先，前面"为何与"子"有关？原来喃字的"偍"指的"孩子"；"𦬁"表示壮语量词"双、副"，为何用"草"做形旁？原来喃字"𦬁"指的"草"；壮字拟声词绝大多数为"口"字旁，为何水牛的叫声选用了"耳"字旁？参见喃字的"䀏"为"聆听"就迎刃而解了；壮语的"仙人"为何写为风牛马不相及的"侱"？原来喃字的"侱"即"名字"。如此等等不一而足。在声旁借用上，壮语的t音为何不借用汉字的端母字来记录？只要看到越南语心母字读为t或th音疑问就迎刃而解了。① 这些同形字反映了喃字对壮字的强烈影响。反向推测，是否存在一些字表明喃字受到壮字的压倒性影响？三本工具书中，我们几乎没发现这种情况。这似乎说明，喃字在一定地域范围内对壮字的影响非常大，而不是原先不少研究者们认为的"壮字促成并影响了喃字的创制"。

　　喃字对壮字的影响，不单体现在壮字对喃字的整个借用上，还体现在直接用喃字的音形作为壮字的造字部件的。如壮字的"粲"（粒，颗粒）单从声旁上看解释不了它为何记录的是壮语的nat⁸音，但参考喃字"宾"发thət⁸音就找到答案了。原先认为只用在喃字中的"夕""丿"等标记符号也出现在不少壮字中。② 由于这些不属于同形字范畴这里不展开进一步的论证。喃字对壮字的深刻影响是不言而喻的。

---

① 韦树关：《论越南语中的汉越音与汉语平话方言的关系》，《广西民族学院学报》（哲学社会科学版）2001年第2期。
② 戴忠沛：《三千书》初探，《广西民族研究》2005年第3期。

3、一方写错造成的同形字

壮字喃字都是在汉字的基础上生成的，由于使用者的汉字掌握程度不一，会出现把借用的汉字写错的情况，这写错的字刚好与另一民族文字同形。这样的字不多，但也能找到几个：

同形字	壮字音义	喃字音义
芷	pjaak⁷菜（为"茋"之误）	ti¹丝
芷	çaaŋ⁵埋葬（为"茎"之误）	tsi³香草
箅	taan¹<方>剪禾穗（为"算"之误）	luoŋ²大竹子

这些同形字都是壮字写错而喃字几乎这种情况。这似乎再次说明壮字的创制者/使用者的汉字掌握程度较低。但我们也要考虑到这一因素：由于喃字历史上经过规范，由于个人抄写造成的错误已经得到更正，词典收录的字也是经过校对的，因此喃字的错字别字情况很少。而《古壮字字典》的收字倾向于凸显民族性和独创性，导致不少原本就抄写有误的字被收入其中。

小结

壮字和喃字的产生、发展都经历了漫长的历史过程。它们都是在汉字的影响下产生的，因此有很多共同点。它们的同形字，相当一部分是由于共同的造字、用字理据造成的，具有很大的耦合性。但依然存在相当数量的同形字，表明了两种文字之间有非常密切的接触。汉字从北向南传播到越南应该绕过了现今的壮族聚居区域，因此未见喃字受壮字影响的迹象，反而发现了不少壮字受喃字影响的例字。地方性壮字有不少是直接借用喃字的形或音的。已有论者认为一些壮字受到喃字的影响是通过越南古岱字、古侬字作为中介来实现的。①

从字形分析，创制、使用喃字的群体，其汉文掌握程度似乎比使用壮字的群体要高一些。喃字历史上曾被规范过，因此字形具有权威性，能跨时间、跨地域保持一致，这种情况在壮字中罕有。三本字典中我们发现，喃字对汉字语音的记录有不少滞后性，而壮字为了记音尽可能准确，字形一直在进行历时调适，因此我们看到不少异体字。

从字音分析，操官话及粤方言的华人对喃字的创制和使用似乎没有贡献，而这部分人在壮族社会发挥了不可忽视的文化传播作用。

历史上的中越边缘地带，文化互动是相当频繁的。我们能否这么推断：曾经存在过这样的历史时期，在文化角力上，越南一方占了优势，极大地影响了当时的地缘政治。②喃字和壮字关系的研究，也许能为我们进一步考察这一区域唐代以来的羁縻制、土司制、改土归流等等历史事相提供珍贵的佐证。

---

① 韦树关：《喃字对古壮字的影响》，民族语文2011年第1期。
② 牛军凯：《王室后裔与叛乱者——越南莫氏家族与中国关系研究》，世界图书出版广东有限公司2012年版。

《五体清文鉴》中俗语词的特点及其研究意义

任仲夷

（中央民族大学　少数民族语言文学系）

摘要：《五体清文鉴》是一部五种文字对照的辞书，18世纪时编成，没有刊印过。然而，对于这部辞书的研究主要集中在词汇、考证、转写等方面。明清时期，特别是在清代，编撰方言俗语辞书也蔚然成风。《五体清文鉴》经历了漫长的过程，最终于清朝乾隆年间成书，其中也收录了大量的俗语词，本文就其中俗语词的特点和研究意义进行了探讨，这为丰富汉语语料、了解清朝时期的民俗文化提供了一些参考。

关键词：《五体清文鉴》　俗语词　特点　意义

《五体清文鉴》，"是一部五种文字对照的辞书，是18世纪时（清乾隆年间）编成的，没有刊印过，这部书内容丰富，有历史价值，也有实用价值，特别是维吾尔文部分更为珍贵，是我国各民族共同的文化遗产。《五体清文鉴》是一部五种文字对照的辞书，五种文字的次序是满、藏、蒙、维吾尔、汉。其中藏文下面有两种满文注音，一种是'切音'即逐个字母对译，能够按着一定的规律还原为藏文。一种是'对音'即实际发音，这是因为藏文的读音与古代已有相当的出入，而正字法上仍然保存着古代的拼缀形式的缘故。维吾尔文下面也有满文的对音，蒙文和汉文下面都没有满文的对音，因此这五种文字就有了八栏：最上面的一栏是满文，第二栏是藏文，第三栏是藏文的满文切音，第四栏是藏文的满文对音，第五栏是蒙文，第六栏是维吾尔文，第七栏是维吾尔文的满文对音，第八栏是汉文。影印时因开本过大，缩为16开，最小的字仍然能够辨认清楚。原本每类都另起页，空白页很多，现在一律改成另面不另页，边框重新描画，骑缝上的字只好去掉，另加阿拉伯字的页码。总目是把每卷前面的分目剪辑而成的，所以字的大小不大一致。原目下面的类数和则数有几处错误，正文的各种文字内也有个别的错误，维吾尔文的正音法与现行系统有所不同，为了保存原来的面貌一律未加改动。只有原本的维吾尔文书名因文法上欠缺连贯未照印，现在封面上的维吾尔文书名是另外译写的"。[①]《五体清文鉴》，"这部书没有殿版，只有钞本，目前我们确实知道的，共有三部，两部现藏于北京故宫博物院，一部现藏于伦敦大英博物馆。故宫博物院的两部，一部原藏重华宫，一部原藏景阳宫。重华宫是乾隆即位前的旧邸，即位后每年都在这里与少数民族的王公等会见。景阳宫向来就是专门贮藏图书的地方，1926年集中到故宫图书馆殿本书库贮藏，现划归该馆满蒙藏文书库，这个影印本的原本就是原在重华宫的那一部。原藏景阳宫的那一部维吾尔文字体较小。大英博物馆的那一部，可能是1900年八国联军侵入北京时流落到英国去的。此外，沈阳故宫凤翔阁（俗称七间楼）原藏殿版书籍目录里也列有五体清文鉴一部，但在

---

① 《五体清文鉴出版前言》，民族出版社1998年版，第1页。

1930年沈阳故宫东三省博物馆成立图书室查点存书时,已经不在,下落不明。有人说是清室早已提往北京存放,如果此说属实,那末可能是景阳宫的那一部"。①

一、《五体清文鉴》和俗语词

关于"俗语词",郭在贻"古代人的口头语词,也叫俗语词"②。曲彦斌"在俗语这词里,俗则是约定俗成的,通俗、流行的意思。"③温端政先生《中国俗语大词典前言》:"俗语是群众所创造的、并在群众口语中流传、结构相对定型的通俗而简练的语句。"④对于"俗语词"的界定,学界存在不同的说法,本文认为俗语词是相对于书面语来说的,具有口语的性质,应该包括成语、谚语、惯用语等等。

《五体清文鉴》分正编、补编两大部分,共五十一部,分别为:天部、时令部、地部、君部、谕旨部、设官部一、设官部二、政部、礼部、乐部、文学部、武功部一、武功部二、人部一、人部二、人部三、人部四、人部五、人部六、人部七、人部八、人部九、僧道部、奇异部、医巫部、技艺部、居处部一、居处部二、居处部三、产业部一、产业部二、烟火部、布帛部、衣饰部、器皿部、营造部、船部、车轿部、食物部一、食物部二、杂粮部、杂果部、草部、树木部、花部、鸟雀部、兽部、牲畜部一、牲畜部二、鳞甲部、虫部、补编。内容丰富,所收录词汇涵盖社会各个方面。《五体清文鉴》,是一部钦定的大型分类辞书,作者众多,"从其编译目的说,主要是为满族人学习其他民族语文用的"⑤,但是其中也收录不不少俗语词。以器皿部为例,器用类第五:瓢、长把木瓢、笊篱、肉叉子、马勺、案板、木榔头、擀面杖、铁铲子、抹布。器用类第七:水桶、把桶、桶樑、柳罐、水提、扁担、担杖钩、桶箍、木叉子棍、支棍、吊锅支棍、拨火棍、搭连、绳络子、大肚竹筐、取油席篓、荆条筐、澄清酱的篓。器用类第八:茶纸篓、油篓、喂牛筐、大笸箩、烟袋、吐沫盒、痒痒挠。器皿部,破坏类:破、烂、稀碎、稀烂破、破烂、磨蹭、披散开、片片糟破、处处破烂、烂了。器皿部,断折类:撅、撅断、齐权两截、器皿部、断脱类:绳皮揪断、绳皮齐权断、皮条绷断。器皿部,孔裂类:有窟窿、墙豁子、豁口、成豁口、衣刮破、破成豁口、使刨豁口、起重皮、破木片子。器皿类,诸物形状类第一:四楞、有楞的、秃尖。器皿类,诸物形状类第二:咕咕嘟嘟的、疙疙瘩瘩的,器皿类,诸物形状类第三:滑溜、扎眼、秃尾等等。以上所列的这些俗语词囊括了生活用具、生产用具,同时也用了相当丰富的词语对物品的形状做了描述,生动、准确、贴近生活。《五体清文鉴》中所收的词语,只有词条的记录,没有注释。此外,《五体清文鉴》中,每一部中又包含不同的类,每一类中又收录了书面语、俗语,在编撰过程中,该辞书分类清晰、自成体系,便于查找。

---

① 《五体清文鉴有关五体清文鉴的一些历史资料》,民族出版社1998年版,第1页。
② 郭在贻:《训诂丛稿》,上海古籍出版社1985年版,第253页。
③ 曲彦斌:《民俗语言学》,辽宁教育出版社1989年版,第198页。
④ 温端政:《中国俗语大词典前言》,上海辞书出版社1989年版。
⑤ 《五体清文鉴有关五体清文鉴的一些历史材料》,民族出版社1998年版,第1页。

二、《五体清文鉴》中所录俗语词的特点

1. 口语性

口语是相对于书面语来说的，书面语用于书面表达，而口语词常用于日常交际使用。《五体清文鉴》虽为御制，其中也不乏收录一些口语词。这些口语词口语色彩突出、通俗易懂、形象生动。如人部，老少类第一：抽抽了，絮叨了。人部，老少类第二：认生、赖皮子。人部二，容貌类第三：烂眼边、眯缝眼、直瞪着眼。

2. 丰富性

《五体清文鉴》收录俗语词丰富多样。如，天部：天、苍天、背阴、云、霞、雾、雨、雹、霜、露、白露、寒露、雪、米心雪、气、烟气、霭气风、刮风、和风、暖风、温风、寒风、凉风、迎风、背风、角、亢、氐、房、心、尾、箕、斗、牛、女、虚、危、室、壁、奎、娄、胃、昴、毕、觜、参、井、鬼、柳、星、张、翼、轸、牵牛、织女、参商。民以食为天，食物对于人类来说尤为重要，不同地域有不同的饮食文化，饮食文化的发达必然会在语言中有所体现。《五体清文鉴》中所收录的俗语词，没有受时间空间的限制，词语丰富，涉及面广。如，食物部：琵琶骨、窟窿骨、棒子骨、杂碎、臁贴油、挂甲的野猪、厚皮老猪肉、野猪大肠、冰窟冻住的野兽肉、很烂、哈什马羹、拉条面、芥菜疙瘩、滚水炸菜、燎、燎毛、摊煎饼、煺毛、使煺毛、剔骨缝、劈肋条、鱼儿馎饦、螺蛳馎饦、印子馎饦、扁食、馄饨、白馓子、红馓子、小馓子、饺子、莜麦面饼子、不教吃、光头饼、芝麻饼、抽着喝、食物滑溜、饭夹生、凉的炸牙、成糊、精稀、扎几刀煮、剜取肉、有味、燎煳气、草腥气、鱼肉腥、膻、辣气钻鼻、味不中吃、馊了、面糟了、哈辣、酸了、白醭、起了白醭、糠了、发脆、皮拉捞、撇去浮物、撇去浮油、浇水、控淋、淘米、倒控、倒控干、水溉出、各样麻子、炕谷米、荞麦糁子、荞麦皮、米皮、红姑娘、芝麻、胡麻、贼豆、爬山虎。《五体清文鉴》五十一部，每一部都有俗语词的收录，以上所列举的仅仅为其中的两部所收俗语词，由此可见其丰富性。

形象色彩丰富。形象色彩，是指词语中所包含的形象感，包括视觉、听觉、嗅觉等方面的形象感觉。在《五体清文鉴》中，武功部，军器类第五：鸭嘴箭、墩子箭。鸭子、墩子分别形象生动地说明了箭的形状特征。衣服部：毡屋帐房类，圆毡房、方毡房、红毡顶。圆、方、红分别修饰了毡房、毡顶，形象的描绘出了毡屋帐房的具体特征。器皿部，器用类第三：螺蛳杯、腰子壶、柿子壶。这里用螺蛳、腰子、柿子分别描述了杯和壶的形状。器用类第七：腰子筐、大肚竹筐。此处用腰子、大肚来形容筐的形状。器用类第八：耳顺风、千里眼。这里用比喻的形式形容喇叭、望远镜。船部，船类第一：匾子船、鳅船、两尖船、巴斗船、罗子头船。船部，船类第二：三板船、濑子船、桦皮船、刀船。船部所录这些俗语词，形象生动的说明的船的形状、船的种类。以上这些俗语词的使用，形象生动、口语色彩强，在语言的使用的过程中增强了表达效果。罗常培先生所说："一个时代的客观社会生活，决定了那个时代的语言内容；也可以说，语言的内容足以反映出某一时代社会生活的各面影。社会的现象，由经济生活到全部社会意识都沉淀在语言里。"[①]

---

① 罗常培：《语言与文化》，北京出版社2004年版，第108页。

衣服部、器皿部和船部中所收录的俗语词与人们的生产生活密切相关，这类词语使用丰富，说明当时的社会经济繁荣，因此，俗语词也能在一定程度上反映社会状况。

感情色彩丰富。感情色彩通常是指词语所包含的褒义、贬义。《五体清文鉴》中，人部，容貌类第二：丑鬼。人部，容貌类第三：洼扎眼、暴子眼、贼眉鼠眼。人部，容貌类第五：矬矬的、矬胖、罗锅腰。通过对人的眼睛、神情和高矮胖瘦的描写，展示了人的容貌丑陋。人部：鄙琐类，唠叨，嘴碎，没出息。通过对言语的描述，体现了厌恶的感情色彩。人部：勤勉类，不躲懒，总不躲懒，体现了勤勉的感情色彩。人部：怨恨类，气急了，恨得咬牙，恨的搓手，表示愤怒至极。《五体清文鉴》人部所收录的俗语词，对人的外貌特征、言语特征和人的情绪特征做一个全面的描述，语言浅显易懂，生动有趣，描写细致，同时在这些俗语词中，也体现了丰富的感情色彩。

三、《五体清文鉴》中所录俗语词研究意义

1. 丰富了现代汉语词汇研究的领域

《五体清文鉴》中收录18000多个词语，其中俗语词也占了很大的比重，在收录的过程中受地域限制较少，涉及到了社会生活的各个方面，天文、地理、花、鸟、鱼、虫、衣、食、住、行等等无所不包，这在一定程度上能够丰富、补充现代汉语词汇，从而扩大现代汉语词汇研究的领域。此外，《五体清文鉴》中所收录的俗语词，有的在现代汉语普通话中仍在使用，其词义在流变的过程中不断扩大、缩小、转移。有的俗语词只在古代使用，在现代汉语中已经消失了。有的俗语词在现代汉语的某些方言中仍在使用。如："扁食"一词，"扁食"一词在《现代汉语》中解释为：方言，饺子或者馄饨。在北方地区是一种比较常见的食物。"扁食"也有悠久的历史，在中国古代就有记录"扁食"的文献。在现代，在敦煌、洛阳、哈尔滨、西宁等地方均有"扁食"的说法，在太原年长的人说"扁食"，年轻人说"饺子"。这些材料将为探讨俗语词的发展演变以及现代汉语方言的溯源工作提供帮助。

2. 为研究民俗文化提供丰富的资料

瑞士语言学家索绪尔曾说过"一个民族的风俗习惯常会在它的语言中有所反映，另一方面，在很大程度上，构成民族的也正是语言"。[①]《五体清文鉴》中所收录的俗语词反映了清代社会生活的各个方面，也反映了当时的民俗文化。如："馕"一词，nang，源于波斯语，这个词语有着悠久的历史，蕴含着丰富的文化内涵，在《福乐智慧》中提到了馕是维吾尔族人的一种重要的食物，也是战士在出征时必然要带的食物。在《突厥大词典》中较为详细的介绍了"馕"的制作过程。在维吾尔族历史上，这两部文献占有重要的位置，它们当中都提到了馕，说明了馕在维吾尔族的饮食文化中占有重要的地位。在汉文典籍中，对"馕"也有记载，张骞出使西域，沟通了东西的文化，馕随之传入中原，称为"胡饼"。馕与维吾尔族密切相关，并且蕴含了丰富的文化特征，无论是节日、仪式还是维吾尔族人的日常生活，都离不开馕。此外，在维吾尔族的谚语中有这样的句子："饭是圣哲、馕是神灵""馕是信仰，无馕遭殃"，这里馕不仅仅是一种食物，而且已经上升到

---

① 索绪尔：《普通语言学教程》，商务印书馆1980年版，第43页。

精神层面，是神灵、是信仰。在中国古代社会，人们在离别的时候折柳送行，"柳"、"留"谐音，通过赠柳以表达不忍分别、永不忘怀的情意。而维吾尔族人在朋友远行是赠给馕，希望能得到真主的庇佑。通过"馕"这个俗词语，我们可以了解维吾尔族浓厚的文化意蕴。因此，在分析、探讨《五体清文鉴》中俗语词的过程中，挖掘其俗语词所包含的文化现象，能够为民俗研究提供一些参考资料。

四、结论

《五体清文鉴》是一部大型分类辞书，其收录的词汇涉及范围广，但是这部书主要是为了让满族人学习其他民族语言用的，"从编译的方法上说，最初是用满文编出，然后再用其他文字翻译出来"[①]，并且这部书的作者众多，在编撰的过程中，收录了大量的俗语词，词汇丰富，自成体系。这些俗语词为现代汉语研究以及字典辞书的编撰提供了丰富的资料。同时，也为一些方言词汇寻根溯源提供了一定的依据。《五体清文鉴》中所录的俗语词，也反映了一些文化现象，能够为民俗学研究提供一些资料。

参考文献

［1］《五体清文鉴》，民族出版社1998年版。
［2］《五体清文鉴有关五体清文鉴的一些历史材料》，民族出版社1998年版。
［3］索绪尔：《普通语言学教程》，商务印书馆1980年版。
［4］曲彦斌：《民俗语言学》，辽宁教育出版社1989年版。
［5］郭在贻：《训诂丛稿》，上海古籍出版社1985年版。
［6］罗常培：《语言与文化》，北京出版社2004年版。
［7］温端政：《中国俗语大词典　前言》，上海辞书出版社1989年版。

---

① 《五体清文鉴有关五体清文鉴的一些历史材料》，民族出版社1998年版，第3页。

新疆和田地区察合台文契约文书探析

赵剑锋

（中央民族大学少数民族语言文学系　新疆大学图书馆）

摘要：本文以国家社科基金重大项目《新疆维吾尔民族察合台文契约文书整理与研究》课题组所收集到的新疆和田地区三百多份清代至民国时期订立的察合台文契约文书为基础，来分析该地区察合台文契约文书的内容和特点，进一步阐述这些契约文书受伊斯兰教影响的程度、所反映的民间经济生活特点和所体现的新疆南疆地区与我国中央政府之间的政治、经济关系。

关键字：新疆和田　察合台文　契约文书　伊斯兰教

新疆和田地区位于塔里木盆地南缘，北有塔克拉玛干沙漠，南有昆仑山，自然条件较为恶劣，这一地区也是维吾尔人生活的聚居区。10世纪前，该地居民曾先后信奉过祆教、佛教等宗教。自11世纪以来，伊斯兰教逐步传入新疆和田地区后，对该地的政治、经济和文化产生了深远的影响。

察合台文是自中世纪以来通行于中亚和新疆地区的主要文字，用察合台文书写的契约文书统称察合台文契约文书。流传至今的察合台文契约文书从时间上看，多属于清代和民国时期，从空间来看，多出现在这一时期的新疆天山南部地区。契约是民间处理和协调各种经济关系的一种最常用的形式，订立契约的习俗对于维吾尔人来说，可谓历史悠久。察合台文契约文书是中国古代新疆南疆地区人们进行各类资产买卖、典当的文字凭据，在古代维吾尔人的社会经济生活中占有极其重要的地位，它们能直接地反映当时新疆民间的社会经济生活状况，它们是研究新疆历史文化非常重要的资料。

和田地区的察合台文契约文书因年代久远，能够收集到的文书数量有限。国家社科基金重大项目《新疆维吾尔民族察合台文契约文书整理与研究》课题组仅从和田地区搜集到此类契约文书七百多份，而具有较高利用价值的仅有三百多份，这些文书都是清朝统一新疆后至民国时期订立的契约文书，课题组已经整理、转写和翻译了这些契约文书。这些契约文书基本能反映18世纪至20世纪初新疆和田地区的社会经济和生活等情况。本文则以这三百多份察合台文契约文书为基础，来分析该地区察合台文契约文书的内容和特点，进一步阐述此类契约文书受伊斯兰教影响的程度、所反映的民间经济生活及其特点，以及所体现的新疆南疆地区18世纪至20世纪初与我国中央政府之间的政治、经济关系。

一、和田地区察合台文契约文书的内容构成

和田察合台文契约文书的书写格式比较稳定，成立要件也比较固定。一份完整的契约文件主要由以下几个要件构成：

1.立约时间：每件文书开头或末尾则标注立约时间（采用伊斯兰+动物纪年）。

2.卖产人的姓名、居住地、身世、年龄和身体特征等（如果立契人中有未成年人，有母亲或监护人替他代理）。

3.所卖资产的来源、性质、方位和大小。

4.卖产原因（或书或省略不写）。

5.资产交易价格。

6.买主身世及姓名。

7.资产买卖情况说明。

8.补充说明（或书或省略不写）。

9.担保承诺（权利瑕疵保证）。

10.参与签约人和证人情况。在文书的结尾，一般要请一些德高望众的人像毛拉（对有宗教学问者的尊称）、千户长（世俗官名）、依玛木（礼拜寺主持礼拜者）等人出面作证签署契约[①]。

11.钤印图章。文书的最后是证明人签字盖章，表明契约的神圣性。

例如，经济文书——《关于塔莱苏菲把12个筛子的土地卖给胡希哈里穆罕默德一事立约》的内容如下：

汉译文：

以真主的名义

简言之，这是非常诚实而语言很清晰的记录，因此，不应给聪明的人和大人和小人的记忆留下任何隐蔽或模糊不清。伊斯兰历1181年（虎年）4月9日（公历1767年9月6日）星期日。塔莱苏菲根据教法承认并声明如下：我把从肉孜大哥手里买下来的位于巴达木苏亚水渠旁斯孜亚村的，除了葡萄树地以外大约12个筛子的土地，连同其附属果园及其里的果树，非果树以及三间房子一起，以此时流通的货币32个腾格的价钱卖给了胡希哈里穆罕默德兄弟，并如数收到全部付款。

该地四界为：东边与肉再克师傅的土地相连，下水渠为界；北边部分与都莱提的，一部分与米尔扎格亚斯的，还一部分与苏里坛亚尔的土地相连，大溪为界；西边与塔莱买提的土地相连，边线为界；南边与胡希哈里买提的果园相连，边线为界；部分与库尔班师傅的果园相连，溪为界。

在场证人：毛拉艾拉姆夏和阿訇，毛拉艾拉姆，毛拉阿不都热合曼，托合提麦提巴依，尼亚孜巴依，吐尔地乡官，泰莱库尔班喀孜优利达西巴依，毛拉亚热米尔扎戈亚斯，坎吉霍加，艾瓦孜塔子斯拉木，坎吉喀孜毛拉尼亚孜。

从译文中可以看到，前面所列出的契约要件俱全，而民国时期的契约，要件有所缺失。如：

经济文书——《关于哈迪恰妣妣向铁木尔阿訇和哈迪恰妣妣两人卖地一事立约》

汉译文：

伊斯兰历1352年（兔年）4月17日（公历1933年8月10日）。我是卡希村尼亚孜阿吉之

[①] 于红梅：《清代天山南路察合台文契约文书研究——试论清代维吾尔族的法律体系》，新疆大学，2003年版，第34页。

女哈迪恰妣妣。现具结如下：我把位于本村由十个穆菲提沟渠所灌溉的，按照恰勒克来算就依筛克（0.2恰勒克），按照亩来算1分的土地及其上的所有树木，以50个腾格的价钱一并卖给了本村的铁木尔阿訇和哈迪恰妣妣两人，并如数收到全部付款。我们在此地或卖地款上没有留下任何份额。鉴于此我自愿出具了此盖章字据。

该地东边部分与居买阿訇的，部分与哈迪恰妣妣的，还一部分与毛拉图尔迪尼亚孜阿吉的继承人的土地相连，埂为界；北边与买主铁木尔阿訇的土地相连，埂为界；西边与伊敏阿訇的土地相连，埂为界；南边与买主铁木尔阿訇的土地相连，坑为界。

相比清代中期的契约文书，这件契约的内容就简化很多。

二、契约文书的分类

此次收集的和田地区的契约文书，大致分为以下四大类：
1. 经济文书；
2. 法律文书；
3. 人际关系文书；
4. 其他类。

在经济文书大类下又可分为以下小类：
1. 资产买卖类（包括土地、房产和牧场等）；
2. 资产转让类；
3. 资产租赁类；
4. 资产交换类；
5：其他。

在法律文书大类下又可分为以下小类：
1. 瓦合甫财产捐赠类；
2. 财产馈赠；
3. 财产委托管理；
4. 财产分割；
5. 雇佣契约；
6. 借贷契约；
7. 民事纠纷类（经济纠纷、土地纠纷、婚姻纠纷、遗产纠纷、雇佣纠纷和其他）。

在人际关系文书下又可分为以下小类：
1. 夫妻关系；
2. 领物凭证；
3. 其他。

注："瓦合甫"系维吾尔语"waqf"的汉译，该词借自阿拉伯语，原意是"保留"、"扣留"。该词是伊斯兰教法学概念，是指按照教法通过捐献建立起来的宗教共产和基金，即所有者将财产以奉献给"真主"的名义捐出，该财产的所有权（处分权）便被认为"永久性地冻结了"，其使用权（用益权）则堆垛给了伊斯兰教法确定的宗教慈善目的。伊斯兰教法对瓦合甫的捐赠人、受益人、管理人，所捐赠之物，捐赠的方式和所赠财产的

占有、使用、处分等做了一系列规定,由此形成瓦合甫制度,即一种伊斯兰教的社会经济制度[①]。

三、伊斯兰教对和田地区察合台文契约文书的影响

1. 伊斯兰教对文书书写内容和形式的影响

和田地区察合台文契约文书,从语言结构上看更接近口语,和田地区的广大民众都可以"读懂"它。从文书内容结构来看,该种契约文书的书写形式比较稳定,应该是有"范文"或"模板"可以作为依据。这些契约文书在继承维吾尔先民——回鹘人书写契约文书传统的同时,又受到了伊斯兰教深刻影响。

(1)契约的立约时间多采用伊斯兰历。从收集到的契约文书看,大部分契约文书均使用伊斯兰历,格式如下:伊斯兰历1352年(兔年)4月17日。但是到了清朝末年和民国时期,伊斯兰历则逐步被取代。如有一份契约文书的纪年没有使用伊斯兰历,而是使用了清朝皇帝的年号纪年(宣统元年七月=1909年7月),如图1:

图1　Šäntoŋsännin xanniŋ birinji yili yättinji ayda——宣统皇帝第一年七月

而到了民国时期,在许多契约文书中则使用民国公历纪年(汉字竖标明)和伊斯兰历并立的情况。可以看出纪年方式的变化与当时的国家政策不无关系,后文进一步讨论。

(2)书写契约正文之前,专门一行书写伊斯兰用语,如"以真主的名义"或"以赞美万能真主"的字样。和田地区察合台文契约文书的书写格式宗教色彩浓厚,遵循古代伊斯兰传统契约书写格式,在书写正文之前,专门书写"以真主的名义"或"以赞美万能真主"的字样。时间越早越是如此。如:ba'ismäh u subhanä、bismi subhanä wä tä'ala。之后,还不直接进入正文,而是书写传统契约格式的套词,如:ämma bä'd, bu zikridur säriyh wä bäyanidur sähih. bär zämayir i uwlul-älbab mäxfi wä pušiydä qalmasunkim.(简言之,这是非常诚实而语言很清晰的记录,因此不应为有远见的人留下任何隐蔽或模糊不清。)以告白自己的诚实守信。

在清代和田地区察合台文契约文书中,共有35件契约文书使用这种传统契约文书套词。除此之外,这一时期的其他契约文书也都使用阿拉伯文契约常用的一些专用词组和短语。如图2、图3:

---

① 尔肯江·依得力斯:《清代天山南路察合台文契约文书研究》,2006年新疆大学硕士学位论文,第55页。

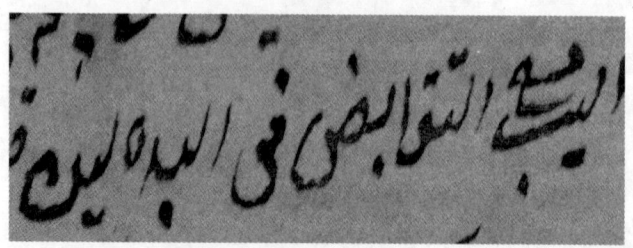

图2　määttä qabz fil-bädälin（这是双方之间进行的交易）
minäl-udul wässäqat（可靠的文书）
wäkanäyi zalikä bimähzäri minäl –uduli wäsiqat（这是在当场缔约的非常公正而可靠的文书）

图3

以下是这种书写格式的实例：

如：《关于塔里巴依把13.5个恰勒克土地卖给胡希哈里穆罕默德一事立约》的开头写了这样一段：

汉译文：

一切赞颂，惟归安拉，他降启示给其仆人，使者，作为笃信安拉与末日，赞颂安拉者的优良楷模，让他告诫世人。主啊！求你慈悯，祝福穆圣及其后裔，弟子和谨循其正道的人们吧！求你为他们广开慈恩与喜悦之泽源吧！

简言之，这是非常诚实而语言很清晰的记录，因此不应给有识之士的人留下任何隐蔽或模糊不清。伊斯兰历1196年（按本地区地方历法牛年）5月1日（公历1781年4月14日）星期日……

以上书写格式是内地契约文书和其他少数民族契约文书所没有的，看似累赘，实则是以真主安拉的名义来规范自己的行为，起到诚信作用。从清朝末年开始，这种宗教色彩浓厚的书写格式逐步被遗忘或更为简化。

2. 从契约文书内容看，绝大部分契约文书不是立契人本人书写，很可能伊斯兰社会"宗教法庭"的书记员替他们代写，这种"法庭"在契约订定的过程中起关键作用。

契约作为财产流转过程中所产生的文书，它具有一定的法律效力，而这"法律效力"只有得到法律部门"宗教法庭"的认可才能有效。这种"宗教法庭"是指依据伊斯兰教法，由若干个法官、喀孜、阿訇组成的一个审判机构，艾兰木（通晓一切之意）是机构总负责人。在艾兰木之下有喀孜，喀孜是执法的执行官，即宣判的法官。海里排提，是"宗教法庭"的监督书记员，还有执行员等。小型的"宗教法庭"只设有级别较低的喀孜和穆夫提。"宗教法庭"一般设在清真寺内，有的设在巴扎（集市）内，个别喀孜就在家中办案。如需要对教法予以确定时则由穆夫提处理，即伊斯兰教教法的说明官，其职责是对各类诉讼提出正式的法律意见，作为判决的依据。上诉法官在新疆基本上是世袭的，享有极大的司法权。在其之下设有热依斯或喀孜热依斯，是执行教规的监督者，经常手持教鞭在大街小巷巡视。

"宗教法庭"不管级别高低，互不隶属，均独立行使审判权。清政府收复南疆后，考虑到南疆的社会结构，"因俗而治"，基本没有变动南疆社会结构，保留了伊斯兰宗教法对一般刑事和民事案件的管辖权。随着清政府在新疆的司法权不断扩大，"宗教法庭"的权限逐渐局限于财产继承、婚姻、家庭、宗教赋税等的诉讼。此外，"宗教法庭"还有权管理失踪者、孤儿、弃儿的财产，无主的物品、遗产、宗教捐款和捐赠以及社会的公共福利。

当时的"宗教法庭"起到三种作用：

一是仲裁作用。依据伊斯兰教法的规定对事务纠纷做出最后的裁决。

二是证明作用。由"宗教法庭"出具证明某人"合法身份"的凭据，或由"宗教法庭"证明某件事的结果真实、有效。

四、和田地区察合台文经济类契约文书所反映的民间经济生活特点

1. 人们之间的诚信度比较强。当时买卖大都是民间进行的私下交易，有的交易当场立契，有的过了一段时间后才立契，不管怎样，利益双方还是认账的。甚至，如一份"房屋院子买卖契约"，"在"交易完成立契后，过了一年买方把购买房屋院子的契约弄丢后，在买方请求卖方重新立契，仍旧业主时，再认可契约并同意重新立契。这说明：当时人们之间的互信程度相当高。

2. 从这些契约文书中可以看出，在当时的民间经济生活中，交易对象主要是土地。在困境中，人们手中能卖出的东西只有土地。

3. 从土地买卖契约文书中可以看出，当时人们的经济生活还是较困难的。比如：父母亲去世后，连安葬费都没有，只能先向他人借钱。完成安葬这种情况比较现象普遍。（编号1024、1061、1109、1112、1166、1189、1197、1225、1228等契约文书均体现了这一点）。

4. 从土地买卖契约文书中可以看出，大多数契约文书中，买主集中固定在一两个人中，而卖主则是普通农民。可以推测，当时和田地区土地兼并情况已经出现，当地普通农民迫于生计，已经开始将自己的重要生产资料——土地转卖给有钱人（即地主和巴依），而普通农民则因将最后的生产资料出售而变得贫困，这将必然加剧当地社会阶层的两极分化，对社会稳定造成冲击。

5. 从买卖契约文书中可以看出，这种买卖关系不仅存在于没有任何血缘关系的外人之间，而且存在于父子、母女、兄弟、姐妹和夫妻之间，并且同样立契（编号1045、1117、1130的契约文书均体现了这一点）。

五、从契约文书看新疆南疆地区与我国中央政府间在政治和经济关系上的变化

正如前面所述，我们搜集整理的和田地区的察合台文契约文书属于清朝统一新疆以后

订立的。从这些契约文书中我们发现，随之时间的推移，清政府对新疆南疆地区政治、经济政策也在逐步发生着变化，尤其是从清末开始，这种变化更为突出了。

"和田地区清代乾隆时期的"察合台文契约文书书写格式上仍沿用伊斯兰文化环境中形成的传统契约书写模式，但是到了清代后期，这种模式发生了明显变化。以下文书是一个标志：

经济文书——《关于妣妣艾乃妣妣向吾普尔阿訇和艾里阿訇两人卖草原一事立约》（下图4）

图4

文书中第一例带有汉字红章，立契时间没有跟乾隆前期契约文书一样用伊斯兰历并在契约正文开端书写，而直接用清朝皇帝年号并在契文结尾书写。它的立契时间以"宣统皇帝第一年七月"的形式书写的。该契约纸张上方还有汉文"纸契"字样，使用察合台文和汉文两种文字书写文书，契约文书上还盖有红色印章，没有乾隆前期契约上的喀孜达人们的圆形或椭圆形的印章。和田地区察合文台契约文书书写格式上的这种变化说明，清朝政府正在对当时和田地区的民间经济往来逐步施行统一的契约规范。

以上这份契约虽是个案，但可以推测，清乾隆帝收复新疆后，最初对新疆南疆地区采取"因俗而治"的模式"管理这一地区，随着形势的变化，清政府逐步加强了对南疆地区民间经济往来的管理和司法控制，对新疆南疆地区经济领域的各种买卖交易进行规范和完善的同时，限制了宗教人士和伊斯兰教对世俗生活的干预，伊斯兰教对契约文书的影响正在弱化。到了民国时期，民国政府更是加强了对南疆地区民间订立契约行为的管理，通过"宗教法庭"立约的行为更是得不到政府认可。

  总之，和田地区的维吾尔人在皈依了伊斯兰教之后，伊斯兰教义、教法逐步渗透到了人们的经济生活中，这一地区逐渐形式了一个传统的伊斯兰社会[①]，他们以伊斯兰教义和教法规范人们的行为方式，在很多时候，人们之间发生的纠纷都是阿訇等宗教人士主持的"宗教法庭"来处理，这些在契约文书中都能得到体现。伊斯兰教法和"宗教法庭"对处理民间的经济往来发挥了重要作用，正是因为这个原因，清政府在统一新疆后，最初对这一地区实施"因俗而治"的政治，政府不干涉"宗教法庭"处理民间经济中发生的往来和纠纷，但这也无形中提高了伊斯兰宗教人士的地位，降低了政府在民间的权威，这对中央政府是不利的。另外，政府不能掌控民间经济，也就无法制定出行之有效的经济政策。好在到了清代晚期，也就是新疆建省后，南疆地区的伯克制度被废除，这时的民间经济活动，不再由"宗教法庭"独揽特权，清政府对维吾尔地区的管理逐步规范化，加大了管理力度，这不仅增加了国家税收，而且稳定了地方的经济秩序。民族内部事务也不再由阿訇"看经论定"。阿訇等宗教人士的权力被削弱，"宗教法庭"也没有了往日的权威，这一时期，和田地区察合台文契约文书内容的伊斯兰教成份也在减弱。到了民国时期，民间通过伊斯兰"宗教法庭"订立的契约文书不再得到国家政府的认可，和田地区的民间经济往来由此纳入到国家的经济管理体系之中。

[①] 祖丽比亚·艾尼瓦：《民国时期的维吾尔族契约文书研究——以南疆土地契约为视角》，2010年新疆大学硕士学位论文，第36页。

白地吴树湾村汝卡东巴经《内内抒》片段译释

和根茂

（西南大学 语言文献研究所）

摘要：汝卡是纳西族的一个重要支系，其语言文字、音乐舞蹈、宗教经典和送魂路线有别于纳西族其他支系而富有特点。丧葬仪式，是纳西人一生中最大也是最后一个仪式。$ne^{33}ne^{21}sv^{33}$《内内抒》是汝卡丧葬仪式中重要的一本经书，内内指逝者带去祖居地的礼物，此经讲述的是很久以前，地上的人还什么都不会，有一天当地上祭司到天上的时候，正好天父也去世了，请来天上他家的祭司做仪式，仪式中杀了很多只绵羊、千千万万荛米，来祭祀，又用酒和饭来祭祀，用瘦肉和肥肉来祭祀，用黑糖白糖来祭祀，用树上的核桃、地上的柿子来祭祀。他学会了怎么做祭祀仪式，回到地上，当地上这一家，家父去世的时候，由他来主持祭祀，从天上这一家、地上这一家、主纳备滴阔、山主这一家、备滴阔这家、纳阿出督这一家都学会了做仪式。

关键词：白地 吴树湾 汝卡 内内抒

一、前言

白地是东巴文化的发源地，是各地东巴的朝圣之地，历史上有"没到过白地，不算真东巴"的说法，现在仍是东巴文化保留最好的地区之一。前人对汝卡东巴文献和文字的研究，深度和细致度还不够。本论文将对吴树湾村的汝卡东巴文献《内内抒》进行释读研究，这些翔实生动的材料可以为东巴文化的研究，注入新的活力，有重要的学术价值。吴树湾村是香格里拉市三坝纳西族乡白地行政村的一个自然村，是汝卡支系的一个重要聚居村落。全村现有汝卡人63户346人，历史上曾出过肯若、东嘎、东囊、久高吉等大东巴，现有东巴30人；从1998年起，村民自发举办了"白水台汝卡东巴学校"和"三坝民间艺术团"，2010年成立了"迪庆州东巴文化传习馆"，是目前白地东巴活动最活跃、汝卡东巴文化保存最好的村落。但因篇幅所限，我们在本文中只能提及经书封面和第一页。

二、东巴经的翻译

国外最早始于1913年法国学者巴克《么些研究》对5页哥巴文经书的翻译；国内最早翻译东巴文经书的是陶云逵先生的《么些族之羊骨卜及贝卜》（1938年）；后来有李霖灿先生的《麽些经典译注九种》（译注于1945、1946年，出版于1957年，增订于1978年）；傅懋勣先生的《丽江么些象形文〈古事记〉研究》（1948年）、《纳西族图画文字〈白蝙蝠取经记〉研究》上下册（1981年、1984年）、《纳西族祭风经〈请洛神〉研究》（1993年）；1962年至1965年，丽江县文化馆整理石印了《崇搬图》等22种东巴经；1986年至1989年，丽江东巴文化研究所翻译出版《纳西东巴古籍译注》三辑10种，1999年至2000

年，丽江东巴文化研究所出版《纳西东巴古籍译注全集》100卷，翻译东巴经897种。然而这些翻译都未曾涉及相当有特色的纳西族汝卡支系的东巴文献，因此纳西族汝卡支系的东巴经研究是一片处女地也是一片沃土，有相当高的研究价值。"白地吴树湾村汝卡东巴文献《内内抒》的翻译"，既涉东巴圣地白地，又涉及纳西族汝卡支系，有着较高的学术价值和应用价值。

三、《内内抒》译释

字释：

  hæ²¹i³³ba³³da²¹dzər²¹神树。在此为纹饰不读音。
  to³³mba³³东巴。手持法杖的东巴，在此不读音。
  zʋ³³the⁵⁵刀，在此读作zʋ³³。
  kha³³角。两字连读借作zʋr³³kha³³汝卡。
  ne⁵⁵荛米。
  ne⁵⁵荛米。两字连读借作ne³³ne²¹贡品。
  the⁵⁵yɯ³³经书。
  uo²¹头。借作是。
  me³³心。借作语气助词，读作me²⁴。

全页标音：

zʋr³³kha³³ ne³³ne²¹ the⁵⁵yɯ³³ uo²¹ me³³
汝卡   贡品   经书   是   的

译文：

这是汝卡献贡品的东巴经书。

封面

第一页

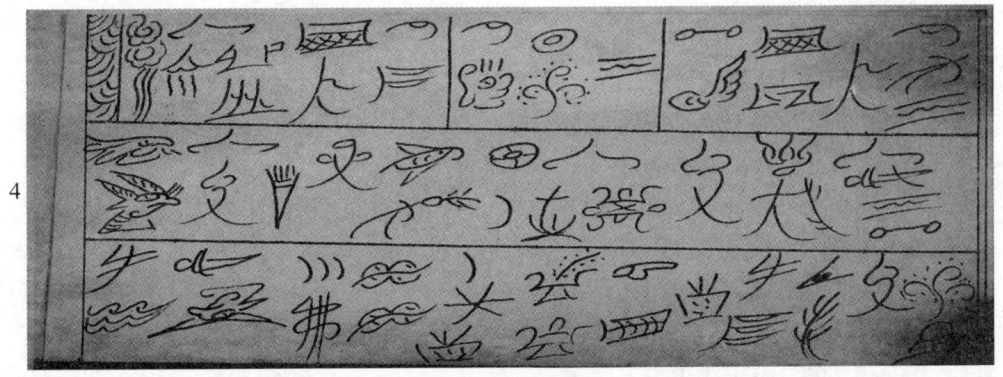

字释：

（1）

⚇ 字头，不读音。

⌒ mø⁵⁵天。汝卡语读作mər³³。

龠 ze³³漂亮。

⚆ thv⁵⁵桶。借作thv³³出。

巛 mi⁵⁵火。五字连读借作mər³³ze³³thv³³nɯ²¹mi²¹天刚出来的时候非常漂亮。

囧 si⁵⁵绸缎。借作知道。

人 le³³茶。借作le²¹又。

⌒ mə³³日暮。引申作不。

ᚠ be³³豆荚。借作做。

（2）

⌒ mə³³日暮。引申作不，在此读作ma²¹。

♕ ɑ⁵⁵zv²¹猴子。

⊙ ma²¹酥油。借作不。

❀ dzv²¹发展、繁荣。

☰ hɯ²¹牙。借作时候。五字连读借作ma²¹i³³ma³³dzv²¹hɯ²¹没有人说的时候无法繁荣、兴旺。

（3）

⚊ ɑ⁵⁵骨。借作ɑ²¹ua⁵⁵大家。

♫ la²¹手。

囧 si³³绸缎。借作知道。

⚏ gə²¹上。

人 le³³茶。借作le²¹又。

⌒ mə³³日暮。引申作不，读作ma²¹。

☂ tɕhy²¹一个人的身体倾斜之形，在此引申为顺着自己（事事如意）。

☰ hɯ⁵⁵牙齿。借作时候，读作hɯ²¹。

（4）

෴ le⁵⁵獐子。

⚘ i⁵⁵山骡。

⌒ mø⁵⁵天。汝卡语读作mər³³。

攵 uo⁵⁵头。借作上。

⚇ tho⁵⁵松枝，四字连读借作le²¹i⁵⁵mər⁵⁵uo³³tho²¹天上一家之名。

⚐ dɯ²¹大。

⚒ mv³³牛蝇。借作mv⁵⁵去世。

∽ sɿ²¹父亲。倾斜表示已去世。

⊙ ŋi³³太阳。借作天。

) dɯ³³一。

⌒ mø⁵⁵天。汝卡语读作mər³³

☖ by²¹祭树。借作念经。

☖ hæ²¹金。

☖ uo⁵⁵头。借作都。

☖ da⁵⁵ hɯ²¹祭司。东巴拿着法杖，此法杖上部分用木头，中间手持的部分都是竹子，最下面尖头的是铁，因为la³³ho²¹是一种竹子，mv⁵⁵thv³³是拐杖在此为法杖，此法仗因此而得名叫la³³ho²¹mv⁵⁵thv³³。

右图为法杖的实物

☖ mø⁵⁵天。汝卡语读作mər³³。

☖ da³³砍。

☖ hɯ⁵⁵牙，两字连读借作da³³hɯ²¹祭司。

☖ tʂər²¹骨节。借作请。

（5）

☖ phər²¹解开。借作白。

☖ ci²¹云。

☖ zvr³³刀。借作kho⁵⁵杀。

☖ y²¹ko³³kho⁵⁵杀小公绵羊，绵羊头朝下倒着表示已死。

☖ sv³³三。读作so²¹。

☖ kha²¹栅栏。借作kho⁵⁵杀。

☖ ne⁵⁵苋米。

☖ ne⁵⁵苋米，两字连读借作ne³³ne²¹贡品。

☖ dɯ³³一。

☖ dv²¹千。

☖ ʂv³³茅草。借作祭。

ʐɿ³³酒。

ha⁵⁵饭。

ʂɿ⁵⁵肉。借形作na³³瘦肉。

tʂhər²¹肥肉。

ʂv³³茅草。借作祭。

phər²¹解开。借作白。

be³³豆荚。借形作mbæ⁵⁵糖。

na²¹黑。

ndʑɿ²¹树。在此借作木sɿ³³。

uo³³头。借作上。

dzv²¹繁荣，增多。借作tha⁵⁵dzv²¹柿子。

lv⁵⁵石头。

全页标音：

（1）mər³³ze³³thv³³nu³³mi²¹,si⁵⁵ dzo²¹le²¹mə³³ be³³,（2）ma²¹;³ma²¹dzv²¹huɯ²¹（3）ɑ²¹ua⁵⁵
　　　天　漂亮　出来　时候　知道消息又 不 做　没 人没 繁荣 时候　大家

la²¹nu³³gə²¹ si²¹dzo²¹le²¹mə²¹be²¹,ma³³;³³ma³³tɕhy²¹huɯ²¹,（4）le²¹i⁵⁵mər³³uo⁵⁵
手　来　唤醒　知道人　又　不　做　不　知道 不　顺从　时候　当他 天　上

tho²¹mər³³du²¹thu³³sɿ³³mv⁵⁵du²¹ŋi²¹,mər³³by²¹hæ⁵⁵uo⁵⁵ʂɿ³³,mər³³da⁵⁵hu²¹nu³³
到　天　大 他 父亲去世 一 天 天 祭 金 上请 天 祭祀 （助）

tʂər²¹（5）ci²¹phər²¹y²¹ko³³kho⁵⁵so²¹ɣu³³du²¹kho⁵⁵be³³ne³³ne²¹du³³dv²¹ʂv⁵⁵
请　　　云　白 小公绵羊 杀 千万　头绵羊杀 做 贡品 一千 祭

ʐɿ³³le³³ha⁵⁵nu³³ʂv⁵⁵tʂhər²¹le³³na⁵⁵nu⁵⁵sv⁵⁵,mbæ⁵⁵phər²¹mbæ⁵⁵na²¹ʂv⁵⁵sɿ³³uo⁵⁵
酒和　饭　来 祭　肥肉和瘦肉　来 祭　糖　白 糖　黑 祭 木 上

gv²¹dv²¹lv³³uo³³tha⁵⁵dzv²¹,
核桃　石上　柿子

译文：

（1）很久很久以前，天刚出来的时候非常美丽，这时还没有人知道任何消息（2）没人说消息的时候，万事都无法发展和兴旺，（3）要用大家的手来唤醒，没有人说知道的时候，什么都还不知道，事事都不会顺从着自己（4）当地上的祭祀去到勒意麽窝拖（天上这一家），正好天父刚刚去世，请来天上他家的祭司，做了很大的祭祀仪式，九天之下都有了金色的光芒（5）杀了三（三、六、九为虚指，这里应该为很多）只小公绵羊、千千万万的苋米、酒和饭、瘦肉和肥肉、黑糖和白糖、树上的核桃、石上的柿子来祭祀。

四、文字解说

1. 仚

ze^{33}美丽、漂亮。

（1）钟耀萍：《纳西族汝卡东巴文研究》，北京：名族出版社，2014年出版，82页 仚 ze l 下雨，借作 ze l 美丽、祖先。《纳西象形文字谱》①第98页，14号字 ⅲ hɯ 雨也，像雨点坠。hɯ^{21}gɯ^{33}落雨也，从天落雨，上部为天，下部为雨，ze l 下雨，可能是从 ⌒ 演变而来，可作一说。

（2）仚 比较相似的字，仚，《谱》第100页，26号字 ⅲ saˉl 汽也，像汽腾。又作：仚 天汽也。⏢ 地汽也，〰 水汽也。《谱》第91页1号字 ⌒ mu^{33}天也，圆而覆也。亦作 ⌒、⌒；又作 ⌒，天空有云。仚 与 仚 上部都是天，只是写法不同，下部也相似，仚 天汽比较相似，但是读音相差有点远 仚 mø^{55}sa^{33}天汽与 仚 ze^{33}漂亮。虽然字形比较相近，但读音相差较大，跟字义也没联系，在此应该不是汽的意思。

（3）据吴树湾村汝卡东巴和树昆②先生说："此字本义就是天上下的 zə^{21}，在形容时会说（bu^{21}lu^{21}bu^{33}lu^{55}dɯ^{21}sø^{33}gɯ^{33}下了一种黏黏的东西），也可念作ze^{33}，如tʂŋ^{33}gv^{33}iə^{33}ze^{33}ia^{55}是说这个很漂亮的意思，至今白地汝卡支系人们还会说 zə^{21}gɯ^{33}ba^{21},天上下 zə^{21}了，一种天空中下的非雨的物体。"因此字本来也可读作 ze^{33}，故而把 zə^{21}gɯ^{33}借作漂亮，用了 ze^{33}这个读音。也可作一说。

仚虽字源有待进一步考证，但我们在汝卡东巴经中读作 ze^{33}用它表示漂亮是无异议的。

2.

（1）mər^{33}ze^{33}thv^{33}nɯ^{21}mi^{21}很久很久以前，天刚出来的时候非常美丽，ze^{33}漂亮。白地汝卡东巴文中的天与纳西东巴经中的天字形相同，读音不同，汝卡人称天为mər^{33}，纳西族成 my^{33}或 mø^{33}。

（2）据文献所纳西族杨亦花老师说："mø^{33}ze^{33}thv^{33}nɯ^{21}mi^{21}好像应该解释为：从"穆泽图"以下，即从"穆泽图"以来。好像"穆泽图"是汝卡支系的第一始祖。我跟杨扎实东巴他们学习的时候他们是这样说的。而且 nɯ^{55}mi^{21}是从…以下之意。"

我们认为：不论是天刚出来的时候非常美丽或者是从"穆泽图"以下，都与a^{33}la^{33}mə^{33}ʂər^{55}ŋi^{33}，ʐ^{21}mv^{33}dɯ^{21}sv^{55}nv^{21}一样表示很久很久以前，据我们发现只要经书开头是mər^{33}ze^{33}thv^{33}nɯ^{21}mi^{21}的经书一定是纳西族汝卡支系经书，这是汝卡东巴经一种特有的表达方式。

---

① 方国瑜：《纳西象形文字谱》，云南人民出版社1981年出版，下文中用《谱》表示。

② 和树昆：吴树湾汝卡东巴，从小师从吴树湾汝卡东巴大师和占元先生，学习东巴文化，一直在为东巴文化的薪火相传贡献自己的一份力量，今为迪庆纳西东巴文化传习馆东巴教师。本文的写作过程中得到了吴树湾汝卡东巴和树昆先生的很多帮助，在此致以感谢！

3. ᠑

mə³³日暮。

（1）《谱》第105页，56号mə³³暮也，不也，象日没将尽。又作 ᠌ 。

（2）《麽些象形文字标音文字字典》①第5页，47号᠑mʌɨ不也無、末也、否也、凡一切否定之意皆用此字。象月缺无光之行，云系画月尽夜月薄无光之形，故 ᠌、᠑皆有厚度而此独无，古本多作᠑，观 ᠌、᠌、᠌、᠌、᠑之演进，知此说之可征，盖᠑之一字，作否定辞用，必不可少，然既无實物可象，又无同音之字可供假用，故不得不出迂回之途径今日麽些农人於下弦月光细时常曰"這回月没有了"tʂhɯɨmʌɨdzo˧lɛɹ，犹存此遺意也。

（3）在翻译《汝卡内内抒》的时候，听起吴树湾汝卡东巴和树昆先生说起 ᠑ 字本意的时候，他说："你看嘛，᠑ 就是拇指横着的样子，拇指跟 ᠑ 字一比较还真有几分相似，纳西语拇指读la²¹me³³，也可以说me³³。"跟 ᠑ mə³³的读音相近，可看作音近假借。此字没有明确的字源解说，此观点也可以看作一说。mə³³字一般在文献中表否定。

4. ᠌

be²¹豆荚。

（1）《麽象》第81页，1018号 ᠌ bɛɹ筴也，画筴果之形状，此字见于若喀地域内。

（2）《内内抒》第一页第一行1-1 ᠌ be²¹豆荚。在第一页第三行3-1中为 ᠌ ，字形有差异，但读音和意义相同，我们认为可能是因为在同一页经书中为了避免重复，be²¹表示豆荚时，豆包接两个或三个都表示豆荚，在写作文字时多或少一横不区别意义。

5. ᠌

uo³³头顶，头上戴帽。吴树湾汝卡支系与纳罕支系两本《内内抒》中同一句东巴经，木上的核桃，石上的柿子，"上"的表示有所不同，汝卡：sɿ³³uo³³gv³³dv²¹lv³³uo³³tha⁵⁵dzɿ²¹。纳罕：sɿ³³gv³³gv³³dv²¹lv³³gv³³tha⁵⁵dzɿ²¹，一般在经书中用uo³³表示上面的。汝卡支系的东巴经书中上用 ᠌ uo³³表示，纳罕经书中用 ᠌ gv³³表示。

6. ᠌

ɑ⁵⁵zv²¹猴子。借作i³³人。在纳西族东巴经中用猴子表示祖先，所以猴子可表示作人，纳西族不同的方言区中用y²¹或者zv²¹表示祖先，小孩周岁叫作zv²¹gv⁵⁵thv³³,但一般不用i³³表示，我们认为是因为人类出生叫做i³³，有别于其他生物的出生do²¹、thv²¹、ʂv³³等，文中 ᠌ ᠌ ᠌ ma²¹i³³ma²¹dzɿ²¹hɯ²¹没有人说的时候，无法繁荣、兴旺，因此在此用ɑ⁵⁵zv²¹猴子，借作i³³人。

结语

国内外已经刊布的东巴文献翻译中极少有纳西族汝卡支系的东巴文献，笔者通过田野调查，对一个具体村落白地吴树湾的汝卡东巴《内内抒》进行了调查研究，希望在今后的学习工作中能整理翻译出更多的汝卡东巴文献，以期充实东巴经的研究材料来补其地域与支系的不平衡，为东巴文的研究提供新的材料，同时也使东巴文的地域研究更完整更有说服力。翻译过程中遇到的问题：1. 东巴读不出来，也不知道意思。2. 东巴能读出来，但不

---

① 下文中李霖灿《麽些象形文字标音文字字典》（文史哲出版社，1972年）我们用《麽象》表示。

知道意思。3. 东巴能读出来也知道意思，但不知怎么汉译。这些情况是迫在眉睫的，需要尽快去解决，趁现在还有部分老东巴在世的时候去跟他们请教。整理出来更多的的视频或者音频资料，留给后人，希望在后期的翻译中能更好地解决这些困难。

参考文献

［1］方国瑜：《纳西象形文字谱》，云南人民出版社2005年版。
［2］木琛：《纳西象形文字》，云南人民出版社2003年版。
［3］和继全：《白地波湾村纳西东巴文调查研究》，民族出版社2015年版。
［4］李霖灿：《麽些象形文字标音文字字典》，文史哲出版社1972年版。
［5］喻遂生等：《俄亚、白地东巴文化调查研究》，中国社会科学出版社2016年版。
［6］喻遂生：《纳西东巴文研究丛稿》（第二辑），巴蜀书社2008年版。
［7］钟耀萍：《纳西族汝卡东巴文研究》，民族出版社2014年版。

略论阿拉美文与中国少数民族古文字的关系

区佩仪

（中央民族大学　少数民族语言文学系）

摘要：阿拉美文字系统可追溯至三千多年前的腓尼基字母体系，素有"古老的密码"称号。它在人类历史上担负极其重要的角色，除了汉字系文字外它对许多中亚及东亚、以至几乎所有现今中东书写系统有着巨大的影响；与中国多种少数民族古文字亦有深厚的渊源关系。在横跨前后近三千年的时间里，阿拉美文衍生及演变出无数的子孙体系，在字母运用、字形、书法等各方面都已经历了近乎面目全非的改变。本文只是希望在前人学者的研究基础上，能梳理出一个阿拉美文与中国少数民族古文字的承传脉络。

关键词：阿拉美文　辅音音素文字　草书体　中国少数民族与文字

引言

人类有文字历史以来，古今各种文字可溯源于几大文字书写系统，其中一个就是阿拉美文（Aramaic）。阿拉美文素有"古老的密码"称号，与上、中古代及现代过百种语言文字有直接或间接的渊源关系；在中国就有多种少数民族古文字承传自阿拉美字母的子系甚至分支体系。[①]阿拉美文字母体系在人类历史上担负极其重要的角色，除了汉字系文字外它对许多中亚及东亚、以至几乎所有现今中东书写系统都有巨大影响。本文尝试以历史角度粗略梳理此文字系统母系-子系的体系传承，以及中国各少数民族曾使用与尚在使用的文字系统在这传承中的从属关系。

一、阿拉美文的源流

阿拉美文是由古阿拉美字母组合而成，北闪米特族书写其在公元前八世纪前后分布地区（约为今地中海东面的安纳托利亚、希腊、叙利亚、米索不达米亚）的语言阿拉美语（northern branch of Semitic family of languages，汉译又称作阿拉姆语、亚拉姆语、阿拉米语、亚兰语等）。古阿拉美字母来源自腓尼基（Phoenician）字母[②]（图一），在公元前八世纪时自成体系。阿拉姆语最初为新亚述帝国（Neo-Assyrian）及新巴比伦帝国（Neo-Babylonian）的官方语言，及后它们的继承者波斯阿契美尼德王朝（Achaemenid Empire，

---

① 参考《中国少数民族文献学》上编"少数民族古文字"分类。
② 腓尼基人属于闪族，此希腊名字意思是棕榈，即其民来自棕榈之乡，其名首出现于埃及文献，称为Fn.hw，年代约当公元前1575年。其范围主要在地中海东岸边，今黎巴嫩、以色列、叙利亚及土耳其西南一带。有学者以为字母发明自乌格烈德人（Ugarite），腓尼基人采其系统而在约当公元前十一世纪时腓尼基字母正式诞生。"见参考资料1.饶宗颐书第9章"。

前550—前330）^①在公元前六世纪的地缘政治关系，成为那时代的"通用语"（lingua franca）并令阿拉美文广为传播，对周边以至中东、中亚的文字系统产生深远影响。

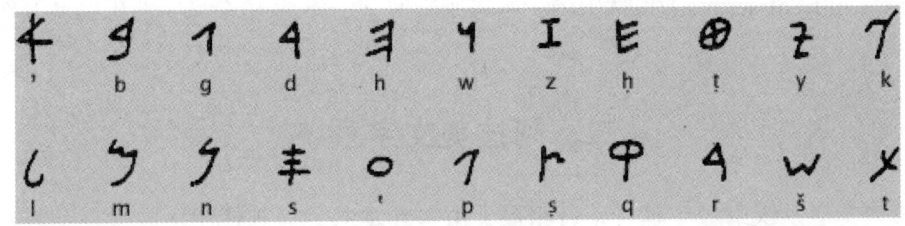

图一　腓尼基字母

此文字系统广泛传播并在不同地区逐渐演变成独立的子系统及分支系统。公元前五世纪初时，阿契美尼德王朝大流士一世^②在征服米索不达米亚地区后，采用了古阿拉美文作为统治此强大波斯帝国范围内不同民族及语言地区的官方沟通书写工具。这时期的文字系统名为皇家阿拉美文（Imperial or Achaemenid Aramaic Script，有译为帝国阿拉美文）。除了传统字母字根的高度标准化外，亦受了古波斯语的影响，逐渐构成独立形状的字母群组库。当时皇家阿拉美文书法有宝石体（lapidary form）即有棱角的硬写法，通常用于碑刻；以及草书体（cursive form），后者在接着几个世纪内逐渐取代前者而成为主流通行字体（形 glyph）。现存文字资料除了许多碑铭外，还有在埃及发现的几个写本窖藏。^③皇家阿拉美文字系统很快取代以线形辅音音素文字（linear abjad）为主的古希伯来文（Paleo-Hebrew）字母而作为旧约圣经后期希伯来语的书写文字，被称为犹太文（Jewish script），这种犹太文字最终演变为今日希伯来方格字（modern square Hebrew script）。

皇家阿拉美文又在波斯帝国的西面影响了说阿拉伯语的纳巴泰人而演变出纳巴泰文（Nabataean）一支，这种文本在今外约旦（Transjordan）、西奈山（Sinai）及北阿拉伯多有发现。^④此支系其中的草书体（cursive form）则演变为早期伊斯兰传播时的阿拉伯字母。另外，由皇家阿拉美文的草书体又演变出古叙利亚字母（Syriac）、巴尔米拉字母（Palmyrenian）、曼达字母（Mandaic）。据现有的文献资料，古叙利亚这一子系统东向影响许多中亚与东亚的文字体系，包括佉卢文（Kharosthi）、巴列维文（Pahlavi）、粟特文（Sogdian）、古突厥文^⑤，及粟特支系的回鹘文、蒙古文、满文和锡伯文。另外，多数西方学者认为印度的婆罗米文可直接或间接溯源于阿拉美—巴列维文，"Diringer曾列举十项理由说明婆罗谜文之诞生在公元前七、八世纪最为恰当，远在印度河谷文字之后。婆罗谜字母略近腓尼基，亦使用早期阿拉美字母至其属于闪语系至明，故他认为阿拉美商人乃

---

① 公元前七世纪，波斯在其领导人阿契美尼斯（Achaemens）的管治下逐渐强大，其后人居鲁士大帝（Cyrus the Great）在公元前550年消灭米底亚王国（Median Empire），建立名为阿契美尼德王朝的波斯帝国。

② Darius I，前522—前486在位，文治武功成就彪炳，帝国范围东起印度河、西至爱琴海和埃及。

③ Daniels, "The World's Writing Systems", p.96.

④ 同上，p.98.

⑤ 丹麦语学家V. Thomsen认为鄂尔浑突厥文（Orhon Türk）溯源阿拉美文,中间通过巴列维支系或粟特支系的影响而成；亦有学者认为是通过佉卢文而间接承传。

为最早直接与印度及雅利安贸易之媒介。"① 然婆罗米文的起源及时代争议颇多,尤其印度学者认为婆罗米文并非源于阿拉美文,而是一种尚未被破译的上古印度文字。在民族主义的影响下这种争议持续②,至今未有定论,因此本文暂不对此文字系统及其支系文字(Brahmic family of scripts)包括中国少数民族于阗文、焉耆-龟兹文、八思巴文等作进一步的论述。

二、阿拉美文字系统

阿拉美文字系统由22个辅音字母组成,由右到左书写。其使用可同时表示某些元音的"阅读之母"(matres lectionis)系统被认为是一项划时代的创作。"阅读之母"是某几个字母不再表示辅音,转而表示元音的系统。早期源自腓尼基的文字系统并没有元音字母,内容都只以辅音记录。可能由于北闪族后来语音转变的原因而需要重复利用某几个字母作元音,如Alap(')可表示元音ä、ŏ, waw(w)/yodh(y)表示元音ü/ĭ。阿拉美字母形状其后主要由草书体衍生多种变异体,而最终在中东、中亚地区大放异彩,成为不同国家地区的母文字系统。

下图二为皇家阿拉美字母(左第二行)与其他子系支系字母及相关音值列表:

Letter name	Letter form	Letter	Hebrew	Arabic	Syriac	Brahmi	Nabataean	Kharosthi	Sound value
Ālaph			א	ا	ܐ	𑀅			/ʔ/; /aː/, /eː/
Bēth			ב	ب	ܒ	𑀩			/b/, /v/
Gāmal			ג	ج	ܓ	𑀗			/g/, /ɣ/
Dālath			ד	د	ܕ	𑀤			/d/, /ð/
Hē			ה	ه	ܗ	?	𑀳	?	/h/
Waw			ו	و	ܘ	𑀯			/w/, /oː/, /uː/
Zain			ז	ز	ܙ	?	𑀲	?	/z/
Ḥēth			ח	خ ح	ܚ	?	𑀳	?	
Ṭēth			ט	ط	ܛ	𑀣			emphatic /tˤ/
Yudh			י	ي	ܝ	𑀬			/j/; /iː/, /eː/
Kāph			כ	ك	ܟ	𑀓			/k/, /x/
Lāmadh			ל	ل	ܠ	𑀮			/l/
Mim			מ	م	ܡ	𑀫			/m/
Nun			נ	ن	ܢ	𑀦			/n/
Semkath			ס	[?]	ܣ	𑀲		?	/s/
'E			ע	ع غ	ܥ			?	/ʕ/
Pē			פ	ف	ܦ	𑀧			/p/, /f/
Sādhē			צ	ص ض	ܨ	𑀲			emphatic /sˤ/
Qoph			ק	ق	ܩ	𑀔			/q/
Rēsh			ר	ر	ܪ	𑀭			/r/
Shin			ש	ش س	ܫ	𑀰			/ʃ/
Tau			ת	ت	ܬ	𑀢			/t/, /θ/

图二 阿拉美文体系字母表(下载自维基百科)

---

① 饶宗颐:《符号·初文与字母——汉字树》,第130页。
② Salomon, 'On the Origin of the Early Indian Scripts: A Review Article'.

三、与阿拉美文有关的中国少数民族文字

我国古代各少数民族因地理及社会历史文化背景不同，其使用的古文字系统、时间和范围亦各异其趣。从现存少数民族文献、文物估计，我国少数民族古文字的总数达三十多种，小部份仍然使用至今。这些民族古文字的形式可大体分为四种类型：1.象形文字；2.音节文字；3.字母文字；4.汉字系民族文字。[①]能溯源于阿拉美文的，无论书写体是否有较大程度的差异，都是属于"字母文字"（包括音素文字和音节文字）这一类别的。或者倒过来说，属于"字母文字"类的十四种民族古文字，其中九种——佉卢文、粟特文、突厥文、回鹘文、回鹘式蒙古文、满文、锡伯文、察合台文及小儿经等已被认定直接或间接源自阿拉美文的各别子系统，而另外五种民族古文字——焉耆-龟兹文、于阗文、八思巴文、古藏文和四种傣文的源头婆罗米字母体系，亦有学者认为有可能是溯源于阿拉美—巴列维系统。如上所说，由于学界对婆罗米文的起源尚存在不少争论，在此暂不将归类此系统下的少数民族古文字列入本文的叙述范围。

现将此九种被认定与阿拉美文有关的少数民族古文字编列于相关的分支系统如下。

1）古叙利亚文—佉卢文/粟特文支系

a. 佉卢文

据研究佉卢文来源于阿拉美—叙利亚（Syriac）文，在公元前五世纪随着古波斯阿契美尼德帝国的大军进入印度河流域，在当时犍陀罗地区（即今阿富汗喀布尔与巴基斯坦白沙瓦一带）广为通行，用来拼写当地居民所使用、属于印欧语系印度语族的"犍陀罗语"[②]。

佉卢文最初是不标元音的音节文字，从右往左横写。后在婆罗米文的影响下增添了区别符号来标注元音。唐吉藏《百论疏》记载，佉卢文初创时共有72个音节字母；但据近代出土文献统计其实际使用的字母（包括合体字）则多达252个，分别表示各种辅音或辅音元音的组合，可能都是后来流传中不断产生的地方变体。

新疆出土的文献有两种不同语言的佉卢文字系统，即分别表示于阗语及鄯善语的佉卢文，即是这些文献是分属于古代于阗国和鄯善国。这种文字最初传入西域的时间有不同意见，就考古文献的研究应该至迟在公元2世纪已传入于阗地区，3世纪中叶传入鄯善地区。从19世纪末起在新疆发现佉卢字文献已有一千余件，其载体较多，有桦树皮、皮革、木牍、绢、纸、题记、钱币等，最常见的是木牍。在中亚则于四世纪随着贵霜王朝的灭亡而消失，成为一种死文字。（图三）

---

① 参考《中国少数民族文献学》分类。
② 一般语言学者认为犍陀罗语是在古印度西北俗语（prakrit）上，在后期陆续吸收了焉耆—龟兹语（前以为是吐火罗语）、和阗塞语、粟特语、希腊语及汉语的成分而形成。

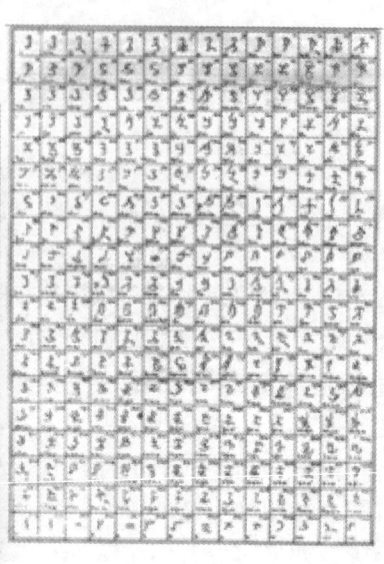

图三　佉卢字钱币、木牍、字母

（下载自北京市民族事务委员会网页）

下五类文字在中国少数民族历史上占据很重要的地位，其中几种仍使用至今。从四世纪开始中亚古丝路上名声显赫的商旅、两河流域①的、史称昭武九姓或九姓胡的粟特人将粟特文字传播到当时西域即今新疆地区。　据学者对历史文献及考古文物的研究，粟特文最少于五世纪时已经为活动在漠北蒙古高原上的突厥、回纥民族所认识和使用。在粟特文基础上创制的回鹘文持续近七至八个世纪在中国西部被广泛使用，回鹘文对后来的回鹘式蒙古文、满文、锡伯文的形成和创制也有着直接或间接的影响——蒙古族和满族先后使用回鹘字母书写其语言，满文再影响锡伯族而导致锡伯文的出现。这支文字系统对阿拉美字系的"继承性表现在从粟特文发展到锡伯文漫长的15世纪中，我们文字的主要还是以基本的形体为架构的，主要体现在文字书写的垂直轴线、牙、结等等。创新性则是基于我们所说的要适应自己的语言特点、区别于其他文字而产生的，主要表现在：一是圈、点、月牙、尾巴等区别符号的添加；二是笔画的简单改动；三是在原有字母上进行改动创制新字母。"② 通过对这支文字系统传承历史的梳理，我们可以更深入了解到阿拉美文在我国西北民族古文字的创制及使用上所扮演的重要角色。

b. 粟特文

粟特文溯源于阿拉美—叙利亚（Syriac）文一系，叙利亚字母在公元初期通过景教媒介向东传播，经改动变化成为用以拼写古代中亚两河流域地区通用语言粟特语的一种文字。因此粟特文仍保存阿拉美文的主要特征，是辅音音素文字③。不过与阿拉美文的传承有别，

---

① 中亚阿姆河与锡尔河一带的泽拉夫珊河流域，其主要范围在今乌兹别克斯坦，还有部份在塔吉克斯坦和吉尔吉斯斯坦。

② 李琴：《阿拉美文字的东传与演变》论文。

③ Peter Daniels称这种主要标示辅音音素的为abjads，以区分有系统标示元音的字母体系。

最初粟特文是由左至右横写；字母之间由最初分写变成后来自右向左横排连写；后再受汉文影响，改为自上而下竖写。而且受聂思脱里字母（Nestorius，即景教创始人的名字）的影响，后期草体粟特文字母根据在词中位置的不同也有了不同的形体。"图四"

粟特文具体的创制年代不详，只知道现存最古的铭文为公元2至3世纪。此文字于南北朝（420—589）时经古丝路贸易文化的交流传入中国，约在11至12世纪成吉思汗西征中亚，粟特亡国前后消亡。今我国境内发现的粟特文文献主要有书佛教题材的标准体、摩尼教题材的摩尼体，和景教题材的古叙利亚体的三种字体。

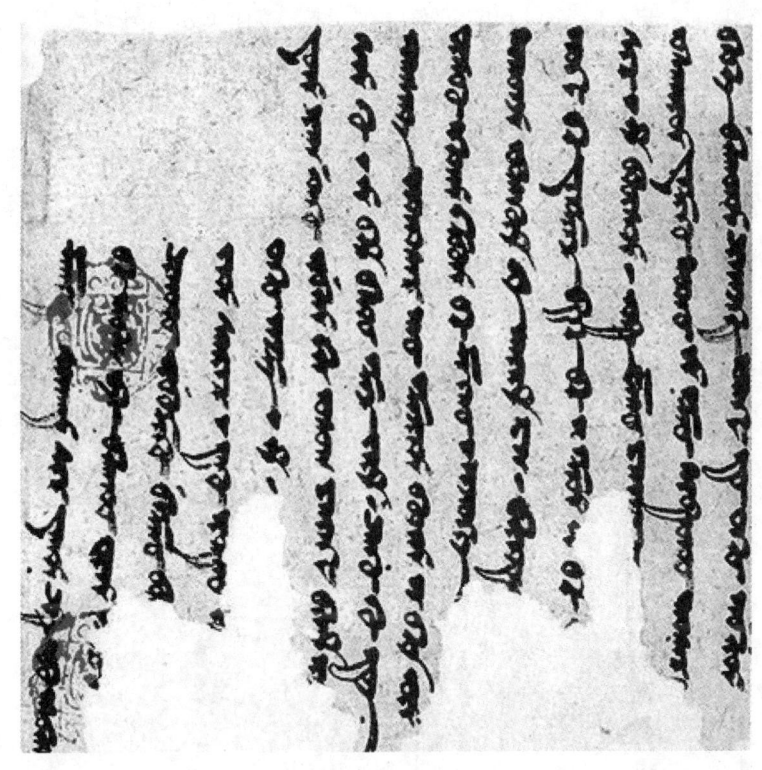

图四　粟特文书

c. 突厥文

突厥文字的研究主要是19世纪从今蒙古鄂尔浑河（Orhon）流域和西伯利亚叶尼塞河（Yenesei）流域发现的碑铭开始。突厥文的外形与古代日耳曼民族使用的如尼文（Runic）相似，故初期被称之为突厥如尼文。后经语言学家研究辨识，突厥文字溯源阿拉美文，相信是在公元6至7世纪的时候通过中亚其他民族传入突厥。因此后来多从突厥文的发现地来称之为鄂尔浑文、叶尼塞文、西伯利亚文，还有人称它为蓝突厥文（köktürk）。虽然何时从何地传入尚未有定论，但众多研究显示，在公元五世纪时，活跃在漠北蒙古高原上的突厥、回纥民族已经认识和使用粟特文，而且在6至7世纪时西突厥统治中心也是两河流域粟特人的居地，突厥人从粟特那里采用和改动阿拉美系字母使之适应突厥语族的语音特点这一观点较为可信。从目前保留的突厥文文献来看，其使用时间可以订定在7至10世纪之间，就是突厥人与回纥人活动于蒙古高原的7至9世纪以及伊斯兰传入新疆（10世纪下半叶）以前的时期。

虽溯源于阿拉美文系统，但古突厥文已经演变为一种音素、音节混合型文字，而且构成字词的字母如汉字般明显分隔。一般是由38—40个符号组成，数量及字型根据各地发现的碑铭和写本而有少许差异。从原来阿拉美字母系统上，增加了一些来自突厥语族民族所使用的氏族或部落标记（印记符号）及表意符号，如D表示ay"月"、"↓"表示oq"箭"，均为仿照"半月"、"箭"的外形而构成的表意符号。其系统最大的特点是b、d、l、n、r、s、t、y这八个辅音各用软硬两套字母表示，一套专门与前元音相拼（软辅音，一般在转写字母的右上角以阿拉伯数字2表示），另一套专门与后元音相拼（硬辅音，一般在转写字母的右上角以阿拉伯数字1表示）。另外，"也像现代大多数突厥语一样，q、ɤ两个辅音只和后元音拼在一起；k、g只和前元音拼在一起。如把k/q，g/ɤ看作两个音位，那就是10对辅音（加上前面的8对）各用两套不同的符号表示。"①（上图五）

表1 突厥文字母表

	突厥文字	书写体	转写	表示音		突厥文字	书写体	转写	表示音
1			a	a, ä	20			g	g
2			i	ï, i, e	21			q	q
3			u	o, u	22			k	k
4			ü	ö, ü	23			q³	ïq, qï, q
5			b¹	b	24			q⁴	oq, uq, qo, q
6			b²	b	25			k³	ök, ük, kö, kü, k
7			d¹	d	26			š	š, s
8			d²	d	27			s¹	s, š
9			y¹	y	28			s²	s, š
10			y²	y	29			m	m
11			l¹	l	30			ŋ	ŋ
12			l²	l	31			p	p
13			n¹	n	32			č	č
14			n²	n	33				ič
15			r¹	r	34			z	z
16			r²	r	35			ñ	ñ
17			t¹	t	36			lt	lt
18			t²	t	37			nt	nt
19			ɤ	ɤ	38			nč	nč

d. 回鹘文

回鹘是唐以前漠北回纥、畏兀儿西迁西域高昌一带（今吐鲁番盆地）后的称谓。回鹘文是在粟特文的基础上创制，"是突厥语族诸民族继突厥文之后，在阿拉伯字母文字以前使用最广、保留文献较多的一种文字。"② 回鹘文具体形成的时间学界没有定论，但通过

---

① 耿世民：《古代突厥文碑铭研究》，第60页。

② 《中国少数民族文献学》，第10页。

现今文献资料推断是在8世纪到15世纪期间在新疆和河西走廊地区被广泛使用。

回鹘文由19—23个字母符号组成（数目据早晚时代而不同），主要仍是承袭自阿拉美字母的一种辅音音素文字系统，尽管在后来使用过程中作了变革，但只增加了数个元音字母而出现数个元音需共享一个字母的情况，如表示 a 和 ä 的字母在形式上与表示辅音 n 的字母相同。书写时与粟特文一样，由上至下连写而且有词首、词中、词末几种形式。后期回鹘文对周边民族的文字系统产生重大的影响，影响及至今天。

e. 回鹘式蒙古文

蒙古族在古代本无文字，后借用回鹘字母来拼写蒙古语，这种文字后来被称为"回鹘式蒙古文"。关于这种文字的使用时间专家学者有不同的说法，中国社会科学院研究员道布先生等根据《元史·塔塔统阿传》中记载认为1204年蒙古人取用了回鹘文字。清代佛经《蒙文启蒙》也记载13世纪中叶由佛教大师贡伽坚赞根据鞣皮钝刀（kederge）的形体创制了蒙古文字。在1269年以后蒙古改用八思巴文代替，回鹘式蒙古文在元朝后期始再通行，至今我国蒙古族大部份地区仍在使用。到17世纪初清朝时从这发展出另一支托忒蒙古文则仅在新疆蒙古族中使用。

回鹘式蒙古文最初有19个字母，其中表示元音的有5个，表示辅音的有14个。承传回鹘文连写的规则，书写从上到下，行序从左到右，元音字母和大多数辅音字母拼写为不同音节，并有独立、词首、词中、词尾的形式。

f. 满文

16世纪末17世纪初，建州女真首领、后金的创建者及清朝的主要奠基人努尔哈赤统一女真各部，以前借用蒙古文字已不能再配合女真族在政治经济上的拓展。遂在回鹘式蒙古文的基础上，根据满语的语言特点创制满文。这种新创制的文字系统因有不少使用上的限制和缺点，在1632年皇太极命令达海做出改进为现代沿用的"新满文"或"有圈点满文"。

承传自回鹘—蒙古文，满文也是拼音文字，属于音位文字类型。有38个字母，其中包括6个元音字母，22个辅音字母以及拼写的汉语借词的10个特定字母；拼写规则与蒙古文基本一致。

g. 锡伯文

锡伯文是在满文的基础上略加改造而创制的文字。16世纪初，在锡伯族全部归附满州八旗时已开始使用满文。乾隆二十九年（1764）迁往新疆戍边的锡伯族官兵暨家眷三千余人，由于特殊的历史原因一直沿用满语文并不断发扬光大。1947年新疆伊犁地区的"锡（伯）索（伦）文化协会"主张对现在锡伯族使用的满文字母进行修改，尤其对不太规范的满文手写形式作出整理修正，并将之命名为"锡伯文"。今锡伯文字母与拼写规则和满文基本一样，只个别字母形体略有改变。有40个字母，其中元音字母6个，辅音字母24个，另有10个专门用来拼写借词的字母。

2）纳巴泰—阿拉伯文支系
a. 察合台文

突厥语民族早在喀喇汗王朝（9世纪末—13世纪）时期，随着伊斯兰教的传播已开始使用阿拉伯字母拼写语言。当时在西域和漠北草原一带仍流行回鹘文，到了察合台汗国（1227—1369）的建立和伊斯兰教的进一步传播，这种以阿拉伯字母为基础的字母才被广泛使用来记录突厥语族语言，被称为"察合台文"。直到现代我国部份突厥语民族所使用的文字，如现代维吾尔文、现代哈萨克文、现代柯尔克孜文等就是源于察合台文字系统的。

察合台文采用阿拉伯字母的28个字母和其他一些辅助符号，又从波斯文中借用了4个字母，共由32个字母组成。其中有5个元音字母，表示8个元音音位；辅助符号一般只限于阿拉伯语和波斯语借词。字母分独立、词首、词中、词尾的形式，从右往左横写。（图六）

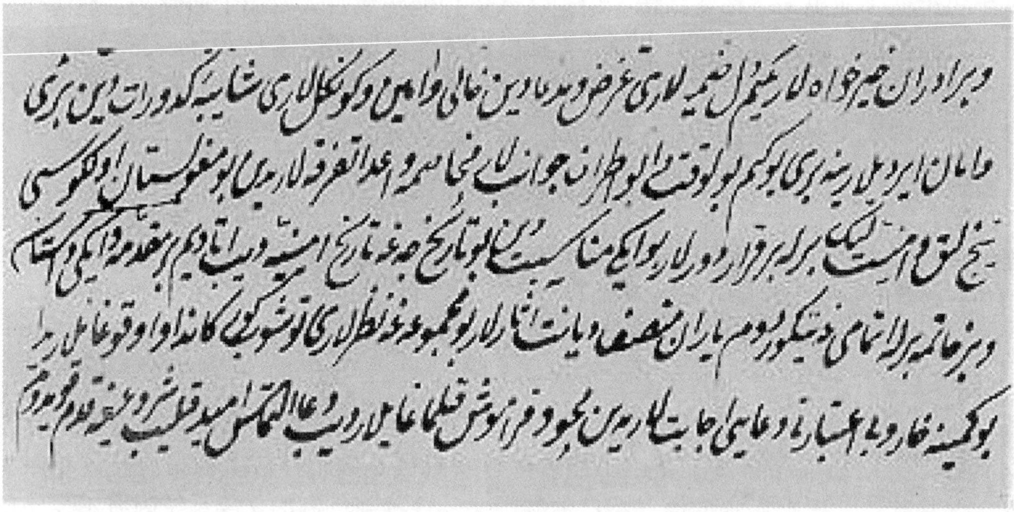

图六　察合台文书（局部）

b. 小儿经

小儿经是一套运用阿拉伯字母书写汉语的文字系统；是中国境内信奉伊斯兰教的回族、东乡族和撒拉族教导启蒙儿童学习《古兰经》时使用的文字。由于使用这种文字的民族散布在中国各地，因此它并没有一个统一的名称。陕东、晋、冀、豫、鲁、京、津及东北地区普遍称之为"小儿经"，简称"小经"或"消经"；在宁、甘、蒙、青及西北地区则称之为"小儿锦"，简称"小锦"；东乡族称之为"东乡文"或"回回文"。目前发现最早的小儿经文是在今陕西西安大学习巷清真寺内的一个碑文，上有刻碑者名字和日期，此碑刻于伊斯兰教历740年即公元1339年7月9日至1340年6月26日之间。

小儿经有36个字母，其中4个用来表示元音音素。这36个字母中，借自阿拉伯语字母系统的有28个，借自波斯语字母系统的有4个，还有4个是小儿经独有的字母。另外，小儿经可分为"经堂文"与"日常文"两类，前者掺杂着不少阿拉伯语、波斯语的特殊伊斯兰教单词，但从来不掺加汉字。后者则是回民在日常书信中使用，常常掺杂简单的汉字。文书的书写系统往往是根据个人对字母的认识程度和各别的方言，因此即使都叫小儿经文字但未必都能相互看懂内容。

四、结语

本文旨在综合论述阿拉美文字系统在中国少数民族支系文字的影响力及重要性，并希望通过逐一排查能梳理出一个各种相关文字的世系简表（图七），以便他日在研习各语言文字时有可循的较完整的资料。唯这个直接、间接的文字体系传承，在横跨前后近三千年的时间里，衍生及演变出无数的子孙体系，在字母运用、字形、书法等各方面都已经历了近乎面目全非的改变。本文的论述建基在前人学者的辛勤钻研成果上，又将讨论的民族古文字局限在一定范围内，期能稍为整理出一个比较清晰的脉络。但碍于个人识见及专业能力所限，自觉内容资料仍嫌粗疏。若有错漏，尚望老师前辈们不吝指正。

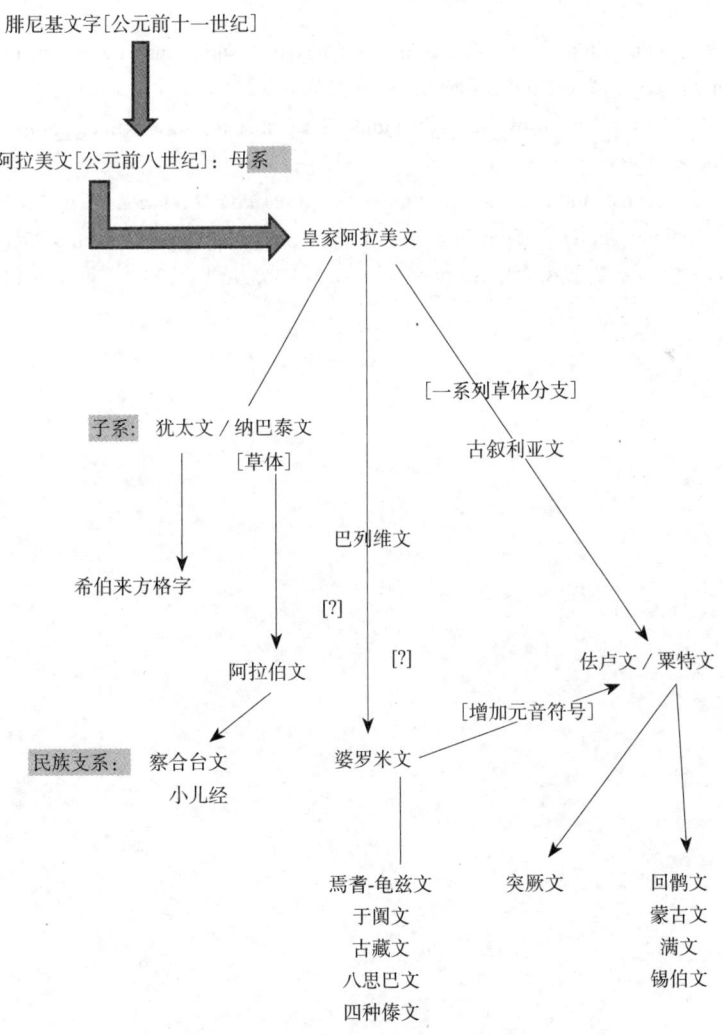

图七　中国少数民族文字与阿拉美文世系简表

参考资料

[1] 饶宗颐：《符号·初文与字母—汉字树》，商务印书馆1998年版。

[2] 林梅村：《西域文明——考古、民族、语言和宗教新论》，东方出版社1995年版。

[3] 耿世民：《古代突厥文碑铭研究》，中央民族大学出版社2005年版。

[4] 耿世民：《新疆历史与文化概论》，中央民族大学出版社2006年版。

[5] 张铁山主编：《中国少数民族文献学》，中央民族大学出版社2012年版。

[6] 朱崇先主编：《民族古籍文献研究》，民族出版社2013年版。

[7] 中国社会科学院民族研究所国家文委文化司主编：《中国少数民族文字》，中国藏学出版社1992年版。

[8] 中国民族古文字研究会主编：《中国民族古文字图录》，中国社会科学出版社1990年版。

[9] 李琴：《阿拉美文字的东传与演变》论文，北京中央民族大学2017年版。

[10] Daniels, P.T. & Bright, W. "The World's Writing Systems", Oxford University Press, 1996.

[11] Daniels, P.T. "Writing systems of major and minor languages", *Language in South Asia*, Cambridge University Press, 2008.

[12] Salomon, R. "Indian Epigraphy: A Guide to the Study of Inscriptions in Sanskrit, Prakrit, and the other Indo-Aryan Languages", Oxford University Press, 1998.

[13] Salomon, R. "On the Origin of the Early Indian Scripts: A Review Article", *Journal of the American Oriental Society* 1995.

[14] Scharfe, H. "Kharosti and Brahmi", *Journal of the American Oriental Society*, 2002.

[15] Brock, S. "Review: The Development of the Aramaic Script by Joseph Naveh", *Bulletin of the School of Oriental and African Studies, University of London,* Vol.35, No.1（1972）, pp.136-137.

浅析巴利语对缅语和傣语的影响

谢英雄

（中央民族大学）

内容提要：随着上座部佛教的信仰，上座部佛教的传教语言巴利语不仅记载佛陀的三藏佛经，而且有些巴利语词汇与巴利语借词都形成了缅族和傣族两个民族的日常用语。本文筛选缅语的116个巴利语借词进行分析，并初步探讨缅语和傣语中的巴利语借词引用状况。从而得知巴利语借词在两个民族的日常用语中不可分割，巴利语佛经中的佛教哲学、心學、道德观念、礼仪等各方面给两个民族带来了极大的正面影响。

关键词：巴利语　借词　缅语　傣语

缅族和傣族都信仰上座部佛教，上座部佛教的佛陀的三藏经典都用巴利语记载传教。随着上座部佛教的信仰，缅族和傣族的日常用语中吸收很多巴利语借词。本文为缅语中使用的116个巴利语借词，探讨缅语中的巴利语借词的演变和运用。同时探讨傣语和缅语中外来词的作用。缅语是汉藏语系藏缅语族的一种语言，缅文却是一种婆罗米系文字，谈起缅文，公元3世纪缅甸北部建立骠国，缅南地区孟族并立自己的王朝。11世纪为止孟族统治整个下缅甸。11世纪初定居叫木西一带的缅族人吸收骠国、孟人、南诏、掸族的先进文化，兴修水利发展农业，建立了蒲甘王国。1044年阿奴律陀国王统治蒲甘国王。当时缅甸西南部几千年就有若开阿拉干国。还没建立蒲甘王朝之前，缅甸地区的王朝就已经信仰上座部佛教了。阿奴律陀国王统治了整个缅甸以后，全缅甸的缅族开始虔诚信仰了上座部佛教，也是缅语中进入了巴利语的主要原因。缅语中有很多巴利语借词。

缅甸传入上座部佛教时人们已经用缅文音译记载巴利文。蒲甘王朝立的碑文里的巴利文都用缅文音译转写。专家认定最早用缅文记载的碑文：公元475年的蒲甘王朝冰瑜塔石刻碑文里面用缅文音译记载巴利文。可见巴利语传入缅甸的时候就用缅文音译巴利文。此因素是巴利文进入缅文中的主要原因。

蒲甘王朝用的缅文大多数是建佛塔，以自己的功德记载的功德碑为主，此类文书不能避免巴利语经典里的佛教专用词语，因此蒲甘王朝使用的文书有很多巴利文词汇。之后慢慢出现了缅文诗歌，缅文书籍都借用巴利语三藏经典之中的故事和内容为基础逐渐进展，所以缅文中出现越来越多的巴利文词语。

巴利语经典中的故事内容都翻成缅文时，佛教专用名词都把巴利语词汇用缅文音译转写。有些缅语里没有同义词的，巴利语词汇直接运用巴利语原音音译转写或是缅化的巴利语词汇来代替。有时候缅语里本来有的词语并用巴利语词或是巴利语词来替代。

因此缅甸语中渐渐借用巴利语借词，日积月累缅甸人听惯巴利语借词之后，有的巴利语词潜移默化出现在了缅甸人的日常用语中，很多巴利语借词变成本族人常用词语。缅族把巴利语借词当作自己的母语一样时时使用。目前很多巴利语词已经成为母语词汇库中的重要成分。巴利语借词进入缅语词汇库之后，不仅在书面语中出现，人们的日常用语中也包含了很多巴利语词汇。此类借词有的还没被缅化，慢慢熟悉之后，缅甸人一听到这些词汇马上听懂词义。以下选出缅甸人常用的日常用语130多个词汇分析巴利语转变的情况。

巴利语传进缅甸时开始，用缅文音译外来词，有些缅语里借用巴利语词时丢失词尾，但还保存原音

用缅文音译的巴利语词	缅文
（1）ကမ္မ	က行为
[kamma]	[kam]丢了词尾（-ma）。
（2）စိတ္တ	စိတ် 心
[Citta]	[Cit]丢了（-ta）

有的巴利语词词尾丢了，音调也变了。

（1）စေတိယ	စေတီ/ပုထိုး 塔或是佛塔
[Cetiya˙m]	[Ceti]失去了词尾（ya˙m），而且音调也变了。
（2）တုတ္ထက်	ဒုတ္ထ 硫酸盐
[Tutthaka˙m]	[Tuttha`]丢了词尾 ka˙m，音调变了
（3）သုဿန	သုဿန်墓地，公墓
[Su sa ˉ nnam]	[Su Sa`n]丢了词尾（ˉnam），音调变了。
（4）ဥယျာန	ဥယျာဉ် 公园
[Uy ya ˉ nnam]	[Uy ya`n]丢了词尾ˉam，音调也变了。

有些巴利语词尾丢了，读音也完全变了。

（1）ဓါတု	ဓါတ် 金属
[dha tu]	[dac]
（2）ကောဇဝေါ	ကော်ဇော 地毯
[kojavo]	[ko jo]
（3）စန္ဒနော	စန္ဒကူး 檀
[Candano]	[Canda kú],no 变成 kú
（4）ပုရောဟိတ	ပုရောဟိတ် 国师
[Pu ri ` hi ta]	[Pu ri ` hai?]丢了尾音ta.
（5）အင်္ဇဇတ်	အင်္ဂိဇတ် 生殖器官
[An˙gaja ˉ ta˙m]	[An˙gaja ˉ ?],丢了 ta˙m，变音了。
（6）ဇာတိဖလ	ဇာတိဖိုလ် 肉豆蔻
[Jatipha la`m]	[Jatiphoʊ?]
（7）သက္ကရာ	သကြား 白糖
[Sakkara ˉ]	
（8）ကာယေ	ကိုယ် 身体
[ka ˉ ye]	[koʊ]
（9）ပုဂ္ဂလာ	ပုဂ္ဂိုလ် 位，先生
[Puggala]	[Pugg oʊ?]

有的巴利语词借用缅语时尾音变了。

（1）သိပ္ပ　　　　　　　　　　သိပ္ပံ 科学
　　[Sipa]　　　　　　　　　　[Sipa`n]，尾音加n了。

（2）ဥမ္မတ္တကာ　　　　　　　　ဥမ္မာတကော 疯子
　　[Ummataka]　　　　　　　[Ummatakoʊ]，丢了尾音a, oʊ来代替。

（3）နာမ　　　　　　　　　　နာမည် 姓名
　　[Na‐ma]　　　　　　　　　[Nami]，尾音a丢了，i来代替。

（4）ဗန္ဓုလော　　　　　　　　　ဗန္ဓုလ 版度腊将军
　　[Bandhulo]　　　　　　　　[Bandula]，尾音o丢了，a来替代。

（5）ကာလော　　　　　　　　　ကာလ/အချိန်ကာလ
　　[ka‐lo]　　　　　　　　　　[kala]，尾音o丢了，a来替代。

（6）ဒန္န　　　　　　　　　　　ပန္န 问题
　　[*Pucchi*]　　　　　　　　　[Puccha]，尾音i丢了，a来代替。

（7）စောရော　　　　　　　　　စောရ 小偷
　　[*Coro*]　　　　　　　　　　[*Cora*]，尾音-（o）丢了，a 来代替。

（8）ဒန္တ　　　　　　　　　　　ဒန္တီ 牙齿
　　[Danta]　　　　　　　　　　[Danti]，尾音a丢了，I来替代。

（9）သောတံ　　　　　　　　　သောတ 耳朵
　　[Satam]　　　　　　　　　[Sata]，尾音（m）丢了。

（10）ကထိကော　　　　　　　　ကထိက 讲师
　　[kathiko]　　　　　　　　　[kathika]，尾音o丢了，a来代替。

（11）အာစရိယော　　　　　　　အာစရိယ ဆရာ 老师
　　[Acariyo]　　　　　　　　　[Acariya]，尾音o,（-a）来代替。

（12）ဥပါသကော　　　　　　　ဥပါသကာ 信徒
　　[Upa‐sako]　　　　　　　　[Upa‐saka`]，尾音o丢了，a来代替。

（13）ပဏ္ဍိတော　　　　　　　　ပဏ္ဍိတ 贤人
　　[Pandito]　　　　　　　　　[Pandita]，尾音o丢了，a来代替。

（14）ပည　　　　　　　　　　ပညတ် 定律
　　[Paṅna]　　　　　　　　　[Paṅna?]，加了尾音?。

有时只保留词头的音节，直接运用缅语之后变成缅文中的新词。

（1）ဣဌကာ　　　　　　　　　အုတ် 砖块
　　[Itthaka‐]　　　　　　　　　[Ito?]

（2）ထုလာ　　　　　　　　　　ထုတ်. 横梁
　　[Tula‐]　　　　　　　　　　[Toʊ?]

（3）ကတ္တုရိကာ　　　　　　　　ကတိုး 麝香
　　[katturika‐]　　　　　　　　[katto`]

有时缅语中巴利语词中的补音都变了，但保留元音生成新词。

（1）ပါရဒေါ　　　　　　　　　ပြဒါး 水银
　　[Pa‐rado]　　　　　　　　　[pɛda]

有时候出现原有巴利语词上加一个缅文组成缅语中的新词。

(1) ဣတ္ထိ　　　　　　　　ဣတ္ထိယ 女性
　　[Itthi]　　　　　　　　　[Itthiya]
(2) ယန္တ　　　　　　　　ယန္တရား 机械
　　[Yanta]　　　　　　　　[Yantara]

巴利语词直接运用缅语的情况极为常见。
(1) အာရောဂျံ　　　　　　အာရောဂျံ 健康
　　[Arojaṃˇ]　　　　　　　[Arojaṃˇ]
(2) သဘာပတိ　　　　　　သဘာပတိ 会议主席
　　[Sabha‐pati]　　　　　　[Sabha‐pati]
(3) မဟာ　　　　　　　　မဟာ 伟大
　　[Ma ha‐]　　　　　　　[Ma ha‐]
(4) ဘဏ္ဍာ　　　　　　　　ဘဏ္ဍာ 财物
　　[Bhanda‐]　　　　　　　[Bhanda‐]
(5) အဓိက　　　　　　　　အဓိက 重要
　　[adhika]　　　　　　　　[adhika]
(6) ပဓာန　　　　　　　　ပဓာန 重要
　　[Padha‐na]　　　　　　[Padha‐na]
(7) ပညာ　　　　　　　　ပညာ 知识，教育
　　[Paňnă]　　　　　　　　[Paňnă]
(8) မဟေသီ　　　　　　　မဟေသီ 皇后
　　[Mahesi]　　　　　　　　[Mahesi]
(9) ကုမာရ　　　　　　　　ကုမာရ 王子
　　[kuma‐ra]　　　　　　　[kuma‐ra]
(10) ကုမ္မာရီ　　　　　　　　ကုမ္မာရီ 公主
　　[kuma‐ri]　　　　　　　[kuma‐ri]
(11) မဟာရာဇာ　　　　　　မဟာရာဇာ 伟大的国王
　　[Maha‐ra‐ja‐]　　　　　[Maha‐ra‐ja‐]
(12) သတ္တိ　　　　　　　　သတ္တိ 胆子，能量
　　[Satti]　　　　　　　　　[Satti]
(13) အာဏာ　　　　　　　အာဏာ 命令
　　[Ana‐]　　　　　　　　　[Ana‐]
(14) ဒုက္ခ　　　　　　　　ဒုက္ခ 贫困，痛苦
　　[Dukkha]　　　　　　　[Dukkha]
(15) ပါဠိပါမောက္ခ　　　　　　ပါဠိပါမောက 巴利语专家
　　[Pa‐lipa‐mokkha]　　　　[Pa‐lipa‐mokkha]
(16) ဗလ　　　　　　　　ဗလ 力气
　　[Bala]　　　　　　　　　[Bala]
(17) အညတရ　　　　　　အညတရ 平凡
　　[Aňnatara]　　　　　　　[Aňnatara]

（18）ဗီဇ　　　　　　　　　ဗီဇ　本性
　　　[bīja]　　　　　　　　[bīja]
（19）ဇာတိ　　　　　　　　ဇာတိ　家乡
　　　[ja‾ti]　　　　　　　 [ja‾ti]
（20）ရောဂါ　　　　　　　　ရောဂါ　疾病
　　　[Roga‾]　　　　　　　 [Roga‾]
（21）ကဏ္ဍ　　　　　　　　 ကဏ္ဍ　章节
　　　[kɑnda]　　　　　　　 [kɑnda]
（22）ယာဂု　　　　　　　　 ယာဂု　稀饭
　　　[Ya‾gu]　　　　　　　 [Ya‾gu]
（23）ယောနိ　　　　　　　　ယောနိ　阴道
　　　[Yoni]　　　　　　　　[Yoni]
（24）ဘူမိ　　　　　　　　 ဘူမိ　地质，土地
　　　[Phumi]　　　　　　　[Phumi]

有时缅语直接用巴利语时，为了符合缅语音节特点，有些巴利语词语延变缅语中的新词。

（1）ရတနာ　　　　　　　　ရတနာ　金银珠宝，珍贵之物
　　　[Ratanǎ]　　　　　　　[Ratana`]
（2）မင်္ဂလာ　　　　　　　 မင်္ဂလာ　吉祥
　　　[Minkala]　　　　　　 [Minkala`]

有时，外来词的词头或是词尾加缅文解释性词，组成缅语的新词。

（1）词头加缅语解译词
（a）ဆန္ဒ　　　　　　　　 မဲဆန္ဒ　投票
　　　[Chando]　　　　　　 [Mè+Chanda]，Mè 票的意思
（b）ဆန္ဒ　　　　　　　　 စိတ်ဆန္ဒ　心愿
　　　[Chanda]　　　　　　　[Cit+Chanda]，cit 缅语中意向的意思。
（c）ဗာလ　　　　　　　　　 လူဗာလ　愚人
　　　[Bɑ‾la]　　　　　　　 [lu+Bɑ‾la]，lu vlY 人的意思.
（d）ဗဟု　　　　　　　　　 ဗဟုကိန်း　多数
　　　[Bɑhu]　　　　　　　　[Bɑhu+kein]，多数后加缅文中的数字（kein）来解释

（2）词尾加缅语解译词。
（a）သာသနိက　　　　　　　 သာသနိကအဆောက်အဦ　宗教建筑物
　　　[Sɑ‾sanika]　　　　　 [Sɑ‾sanika]+[A shaʊʔaoʊn]，巴利语词后加
　　　　　　　　　　　　　　[A shaʊʔaoʊn]缅语中的建筑物来解释。
（b）ရထသေနာ　　　　　　　ရထားတပ်　战车
　　　[Rathasena‾]　　　　　[Ratha˙][thoʊʔ]，巴利语[Ratha˙]车后面加缅语的
　　　　　　　　　　　　　　[thoʊʔ]军队来解释.
（c）ဣန္ဒနီလာ　　　　　　　　နီလာကျောက်　蓝宝石
　　　[Indanilo]　　　　　　[Nilo+koʊʔ]，巴利语词nilo后加缅语的宝石意思koʊʔ。

有时借词中巴利语原词后面加缅文同义词来解释。

（1）ရာဇာ　　　　　　　　　ရာဇမင်း　国王
　　　[Ra⁻ja]　　　　　　　　[Ra⁻ja+Mĭn],巴利语词后面加缅语中的Mĭn国王的意思来解释。

（2）စန္ဒ　　　　　　　　　　စန္ဒာလမင်း　月亮
　　　[Canda]　　　　　　　　[Canda+lamĭn],外来词后加缅语的lamĭn月亮同义词来解释。

（3）သမ္မတော　　　　　　　သမ္မတ မင်း　总统
　　　[Sammato]　　　　　　[Sammata+Mĭn],巴利语词后面加缅语的Mĭn国王来解释。

（4）မနုဿ　　　　　　　　　မနုဿလူသား　人类
　　　[Manussa⁻]　　　　　　[Manussa⁻+lutha`],巴利语词后面加缅语的lutha人类的同义词来解释。

（5）ဒုက္ခ　　　　　　　　　　ဒုက္ခဆင်းရဲ　痛苦
　　　[dukkha]　　　　　　　[dukkha+chĭnyē],巴利语词后面加缅语的同义词chĭnyē痛苦来解释。

（6）ဓန　　　　　　　　　　ဓနဥစ္စာ　财产
　　　[dhana]　　　　　　　　[dhana+Umsa`],巴利语词后面加缅语中的Umsa`财产同义词来解释。

（7）ဗာလော　　　　　　　　ဗာလ လူမိုက်f 坏人
　　　[balō]　　　　　　　　　[bala+lumei?],巴利语外来词后面加缅语中的lumei?坏人同义词来解释。

（8）ဗလ　　　　　　　　　　ဗလအား　力量
　　　[bala]　　　　　　　　　[bala+aə´],外来词后面加aə´力量缅语的同义词来解释。

（9）ဟဒယ　　　　　　　　　ဟဒယနှလုံး　心脏
　　　[hadaya]　　　　　　　[hadaya+nalʊ],后面加缅文中的心脏nalʊ同义词来解释。

（10）မာတာ　　　　　　　　မာတာမိခင်　母亲
　　　[mɑ⁻ta⁻]　　　　　　　[mɑ⁻ta⁻+mi khĭn],外来词后面加mi khĭn缅语母亲的同义词来解释。

（11）ဘိက္ခူ　　　　　　　　　ဘိက္ခူရဟန်း　和尚
　　　[Bhikkhŭ]　　　　　　[Bhikkhŭ+ɟhʊɴ],外来词后加缅语中的ɟhʊɴ和尚同义词来解释。

（12）ပါဒ　　　　　　　　　　ပါဒခြေရာ(ပါဒ+ခြေရာ) 脚印
　　　[Pɑ⁻da]　　　　　　　　[Pɑ⁻da+kɦeja`],外来词后面加缅语同义词kɦeja`脚印来解释。

（13）ရူပါ　　　　　　　　　　ရူပါအဆင်း（ရူပါ=အဆင်း）面貌
　　　[Rŭpɑ⁻]　　　　　　　　[Rŭpɑ⁻+a shĭɴ],外来词后面加缅语同义词a shĭɴ面貌来解释。

有时候借用外来词时后面前面加缅语同义词来解释。

(1) ရောဂါ အနာရောဂါ 疾病
　　[Roga ˉ] [a ɴɑ ˋ +Roga ˉ],前面加缅语中的a ɴɑ ˋ 疾病的
　　　　　　意思来解释。

(2) ကာလော အချိန်ကာလ 时间
　　[kɑ ˉ lo] [ətɕhi ˋ n+kɑ ˉ lo],前面加缅语同义词 ətɕhi ˋ n
　　　　　　时间来解释。

(3) ဇီဝ အသက်ဇီဝ 生命
　　[Jiva] [əthʔ+Jiva],外来词前面加缅语中的əthʔ 生命的
　　　　　同义词来解释。

(4) အာဏာ အမိန့်အာဏာ 命令
　　[Anɑ ˉ] [ə meïn+Anɑ ˉ],前加缅文中的同义词ə meïn
　　　　　　命令的意思来解释。

(5) သမဏော ရဟန်းသာမဏေ沙门
　　[Samano] [Rahʊɴ+Samano],前面加缅语同义词 Rahʊɴ僧侣的
　　　　　　意思来解释。

(6) ဉာတကာ ဆွေမျိုးဉာတကာ（ဆွေမျိုး+ဉာတကာ）亲属
　　[Nɑ ˉ takɑ ˉ] [Shʊe mʏ ́o+Nɑ ˉ takɑ ˉ],前面加缅语同义词 Sh
　　　　　　ʊe mʏ ́o亲戚来解释。

(7) ကညာ သမီးကညာ（သမီး+ကညာ）少女
　　[kaňňɑ ˉ] [Samê+kaňňɑ ˉ],前面加缅语同义词女儿少女Samê来解释。

有时缅语中借用的巴利语词为了符合缅语的音节它原有的尾音变了，借词后面缅语的同义词来解释。

(1) ကုဋ္ဌ ကုဋ္ဌနုနာ 麻风病
　　[kuttam] [kuttha +nuna],kuttha,尾音m丢了，后加缅语
　　　　　　同义词nuna麻风来代替。

(2) ပုရိသော ပုရိသယောကျင်္း（ပုရိသော=ပုရိသ+ယောကျင်္း）男性
　　[Puriso] [Purisa+jəʊkia],外来词的尾音（o）丢了，a来
　　　　　代替，后面加缅语的同义词 jəʊkia 男子，男性同
　　　　　义词来解释有时巴利语词的词尾丢了，后面加缅语同
　　　　　义词来解释。

(1) မကုဋ် မကိုဋ်သရဖူ 皇冠
　　[Makutam] [Makutaiʔ+θara phǔ],巴利语词的词尾tam 丢了，
　　　　　　后面加缅语同义词 θara phǔ皇冠来解释。

(2) သိန္ဓဝေါ သိန္ဓောဆား 岩盐
　　[Sindhavo] [Sindaʔ+sha],外来词的词尾vo 丢了，后面加缅语同
　　　　　　义词 sha 盐巴来解释。

(3) ကလာယော ကုလား ပဲ 大豆，豌豆
　　[Kalɑ ˉ yo] [Kalɑ ˉ +pə ́],词尾yo 丢了，后面加缅语的同义词
　　　　　　pə ́ 豆来代替。

缅语中借用巴利语词时有时候只保留巴利语词头加上缅语词汇来借用。

（1）ဣဋ္ဌကာ　　　　　　　　　အုတ် 砖块
　　[Itthakɑ⁻]　　　　　　　[Itoʊʔ],只保留外来词的词头（It），后加了
　　　　　　　　　　　　　　oʊʔ,生产缅语中的新词。
（2）ထုလာ　　　　　　　　　ထုတ် 黄粱
　　[Tulɑ⁻]　　　　　　　　[Tuoʊʔ],只保留外来词的词头tu,后面加oʊʔ
　　　　　　　　　　　　　　缅语的新词。
借用巴利语时，缅语中有时候只保留词头加上缅语解释借用。
（1）ပိပ္ပလိ　　　　　　　　　ပိတ်ချင်း（ပိဖ္ဖ=ပိတ်）ချင်း=ဂျင်း 荜拔
　　[Pipphali]　　　　　　　[Pip+ə丶ʔ],只保留着词头Pip, 后面加缅语ə丶ʔ
　　　　　　　　　　　　　　姜来解释。
有时候缅语中出现只保留外来词的元音，辅音都变的外来词。
（1）ပါရဒေါ　　　　　　　　ပြဒါး 水银
　　[Pɑ⁻rado]　　　　　　　[Pɛdə丶],只保留着（P,d）元音，辅音都变了。
缅语中有时出现巴利语外来词用一个词性不同的同一个巴利语词来解释原来的词。
（1）အဓိက်　　　　　　　　　အဓိက 主要
　　[adhikaᵒm]　　　　　　　[adhika],尾音变化的巴利语同一个巴利语词来解释。
（2）မိတ္တော　　　　　　　　　မိတ္တောဗလ（မိတ္တော=မိတ္တ+ဗလ）朋友的力量
　　[Mitto]　　　　　　　　[Mitta+bala],尾音变化的巴利语词Mitta，加bala
　　　　　　　　　　　　　　力量的词来解释。
有时不同词性的巴利语词，后面加缅文同义词来借用。
ဗာလော　　　　　　　　　　　ဗာလ လူမိုက် 坏人
　　[bal ō]　　　　　　　　　[bala+lumeiʔ],不同词性的巴利语词bala 愚人来解释
　　　　　　　　　　　　　　同一个巴利语词后面加缅语lumeiʔ愚人的同一个词来
　　　　　　　　　　　　　　解释。
有时缅语中出现词性不同的巴利语词后面加另一个巴利语词来解释原有巴利语词的词义。
（1）ဝေဒနံ　　　　　　　　　ရောဂါဝေဒနာ 病痛
　　[Vedaňam]　　　　　　　[Rogɑ⁻+Vedaňa],词性不同的同一个巴利语词Vedaňa
　　　　　　　　　　　　　　痛苦再加个Rogɑ⁻疾病巴利语词来解释。
巴利语词有时原词前面加了一个（a）就变成反义词。比如[kutala]善，善报这个词前面加了一个（a）字变成反义词恶，恶报[a kutala],吉祥r*Fv[minkala],前面加（a）表示不吉祥[a minkala]不吉祥的意思。巴利语中的此类用法引进缅语时缅语中新的格式出来了。巴利语中有些词前面加（a）表示否定性，但缅语中有些动词或名词前面加了（a）就成了名词。例如：（1）巴利语词0wåH [Vattham]衣服，延变出来的缅语中0wf 动词穿的意思，前面加了（a）变成缅语中的名词t0wf t+（0wåH=0wf）[a +Vat]衣服了。
　　有时候名词前面加了（a）就变成新的名词。比如
&ao [ra se]味道巴利语词借用的缅语&om[raθɑ丶]味道前加了a变成新名词味道（t+&om）[a+ raθɑ丶]了。
　　缅文是一种婆罗米系文字，主要用来书写缅语。在缅甸巴利语进入缅甸时期就开始用缅文音译巴利语。蒲甘王朝立的碑文中的巴利语都用缅文音译转写。公元475年的（蒲甘王

朝）冰瑜塔石刻碑文中用缅文音译巴利文。此用法引入缅文中有很多巴利语或巴利语延变过来的借词最多的主要原因。有时候用缅文音译的巴利文字形，漫长的岁月中延变之后进入缅语的词库。比如：

巴利语（缅文音译巴利文）　　　　　　缅文

（1）အင်္ဇတ် [An°ga°ja°ta°m]　　　　　အင်္ဇတ်（အင်္ | အင်္ ）

　　　　　　　　　　　　　　　　　　（ZmwH = Zmwf）生殖器

用缅文转写的巴利文中没有တ်（ɑʔ），字形延变后成了缅语的巴利语借词。

（2）ကာယေ　　　　　　　　　　　ကိုယ် 身体

　　[ka‾ye]　　　　　　　　　　　[kouʔ]，缅文转写的巴利语书写中没有 dk,f [ouʔ]，字形延变了之后变成缅语中的巴利语借词[kouʔ]。

（3）ပုဂ္ဂလာ　　　　　　　　　　　ပုဂ္ဂိုလ် 位，先生

　　[Puggala]　　　　　　　　　　[Pugg ouʔ]，缅文转写的巴利语词中没有 ouʔ，字形延变后产生了[Pugg ouʔ] ပုဂ္ဂိုလ်。

（4）အတီတကာလ　　　　　　　　　အတိတ်ကာလ（အတီတ=အတိတ်+ကာလ）过去

　　[Atitaka‾la]　　　　　　　　　[AtaiʔKa‾la]，这里也很明显，缅文转写的巴利语twDwAtita字形延变之后缅文中出现 twdwf Ataiʔ的巴利语借词。

（5）အနာဂတကာလ　　　　　　　　အနာဂတ်ကာလ（အနာဂတ | အနာဂတ်）将来

　　[Anna‾gataka‾la]　　　　　　　[Anna‾gaʔka‾la]umv» umv。

　　这里也是一样，巴利语缅文音译转写 tem*w Anna‾gata 为了符合缅文常用写法延变成了 အနာဂတ်Anna‾gaʔ 缅语中的巴利语借词。

　　上述表明巴利语音节组成的缅文转写音译巴利语为了适应缅语本族语言的书写格式或音节规律巴利语词进入缅语时生成缅文中新的巴利语借词。上面探讨的这些词组都在缅甸人的日常生活中普遍使用。佛教专用词语方面傣族与缅族直接使用巴利语的情况基本一致。例如：na⁴ mo² ta¹ sa¹ 南无达沙，phu⁶ tha⁶ 佛陀，sa¹pan²ju⁴佛陀， a¹ ra⁶ han¹ ta¹罗汉,te² sa¹na² 讲道，bu¹ tsa² 献佛，o¹ va¹ta⁶ 等。佛教经典中的佛教专有名词方面借用的情况也不例外。比如：巴利，ve² sɛŋˊta¹ ra⁴ 维先达罗等。

　　巴利语佛教经典中的故事和内容翻译成缅文时，人名地名等依巴利语音译直接转写，缅文中没有同义词的有些词语借用时直接用巴利语或是巴利语延变的借词。有时译音加本族语解释的词语并用。由于缅文中借用巴利语外来词逐渐广用。经年累月人们慢慢熟悉外来词的词义之后，本族语解释的缅语词脱落，外来词独立使用了。甚至有时缅语中原有的同义词用巴利语代替使用。例如：အချိန်ကာလ[ətɕʰiNˋ+ ka‾la]时间，巴利语原词前面加缅语同义词 အချိန်[ətɕʰiNˋ]时间随着普遍运用巴利语词以后脱落缅语直接借用巴利语词ကာလ[ka‾la]了。同样巴利语缅语音译词ရုပါ[ɹ̃ũρɑ‾]在缅语里开始借用时ရုပါအဆင်း（ရုပါ[ɹ̃ũρɑ‾]+缅语 အဆင်း[a shìn]面貌）外来词和缅语同义词并用，使用时间越久人们习惯巴利语借词之后 အဆင်း[a shìn]面貌缅语同义词脱落了。傣语中也有类似的情况，例如：၁၃၂ 母亲。

　　外来词加本族语同义词或解释性的词汇借用的巴利语词融入本族的日常口语，甚至有些巴利语词变成本民族口语中的常用词汇。比如：ကာလော时间 [kɑ‾lo]ကာလ [ka‾la]，ယောန့်

[yoni]阴道等。如此可见借用巴利语促使本族语的词汇量越来越丰富，而且民族追求的精神素质和道德理念也更高一层。佛教经典中的 ve² sɛn¹ta¹ra⁴维先达罗是佛陀的前世，他的一生就衣食等布施给四面八方来的民众（不分等级不分等级）。缅族从小就熟悉一些佛经中的人物，有的典型人物活在人们心中，他们一直学习典型人物的精神。维先达罗一生布施资助贫穷苦难之民。因此缅甸人心中他为榜样，一般平民百姓都好施为乐。去年缅甸获得世界上布施最多的国家之一的称号。

傣语是汉藏语系壮侗语族壮傣语支的一种语言，在类型学上是属于孤立语型的一种语言。缅甸语是汉藏语系藏缅语族的一种语言，缅文是拼音文字。这两种语言都有自己的语法、语用、音节结构等特点。但缅族和傣族都信仰上座部佛教，因此自热而然受到上座部佛教的传教语言巴利语的影响。两个民族的语言中大量吸收了巴利语词汇，吸收佛教专用名词、佛教词语时大多数保留了外来词的原音。但是巴利语一般词汇借用本民族的词汇库时，依本族语言的词性、音节结构、语法等因素外来词有所变化。比如：巴利语နာမ[Na ˉ ma]进入缅语时变成了နာမည်[Na ˉ mi`]，巴利语[dharma]在傣语中变成tham²了。

巴利语词有阴阳性的变化，缅语中没有阴阳性的词性，但阴阳性的词汇吸收本族语时，外来词有变化了。巴利语 kum¹ma²ra²：王子，kum¹ma²ri²:公主，缅语中直接运用，但缅语中这两个词就词义不同的单词了，以不同的字形来分别；ကုမာရ[kuma ˉ ra] 王子 ကုမာရီ kuma ˉ ri] 公主。傣语中也变了词义独立的词语，而且音节也有变化 kun¹ma n²了。

由于缅文音译巴利语转写的因素，有些缅文音译巴利词语字形延变产生了缅语词汇库中的新的借词。ကာလေ[ka ˉ ye]，ကိုယ်[kouʔ]，ပုဂ္ဂိုလ်[အဂါ သုʔ]。有时巴利语中名词前加"a"就变成缅语中的新的名词：ရသေ[ra se]味道前面加"a"（အ+ရသာ）[a+ raθɑˋ]味道，这些都是借用巴利语词语在缅语中明显的变化。

上述表明缅语受到巴利语的影响时，大量吸收外来词的词汇，巴利语一般在缅语中直接运用，但有些巴利语中的语法形式，缅语中形成新的语法形式来服务。巴利语中有时名词前加"a"就变成否定的反义词，这个语法形式套用在缅语时，有时候"a"+名词变成新的名词，本来外来词的原有形式否定性丢失后产生缅语新的形式ရသေ[ra se]味道前面加"a"（အ+ရသာ）[a+ raθɑˋ]味道，有时从巴利语中借用的动词ဝတ် 穿[Vat]前面加"a"变成了名词格式အ+ဝတ်[a +Vat]衣服了。

一种语言接受另一种语言的巨大影响时，对另一种语言词汇的大量吸收，只能丰富一种语言，而不可能改变这种语言的类型特点，巴利、缅语和傣语属于不同的语族，而且类型不同。完全不同的巴利语词借入缅语和傣语时，不但没有失去两种语言原有的语法、词性等语言面貌，而且更丰富了本族语言的词汇量，不同的语法形式，同时加强了本族语言的表达能力。不仅如此，通过巴利语，人们学习佛教经典中的伟大人物与他们的精神，给本族人们的道德观念、哲学、心学、礼仪、世界观等民族精神上带来很大的贡献。这些都是佛教带给缅、傣两个民族文化的正面影响。

参考文献

[1] Myanmar- Pali Dictionary,1985.
[2] 黄建明、朱崇先主编：《民族古籍文献研究》，民族出版社2014年版，第174—176页。

回鹘文献语言中借词的对音规律研究

——以《玄奘传》第六卷为例

闫进芳

（中央民族大学　少数民族语言文学系）

摘要：回鹘文献语言是古代维吾尔等突厥民族和非突厥民族所使用的一种书面语言，在长期的发展过程中，受周围环境以及宗教的影响，回鹘文献语言中存在大量的借词，通过这些借词的研究我们可以从中发现回鹘文献语言的一些对音规律。本文以回鹘文《玄奘传》第六卷的内容为例，主要研究回鹘语中汉语和梵语借词的对音规律，运用回汉语音和回梵语音的对音比较，归纳回鹘语中借词的对音规律。

关键词：回鹘语　汉语借词　梵语借词　对音规律

　　回鹘文献语言是古代维吾尔等突厥民族和非突厥民族所使用的一种书面语言，主要流行于9—15世纪。由于社会历史的发展，回鹘语在使用过程中不断发展变化，不仅吸纳其他民族的文化，而且也对其他民族语言文字有过很大的影响。[1]在其发展的过程中，回鹘语的借词研究与剖析是回鹘语研究中比较有意义并对其他语言的研究有重要借鉴价值的一项尝试。本文根据回鹘文《玄奘传》[2]的借词为例，论述其中汉语借词和梵语借词的对音规律。

---

① 回鹘文对蒙古文、满文和锡伯文的创制产生过深远的影响。
② 回鹘文《玄奘传》译自汉文。关于回鹘文本的译者，回鹘文原文中记载："又幸福、伟大的中国国中精通三藏经的慧立大师受教用汉语制成。名叫彦棕法师的经师扩展之。又别失八里人胜光法师都统重新从汉语译为突厥语"。该文献国内外均有收藏：a. 北京图书馆，1930年在新疆南部出土。写本形式为梵夹式，残卷共248叶，其中23叶较为完整，其余皆残损严重。1951年在北京曾影印出版过该部分。b. 苏联科学院东方学研究所列宁格勒分所。原件为一写本，梵夹式，共97叶。c. 法国魁梅博物馆，共123叶。d. 海金（Joseph Hackin）1932年参加锡春考察队自叙利亚赴北京途中所得，仅有8叶。以上各地所藏均为同一译本拆散分出之残卷，可互补所缺。我国学者对这一文献进行过大量的研究，取得了不少成果：1953年，冯家升发表了《回鹘文写本"菩萨大唐三藏法师传"研究报告》，分九部分对该回鹘文写本的译者、翻译年代、回鹘译文等进行了较详细的论述，并整理出"本书残叶与汉文本卷叶对照表"，为以后研究该回鹘文文献提供了方便。文末对第七卷中的两叶作为"图版与转写示例"进行了转写。耿世民对该文献的第七卷进行了一系列的研究，发表有《回鹘文〈玄奘传〉第七卷研究》《回鹘文〈玄奘传〉第七卷研究（二）》《Die uigurische Xuan-zang Biographie，ein Beitrag zum 7. Kapital》。1990年，耿世民发表《回鹘文〈玄奘传〉及其译者胜光法师》。1992年，卡哈尔·巴拉提研究了写本的第三卷，1984年，黄盛璋旁征博引其他有关史料及研究成果，在《西北史地》1984年第3期上发表了《回鹘译本〈玄奘传〉残卷五玄奘回程之地望与对音研究》一文。（以上材料均来自张铁山《突厥语族文献学》第320—322页。）

一、回鹘语中汉语借词的对音研究

由于回鹘文《玄奘传》是唐代的作品，因此下面对音研究，我们主要是与汉语语音的中古音对比研究，笔者运用译音对勘法，通过汉语借词与回鹘文译音的对比，归纳汉语—回鹘语的对音规律。该研究不仅可以帮助建立回鹘语和汉语的语音对应关系，探讨回鹘语从汉语借词的途径和规律，而且也可以提供汉语音韵学方面的材料。

（1）从中古音入声字[①]的角度看回鹘语对音规律

法师：vapsï（回鹘语），"法"中古音为piep[②]，咸摄奉母合口三等入声[③]，回鹘语中为vap；声母有v和p对音的特征。

佛：burxan（回鹘语），"佛"中古音为biut[④]，臻摄並母合口三等入声[⑤]；声母有b和b对音一致。

弘福寺：quŋ vuɣsï saŋram[⑥]（回鹘语），"福"中古音为piuk[⑦]通摄帮母合口三等入声[⑧]；回鹘语vuɣ，声母v和p对音特征。

以上例子说明，在中古汉语的唇音字帮、並母[⑨]的字中，回鹘文对音不区分p、b这两种形式的送气与否，在回鹘文字母中，b与p书写不分。b/p/v/三者对音，并且不区分 p、ph 这两种形式的送气与否。

洛京：laɣkï（回鹘语），"洛"中古音为lɑk[⑩]，宕摄来母开口一等入声[⑪]，回鹘语中为laɣ；此处入声韵尾k和ɣ对音一致。

匣（通"甲"）：qap（回鹘语），"匣"中古音位ɣap[⑫]，咸摄匣母开口二等入声[⑬]；此处声母q和ɣ对音一致。

而从以上这两个入声字的对音中我们又看出，回鹘语和汉语的对音中，首先从入声韵讲，回鹘语中舌根音k、ɣ对音；其次从词头看q和 ɣ又可以对音，据此，根据语言的递归性

---

① 此处为中古音拟音，根据潘悟云的中古音拟音，以下拟音为了与回鹘语转写对音相近，采用不同学者的拟音。
② 此处笔者从入声角度划分出来是为了再现现代汉语脱落的入声韵而设置论文的框架。例如从以下例子中我们可以看出，在回鹘文对音中，仍保留了汉语入声韵韵尾，这样也为汉语语音的研究提供了语音研究的资料。
③ 丁声树：《古今字音对照手册》，中华书局出版1981年版，第2页。
④ 此处根据潘悟云的中古拟音。
⑤ 丁声树：《古今字音对照手册》，中华书局出版1981年版，第21页。。
⑥ 此处sï本身就是汉语"寺"的借音，而saŋram是回鹘语寺院的意思，因此此处翻译就是类称翻译，跟英汉翻中"car"被译成汉语是"卡车"是一个道理。
⑦ 采用潘悟云的中古拟音。
⑧ 丁声树：《古今字音对照手册》，中华书局出版1981年版，第65页。此处"福"，帮母，可以看到汉语中轻唇音f从重唇音b，演变而来的状况。
⑨ 张铁山、朱国祥《回鹘文〈金光明经〉中的汉语借词对音研究》中，根据《金光明经》中的借词列举了滂母字的例子也和帮母、並母对音相同，本文笔者只列举了《玄奘传》中的例子进行论述，故略去滂母字的说明。
⑩ 采用潘悟云的中古拟音
⑪ 丁声树：《古今字音对照手册》，中华书局出版1981年版，第2页。
⑫ 采用王力的中古拟音。
⑬ 丁声树：《古今字音对照手册》，中华书局出版1981年版，第8页。

k、ɣ、q对音①。

从上述几个入声字的对音研究中我们不仅能够了解到回鹘语的语音面貌，而且也能够看到中古汉语语音的特征，看到汉语普通话中丢失的入声字的特征，对汉语古音的研究与构拟也是很好的借鉴材料。

（2）直接归纳除入声字外的汉语借词

三藏：samtso，"三"中古音为sam②，咸摄心母开口一等平声③，回鹘语中为sam；"藏"中古音为dzaŋ④，宕摄从母宕韵开口一等平声⑤，此处"三"的对音中回鹘语和汉语完全对音，而"藏"的汉语鼻声韵ŋ没有，与此相同的例子还有以下几个借词：

长安：ču-nan；

靖迈法师：tsibai⑥ vapsï；

明觉法师：miqoɣ⑦ vapsï；

生平：šabï；

其中"长"中古音为ḍieŋ⑧，宕摄澄母阳韵开口三等平声⑨、"靖"dziæŋ⑩、梗摄从母静韵开口三等上声⑪，"明"miaŋ⑫、梗摄明母开口三等平声⑬，"生"ʂɑŋ⑭、梗摄生母开口二等平声⑮，"平"biæn⑯，山摄并母开口重纽四等平声，几个字都是汉语中有鼻音韵尾（除了"平"字的特殊性），而回鹘语中脱落鼻音韵尾的字，这与西北汉语特征有关，根据罗常培《唐五代西北方音》的介绍，这种现象在粟特语、藏语的汉语借词中也存在⑰。对于汉语借词鼻音韵尾消失的看法，张铁山在《回鹘文献语言的结构与特征》中认为是唐代以后吸收进来的，并且-ŋ消失后，对前面的元音也产生了影响⑱。聂鸿音先生在其《回鹘文〈玄奘传〉中的汉字古音》⑲一文中所列举宕梗两摄的例字绝大多数是无鼻韵尾的，他的结论是"认定当时西北地区汉语方言的宕梗两摄是既不带韵尾也不带鼻化的纯元音韵"。现代

---

① 如《金光明经》中的汉语借词"合"kap（汉语语音）= qav（回鹘语语音），此处k、q不分。
② 采用潘悟云的中古拟音。
③ 丁声树：《古今字音对照手册》，中华书局出版1981年版，第131页。
④ 采用潘悟云的中古拟音。
⑤ 丁声树：《古今字音对照手册》，中华书局出版1981年版，第177页。
⑥ 此处"迈"，回鹘语音为bai，中古音拟音为mai，所以m和b对音。
⑦ 此处"觉"音为qoɣ，中古音拟音为kau，再次说明回鹘语中q和k不分。
⑧ 采用潘悟云的拟音。
⑨ 丁声树：《古今字音对照手册》，中华书局出版1981年版，第198页。
⑩ 采用周法高的拟音。
⑪ 丁声树：《古今字音对照手册》，中华书局出版1981年版，第195页。
⑫ 采用周法高的拟音。
⑬ 丁声树：《古今字音对照手册》，中华书局出版1981年版，第192页。
⑭ 采用周法高的拟音。
⑮ 丁声树：《古今字音对照手册》，中华书局出版1981年版，第195页。
⑯ 采用周法高的拟音，此处其他学者的拟音都没有鼻音韵尾ŋ，而都以n结尾。
⑰ 罗常培：《唐五代西北方音》，上海，商务印书馆出版1933年版，第37—39页。
⑱ 张铁山：《回鹘文献语言的结构与特点》，北京，2005年版，第135页。
⑲ 聂鸿音：《回鹘文〈玄奘传〉中的汉字古音》，民族语文，1998年第6期。

西北方言区有不少地方都把一大批汉语阳声韵字读作元音尾,这也只能说明当时汉语西北方言的这几个阳声韵字已不带鼻音尾了[①]。根据其他学者的研究,宕、梗两摄字不带鼻韵尾是唐、宋时期汉语西北方音的普遍现象。

另外,回鹘文《玄奘传》第六卷中的其他汉语借词有:"街"qay,中古音汉语音为kai[②],这里跟前面讲的声母q和k对音。"珍珠":yinču,其中"珍"中古汉语音为tin[③],因此y与t对音;"珠"中古中古汉语音为$tɕiu$[④],回鹘语č和中古汉语音tɕ相对音。"花":hua,直接完全借用汉语语音。

二、回鹘语中梵语借词的对音研究

现保留的大多数回鹘文语言文献资料都与宗教有关,其中大多数为佛教文献,因此在回鹘文语言文献材料中梵文借词较多,虽然尚不能确定这些是来源于其他语言对于梵文的转借还是直接借鉴,但是不容置疑的是回鹘文文献语言中保留了大量的梵文借词,从宗教用语到普通日常用语,这样的例子很多。本文以表格形式列举《玄奘传》第六卷中的梵文借词,并以此研说明梵文—回鹘文对音研究的规律(见表1)。

表1

行数	对音规律	回鹘语	梵语	汉语含义
1	dh,d对音	bud drm(darm) drmačkr sdrmapuntrik drmagupta	budha ḍharma ḍharmačakra šaddhormapan ḍharmagupta	菩萨 佛法 法轮 法华经 法密
2	d,t对音	trik sudur	darika sutra	经 经
3	t,th对音	sitavira	Sthavira	上座部
4	t,dh对音	magat grtrakut	Magadha Gṛdhrakūta	摩揭陀国 鹫峰山
5	i,a/ï,a/ï, i/i,e对音	kaušambï samiti kašyapiyi maytri kužatrï	kaušambi sammiya kāṣapiya Maytreya[①] kuṣattra	侨赏弥 三弥底部 迦叶臂部 弥勒 罩子

---

① 聂鸿音:《西夏语音商榷》,《民族语文》,1995年第3期。
② 采用王力的中古音拟音。
③ 采用潘悟云的中古拟音。
④ 采用潘悟云的中古拟音。
⑤ 此处梵语有y音,而回鹘语脱落。

（续表）

行数	对音规律	回鹘语	梵语	汉语含义
6	a，ā/u，ū对音	saŋram	samghārāma	寺院
		mxayan	Mahāyāna	大乘
		mxasaŋik	Mahā-Samghika	大众部
		kašyapiyi	kāṣapiya	迦叶臂部
		srvastiva	Sarvāstivā	一切有部
		šazin	śāsan	教义
		baranas	bāraṇasi	婆罗尼斯国
		grtrakut	Gṛdhrakūta	鹫峰山
		ražagrx	Rājagṛha	王舍
7	z,ž,ś对音	tužit	tuśita	陼史
		Šazin	śāsan	教义
8	增音r音	virxar	vihārɑ	寺院
		puryabodigir	praghbodi	正觉
9	元音脱落	sudur	sutra	菩萨
		saŋram	samghārāma	佛法
		saŋ	samgha	法轮
		mxayan	Mahāyāna	法华经
		mxasaŋik	Mahā-Samghika	经
		drmagupta	Dharmagupta	经
		srvastiva	Sarvāstivā	寺院
		baranas	bāraṇasi	僧
		nagraxar	Nagahara	大乘
		ražagrx	Rājagṛha	大众部
		puryabodigir	Praghbodi	法密
		virxar	vihārɑ	一切有部
				婆罗尼斯国
				那揭罗谒国
				王舍
				正觉
				寺院
10	完全音译	purani	Purani	传说
		vayšali	vaiśali	吠舍里国

注：从列表中列举的梵语借词来看，回鹘文借用的范围有宗教用语、专有地名和日常用语的梵文借词。

　　从上表1-4的例子我们可以看出，根据系联法的规律，回鹘文借用梵语时，d，dh，t，th可互用，也就是说回鹘文借用梵文时，不分清浊和送气与不送气；第5行当中的例子显示回鹘文中的i，ï，a可对应梵语中的i，e，a；第6行当中的例子显示回鹘文中不分长短音；第7行中的例子显示部分回鹘文中，z，ž，ś可通用，不分；第8行当中有特殊的现象，借用梵语后，回鹘语增加了一个r音，笔者认为这可能跟突厥语族语言很多都带有小舌音r有关，具体理论还需大量材料进一步论证；第8行当中很多例子中可以看出，借用梵语后，回鹘语脱落了音节最后或加在两个辅音中间的元音，对于省略最后的元音，张铁山在《回鹘文献语言的结构与特点》中有简单的论述：省略或改变梵语原词最后的元音这一现象，说明回鹘人在读这些词的时候，并不是读作重音，而其重音在第一音节上，因此书写的时候将其脱落。① 而那些省略辅音之间元音的3—4个复辅音现象，在实际的读音中必须向突厥语族语言故有词的发音习惯靠近，最多只能出现两个辅音组成的复辅音②，因此只在书写上出现复辅音的情况；第10行则完全是语音对音。

三、结语

从上述的探究来看，回鹘语借用汉语还是梵语，在借用过程中不仅有着较为严谨的语言对音规律，而且这些对音规律的研究又给回鹘语言本身以及借用语言的研究提供了较好的研究素材，我们可以利用这些材料的内容可以进一步反观汉语以及梵语在当时的语音特点；另外回鹘语在借用其他语言的过程中，又自然地保留了他们本族语言所特有的习惯，这也是我们在研究过程中值得注意和关注的一个部分。

参考文献

[1] 丁声树：《古今字音对照手册》，上海：中华书局出版1981年版。
[2] 罗常培：《唐五代西北方音》，上海：商务印书馆，1933年版。
[3] 聂鸿音：《回鹘文〈玄奘传〉中的汉字古音》，载《民族语文》1998年第6期。
[4] 聂鸿音：《西夏语音商榷》，载《民族语文》1995年第3期。
[5] 张铁山：《回鹘文献语言的结构与特点》，中央民族大学出版社2005年12月版.
[6] 张铁山、朱国祥：《回鹘文〈金光明经〉中的汉语借词对音研究》，载《新疆大学学报》2014年1月第42卷第1期。
[7] 潘悟云：《广韵查询系统》。

---

① 张铁山《回鹘文献语言的结构与特征》，北京，2005年12月版，第101页。
② 同上书，第69页。

第六届东方古籍研究国际学术研讨会

由俄罗斯科学院东方文献研究所和圣彼得堡大学亚非学系共同举办的"第六届东方古籍研究国际学术研讨会"于2016年10月2—6日在俄罗斯圣彼得堡召开。俄罗斯、中国、法国、德国、日本、蒙古国、中国香港等国家和地区的70余名代表参加了本届国际学术研讨会。

10月2日为研讨会报到注册日。3日上午为开幕式和全体大会,下午参观俄罗斯科学院东方文献研究所及其展览室。4—5日分组研讨。在3日的大会开幕式上,黄建明教授、张铁山教授分别做了发言,并代表中国与会者对研讨会的召开表示祝贺。

在3日的全体大会上,*Pierre Marsone*(EPHE, Paris)以" The Social Policies of the Khitan as It Appears in the Liaoshi"为题,*Anna Tsendina*(Russian state university for Humanities)和*OtgonbaatarRinchensambuugiin*(Institute of language and literature, Academy of Sciences of Mongolia)以" Publishing Xylographical Books in Urga(the 17th – beginning of the 20thcc.)"为题,张铁山(Institute for Chinese Ethnic Minority Languages and Classics of Peoples University of China)以"Overview on the Old Uighur literature in China(1950-2015)"为题,*Arakawa Shintaro*(Research Institute for Languages and Cultures of Asia andAfrica, Tokyo University of Foreign Studies)以" On the Formation of the TangutVersion Jingangjingzuan金剛経纂 from the Chinese Version"为题,*AlekseiBurykin*(Institute for Linguistic Studies)以"Altaistics and New aspects ofTurkic-Mongol-Tungus Problem"为题分别做了主旨发言。

在4—5日的分组研讨中,各国学者分别做了发言。下面列出这些学者和他们的发言题目:

NasilovDmitrii(IAAC MSU)—Morphological Model "Verbal noun + -ČI" in the History of the Turkic Languages

Peter Zieme(Brandenburg Academy of Sciences and Humanities)— The BuddhistHṛdayasūtra in Old Uyghur and an Unknown Commentary

AyidarMirkamal(Xinjiang University)— A Study on Kültegin Inscription birkiši :y(a)ŋ(ı)lsar : uγ(u)šı : bod(u)nı : bišükiŋä : t(ä)gi : qıdm(a)z :(ä)rm(i)š

Alexandra Perednya(SPb SU)- On the *qy-a*(*ki-a*)Form in the Old Uyghur、*AlekseiPylev*(SPb SU)- About Khoja Ahmad Yasawi's Exhortations in the Sufi Work "Džawahirul-abrar min amwadž-ibihar"("Jewels of Righteous Men fromWaves of the Seas", 1593 y.)

Cui Yan(Peoples University of China)— The Research on the Currency, Weights and Measures in Uygur Civil Documents

Viktor Guzev(SPbSU)— Semantics of "possession" and "being, state" in theTurkic

Verbal Perfect Forms

Albina Girfanova（SPbSU）— Turkic borrowings in the Albanian language

GulnozKhallieva（Uzbekistan State University of World Languages）— A.N.Kononov – an Outstanding Connoisseur of Turkish Manuscripts

Margarita Dubrovina（SPbSU）— Some Additions to the Interpretation of the Meaning of the Causative in the Turkic Languages

Apollinaria Avrutina（SPbSU）— Statistical Evaluation of Ancient and ModernTurkic Languages' Phonological Data in Russian Linguistic Literature

Ani Sargsyan, Hasmik Kirakosian（Yerevan State University）— The Oldest Copies of the "daqāīqal-ḥaqāīq" and "luγat-in'imatullah" Medieval Bilingual Dictionaries of the Institute of Ancient Manuscripts – Matenadaran

Anahit Kartashyan（SPb SU）—The Missing Link in the Chain of the Armenian National Constitution: the Draft of Armenian National Regulation of 1857

Lusine Khachatryan（Yerevan State University）— The Turkic Names of Animals Attested in Armenian Medieval Authors' Works

Dilber Sarışahin（SPb SU）– Sound Symbolism in Turkish

Olga Sarygoz.（SPb SU）– Appellative Word and Phrase Derivation in the ModernTurkish Language

Shahnaz Kamalova（SPb SU）– On Definitive and Completive Constructions in the Language of Runic Artifacts

Nikolay Telitsin（SPb SU）– On the Meaning of Some Verb Forms in the OldTurkic Languages

Otake Masami（Graduate School of Letters, Kyoto University）— On a Spelling Rule in the Khitan Small Script

Sergey Dmitriev（Institute of Oriental Studies RAS）— Tangut-Chinese glossary "Collection of Needful"（"Gather Desirable"）and Some Questions of the Presentation of Chinese Text in the Tangut Script

Viacheslav Zaytsev（IOM RAS）, *Chung-pui Tai*（ ）– Re-examination of the Tangut Fragment Or. 12380/3495 from the Collection of the British Library

Safarali Shomakhmadov（IOM RAS）— Tangut Blockprints in Indian SiddhaṃScript

Rustam Ganiev（Ural State university）— Emperor Taizong of Tang Dynasty and the Eastern Turks（Tujue）in 627 – 649 AD

Chun Hua（The Palace Museum）— Chinese-Foreign/Ethnic Language Glossaries（Huayiyiyu）Compiled in the Qianlong Period（1736-1795）

Kereidjin DBürgüd（Chinese Academy of Social Sciences）— A Study of the SinoMongol Glossary Known as *Bei-luyi-yu*

Gaowa（Institute for Chinese Ethnic Minority Languages and Classics, Peoples University of China）— An Introduction to the Multilingual Inscriptions in Qing Dynasty and studies on Them

Jigmeddorj Enkhbayar（Department of History, National University of Mongolia）— Study of the Mongolian "Law Manuscript on Birch Bark"

Narisu（Northwest University For Nationalities）— An Investigation on Collationof Pre-Chinggisid Genealogies

AllaSizova（IOM RAS）– A Preliminary Study of the Tibetan Manuscript on Birchbark from the Collection of the Institute of Oriental Manuscripts RAS

Hexige（Peoples University of China）— The origins of Mongolian Manuscripts

DmitriiNosov（IOM RAS）— Manuscript "The Story of Old Man Borontai": Handwritten Text and It's Oral Context

BoskhaBorlykova（Kalmyk Institute for Humanitarian Studies, RAS）– The KalmykSongs of the 19th Century

DelyashMuzraeva（Kalmyk Institute for Humanitarian research, RAS）– To the Historiography of Studying Written Buddhist Literature Tradition of the Oirats and Kalmyks

BadmaMenyaev（Kalmyk Institute for Humanitarian research, RAS）— The OiratWoodcuts from the Private Collection Hotol-tuges Dedicated to the Cult of BuddhaAmitayus

Diana Kiknadze（SPb SU）— The Role of an Anonymous Author in Japanese*Setsuwa*Story-Tales of the 12-13 th cc.

KhereidJamsranUrangua（National University of Mongolia）— Political Situation in Mongolia Before Separation From the Qing Dynasty（Materials from the RussianArchive）

Vladimir Uspenskiy（SPb SU）— The Mongolian Translation of the Fifth DalaiLama's Secret Visionary Autobiography

Natalia Yahontova（IOM RAS）— Mistakes in Manuscripts: Useless and Useful for Mongolian Textology

Nuendagula（Chifeng University）– A research on Mongolian *Koktog newspaper*

Xu Lihua（The Library of the Peoples University of China）— A Study on Several Examples of Tibetan Literature of the Tangut Period kept in the Russian Collections

GuSongjie（Institute of Chinese Ethnic Minority Languages and Classics, Peoples University of China）— A Study on the inscription for Hūribu

Tatiana Pang（IOM RAS）– Three imperial patents from the collection of the Institute of Oriental manuscripts RAS

Qi Jinxin（Graduate School of Letters, Arts and Sciences, Waseda University）—On Bilingual Imperial Rescripts in the Early Qing Dynasty

Xiao Chun（Institute of Manchu Studies, Beijing Academy of Social Science）—Three versions of "Heart Sutra" Manchu translation

Ogihara Hirotoshi（The Hakubi Center for Advanced Research, Kyoto University）— New Fragment of the *Vessantara-jātaka* in Kuchean

Semyon RYZHENKOV（IOM RAS）– The Preface to the *Daboniepanjingyiyao*大般涅槃經義要 from Dunhuang and Some Remarks on Its Dating

Ching Chao-jung（Kyoto University）— On the Wooden Documents Written inBrāhmī script in the Strelkov Collection

Alexander Ogloblin（SPb SU）— Two Javanese Manuscripts from the Collection of Institute for Oriental Manuscripts, Russian Academy of Sciences

JiejueYihong（Xichang College）— Several Questions on Reading Ancient YIScript Documents

Huang Jianming（Institute for Chinese Ethnic Minority Languages and Classics, Peoples University of China）—The Research on Term Translation Methods of YiLanguage Bible

Song Gang（University of Hong Kong）– The Many Faces of Our Lady: Early Chinese Texts and Images of the Virgin Mary

DmitriiTcvetkov（IOM RAS）—About Some Little-Know Translations of Chinese Literature by Illarion K. Rossohin

Vadim Klimov（IOM RAS）— The 19th c. Japanese account books kept in the Institute of Oriental Manuscripts, RAS

RudolfYanson（SPb SU）— Curses and Prayers in the Burmese Dedicatory Inscriptions

Alexander Zorin（IOM RAS）— A Dunhuang Tibetan Manuscript of "Āryasamādhyagrottama" kept at the IOM RAS

Kirill Bogdanov（IOM RAS）— Tangut Engraving as a Historical Evidence（the case study of one illustration from IOM RAS Tangut Collection）

Raisa Krapivina（IOM RAS）— The three types of knowledge in the Abhisamayālaṃkāra（The Ornament for the Clear Realizations）

按照研讨会安排，5日下午主办方组织了冬宫参观和简短的闭幕式及晚宴。在晚宴上，张铁山教授代表中国学者对主办方的热情接待、精心准备和安排表示感谢。6日上午应与会者的要求，主办方又组织与会者参观了冬宫仓库，使大家大开眼界。

开幕式

俄罗斯科学院东方文献研究所所长波波娃教授介绍该所古籍文献收藏情况

研讨会会场

第七届中国少数民族古籍文献国际学术研讨会

  2017年9月22日至24日，第七届中国少数民族古籍文献国际学术研讨会在四川省凉山彝族自治州首府西昌市顺利举行。会议由中国民族古文字研究会、中央民族大学中国少数民族语言研究院主办，西昌学院协办。参加会议的有来自国内外的专家学者70余名，收到会议论文50余篇。

  在开幕式上，凉山州副州长肖春代表凉山州政府热烈祝贺会议的召开，并表示将以此次学术研讨会为契机，以少数民族古籍文献的整理和研究为抓手，进一步加大少数民族文化的保护和研究力度，将优秀的少数民族文化保护好、传承好，增强少数民族地区的文化软实力，增强民族文化认同感和民族自信心，促进各民族共同繁荣和发展。西昌学院副校长胡金朝代表承办方介绍了西昌学院的教学科研情况。中国民族古文字研究会会长、中国社会科学院民族学与人类学研究所副所长尹虎彬研究员和中国民族古文字研究会副会长、中央民族大学中国少数民族语言研究院张铁山教授也分别代表会议主办方做了发言。

  会议期间共举行了七场研讨会，与会专家学者围绕少数民族古籍文献的传承保护、各文种的古籍文献展开了热烈的研讨。此次会议涉及彝文、西夏文、白文、突厥文、回鹘文、察合台文、回鹘式蒙古文、八思巴文、满文、东巴文等十多种少数民族古代文字。

  闭幕式上，中国民族古文字会常务理事、中国社会科学院民族学与人类学研究所王锋研究员做总结发言，指出本次会议虽然规模不大，但对今后的研究提出了具有方向性、指导性的意见。民族古文献研究如何对党和国家各族人民做出更大的贡献、怎样更好地做贡献、我们民族古文献研究怎样纳入到中华民族优秀传统中去，是值得我们思考的问题。中国民族古文字会副会长兼秘书长、中国社会科学院民族学与人类学研究所孙伯君研究员也在闭幕式上致辞，提出中国民族古文字研究是基于文献考证的历史文化解读，是"理想的解读"。与会专家学者都能够运用少数民族语言解读文献，同时也应该把文字、音韵、训诂等考据学的方法运用到文献解读中去，并且把这项研究建构到历史文化的研究中去，才能更科学地解读少数民族古籍文献。最后，由中国民族古文字会会长、中国社会科学院民族学与人类学研究所副所长尹虎彬研究员致闭幕辞。尹虎彬会长指出中国民族古文字文献是传统有序的学科，明年我们要团结更多的人来参加会议，把学科队伍做大做强，把民族古文献会议办得更好。

  中国少数民族古籍文献国际学术研讨会是由我校中国少数民族研究院（原中国少数民族语言与古籍研究所）提倡发起举办的，每年举办一届。

会议开幕式

中国少数民族语言研究院张铁山教授在会上发言

会议闭幕式

《民族古籍研究》简介与稿约

　　《民族古籍研究》是由国家民委少数民族古籍保护与资料信息中心和中央民族大学中国少数民族古籍研究所创办的学术刊物，由中华书局出版。本刊依靠广大民族古籍研究者，以弘扬民族文化，提高民族古籍研究的综合水平为己任，发表具有原创性的学术研究论文、书评和综述等。

　　《民族古籍研究》以我国少数民族古籍为主要研究对象，内容涵盖政治、经济、社会、宗教、语言、文字、文学、地理、考古等多个方面。欢迎广大民族古籍研究者积极赐稿。除中文外，如系其他文字稿件，请授予本刊中文刊用的权利，由本刊以外文或聘请专家译为中文发表。

　　《民族古籍研究》一经出版，将向作者寄赠样书2册；大陆作者，酌付稿酬。

　　来稿务必参照《〈民族古籍研究〉文献引证标注方式的规定》，以纸质和word电子版两种形式，并附作者简介与详细通信地址、邮编、电子邮箱或其他联系方式，赐寄至以下地址：

　　北京海淀区中关村南大街27号，中央民族大学中国少数民族古籍研究所《民族古籍研究》编辑部收

　　邮编：100081

　　电话：（010）68932279

　　mail：mindagjb@163.com

关于《民族古籍研究》文献引证标注方式的规定

《民族古籍研究》是由国家民委少数民族古籍保护与资料信息中心和中央民族大学语言与古籍研究所主办的不定期、连续性的学术刊物。凡属民族古籍研究范畴的专题研究论文，内容充实，有一定广度、深度，均在收辑之列。每辑约30万字。本刊编辑部研究规定：

一、本刊主要登载中国学者的有关论文，也适量刊用外籍学者同类论文。后者主要以汉译文的形式发表，若为英、日、德、俄文，亦可以原文发表。

二、本刊一般只刊登作者首次发表的作品。

三、本刊主要刊登论文，也适量刊登有关的书评。书评提倡实事求是。

四、论文要求有纸质打印稿、Word电子版。论文中涉及到特殊字符或图版，请随Word电子版一并寄来。

五、论文要求有：论文题目、内容提要（以汉文计200字以内）、关键词（最多5个）要求有中英文。

六、论文采同页注形式，注号：①、②、③、④，置于字、句右上角。

七、为了便于学术交流和推进本刊编辑工作的规范化，在研究和借鉴其他学术期刊有关规定的基础上，我们对文献引证标注方式作出如下规定，敬请作者参考。

1. 普通图书

标注项目与顺序：（1）责任者与责任方式；（2）书名；（3）卷册；（4）出版地点（城市）；（5）出版者；（6）出版时间；（7）页码。如：

张公瑾主编：《民族古文献概览》，北京：民族出版社1997年版，第10页。

方国瑜：《纳西象形文字谱》，昆明：云南人民出版社1981年版，第2页。

2. 析出文献

注项目与顺序：（1）作者；（2）析出文献名；（3）文集编者；（4）文集题名；（5）卷册；（6）出版地点（城市）；（7）出版者；（8）出版时间；（9）页码。

（一）文集

华涛：《高昌回鹘与契丹的交往》，殷晴主编：《吐鲁番学新论》，乌鲁木齐：新疆人民出版社，2006年，第739页。

（二）书信集、档案文献汇编

《复孙毓修函》，1911年6月3日，高平叔、王世儒编注：《蔡元培书信集》上册，杭州：浙江教育出版社2000年版，第99页。

（三）古籍

一般情况下，引证古籍标注项目与顺序：（1）责任者与责任方式；（2）书名；（3）卷次；（4）部类名及篇名；（5）版本；（6）页码。

袁大化修，王树楠等撰：《新疆图志》卷48《礼俗》，上海：上海古籍出版社，1992年影印本，第443页。

《资治通鉴》卷200，唐高宗永徽六年十月乙卯，北京：中华书局，1956年，第6293页。

《通典》卷54，北京：中华书局，1988年，第1508页。

（四）期刊、报纸

引证期刊中的文章，标注项目与顺序：（1）作者；（2）文章名称；（3）期刊名称；（4）卷册号及出版日期；（5）页码。

吴艳红：《明代流刑考》，《历史研究》2000年第6期，第34页。

王种翰：《满文档案与清史研究》，《社会科学战线》2002年第3期，第5页。

引证报纸中的文章，标注项目与顺序：（1）作者；（2）文章名称；（3）报纸名称；（4）出版日期；（5）版次。

（五）外文文献

1. 引证外文文献，原则上应使用该文种通行的引证标注方式。
2. 引证英文文献的标注方式：

（1）引证专著（编著、译著），标注项目与顺序：①作者；②书名（斜体）；③出版地点；④出版者；⑤出版时间；⑥页码。

M. Polo, *The Travels of Marco Polo*, trans. By William Marsden, Hertfordshire: Cunberland House, 1997, pp. 55, 88.

T. H. Aston and C. H. E. Phlipin (eds.), *The Brenner Debate*, Cambridge: Cambridge University Press, 1985, p. 35.

（2）引证期刊中的文章，标注项目与顺序：①作者；②文章名称；③期刊名称（斜体）；④卷期号；⑤出版时间；⑥页码。

Heath B. Chamberlain, "On the Search for Civil Society in China", *Modern China*, vol. 19, No. 2 (April 1993), pp. 199—215.

（3）引证文集中的析出文献，标注项目与顺序：①作者；②文章名；③编者；④文集名（斜体）；⑤出版地点；⑥出版者；⑦出版时间；⑧页码。

R. S. Schfield, "The Impact of Scarcity and Plenty on Population Change in England," in R. I. Rotberg and T. K. Rabb (eds.), *Hunger and History: The Impact of Changing Food Production and Consumption Pattern on Society*, Cambridge: Cambridge University Press, 1983, p. 79.